CRÉ NA CILLE

CRÉ NA CILLE

AITHRIS i nDEICH nEADARLÚID

le

MÁIRTÍN Ó CADHAIN

Cló Iar-Chonnacht
Indreabhán
Conamara

An chéad chló Sáirséal agus Dill 1949
An t-eagrán seo: © Cló Iar-Chonnacht 2016

ISBN 978-1-78444-139-5

Dearadh: Deirdre Ní Thuathail / Clifford Hayes
Dearadh clúdaigh: Clifford Hayes
Obair Ealaíne: Seán Ó Flaithearta

Foras na Gaeilge

Tá Cló Iar-Chonnacht buíoch de Fhoras na Gaeilge as tacaíocht airgeadais a chur ar fáil.

Faigheann Cló Iar-Chonnacht cabhair airgid ón gComhairle Ealaíon.

Gach ceart ar cosaint. Ní ceadmhach aon chuid den fhoilseachán seo a atáirgeadh, a chur i gcomhad athfhála, ná a tharchur ar aon bhealach ná slí, bíodh sin leictreonach, meicniúil, bunaithe ar fhótachóipeáil, ar thaifeadadh nó eile, gan cead a fháil roimh ré ón bhfoilsitheoir.

Clóchur: Cló Iar-Chonnacht, Indreabhán, Co. na Gaillimhe.
Teil: 091-593307 Facs: 091-593362 r-phost: eolas@cic.ie
Priontáil: Colour World Print, Cill Chainnigh.

Réamhfhocal

Cén chiall an chathaíocht seo i gcré na cille? Ceist í seo de chuid Chaitríona Pháidín agus ceist í a chuireann mórán gach uile léitheoir de chuid *Cré na Cille*. Ainneoin cor is cúiteamh ó foilsíodh an leabhar i dtosach agus ceal freagra simplí ar an gceist chéanna, ní ábhar leithscéil atheagrán ná athchuairt ar mhórshaothar cáiliúil.

Téacs eisceachtúil é *Cré na Cille* toisc gurb é an t-úrscéal Nua-Ghaeilge is mó a bhfuil iniúchadh criticiúil liteartha déanta air agus is é an téacs is mó a tharraingíonn caint, caibidil agus conspóid i measc léitheoirí ócáideacha agus gairmiúla é. Gach seans gur ábhar grinn don scríbhneoir Máirtín Ó Cadhain (1906-1970) tóraíocht na léitheoirí seo ar bhunbhrí an tsaothair. De bharr leagan amach an ábhair agus saibhreas na carachtrachta is dúshlán seasta é don léitheoir adhmad cinnte a bhaint as mórán gnéithe den scéal fós.

Úrscéal é a bhfuil cóiriú cúramach téacsúil déanta air. Go bhfios dúinn, cuireadh an chéad leagan faoi bhráid mholtóirí Chomórtais Liteartha an Oireachtais i 1947. Foilsíodh leagan eile ina mhíreanna ar *Scéala Éireann* i 1949 agus bhí an chéad chló den leabhar ar fáil go fairsing faoi Mhárta 1950 a bhuíochas d'iarrachtaí an fhoilsitheora Sáirséal agus Dill. Bhí athrú saoil i ndán don litríocht in Éirinn agus don nualitríocht Ghaeilge go háirithe cothrom an ama chéanna.

De réir mar a bhí radacachas na hathbheochana tráite faoi

réimeas an tsaorstáit, de réir mar a daingníodh tuiscintí ar normanna, nósanna agus caighdeáin teanga, de réir mar a tugadh cúl don aistriúchán mar cheird liteartha sa Ghaeilge is amhlaidh is mó a thosaigh cosa beaga ag fás faoi thraidisiún nua-aoiseach cumadóireachta sa phrós agus san fhilíocht. Ainneoin na cinsireachta níor chosúil gur gheis ná teir ar scríbhneoir Gaeilge ceannródaíocht a chleachtadh maidir le fís ná foirm. Tig linn dearcadh siar le fuarchúis na mblianta ar fhoilsiú *Cré na Cille* mar thonnbhriseadh nó buaic aibíochta i litríocht an fichiú haois. Is ea freisin ach is beag nár chinntigh an aird, an t-ómós agus cáil Gaeilge an téacs cinniúint mhaslach do *Cré na Cille*: an sárleabhar nach léitear ach a mholtar go haer.

Léirmheastóireacht thuisceanach go leor a rinneadh i dtosach agus caintíodh ar theanga an téacs go háirithe. Is cinnte gur tháinig gnéithe den úsáid teanga sa saothar idir léitheoirí measúla áirithe agus codladh na hoíche. Ní luacháil liteartha ar *Cré na Cille* anailís teanga a dhéanamh air amhail is gur bailiúchán de leaganacha cainte nó stór focal canúnach é. Samhlaíodh an canúnachas go láidir leis ag tráth nach raibh comhaontú fós i réim maidir le caighdeán scríofa don Ghaeilge. Ábhar mearbhaill freisin é go síltear gurb í caint dhílis na ndaoine atá i mbéal na gcarachtar. Níl gar a shéanadh cén chomaoin a chuir deise labhartha Chois Fharraige ar charachtair *Cré na Cille* ach is tábhachtaí fós an saothrú ardréime ar theanga aclaí liteartha atá ina bhuntréith sa chumadóireacht tríd síos. Cé is moite den mheán agus i dtaca le hábhar an leabhair, bhí a dhíol féin conspóide ag baint leis an léirmhíniú a rinneadh ar an nGaeltacht ann.

Tiomnú uachta, buntáiste talún agus fuadach leannáin iad na príomhthéamaí faltanais i measc mhuintir Pháidín. Tá súil ag Caitríona agus Neil ar aon le huachta a ndeirfíre Baba atá suas le 93 bliain d'aois cé go ndeirtear nach bhfuil muintir Pháidín saolach. Tá geadán talún ag col cúigear leo, Tomás

Taobh Istigh, agus bíonn sé ina chogadh idir Neil agus Caitríona freastal a dhéanamh ar riachtanais Thomáis le súil is go mbeidh brabach an ghabháltais ag duine acu seachas a chéile. Bunúdar na coimhlinte gur éirigh le Neil teacht roimh Chaitríona nuair a phós sí scothamhránaí, Jeaic na Scolóige Ó Fíne. Mar bharr ar an masla, mhol Neil ar lá a bainise go bhfágfaí an scóllachán gránna Briain Mór aici. Níor maitheadh do Neil riamh é. Lá níos faide anonn phós sí Seán Ó Loideáin, ach má phós féin, is ar Jeaic a bhí gean a croí agus tagann an ghné seo den scéal i dtreis sna headarlúidí deireanacha nuair a shroicheann Jeaic an chill é féin.

Níor mhair an triúr clann iníon a bhí ag Caitríona ach tá a mac aonraic Pádraig in aontíos léi. Ainneoin comhairleacha go leor ó Bhaba Pháidín agus ó Chaitríona féin, shocraigh Pádraig ar iníon Nóra Sheáinín a phósadh seachas Meaig Bhriain Mhóir. Is é Peadar Neil a mheall Meaig Bhriain Mhóir sa deireadh. Is carghas le Caitríona go mór go ndéanfadh Neil ná clann Neil leas ar bith sa saol, dá fheabhas a chruthaíonn sí féin agus Pádraig. Is léir do chomharsana agus lucht aitheantais mhuintir Pháidín an iomaíocht ghéar seo ar fad agus cuid lárnach den reacaireacht tuairisc úr ar an gcor is deireanaí eatarthu ó choirp nuachurtha. Is éadálaí coirp seachas a chéile i mbun tuairisceoireachta agus is í an chlaoneachtraíocht indíreach tobar an ghrinn sa scéal.

Carachtar cinniúnach eile sa chill í Nóra Sheáinín as Gort Ribeach na Lochán, mar a thugtar ar a baile dúchais. Is beag carachtar eile a tharraingíonn oiread aidiachtaí maslacha ó bhéal Chaitríona. Ídítear peacaí na máthar ar an iníon atá pósta le mac Chaitríona ach, thar aon cheo eile, cuireann gothaí cultúrtha nua Nóra sa chill eiteacha cantail ar Chaitríona. Faoi choimirce an Mháistir Mhóir atá oideachas Nóra sna headarlúidí tosaigh agus faightear léargas de réir a chéile ar mhianach an Mháistir nuair a thuigtear dó go mbíonn an-fháilte ag a bhaintreach roimh chuairteanna pointeáilte fhear an phoist, Bileachaí an Phosta. Bíonn an Máistir Mór féin i mbun tréanchainte am ar bith a luaitear Bileachaí agus téann sé le cuthach ar fad nuair a thagann Bileachaí féin chun na cille.

Bhain cruthaitheacht thar na bearta le suíomh cille a roghnú don scéal. Sáraítear constaicí toise agus staire. Cuimlítear áiféis linn ó thús go deireadh. Ligtear lánscód leis an splíontaíocht le nach dtiocfadh an réalachas idir scríbhneoir agus sprioc. Tagraítear do 'slí dhorcha na bréige' in uachtar talún agus 'slí sholasach na fírinne' faoin bhfód. Ach bíonn deachma na fírinne le n-íoc agus má tá solas féin á scaladh ar mhuintir na cille is ionann seo agus easpa suaimhnis dóibh chomh maith. Téann an tsamhail i bhfad, agus rófhada, nuair a abraíonn Caitríona Pháidín gur measa spídiúlacht, géaraíocht agus 'gadharaíocht' na cille ná campaí géibhinn Belsen, Buchenwald agus Dachau más fíor do thuairisc an phíolóta ón bhFrainc atá curtha in éineacht leo. Teachtaire ó shaol atá níos faide soir ná Baile Átha Cliath é cé go dtagraítear freisin, idir tharscaisne agus tíriúlacht, do 'bhlacks', 'aidhtalions' agus ghiúdaigh atá pósta le cuid de chlann chomhluadar na cille. Tugann tríú stócach Phádraig Labhráis cuntas barainneach ar mhuintir na seacht mbaile atá imithe anonn go Sasana. Ach oiread le Baba Pháidín a bheith thall i Norwood, cuidiú iad na tagairtí seachtracha don léitheoir mapa samhlaíoch a dhearadh de thrí roinn agus mórchruinne na cille.

Ní léir go mbaineann Stoc na Cille le hÁit an Phuint, Áit na Leathghine ná Áit na Cúig Déag agus is deacair ball cinnte a lua leis. Dúshlán ann féin é meabhair a bhaint as an nglór a roinntear linn ag tús eadarlúidí III–VIII. Tagann léiriú dialógach i gceist sa dá eadarlúid dheireanacha agus cuireann sin le héiginnteacht fheidhme na míreanna seo sa saothar trí chéile. Tugtar suntas do theanga Stoc na Cille: sainréim úsáide atá foirgthe le comhfhocail agus aidiachtaí aduaine. Is malairt ghlan é an guth seo ar sháraíocht na gcorp ó thaobh na stíle de. An magadh foirmleach atá ann ar aistíl na Gaeilge Oifigiúla? An iarracht atá ann réim bhíoblúil a chleachtadh le foinse údaráis a chruthú? An scigaithris ardnósach atá ann ar rómánsachas Gallda? An macalla atá ann ar challairí agus fógraí faisnéise champa géibhinn an Churraigh mar a raibh an Cadhnach le linn bhlianta an chogaidh? An é glór an údair faoi cheilt é i mbun sactha ar luachanna léirmheastóireachta? An treoir dúinn na tagairtí iomadúla don Leabhar Eoin chun teacht ar bhrí an ghutha seo?

Tugann Caitríona Pháidín an Leabhar Eoin i láthair mar sheamsán rialta agus is geall le fíbín aici é. Leigheas nó cosaint ar anachain na feidhmeanna is coitianta a bhaineann leis an Leabhar Eoin, ar phíosa páipéir é a bhfuil an chéad cheithre véarsa déag den soiscéal de réir Naomh Eoin scríofa air. Dhéantaí seo a fhuáil san éadach agus thagadh sé roimh ghalair. Shílfeá go gcaithfeadh duine eile a bheith thíos leis chomh fada agus a bhaineann sé le dearcadh Chaitríona Pháidín air. Agraíonn sí an gníomh feille seo ar Neil, iníon Nóra Sheáinín agus iníon Bhriain Mhóir. D'fhéadfaí léirithe na móitífe seo a áireamh mar fhianaise ar dhúil neamhchultúrtha Chaitríona Pháidín sa phiseogacht, cruthúnas ar mhailís tháir a cuid naimhde agus/nó tuilleadh maide idirthéacsúil i dtreo bhéaloideasóirí agus poblacht na nGaelchorp.

I dtaca le míreanna Stoc na Cille, tig linn a rá go dearfa go dtráchtar ar phróiseas an mheatha iontu tríd síos agus go mbaintear sin amach trí dhlús meafar ornáideach arb ionann iad agus leaganacha úra de chóirithe catha na seanscéalta. Cuirtear síos ar fhás agus athfhás iontu freisin. Ní léir go bhfuil baint dá laghad ag míreanna eadarlúidí III–VIII le claontuairiscí na gcorp ar 'áiléar na bréige' nó go dtagann muid chomh fada leis na headarlúidí deireanacha. Bunaítear cuid den reacaireacht ar mhianta na gcorp sa chás go mbainfidís scaitheamh eile amach. Íoróin ghéar shearbh í go gcoinneoidís orthu i mbun na ngnóthaí suaracha saolta céanna dá gcuirfí fad lena ré os cionn talún. Faoin am go gcuireann guthanna dialógacha rogha romhainn fuireacht nó imeacht in eadarlúid X is é fírinne an scéil nach ann don mhalairt. Seo spíonadh ar an sciolladh, seadú duairc ar an sioscadh ar fad agus treisiú é ar neamhbhuaine agus neamhthábhacht an duine.

Cuireann síorshíothlú agus anlacan corp leis an bhfairsinge scéalaíoch cé go samhlaítear amscaíocht agus éagruth leis i dtéarmaí struchtúir scaití. Is cinnte gur téacs fada é ach is mór an seans gur beartaíodh an fad in aon turas fiú dá mbeadh an baol ann go gcoscfaí ballraíocht i Rótaraí cultúrtha na cille ar 'ghaileota Joysúil' fearacht an údair féin. Is leor leathfhocal don léitheoir. Leide é sa chás seo ar uaillmhian Uí Chadhain agus ar a bharúil seisean de laige na litríochta Gaeilge ó thús na hathbheochana. Togra mór atá sa téacs a éilíonn fad áirithe ionas go mbainfí an bonn de thuiscint na linne ar phobal, cultúr, teanga agus le nach bhféadfaí neamhaird a dhéanamh den nuaphrós i nGaeilge feasta.

Is iondúil go dtarraingítear ar shamhail an chomhthionóil fhuinniúil fhuinte le léargas a thabhairt ar mhuintir na cille. Ní mór a thabhairt chun cuimhne cén tionchar a bhí ag an imirce ar Éirinn i lár an chéid seo caite, cén tréigean tuaithe a bhí ann dá bharr, cén borradh tionsclaíoch agus leathnú uirbeach a tharla, cén feabhas a tháinig ar mhodhanna feirmeoireachta agus cén deis a bhí ar oideachas nó go dtuigfí nár ghá gurbh ionann go díreach an pobal a cuireadh os comhair an tsaoil ar leathanaigh *Cré na Cille* agus pobal tuaithe ar bith de chuid Ghaeltacht na linne a bhféadfaí tuarascáil antraipeolaíoch nó socheolaíoch a dhéanamh air. Faltanas, formad agus éad bunchlocha an chomhthionóil áirithe seo, de bhunús na tuaithe, ach barrshampla de phobal cuibhrithe oileánda é, baineadh an suíomh le baile mór nó amuigh faoin tír.

Déanann *Cré na Cille* spior spear den saol soineanta tréadúil tuaithe. Is iad an urchóid, an seirfean agus an spídiúlacht na frithghrástaí téacsúla a bhaineann an scraith den tsamhail thraidisiúnta bheannaithe. Oibrítear sciolladóireacht shóisialta chomh tréan sin sa téacs gur féidir dealú aicmeach na cille a leanacht de réir nósanna óil, baill troscáin nó earraí goidte. Eiseamláir théamúil amach is amach den mhionchlárú seo ar mhóiréis ná éileamh seasta Chaitríona Pháidín ar chrois de chuid ghlaschloich an oileáin, ráillí, bláthanna agus scríbhinn Ghaeilge a bheith mar bharr maise ar a huaigh, más ar Áit na Cúig Déag féin atá sí curtha. Síorshantú an rachmais, beaguaisle atá gar dóibh féin, gadaíocht agus bréagadóireacht ar gach aon taobh: ní fuinniúil fuinte ach feannta fuadaithe atá comhluadar na scéalaíochta seo.

Is léir go bhfuil an chuid is mó de mhuintir na cille ar an ngannchuid i dtéarmaí rachmais cé nach bhféadfaí sin a chasadh lena saibhreas teanga. Is minic a cuireadh i leith Uí Chadhain go raibh sé ró-luite le stór focal a chanúna féin. Áitíodh go raibh ró-anáil an bhéaloidis, mar dhóigh dhe, ar an gcéad chnuasach gearrscéalta, *Idir Shúgradh is Dáiríre* (1939). Léargas cothrom go maith ar léirmheastóireacht na linne é an moladh a rinneadh go raibh mórán gach uile fhocal ó Bhearna go Carna tiomsaithe in *Cré na Cille*. Bhí cogadh canúnach fós i réim agus doicheall ag scríbhneoirí Connachtacha agus Ultacha roimh na moltaí litrithe, deilbhíochta agus gramadaí a bhain le daingniú caighdeán oifigiúil don Ghaeilge.

Oide scoile a bhailigh litríocht bhéil ar fud Ghaeltacht na Gaillimhe, saothraí de chuid scéim aistriúcháin an Ghúim, fostaí i Rannóg Aistriúcháin Theach Laighean, bhí ar acmhainn Uí Chadhain tarraingt ar oiliúint agus dúchas chomh fada agus a bhain sé le meán a chumadóireachta. Mar sin féin, ní hionann stór focal agus líofacht stíle ná saineolas canúna agus inniúlacht ar réim liteartha. Cé go mbíonn scáth ar léitheoirí áirithe roimh fhocail aonair in *Cré na Cille*, is féidir le léitheoir díograiseach dealú réasúnta cruinn a dhéanamh ar chodanna móra de chrua-Ghaeilge Uí Chadhain a bhuíochas d'áiseanna sainfhoclóireachta. Ach níor cheart caitheamh le *Cré na Cille* mar théacs canúnach réigiúnach. Téacs liteartha Gaeilge atá ann, bunaithe ar nádúr cainte, préamhaithe i ndúchas ceantair, ach saothraithe le go mbeadh an scéalaíocht agus an stílíocht in aon bhonn ardchaighdeáin amháin.

Aithnítear tréithe áirithe stílíochta teanga sa chorpas liteartha a bhaineann leis an nua-aois. Is minic a phléitear teanga na cumadóireachta mar ábhar ina ceart féin, tugtar cúl do nósmhaireachtaí seanbhunaithe, lagaítear ar theanga an údaráis trí réimeanna éagsúla teanga a chleachtadh agus is ann go mór don fhochiall, forchiall agus fáthchiall ó thaobh úsáid focal de. Cé go luaitear aird ar phróiseas na scríbhneoireachta féin, easpa clabhsúir nó réitigh agus cealú ar an mbearna idir ardchultúr agus cultúr na ndaoine leis an gcumadóireacht iar-nua-aoiseach, sílim gur ardbhuaic de chuid na nua-aoise sa Ghaeilge atá in *Cré na Cille* toisc gur saothar é a bhfuil fís cheannródaíoch chanónda mar bhunsraith aige.

Tá spraíúlacht théacsúil go smior sa spallaíocht, go mór mór nuair a dhéantar scrúdú ar na comhfhocail líonmhara ar ainmneacha ar chineálacha daoine iad. Is éard atá sna hainmneacha seo tuairisc chomair mhionchúrsach ar charachtar agus sampla den liobairt leicseach a bhí ar acmhainn an údair. Bíodh is nach ann do bhunáite na gcomhfhocal sna mórfhoinsí tagartha, ní driseacha cosáin chéille iad den chuid is mó. I gcomhthéacs chineál an léinn a bhí á shaothrú sna 1940idí, d'fhéadfadh iarracht den mhagadh faoi lucht ransaithe canúna agus tiomsaithe foclóra a bheith i gceist le minicíocht agus éagsúlacht úsáide na n-ainmfhocal seo freisin. Sampla teoranta go leor an liosta seo a léiríonn trí mhír éagsúla sa chomhfhocal: réimír ar minic leis tarraingt ar an gcolainn dá réim chéille, an t-ainmfhocal substainteach a mbíonn éirim mhasla leis agus iarmhír dhíspeagtha a chuireann ceann ar an gcomhfhocal: 'breillbhodairlín', 'cocbhodalán', 'cocraicleachín', 'cocsmut', 'cocspreallaire', 'cocstucairín', 'dradbhrogúisín', 'glibstropailín', 'priocchocailín', 'spreasbhobairlín'. Cuirtear ag obair sa tuiseal ainmneach agus gairmeach iad.

Is cúnamh don léitheoir freisin é ciútaí áirithe cainte a bheith i mbéal na gcarachtar ionas go n-aithneofaí as a dtrópanna iad. Is gnách leo scéal a insint orthu féin agus iad ag caint ar bhromaigh, rúitíní a cuireadh amach, cleis na ceirde, croíthe fabhtacha nó aithnítear iad ó intriachtaí na gcarachtar eile. Is ionann 'smuitín' agus Neil, 'strachaille' agus Bríd Thoirdhealbhaigh, 'sclaibéara' agus Stiofán Bán, 'scóllachán' agus Briain Mór. Is 'ruibhseach' í Siúán an tSiopa, 'bruasachán' é Peadar an Ósta agus *conús* é Tomás Taobh Istigh de réir bhreith bhéil Chaitríona Pháidín. Cuireann athrá na spallaí seo le carn tuisceana ar na carachtair in imeacht an tsaothair agus tá tábhacht ar leith leo sna headarlúidí tosaigh dá bharr sin.

Is spéisiúil mar a chuirtear líon mór aidiachtaí cáilíochta le carachtair áirithe seachas a chéile. Tagann maslaí ina maidhmeanna nuair a dhéanann Caitríona Pháidín cur síos de chineál ar bith ar Nóra Sheáinín: 'clíseachín Sheáinín', 'coigeallach na gCosa Lofa', 'colpaí clamhacha Sheáinín', 'colpaí lofa an Ghoirt Ribigh', 'crann soilse na Mairnéalach', 'Nóra na gCosa Lofa Sheáinín Spideóg', 'Nóra na nDreancaidí as an nGort Ribeach', 'Nóra Sheáinín as Gort Ribeach na Lachan', 'Nóra thiarpach Sheáinín', 'plandóg/eireog na gCosa Lofa', 'sneácháinín na gCosa Lofa', 'torchuire na Mairnéalach'.

Is é an t-aon charachtar fireann a thuilleann sruth mór eascaine dá chomhchineál ná Bileachaí an Phosta. Is tairne sa bheo don Mháistir Mór é go bhfuil a bhean chóir, an Mháistreás, agus Bileachaí ag cliúsaíocht le chéile os cionn talún. Tagann na mallachtaí ina rabhartaí agus ina liodáin ón Máistir Mór agus i measc na n-ainmneacha a thugtar ar Bhileachaí tá: 'bacach', 'bodairlín bíogach', 'briogadáinín bobailíneach', 'broimsilín', 'collachín', 'corpadóir', 'gadaí, péacallach bheadaí', 'raibiléara', 'socshnaifíneach', 'tiacháinín brothallach'. Cuid den ghreann a bhaineann leis an roscaireacht áirithe seo gur mhinic le Bileachaí a bheith ag iarraidh suaimhneas a chur sa Mháistir Mór agus teacht ar réiteach leis nuair a bhaineann sé féin an chill amach. Ní fhéadfaí gan suntas a thabhairt don aisiméadrachas inscne sa mhinicíocht agus fíochmhaire mheafarach: is paiteanta ar fad an cáineadh a dhéantar ar mhná ná ar fhir.

Corpas críochniúil dea-chainte agus ciste mallachtaí agus maslaí é *Cré na Cille* ach tá údar leis óir déantar bunús sóisialta na gcarachtar a rianadh ina gcuid úsáide teanga. Is leor staidéar a dhéanamh ar chuid cainte Dotie chun an ghné stíliochta seo a thomhas. As an Achréidh ó thús di agus cuirtear ar shúile an léitheora gurbh aisteach léi nár tugadh a cual cré thar Ghealchathair soir le go mbeadh sí curtha ar a dúchas i dTeampall Bhrianáin. Is ann a d'fhreagródh 'cré mharbh do chré bheo, théifeadh croí marbh i searc an chroí bheo agus thuigfeadh béal marbh friotal teanntásach an bhéil bheo.' (III.6) Léiríonn an abairt aonair mianach na roiseanna cainte a dhéanann sí ó am go chéile. Tá an úsáid teanga i gcosúlacht le míreanna Stoc na Cille cé nach mar a chéile go díreach iad. Is minic 'maothnas' nó 'an óinsiúlacht sin arís' a bheith ag teacht sna sála ar na píosaí cainte úd agus ní cheapfainn gur breith éagórach ar Dhotie é gur tráchtaireacht shearbhasach ar stíliocht phróis scríbhneoirí áirithe athbheochana na roiseanna céanna.

Níor mhiste iniúchadh ní ba threallúsaí a dhéanamh ar an gcóras luachanna agus smaointeachais atá taobh thiar den éagsúlacht úsáide seo ach féadfaidh muid talamh slán a dhéanamh den mhagadh faoin ngustal agus den spochadh faoin deisiúlacht. Más é sprioc chaint na marbh go gcuirtear gnásanna saolta na cuibhiúlachta ar neamhní, de ghrá na scioladóireachta, déantar fuineadh teanga dá réir chun cliarlathas sóisialta a bhrandáil agus a bhuanú in urlabhra na gcarachtar. San am céanna, tá próiseas díláithrithe ar bun. Tá 'caint na ndaoine' ag dul ó chion, ó ghrástúlacht agus ó ghnáthaithne. Tá an léitheoir á chur ó mhaith i dtaca le luachanna coimeádacha. Tá bonn á bhaint de thuiscintí bunúsacha faoin duine, faoin bpobal, faoi chultúr oifigiúil bunaithe ar fhís tuaithe fad is a leantar den chóiriú ealaíonta teanga ar feadh an tsaothair. Is é slacht cothrom seo na hagallóireachta ilghlóraí a chinntíonn dlús aestéitiúil an úrscéil.

Úrscéal a thugann droim láimhe don tréadúlacht gan urchóid, a scarann le rómánsachas maoithneach agus a dhearbhaíonn go bhfuil deireadh le barrshamhail na hathbheochana é *Cré na Cille*. Thrácht an Cadhnach féin sna blianta 1949/50 ar 'shaol scrúdta na tuaithe' i gcomhthéacs an úrscéil *Tarry Flynn* le Patrick Kavanagh (*Comhar*, Márta 1949). Scríbhneoirí cathrach iad beirt faoin tráth seo a bhain earraíocht as damhna na tuaithe chun mór-ráitis chanónda a dhéanamh ina dteangacha féin. Iarracht chomhfhiosach atá sa scríbhneoireacht seo ar thraidisiúin a chur ar malairt cúrsa.

Is é áiteamh Uí Chadhain sa léacht 'Tuige nach bhfuil Litríocht na Gaeilge ag Fás' (*Feasta*, Samhain 1949) gur 'smúit' a tháinig 'ar an mbarrshamhail ghlé agus mallmhuir sa dúthracht' a d'fhág nach raibh mórán fiúntais sna hiarrachtaí próis ó thús ré na hathbheochana cé is moite de Phádraic Ó Conaire agus Seosamh Mac Grianna. Déanann sé idirdhealú reitriciúil idir cré bheo, cré mharbh, cré chalctha agus cré dhiamhair i léacht cháiliúil eile faoin mbéaloideas (*Feasta*, Márta 1950) míonna beaga ina dhiaidh sin. Samhlaítear an chré mharbh le 'Príomh-Chill Éireann' mar a thugtar ar 'phárfhlaitheas' na muintire, arna choimeád ag forais chultúrtha agus léinn fearacht Choláiste na Tríonóide, Acadamh Ríoga na hÉireann, Institiúid Ard-Léinn Bhaile Átha Cliath agus Coimisiún Béaloideasa Éireann (1935–71), a bhí ar Chearnóg Mhuirfean an t-am úd, agus an Coláiste Ollscoile,

Baile Átha Cliath, a bhí lonnaithe an uair sin ar Ardán Phort an Iarla. Níor chabhair don chultúr dúchais an gréasán institiúidí úd dar leis ná an mheabhair oifigiúil a bhí ar chultúr, agus imríonn an tuairimíocht seo tionchar nach beag ar théacs daingnithe deiridh an úrscéil.

Nuair a fhéachann Nóra Sheáinín le cumann cultúrtha nó Rótaraí a chur ar bun le 'intinn an dream atá anseo a fheabhsú' is fiú éagsúlacht shuntasach théacsúil a thabhairt faoi deara idir an leagan den eadarlúid seo (VII.6) a foilsíodh ar *Scéala Éireann* ar 7 Iúil 1949 agus an leagan a foilsíodh sa chéad eagrán den leabhar. Níl trácht i leagan *Scéala Éireann* ar shaothar 'Joysúil' de chineál ar bith. Ní cháintear Gaeilge an Fhrancaigh ann agus ní luaitear 'Institiúid', 'poblacht na nGaelchorp' ná 'Musaem Béaloideasa' ach oiread. Tá sé de cháil ar an gCadhnach go mbíodh sé i mbun síorleasuithe ar phrofaí a chuid scéalta agus tá difríochtaí téacsúla eile idir an dá leagan. Ina dhiaidh sin féin, léargas atá sa leasú áirithe seo ar mheon Uí Chadhain i dtaca le dúchas na Gaeilge, an bhéascna náisiúnta agus cultúr oifigiúil an stáit.

Chuige sin, is dóigh, géireadas na hanailíse ar ghothaí intleachtúla scríbhneoirí, scoláirí agus lucht béaloidis, gustal ard-léinn na canúineolaíochta agus trácht síoraí Nóra Sheáinín ar chultúr. Is tríd an scagadh neamhthrócaireach seo san fhicsean a chuireann Ó Cadhain lena chuid áiteamh dioscúrsúil. Samhlaoid thorthúil leanúnach í an chré mar sin a d'fheidhmigh mar ghléas léirmhínithe don anailís ar chultúr seasc státurraithe, dar leis, mar is léir ó thairiscint Nóra Sheáinín do Thomás Taobh Istigh 'cré amh chaobach' a intinne 'a shnua, a chumadh, a chruaghoradh agus a líomhadh nó go mbeidh sí ina soitheach álainn cultúir.'

Dá áille an soitheach is beag feidhm atá léi má bhíonn sí folamh. Tá cosúlacht aithrise ag caint seo Nóra Sheáinín ar an oibriú a dhéantar ar an gcréafóg de réir theidil na n-eadarlúidí. Fiafraíodh cheana an raibh an Cadhnach ag iarraidh an dubh a chur ina gheal orainn leis an tróp reitrice seo. Is fiú a lua nach ann do na teidil ar leagan *Scéala Éireann*. Go deimhin féin, cuireann an chéad eagrán i bhfoirm leabhair go suntasach leis an agallamh idir Nóra Sheáinín agus Tomás Taobh Istigh ar cheist chasta an rómánsachais (IX.2). 'Is eilit bhacach í an rómánsaíocht d'uireasa an chultúir' parúl deiridh Nóra ar Thomás ar *Scéala Éireann* ar 11 Lúnasa 1949 ach faoin am go ndeachaigh cló ar an leabhar is í Nóra 'oifigeach caidrimh chultúrtha na cille' a bhéarfaidh léachtaí don Rótaraí ar 'ealaín na maireachtála.' Áitíonn sí freisin nár mhór don 'rómánsaíocht stafóga an chultúir [a bheith] faoina cosa, lena hardú suas as an bhfód fiáin...'

Cuid spéisiúil de reitriciúlacht an tsaothair forbairt na samhlaoide seo. Fianaise í ar choimhthíos Uí Chadhain le bréagriocht liteartha agus intleachta na linne a bhí i bhfad ón tíriúlacht ba dhúchas don litríocht chomh fada lena bharúil seisean. Bhain sé lánearraíocht as acmhainní an mheáin chun earra aibí ealaíne a dhéanamh den Ghaeilge féin agus fágadh úrscéal againn a chuir comaoin agus claochló ar an traidisiún próis. Cén chiall an chathaíocht seo i gcré na cille mar sin? Go gcuireann sárshaothar scéalaíochta in aghaidh na neamhbhuaine? Go mbronnann flaitheas teanga fearann slán cultúrtha agus smaointeachais orainn? Cá bhfios? Ach creidim go n-éilíonn an chathaíocht go léifí agus go bpléifí Caitríona Pháidín agus muintir uile na cille ina dtosca ainnise go léir. Fad is atá bun le caibidil dá chineál beidh teanga, litríocht agus cultúr againn nach bhfuil séalaithe fós.

Dónall Ó Braonáin
Lá Fhéile Bríde 2016

AM:

De Shíor

LÁTHAIR:

An Chill

Réim:

Eadarlúid I: An Chré Dhubh
Eadarlúid II: An Chré dhá Sreathnú
Eadarlúid III: An Chré dhá Slámadh
Eadarlúid IV: An Chré dhá Meilt
Eadarlúid V: An Chré dhá Cnáimhleasú
Eadarlúid VI: An Chré dhá Sua
Eadarlúid VII: An Chré dhá Cumadh
Eadarlúid VIII: An Chré dhá Cruaghoradh
Eadarlúid IX: An Chré dhá Líomhadh
Eadarlúid X: An Chré Gheal

Pearsana:

Caitríona Pháidín: úr-adhlactha.

Pádraig Chaitríona: a haonmhac.

Iníon Nóra Sheáinín: bean Phádraig Chaitríona. In aon tíos le Caitríona.

Máirín: girrseach le Pádraig Chaitríona agus Iníon Nóra Sheáinín.

Nóra Sheáinín: máthair bhean Phádraig Chaitríona.

Baba Pháidín: deirfiúr do Chaitríona agus do Neil. I Meiriocá di. Súil le huachta uaithi.

Neil Pháidín: deirfiúr Chaitríona agus Bhaba.

Jeaic na Scolóige: fear Neil.

Peadar Neil: mac le Neil agus Jeaic.

Meaig Bhriain Mhóir: bean Pheadar Neil.

Briain Óg: mac le Peadar Neil agus Meaig Bhriain Mhóir. Ag dul ina shagart.

Briain Mór: athair Mheaig.

Tomás Taobh Istigh: gaol do Chaitríona agus do Neil. An bheirt ag iomaíocht ar shon a chuid talúna.

Muraed Phroinsiais: comharsa bhéal dorais agus uchtchara do Chaitríona ariamh.

Comharsana agus Lucht Aitheantais Eile.

NOD:

— tús cainte.
—... lár cainte.
... comhrá nó caint ar lár.

Níl aithris sa leabhar
seo ar aon duine dá
bhfuil beo nó marbh,
ná ar aon chill dá
bhfuil ann.

Eadarlúid I

An Chré Dhubh

1

Ní mé an ar Áit an Phuint nó na Cúig Déag atá mé curtha? D'imigh an diabhal orthu dhá mba in Áit na Leathghine a chaithfidís mé, th'éis ar chuir mé d'fhainiceachaí orthu! Maidin an lae ar bhásaigh mé ghlaoigh mé aníos ón gcisteanach ar Phádraig: "Achuiní agam ort a Phádraig a leanbh," adeirimse. "Cuir ar Áit an Phuint mé. Ar Áit an Phuint. Tá cuid againn curtha ar Áit na Leathghine, ach má tá fhéin …"

Dúirt mé leo an chónra a bfhearr tigh Thaidhg a fháil. Cónra mhaith dharaí í ar chaoi ar bith … Tá brat na scaball orm. Agus an bhráithlín bharróige. Bhí siad sin faoi réir agam fhéin … Tá spota ar an scaoilteoig seo. Is geall le práib shúí é. Ní hea. Lorg méire. Bean mo mhic go siúráilte. Is cosúil len a cuid pruislíocht é. Má chonnaic Neil é! Is dóigh go raibh sí ann. Ní bheadh dar fia dhá mbeadh aon neart agamsa air …

Is mí-stuama a ghearr Cáit bheag na gairéadaigh. Dúirt mé ariamh fhéin nár cheart aon deor len ól a thabhairt di féin ná do Bhid Shorcha nó go mbeadh an corp dealaithe den tsráid. Chuir mé fainic ar Phádraig dhá mbeadh ól déanta acu gan ligean dóibh na gairéadaigh a ghearradh. Ach ní féidir Cáit Bheag a choinneál ó choirp. Ba é a buac chuile lá ariamh marbhán a bheith in áit ar bith ar an dá bhaile. Dhá mbeadh na seacht sraith ar an iomaire d'fhanfaidís ar an iomaire, ach í ag fáil bonn coirp …

Tá an chrois ar mo chliabhrach, an ceann a cheannaigh mé

fhéin ag an mision ... Ach cáil an chrois dhubh a thug bean
Thomáisín beannaithe chugam as an gCnoc an t-am sin a
mb'éigin Tomáisín a cheangal go deireannach. Dúirt mé leo an
chrois sin a chur orm freisin. Is cuidsúlaí go mór í ná an ceann
seo. Ó a thuit an chrois seo ó ghasúir Phádraig, tá cor cam sa
Slánaíodóir uirthi. An Slánaíodóir atá ar an gceann dubh is
mór an áilleacht é. Céard sin orm? Nach mé atá dearmadach i
gcónaí. Sin í faoi mo cheann í. Nach mairg nach hí a chuir siad
ar mo chliabhrach ...

Bhí acu snaidhm ní b'fhearr a chur ar an bpáidrín ar mo
mhéarachaí. Neil fhéin, go siúráilte, a rinne é sin. Bheadh
sásamh aici dhá dtuiteadh sé ar an talamh san am a raibh siad
do mo chur i gcónra. A Thiarna Thiarna, b'fhada amach
uaimse a d'fhanfadh sí sin ...

Tá súil agam gur las siad na hocht gcoinneal as cionn mo
chónra sa séipéal. D'fhág mé faoi réir acu iad, i gcúinne an
chomhra faoi pháipéir an chíosa. Sin rud nach raibh ariamh ar
chorp sa séipéal sin: ocht gcoinneal. Ní raibh ar an
gCurraoineach ach cheithre cinn. Sé cinn ar Liam Thomáis
Táilliúr, ach tá iníon leis sin sna mná rialta i Meiriocá ...

Trí leath-bhairille pórtair adúirt mé a chur orm, agus gheall
Eamonn na Tamhnaí dhom fhéin dhá mbeadh deoir ar bith
faoi shliabh go dtiocfadh sé leis gan cuireadh gan iarraidh.
Níorbh fholáir sin agus a mbeadh d'altóir ann. Ceathair déag
nó cúig déag de phunta ar a laghad ar bith. Chuaigh duine nó
scilling uaim i gcuid mhaith áiteachaí nach raibh sochraide ar
bith dlite dhom iontu, le cúig nó sé de bhlianta ó a d'airigh mé
mé fhéin ag tabhairt uaim. Is dóigh gur tháinig lucht an
tsléibhe uilig. Ba bhocht dóibh nach dtiocfadh. Bhíomar acu.
Sin cúnamh maith de phunt ar an gcéad iarraidh. Agus
muintir Dhoire Locha leanfaidís sin na cliamhaineachaí. Sin
cúnamh maith de phunt eile. Agus bhí sochraide dlite ag
Gleann na Buaile as éadan dom ... Ní bheadh iontas orm mara
dteagadh Stiofán Bán. Bhíomar ag chuile shochraide ariamh

aige. Ach déarfadh sé nar chuala sé é, nó go raibh mé curtha. Agus an ghailimaisíocht a bheadh ansin air: "Go deimhin dhuit a Phádraig Uí Loideáin, dhá mbeadh féith de mo chroí air, bheinn ag an tsochraide. Níor chumaoin domsa gan a theacht ar shochraide Chaitríona Pháidín dhá mba ar mo ghlúine a ghabhfainn ann. Ach dheamhan smid a chuala mé faoi go dtí an oíche ar cuireadh í. Scurach le …" An sclaibéara ós é Stiofán Bán é! …

Dheamhan a fhios agam ar caoineadh go maith mé. Gan bhréig gan mhagadh tá racht breá bogúrach ag Bid Shorcha mara raibh sí ro-óltach. Tá mé siúráilte go raibh Neil ag imeacht ag diúgaireacht ann freisin. Neil ag caoineadh agus gan deoir len a grua, an smuitín! A dúshlán sin an teach a thaobhachtáil agus mise beo …

Tá sí sásta anois. Shíl mé go mairfinn cupla bliain eile, agus go gcuirfinn rómham an raicleach. Thug sí anuas go mór ó d'eirigh an gortú dhá mac. Bhíodh sí ag dul coitiannta go leor ag an dochtúr le scathamh roimhe sin fhéin. Ach ní brí a bhfuil uirthi. Scoilteachaí. Ní thiúrfaidh siad sin aon bhás di go ceann fada. Tá sí an-phrámhaí uirthi fhéin. Sin caoi nach raibh mise. Anois atá a fhios agam é. Mharaigh mé mé fhéin le obair agus luainn … Dhá dtapaínn an phian sin shul a ndeachaigh sí in ainsil orm. Ach ó a bhuailfeas sé sna dúánaí duine tá a chaiscín meilte …

Bhí dhá bhliain agam ar Neil, ar aon chor … Baba. Ansin mise agus Neil. Bliain go Féil Míchil seo caite a fuair mé an pinsean. Ach fuair mé roimh an am é. Tá Baba suas agus anuas le trí déag agus cheithre fichid. Is gearr an bás uaithi anois, th'éis a dichill. Ní raibh an mhuintir se'againne saolach. Ach a bhfaighe sí scéal mo bháis-se, beidh a fhios aici gur beag é a seal fhéin, agus déanfaidh sí a huachta go cinnte … Ag Neil a fhágfas sí chuile chianóg ag gabháil léi. Tá sásamh maith ag an smuitín orm ina dhiaidh sin. Tá Baba blite suas aici. Ach dhá bhfaghainnse saol nó go ndéanfadh Baba uachta déarfainn go dtiúrfadh sí leath an airgid dom de bhuíochas Neil. Duine sách luath intinneach í Baba. Chugamsa is mó a bhí sí ag scríobhadh le trí bliana anois ó d'athraigh sí ó mhuintir Bhriain Mhóir, i Norwood, go Boston. Is maith an cúnamh í a bheith dealaithe ón gcuasnóig ghangaideach sin ar aon nós ...

Ach níor mhaith sí ariamh do Phádraig é gur phós sé an agóid sin as an nGort Ribeach, agus gur fhága sé Meaig Bhriain Mhóir ina dhiaidh. Ní thaobhódh sí tigh Neile beag ná mór, an uair sin a raibh sí sa mbaile as Meirocá marach gurb é mac Neile a phós Meaig Bhriain Mhóir. Tuige a dtaobhódh ... Pruchóigín de theach. Pruchóigín bhrocach de theach freisin. Ní teach do Phuncán a bhí ann ar aon nós. Níl a fhios agam cén chaoi ar bhain sí ceart arbith dhó i ndiaidh a bheith sa teach se'againne agus i dtithe móra Mheiriocá. Ach ba ghearr an cónaí a rinne sí ann, gur ghread sí anonn in ath-uair ...

Ní thiocfaidh sí go hÉirinn lena ló arís. Tá sí réidh leis. Ach cá bhfios cén mheanmna a bhuailfeadh í th'éis an chogaidh seo, má bhíonn sí sa gcomhaireamh ceann. Mheallfadh Neil sin an mhil ón gcuasnóig. Tá sí sách spleách, sách aigeanta len a dhéanamh. Léanscrios uirthi mar chailleach! Th'éis gur dhealaigh sí ó Chlann Bhriain Mhóir i Norwood, tá an-ghnaoi aici ar Mheaig Bhriain Mhóir i gcónaí ... Nárbh é mo Phádraig an pleoitín nach ndéanfadh a comhairle, agus iníon an scóllacháin ghránna a phósadh. "Níl aon mhaith dhaoibh liom," adeir an pleoitín. "Ní phósfainn Meaig Bhriain Mhóir dhá mba taobh léi a bheadh Éire." D'imigh Baba suas chuig Neil mar a bhuailfí ar an gcluais í, agus níor thaobhaigh sí an teach againne ní ba mhó ach seasamh ar an urlár ar éigin an lá a raibh sí ag dul ar ais go Meirocá.

— ... Mo ghrá é Hitler. Sin é an buachaill acu ...

— Má buailtear Sasana, beidh an tír in ainriocht. Tá an margadh caillte cheana againn ...

— ... A Chineál Tháilliúr na Leathchluaise, is tú a d'fhága anseo mé leath-chéad bliain roimh an am. Bhí an buille feille

ariamh fhéin i gcineál na Leathchluaise. Sceanna, clocha, agus buidéil. Ní throidfeá mar a throidfeadh fear ach mé a shá ...
— ... Cead cainte dhom. Cead cainte ...
— Crois Críosta choisreacan Dé orainn! — an beo nó marbh atá mé? An beo nó marbh atá siad seo? Tá siad uilig ag cur díobh chomh trean céanna agus a bhí as cionn talúna! Shíl mé ó chuirfí i gcill mé agus nach mbeadh cruóg oibre, ná imní tí, ná faitíos síne ná eile orm go mbéadh suaimhneas i ndán dom ... ach cén chiall an chathaíocht seo i gcré na cille ...

2

— ... Cé thú fhéin? Cáid ó a tháinig tú? An gcluin tú leat mé? Ná bíodh scáth ar bith ort. Déan an oiread teanntáis anseo, agus a dhéanfá sa mbaile. Mise Muraed Phroinsiais.
— Go gcuire Dia an t-ádh ort! Muraed Phroinsiais a bhí i mbéal an dorais agam ariamh. Mise Caitríona. Caitríona Pháidín. An cuimhneach leat mé a Mhuraed, nó an imíonn cuimhne an tsaoil as bhur gceann anseo? Níl sí imithe uaimse fós ar aon nós ...
— Ná ní bheidh. An saol céanna atá anseo a Chaitríona agus a bhí san "ould country" ach gurb é a bhfeiceann muid an uaigh a bhfuil muid inti, agus nach bhféadann muid an chónra a fhágáil. Ní chloisfidh tú an duine beo ach oiread, ná ní bheidh a fhios agat céard is cor dó ach de réir mar a innseos na marbháin nua-churtha é. Ach támuid in ar gcomharsanaí aríst a Chaitríona. Cáid anseo thú? Níor airigh mé ag teacht thú ...
— Níl a fhios agam ab é lá Fhéil Pádraig nó an lá in a dhiaidh sin a fuair mé bás, a Mhuraed. Bhí mé ro-chlaoite. Ná níl a fhios agam cáid anseo mé ach an oiread. Ach ní i bhfad é ar chuma ar bith ... Tá tusa scathamh maith curtha a Mhuraed ... Is fíor dhuit. Cheithre bliana go Cáisc. Ag scaradh gitín aoiligh do Phádraig sa nGarraí Domhainn a bhí mé nuair a

tháinig malrach mná le Tomáisín anuas in mo choinne. "Tá Muraed Phroinsiais ag saothrú báis," adeir sí. Meastú, ina dhiaidh sin, nach raibh Cáit Bheag ag dul isteach an doras san am a raibh mise ag ceann na hiothlann! Bhí tú séalaithe. Mise a chuir na hordógaí ort a Mhuraed. Leag mé fhéin agus Cáit Bheag amach thú. Má leag fhéin, ba é ráite chuile dhuine, go mba ghleoite a bhí tú as cionn cláir. Ní raibh aon ghair ag duine ar bith a bheith ag banrán. Dúirt gach is a bhfaca thú, a Mhuraed, go mba bhreá an corp thú. Ní raibh bun-chleite isteach ná barr-chleite amach ionat. Bhí tú comh luite, chomh mín agus dhá dtéadh an t-iarann ort as cionn cláir …

… Dheamhan mórán liostachais a bhí orm a Mhuraed. Bhí na duáin buailte le fada. Stopainn. Tháinig gárphian iontu cúig nó sé de sheachtainí ó shoin. I gceann mar a bhí mé tháinig slaghdán orm. Chuaigh an phian sa mbolg agus as sin suas i mbéal mo chléibh. Níor sheas mé ach timpeall seachtaine … Deamhan a raibh d'aois mhór mar sin agam a Muraed, aon bhliain déag agus trí fichid. Ach fuair mé crácamas ar feadh mo shaoil. Fuair i nDomhnach, agus bhí a shéala orm. Nuair a bhuail sé mé, bhuail sé in éindigh mé. Ní raibh aon teacht aniar ionam …

D'fhéadfá sin a rá a Mhuraed. Níor chuidigh scubaid an Ghoirt Ribigh chor ar bith liom. Cén smál a bhí ar mo Phádraig agus a phósadh an chéad lá in Éirinn? … Beannacht Dé dhuit a Mhuraed chroí, níl a fhios agat a leath, mar níor chaintigh mé amach as mo bhéal ariamh air. Tá sí ráithe mór fada anois gan faice a dhéanamh … Ceann óg. Níl ann ach gur shrian sí thrid. Tiúrfaidh an chéad cheann eile fuílleach le déanamh di déarfainn … Bhí an t-áilín páistí ansin agus iad ar aon chéill cés móite de Mháirín an gearrchaile is sine, agus bhíodh sí sin ag an scoil chuile lá. Bhínn fhéin ag crochadóireacht liom dhá níochán agus dhá gcoinneál ón tine, agus ag caitheamh deoladh acu chomh maith agus a d'fhéadainn … Is fíor dhuit a Mhuraed. Ní bhéidh aon teach ag Pádraig anois ó atá mise imithe. Go deimhin fhéin ní teach atá an scubaid siúd i ndon a choinneál, bean ar bith a bhíos gacha le lá ar an leabaidh … Anois adúirt tú é, a dheirfiúr ó! … is mór an truaighe Pádraig agus na páistí …

Bhí muis. Bhí chuile shórt faoi réir agam a Mhuraed, aiséadaí, brat na scaball agus eile … M'anam muise go raibh a Mhuraed, hocht gcoinneal orm i dteach an phobail, gurb shin í an fhírinne … Chuaigh an chónra ab'fhearr tigh Thaidhg orm. Ní raibh sí pínn as chúig phunt déag déarfainn … Ach ní dhá phláta atá uirthi seo a Mhuraed, ach trí cinn … Agus shílfeá gurb é an scáthan mór atá i bparlús an tsagairt chuile phláta acu …

Dúirt Pádraig liom go gcuirfeadh sé crois de ghlaschloich an Oileáin orm: ceann mar atá ar Pheadar an Ósta, agus scríobhainn Ghaeilge uirthí: "Caitríona Bean Sheáin Uí Loideáin …" É fhéin adúirt liom é gan frapa gan taca a Mhuraed … ba bheag an baol a bheadh ormsa a iarraidh air a Mhuraed … Agus dúirt sé go gcuirfeadh sé ráille timpeall na huaighe mar atá ar Shiúán an tSiopa, agus go gcuirfeadh sé pabhsaethe as mo chionn—dheamhan a gcuimhním cén t-ainm a thugas siad orthu—an cineál sin a bhí ar fheisteas dubh na Máistreása th'éis don Mháistir Mhór bás a fháil. "Níor chumaoin dúinn gan an méid sin a dhéanamh dhuit, agus chomh maith is a shaothraigh tú an saol dúinn," adeir Pádraig …

Ach cogar a Mhuraed, cén áit é seo? … dar brí m'anama is fíor dhuit é, Áit na Cúig Déag é … Anois a Mhuraed, tá a fhios ag do chroí istigh nach mbeinnse ag tnúthán go gcuirfí ar Áit an Phuint mé. Dhá gcuiridís ann mé, ní bhéadh aon neart agam air, ach maidir le go n-iarrfainn orthu mé a chur ann …

Neil ab ea … M'anam gur beag nar chuir mé rómham í. Dhá mairinn scaithín eile bhí agam … Chuir an timpiste a d'eirigh don mhac chun deireadh go mór í … Bhuail leoraí faoi thiar ag an Tráigh tá bliain nó bliain go leith ó shoin, agus rinneadh leicíneach dhá chorróig. Ní raibh a fhios istigh san oispidéal ar theacht nó imeacht dó go ceann seachtaine …

Ó chuala tú faoi cheana a Mhuraed ... M'anam gur chaith sé leathbhliain ar chúl a chinn a Mhuraed ... Dheamhan buille maitheasa muis a rinne sé ó a tháinig sé abhaile, ach ag imeacht ar dhá mhaide croise. Shíl chuile dhuine go raibh a chnaipe déanta ...

Níl na gasúir ionchúnta aige a Mhuraed, cés moíte den sconnochán is sine agus is scaibhtéara eisean ... D'eireodh sin dhó. A dhul len a shean-athair, len a chomhainm Brian Mór, an scóllachán gránna. Cén bhrí ach a mhamóin Neil. Ní dhearna muintir Neil aon Earrach a mb'fhiú trácht air le dhá bhliain ... Is mór an babhta ar Neil agus ar Mheaig Bhriain Mhóir an gortú. Is breá an sásamh ar an smuitín é. Bhí a thrí oiread fataí againne léi i mbliana ...

Óra beannacht Dé dhuit, a Mhuraed Phroinsiais, nach raibh an bóthar chomh fada fairsing aige fhéin le chuile dhuine sa tír, le fanacht as bealach an leoraí ... Mac Neil a caitheadh a Mhuraed. "Ní thiúrfaidh mé comhaireamh na sop dhuit," adeir an giúistís ... Thug sé fear an leoraí ag an seisiún ó shoin, ach ní ligfeadh an breitheamh do mhac Neil a bhéal oscailt chor ar bith. Tá sé lena thabhairt go Baile Átha Cliath chuig Árd-Chúirt go goirid, ach is beag an mhaith dhó sin. Dúirt Mainnín an Caibhnsiléara liom fhéin nach bhfaigheadh muintir Neil cianóg rua. " 'Dar a shon ru," adeir sé. "Ar an taobh contráilte den bhóthar" ... Is fíor dhuit a Mhuraed. Ní fhágfaidh an dlí bonn bán muise ar Neil. Chonách sin uirthi. Ní ghabhfaidh sí thar an teach se'againne chomh minic feasta ag gabhail "Eileanóir na ruan." ...

Ní bhíonn Jeaic bocht ar fónamh muis, a Mhuraed. Ara diabhal aire a thug Neil siúd ariamh dó, ná iníon Bhriain Mhóir ach oiread ó a chuaigh sí isteach sa teach ann ... Nach hí Neil mo dheirfiúr dílis fhéin, a Mhuraed, agus cén chiall nach mbeadh a fhios agam é? Níor thug sí aon aire do Jeaic bocht ariamh, ná cuid d'aire. Bhí sí an-ghar di fhéin. Ba chuma léi beirthe é ach í fhéin ... deirimse leatsa a Mhuraed gurb agamsa atá an fhírinne, gur shaothraigh Jeaic an saol ag an raicleachín ... Tomás Taobh Istigh a Mhuraed. Mar chonnaic tú ariamh é ... Tá sé in a bhotháinín i gconaí. Ach tuitfidh sé air lá ar bith feasta ... Ara muise nar thairg mo Phádraigsa a dhul suas agus brat tuí a chur air dó. "Go deimhin muise a Phádraig," adeirimse, "Is suarach na gnaithí a bheadh ort a dhul ag cur tuí do Thomás Taobh Istigh. Cuireadh Neil tuí dhó más breá léi. Má théann sise ag cur tuí dhó, gabhfamuide freisin ..."

"Ach níl duine ná deoraí ag Neil anois ó gortaíodh cois Pheadair," adeir Pádraig.

"Tá a cheart go maith le déanamh ag chuile dhuine," adeirimse, "a chuid tuí fhéin a chur, ní áirím pruchóigín an tseanchonúis Tomás Taobh Istigh."

"Ach tuitfidh an teach air," adeir sé.

"A chead sin a bheith aige," adeirimse. "Tá a dóthain le déanamh ag Neil anois agus gan a dhul ag líonadh clab mór Thomáis Taobh Istigh. Coinnigh ort anois a Phádraig a fhleascaigh! Is geall é Tomás Taobh Istigh le francaigh i soitheach a bheadh dhá bháthadh. Chugainne a chaithfeas sé tarraint ón mbáisteach anuas ..."

Nóra Sheáinín, adeir tú? ... Go mb'ait liom a theacht uirthi anseo ar ath-eolas ... An iomarca eolais atá agamsa uirthi sin, agus ar chuile dhuine dhá cineál a Mhuraed ... Ag éisteacht leis an máistir scoile a bhíos sí gach lá ... Leis an Máistir Mór, an creatúr ... An Máistir Mór ag léamh do Nóra Sheáinín! ... do Nóra Sheáinín ... ab bu búna ... Nach beag de mheas atá aige air fhéin, do mháistir scoile ... Ag léamh do Nóra Sheáinín ... Ar ndóigh, diabhal thiomanta focal foghluime in a pluic sin. Cá bhfaigheadh sí é? Bean nar sheas ag aon scoil ariamh mara dtéadh sí ann lá bhótála ... M'anam muise gur gradha an saol é má tá máistir scoile ag coinneál chainte le Nóra Sheáinín ... Céard adeir tú a Mhuraed? ... gur an-mhór fhéin atá sé léi ... Níl a fhios aige cé hí fhéin a Mhuraed ... Dhá mbeadh a hinín in aon teach leis le sé bliana déag, mar atá sí liomsa, bheadh a fhios aige cé hí fhéin ansin. Ach innseoidh mise dhó é … faoin máirnéalach agus eile …

— … "Bhí iníon ag Mártán Sheáin Mhóir
Agus bhí sí comh mór le fear ar bith."

— … Cúig faoi hocht ceathracha; cúig faoi naoi ceathracha cúig; cúig faoi dheich … ní chuimhním air a mháistir …

— … "A's tharraing sé 'nan aonaigh ag radaíocht indiaidh mná."

— … Bhí mise fiche, agus lom mé an t-aona hairt. Thug mé an rí ó do pháirtí-sa. Bhuail Mruchín mé leis an gcuileata. Ach bhí an naoi agam, agus tuitim imeartha ag mo pháirtí …

— Bhí an bhainríon agamsa agus cosaint …

— Bhí Mruchín leis an gcíonán a lomadh, agus scuabfadh sé do naoi. Nach rabhais a Mhruchín?

— Ach chuir an "mine" an teach in aer ansin …

— Ach b'againne a bheadh an cluiche mar sin féin …

— Fainic ab agaibh. Marach an "mine" …

— … Dia dhá réiteach go deo deo …

— … Láirín cheanainn. B'ait í …

— A Mhuraed níl méar i gcluais le cloisteáil anseo. Ó a Mhic Dé na nGrást anocht …" Láirín cheanainn." Lomán ort fhéin agus uirthi fhéin nach n-éisteann léi …

— Bhí mé ag troid ar shon Poblacht na hÉireann …

— Cé a d'iarr do ghnaithí ort …

— … Sháigh sé mé …

— Má sháigh muis ní sa teanga é. Lomán ar an gcúpla agaibh. Tá mé in mo shiún sincín agaibh ó tháinig mé 'na cille. Ó a Mhuraed dhá bhféadtaí doirtim ar cúlráid féin! As cionn talúna mara dtaithníodh a chomhlódar le duine d'fhéadfadh sé a bhfágáil ansin agus áit eicint eile a thabhairt air fhéin. Ach mo léan deacrach ní fhágfaidh an marbh láthair i gcré na cille …

3

... Agus ar Áit na Cúig Déag a cuireadh ina dhiaidh sin mé. Th'éis mo chuid fainiceachaí ... Nach hí Neile a chuir an cháir gháirí uirthi fhéin! Rachaidh sí ar Áit an Phuint go siúráilte anois. Ní bheadh lá iontais orm dhá mba í a chuirfeadh faoi deara do Phádraig mé a chur ar Áit na Cúig Déag i leabaidh ar Áit an Phuint. B'fhada go mbeadh sé d'éadan aici an teach a thaobhachtáil marach gur airigh sí mise básaithe. Níor sheas sí ar m'urlár-sa ón lá ar phós mé ... marar sheas sí ann i ngan fhios dom agus mé ag saothrú báis ...

Ach tá Pádraig simplí. Ghéillfeadh sé dhá cuid bladair. Agus thiocfadh bean Phádraig léi: "I ndomhnach fhéin anois gur agatsa atá an ceart, a Neile chroí. Tá Áit na Cúig Déag sách maith ag aon duine. Ní ridirí muid ..."

Tá Áit na Cúig Déag sách maith ag aon duine. Déarfadh sí é. 'Deile céard a déarfadh sí? Iníon Nóra Sheáinín. Ídeoidh mé uirthí fós é. Beidh sí anseo ar an gcéad duine eile clainne go siúráilte. Ídeoidh mé uirthi é, dar Dia. Ach ídeoidh mé ar a máthair é—ídeoidh mé ar Nóra Sheáinín fhéin é—idir dhá am.

Nóra Sheáinín. Anoir as an nGort Ribeach. Gort Ribeach na Lochán. Chualamar ariamh go mblitear na lachain ann. Nach cunórach í! Ag foghlaim anois ón Máistir. M'anam go raibh sé in am aici tosaí, go raibh sin. Ní labhaireodh máistir scoile in aon áit sa domhan léi ach sa roillig, agus ní labhaireodh sé ansin féin léi dhá mbeadh a fhios aige cé hí ...

A hinín a d'fhága anseo mé fiche bliain roimh an am. Mé reicthe le leathbhliain ag cumhdach a claimhe gasúir. Bíonn sí tinn nuair a bhíos páiste aici agus bíonn sí tinn nuair nach mbíonn. Scuabfaidh an chéad cheann eile í. Scuabfaidh go siúráilte ... Níorbh fhearr do Phádraig bhocht aige í, pér bith cén chúis a dhéanfadh sé dhá fuireasa. Ba shin é fhéin an mac do-chomhairleach. "Ní dhéanfaidh mé a malrait go bráth a mháthair," adeir sé. "Imeoidh mé go Meiriocá, agus fágfaidh mé an áit ansin i dtigh an mhíádha, nuair nach bhfuil aon luí agaibh léi" …

Sin é an uair a bhí Baba sa mbaile as Meiriocá. D'iarr sí go bog agus go cruaidh air Meaig Bhriain Mhóir a phósadh. Ba mhór an cúram a bhí uirthi, ach an oiread le scéal, faoi chaillteoigín ghránna Bhriain Mhóir! "Thug sí aire mhaith i Meiriocá dhom," adeir sí, "nuair a bhí mé go dona tinn agus arbh fhada uaim chuile dhuine de mo mhuintir fhéin. Is gearrchaile maith seiftiúil í Meaig Bhriain Mhóir, agus tá spaga maith aici féin i dteannta a dtiúrfaidh mise di. Ba mhó mo chion ort a Chaitríona," adeir sí liomsa, "ná ar aon deirfiúr eile dhá raibh agam. B'fhearr liom mo chuid airgid a fheiceál in do theach-sa ná ag aon duine dhá mbaineann liom. B'ait liom forás a fheiceál ar do mhac Pádraig. Tá an dá chrann ar do bhois anois a Phádraig," adeir sí. "Tá deifir ar ais go Meiriocá ormsa, ach ní ghabhfaidh mé ann go bhfeice mé an gearrchaile seo ag Briain Mór i gcrích abhus, ó tharla nach raibh sí ag fáil aon tsláinte den rath thall. Pós í a Phádraig. Pós Meaig Bhriain Mhóir, agus ní fhágfaidh mise ar deireadh sibh. Tá an oiread agam agus nach bhfeicfidh mé caite. Tá sí iarrta cheana ag mac Neil. Bhí Neil fhéin ag caint liom faoi an lá cheana. Pósfaidh sí mac Neil, mara bpósa tusa í a Phádraig. Sin nó pós do rogha duine, ach má phósann …"

"Is túisce a d'imeoinn ag iarraidh mo chodach," adeir Pádraig. "Ní phósfaidh mé aon bhean dár chuir aghaidh le aer ach inín Nóra Sheáinín as an nGort Ribeach …"

Phós.

Mé fhéin a b'éigin léine a chur ar a craiceann. Ní raibh airgead an phósta fhéin aici, ní áirím spré. Spré ag Cineál na gCosa Lofa! Spré i nGort Ribeach na Lochán a mblitear na lachain ann … Phós sé í, agus tá sí ina bás ar sliobarna ansin ó shoin aige. Níl sí i ndon muc ná gamhain a thógáil, cearc ná gé, ná na lachain fhéin ós iad a chleacht sí sa nGort Ribeach. Tá a teach salach. Tá a páistí salach. Níl sí i ndon freastal do thalamh ná do thrá …

Bhí iarmhais sa teach sin nó go dtáinig sí isteach ann. Choinnigh mise glan sciúrtha é. Ní raibh aon oíche Shathairn dar éirigh ar mo shúil nar nigh mé a raibh de stólta agus de chathaoireachaí agus de bhoird ann amuigh ag an sruthán. Shníomh mé agus chárdáil mé. Bhí abhras agam agus barrógaí. Thóig mé muca agus laonntaí agus éanlaith … an fhad is a bhí sé de lúd ionam a dhéanamh. Agus nuair nach raibh, choinnigh mé an oiread de náire ar inín Nóra Sheáinín agus nar lig sí a maidí le sruth ar fad …

Ach cén chaoi a mbeidh an teach anois de m'uireasa, … Beidh sásamh maith ag Neil bhreá ar aon chor … Tig léi. Tá bean mhaith aráin agus abhrais ar an urlár aicise: Meaig Bhriain Mhóir. Is furasta dhi a bheith ag gáirí faoin bpleoitín is mac domsa nach bhfuil aige ach an tslamóig, an chiomach. Nach minic adéarfas Neil ag dul suas thar an teach se'againne anois: "Mhainín go bhfuair muid deich bpunt fhichead ar na muca … Aonach maith a bhí ann, dhá mbeadh beithigh tóigthe agat. Fuair muide sé phunt dhéag ar an dá ghamhain … Th'éis gurb é seascach na gcearc é, cruinníonn Meaig se'aghainne seifte i gcónaí. Bhí cheithre scór uibheachaí aici sa nGealchathair Dé Sathairn … Ceithre ál sicíní a tháinig amach i mbliana dhúinn. Tá na cearca uilig ag breith ath-líne. Chuir mé síos ál eile inné. 'Áilín bhreactha an choirce,' adúirt Jeaic, nuair a chonnaic sé dhá gcur síos mé …" Beidh giodam in a leathdeireadh anois ag dul thar an teach se'aghainne. Aireoidh sí mise as. Neil! An Smuitín! Sí mo dheirfiúr í. Ach nar theaga corp 'un cille 'un tosaigh uirthi … !

4

— … Bhí mé ag troid ar shon Phoblacht na hÉireann, agus chuir tusa chun báis mé, a fhealladóir. Ar thaobh Shasana a throid tú, lá is gur throid tú ar shon an tSaorstáit … Gunna Sasanach a bhí in do láimh, airgead Shasana in do phóca agus sprid Shasana in do chroí. Dhíol tú t'anam agus t'oidhríocht sinseartha ar shon "slad-mhargaidh," ar shon posta …

— Thug tú éitheach! Corpadóir a bhí ionatsa, éirithe amach in aghaidh Rialtais dhlisteanaigh …

— … Dar dair na cónra seo a Mhuraed, thug mé an punt di, do Chaitríona …

— … D'ól mé dhá phionta agus dá fhichead …

— Is maith a chuimhním air a Chraosánaigh. Chuir mé mo rúitín amach an lá sin …

— … Chuir tú an scian ionam idir boilg agus barr asnachaí. Thrí scimhil na n-aobha a chuaigh sí. Thug tú cor di ansin. Bhí an buille feille ariamh féin i gcineál na Leathchluaise …

— … Cead cainte dhomsa. Cead cainte …

— An bhfuil tú faoi réir le haghaidh an uair léitheoireachta anois, a Nóra Sheáinín? Cuirfeamuid ceann ar novelette nua inniu. Chríochnaíomar "Beirt Fhear agus Pufa Púdair" an lá faoi dheireadh, nar chríochnaigh? Sén tiodal atá ar an gceann seo: "An Chaor-Phóg." Éist anois a Nóra Sheáinín:

"Cailín soineannta a bhí in Nuala, nó gur casadh Séarlas ap Ríos léi sa gclub oíche …" Tá a fhios agam. Níl suaimhneas ná cúlráid ná deis cultúir anseo … agus mar adeir tusa a Nóra, is ag caint ar mhion-chúrsaí suaracha a bhíos siad d'fheacht agus go háirid … cártaí, capaill, ól, foiréigin … tá muid ciaptha aige féin agus ag a láirín chuile ré solais … Dheamhan smid bhréige agat a Nóra chroí … Níl aon fhaill anseo ag an té atá ag iarraidh a intleacht a shaothrú … Sin í glan na fírinne adeir tú a Nóra … Tá an áit seo chomh míbhéasach, chomh spad-intinneach, chomh barbartha le Garbh-Chríocha na

Leathghine ansin thíos ... Sna haoiseannaí dorcha ceart atámuid ó a thosaigh na sansculottes a charnaigh airgead ar an "dole" dhá gcur in Áit na Cúig Déag ... Sén chaoi a roinnfinnse an roillig seo a Nóra dhá mbeadh cead mo chomhairle fhéin agam: aos iolscoile ar Áit an Phuint, aos ... Nach hea a Nóra! Is náire bhruite é muis go bhfuil roinnt de mo chuid scoláirí fhéin sínte suas liom anseo ... Cuireann sé lionndubh orm a neamh-eolgaí is atá siad, nuair a smaoiním ar ar chaith mé de dhúthracht leo ... Scaití freisin bíonn siad sách neamodhach liom ... Ní thuigim céard atá ag teacht ar an líne óg chor ar bith ... Is fíor dhuit é a Nóra ... Gan aon deis chultúir chreidim ...

"Cailín soineannta a bhí i Nuala nó gur casadh Séarlas ap Ríos léi sa gclub oíche ..." Club oíche, a Nora? ... Ní raibh tú i gclub oíche ariamh? Bhuel, níl club oíche neamhchosúil leis an áit seo ... A, ní hea, a Nóra. Ní hionann na háiteachaí a thaithíos aos mara agus clubanna oíche. "Dives" iad sin a Nóra, ach aos cultúir a théas go dtí na clubanna oíche ... Ba mhaith leat cuairt a thabhairt ar cheann acu, a Nóra ... Níor dhrochbheart é, le bal-chríoch, le clár mín, le "cachet" a chur ar do chuid oideachais ... Bhí mé fhéin i gclub oíche i Londain san am ar hardaíodh páighe na múinteóirí roimh an dá ísliú. Chonnaic mé prionsa Aifriceach ann. Bhí sé comh dubh leis an sméir agus é ag ól champagne ... Bheadh an-fhonn ort a dhul go dtí club oíche a Nóra! Nach thú atá téisiúil ... "naughty girl" a Nóra ... "naughty ..."

— A mhagarlach bhradach! Iníon Sheáinín Spideóg as an nGort Ribeach! Cén áit é sin ar dhúirt sí go mba mhaith léi a dhul a Mháistir ... ? Nar mhaire sí a ceird muis! Seachain a dtiúrfá aon aird uirthi, a Mháistir chroí. Dhá mbeadh aithne agad uirthí mar atá agamsa, béal marbh a bheadh ort léi. Tá mise le sé bliana déag ag cocaireacht len a hiníon agus léi fhéin. Is suarach na gnaithí atá ort a Mháistir ag diomallú do chuid ama le Nóirín na gCosa Lofa. Ní raibh sí aon lá ag an scoil ariamh a Mháistir agus is fhearr a d'aithneódh sí sliocht dreancaide ná an tA.B.C....

— Cé seo? Cé thú fhéin … ? Caitríona Pháidín. Ní féidir go bhfuil tú ar fáil, a Chaitríona … Bhuel, dhá fhada go dtí é, seo é a dtealta ar fad sa deireadh … Sé do bheatha a Chaitríona, sé do bheatha … Tá faitíos orm a Chaitríona go bhfuil tú … Céard adéarfas mé … rud beag ro-dhian ar Nóra na gCosa … Nóra Sheáinín … Tháinig an-fheabhas intinne uirthi ón am a mbíodh tusa … cén leagan é sin a chuir tú air a Chaitríona … Sea … Ag cocaireacht léi … Is doiligh dhúinne am a bharraíocht, ach má thuigim i gceart thú, tá sí trí bliana anseo anois faoi thionchar thairbheach an chultúir … Ach cogar seo a Chaitríona … An gcuimhníonn tú ar an litir a scríobh mé dhuit chuig do dheirfiúr Baba i Meiriocá … Ba í an litir deiridh a scríobh mé í … Buaileadh síos mé le tinneas mo bháis, an lá dar gcionn … An bhfuil an uachta sin idir chamánaí fós … ?

— Is iomdha litir a tháinig ó Bhaba ó bhítheása ag scríobhadh dhom, a Mháistir. Ach níor thug sí saoradh ná séanadh uaithi faoin airgead ariamh. Fuair muid freagra uaithi ar an litir sin adúirt tú a Mháistír. Sén uair deiridh é ar chaintigh sí ar an uachta: "Ní dhearna mé m'uachta fós," adeir sí. "Tá súil agam nach n-éireoidh aon bhás tobann ná aon bhás de thimpiste dhom, mar a shamlaigh sibh in bhur litir. Ná bíodh imní oraibh. Déanfaidh mé m'uachta i dtráth, nuair is léar dom gá a bheith leis." Séard adúirt mé féin nuair a tháinig sí: "Chaithfeadh sé gur máistir scoile a scríobh í sin di. Ní raibh caint den tsórt sin ariamh ag an muintir se'aghainne."

An Máistir Beag—do chomharba fhéin—a scríobhas dúinne anois, ach tá faitíos orm go scríobhann an sagart do Neil. Tá an chaile siúd i ndon a bhréagadh lena cuid sicíní agus stocaí cniteáilte agus an chrúibín cham. Sí atá deas air a Mháistir. Shíl mé go mairfinn cupla bliain eile agus go gcuirfinn rómham an raicleach … !

Rinne tusa do dhícheall dom faoin uachta ar chaoi ar bith a Mháistir. Bhí láimh ar an bpeann agat a Mháistir. Ba mhinic a chonnaic mé thú ag scríobhadh litir, agus sén tsamhail a thugainn duit, go raibh do pheann i ndon focla a dhubhú ar pháipéar chomh gasta is a thógfainnse lúib ar stoca ... "Go ndéana Dia grásta ar an Máistir mór bocht," adeirinn féin. "Ba soilíosach é. Dhá dtugadh Dia saol dó, bhainfeadh sé an t-airgead amach domsa ..."

Sílim gur gearr go gcuirfidh an Mháistreás—do bhean atá mé a rá, a Mháistir—caoi uirthi fhéin aríst. D'éireodh dhi. Bean óg luath láidir fós bail ó Dhia uirthi ... Glacaim pardún agad a Mháistir! Ná bac le tada dhá n-abróidh mise. Bím ag síthrá liom mar sin, ach dheamhan neart a bhíos ag duine air sin fhéin ... A Mháistir chroí, níor cheart dom a innseacht duit chor ar bith. Cuirfidh sí buaireadh ort. Shíl mise a Mháistir gur cluaisíní croí a bheadh ort faoi rá is go mbeadh an Mháistreás ag cur caoi uirthi fhéin ...

Anois a Mháistir, ná tóig orm é ... níl mé béalráiteach ... Ná hiarr orm an fear a innseacht a Mháistir ... A anois a Mháistir chroí ná hiarr orm é ... Dhá mbeadh a fhios agam a Mháistir go gcuirfeadh sé an oiread sin cantail ort, ní labhaireoinn beag ná mór air ...

Mhionnaigh sí agus mhóidigh sí, a Mháistir, dhá bhfaighthea bás nach bpósfadh sí aon fhear eile! A, a Mháistir chroí! ... nár chuala tú ariamh é a Mháistir: i ndiaidh na mionna is fearr na mná ... Diabhal a raibh tú fuaraithe muis a Mháistir nó go raibh a súil cocáilte aici ar fhear eile. Sílim, a Mháistir, eadrainn fhéin go raibh sí buille aerach ariamh ...

An Máistir Beag ... Go deimhin muise ní hé a Mháistir ... Máistir Dhoire Locha. Sin fear gnaíúil a Mháistir. An sdriog fhéin ní ólann sé. Tá sé fhéin agus deirfiúr an tsagairt phobail—an tsliseoigín ghágach dhubh siúd a mbíonn an treabhsar uirthi—le pósadh go goirid. Deir siad go bhfaighidh sé an scoil nua ansin ...

Go deimhin muise ní hé an póilí rua é ach oiread. Tá plíoma de "nurse" aige sin ar stropa sa nGealchathair, adeir siad ... ná fear na bhfataí ... Tomhais leat anois a Mháistir. Tiúrfaidh mé cion do thomhaise dhuit ... Tá Peaidín imithe go Sasana a Mháistir. Baineadh an leoraí dhe, agus díoladh air é. Ní raibh aon bhóthar dhá dtéadh sé ag tarraint mhóna nar fhága sé streoille fiacha ina dhiaidh ann. Tomhais aríst a Mháistir ... An fear ceanann céanna a Mháistir, Bileachaí an Phosta. Is ait a chruthaigh tú agus é a thomhais. Tá an-chloigeann ort a Mháistir dhá mbeadh an saol ag caint ...

Fainic thú fhéin ar Nóra Sheáinín. D'innseoinnse rudaí dhuit a Mháistir ...

Ara caith thart an scéal sin a Mháistir agus ná cuireadh se buaireadh ar bith ort ... Diabhal a fhios agam nach fíor dhuit é a Mháistir. Bhíodh rudaí thar litreachaí ag tarraint Bhileachaí timpeall an tí ... A a Mháistir ... Bhí sí buille beag aerach ariamh fhéin, do bhean ...

5

— ... Cuireadh anonn iad ina lánchumhachtóirí le conra shíochána a dhéanamh idir Éirinn agus Sasana ...

— Deirimse go dtug tú do dheargéitheach. Níor cuireadh anonn iad ach mar theachtaí amháin, agus chuaigh siad thar a n-údarás, agus rinne siad an fheall, agus tá a shliocht ar an tír ...

— ... Láirín cheanann. B'ait í. Níor tholgán di tonna go leith a iompar ...

— ... Dar dair na cónra seo, a Nóra Sheáinín, thug mé an punt di, do Chaitríona ...

— ...   Bhí iníon ag Mártan Sheáin Mhóir
Agus bhí sí chomh mór le fear ar bith
Sheasfadh sí thuas ar an ard ..."

— ... Ara i dtigh diabhail go raibh do Shasana agus a cuid

margaí agat. Faitíos atá ort faoi do chupla pínn san mbeainc. Mó ghrá é Hitler! ...

— ... Anois a Chóilí is scríbhneoir mise. Léigh mé leathchéad leabhar ar an leabhar leatsa. Cuirfidh mé dlí ort a Chóilí má shamhlaíonn tú nach scríbhneoir mé. Ar léigh tú mo leabhar deiridh, "Aisling an Smugairle Róin?" ... Níor léigh tú í a Chóilí ... Gabh mo leithscéal a Chóilí. Tá an-aiféala orm. Níor chuimnigh mé nach raibh tú i ndon léamh ... Is cumasach go deo an scéal é a Chóilí ... Agus bhí trí úirscéal go leith, dhá dhrama go leith, agus naoi n-aistriú go leith ag an nGúm agam, agus gearrscéal go leith eile "An Fuineadh Gréine." Ní cheideonainn ar a bhfaca mé ariamh nach raibh "An Fuineadh Gréine" ar fáil sul ar éagas ...

Má tá fút a dhul ag cumadh a Chóilí cuimhnigh gur geis leis an nGúm rud ar bith a chuirfeadh iníon i bhfalach ar a hathair a fhoilsiú ... Gabh mo leithscéal, a Chóilí. Tá aiféala orm. Shíl mé go raibh rún agat a dhul ag cumadh. Ach ar fhaitíos go mbuailfeadh an fonn diaga sin thú ... Níl duine ar bith de lucht na Gaeilge nach mbuaileann sé tráth eicínt dhá shaol ... an tsíonra ar an gcladach thiar anseo is ciontach adeirtear ... béarfaidh mé cupla comhairle dhuit ... Anois a Chóilí ná bí daoithiúil ... Is dualgas coinsiais ar gach Gaeilgeóir a fháil amach a bhfuil bua na scríbhneóireachta aige, go háirid bua na gearrscéalaíochta, na drámaíochta agus na filíochta ... Is coitiannta go fada an dá bhua dheiridh seo ná bua na gearrscéalaíochta fhéin, a Chóilí. Filíocht anois, cuirim i gcás. Níl agat ach tosaí ag scríobhadh ó bhun an leathanaigh leat suas ... sin nó scríobhadh ó dheis go clé, ach níl sin baol ar chomh fileata leis an mbealach eile ...

Gabh mo leithscéal a Chóilí. Tá aiféala ró-mhór orm. Níor chuimhnigh mé nach raibh scríobhadh agus léamh agat ... Ach an gearrscéal a Chóilí ... Ceartóidh mé mar seo dhuit é ... D'ól tú pionta pórtair, nar ól? ... Sea, tuigim. D'ól tú pionta pórtair go minic ... Ná bac len ar ól tú a Chóilí ...

— D'ól mise dhá phionta agus dá fhichead as cosa i dtaca ...
— Tuigim é sin ... Foighid ort nóiméad ... Fear maith! Lig domsa labhairt ... A Chóilí bíodh unsa céille agat, agus lig domsa labhairt ... Chonaic tú an barr a bhíos ar phionta pórtair. Cúr nach hea? Cúr broghach neamhthairbheach. Agus ina dhiaidh sin, dhá mhéad dhe dhá mbeidh air, is amhlaidh is mó a amplaíos daoine an pionta. Agus má amplaíonn duine an pionta ólfaidh sé an grúdarlach agus a bhfuil ann, cé gur minic leis blas leamh a bheith air. An bhfeiceann tú anois a Chóilí tús agus lár agus deireadh an ghearrscéil? ... Seachain a ndéanfá dearmad air sin a Chóilí go gcaithfidh an deireadh blas goirt a fhágáil in do bhéal, blas na póite diaga, fonn ghoidthe na tine ó na déithe, dúil plaic eile a bhaint as úll na haithne ... Féacha an chaoi a gcríochnóinn an gearrscéal údaí—"An tAth-Fhuineadh Gréine" a raibh mé ag gabhail dó marach gur bhásaigh mé go tobann le ruaig de thrálach scríbhneora:

"I ndiaidh don chailín an focal cinniúnach sin a rá, d'iontaigh seisean ar a chois agus chuaigh sé amach as an seomra plúchta faoi aer an tráthnóna. Bhí an spéir dorcha thiar ag scamaill reamhra a bhí ag brú isteach den fharraige. Agus bhí grian bheag dhreach-chaillte ag dul i dtalamh ar chúla Chnoc an tSeanbhaile ..." Sin é an tour de force a Chóilí: "grian bheag dhreach-chaillte ag dul i dtalamh;" agus ní miste dhom a mheabhrú dhuit nach mór an líne dheiridh thar éis an fhocail dheiridh a bheith spréite go flaithiúil le poncannaí, poncannaí scríbhneora mar a thugaimse orthu ... Ach b'fhéidir go mbeadh sé d'fhoighid agat, a Chóilí, éisteacht liom dhá léamh ar fad dhuit ...

— Fan ort anois a dhuine chóir. Innseoidh mise scéal duit: "Bhí triúr fear ann fadó ...

— A Chóilí! A Chóilí! Níl ealaín ar bith sa scéal sin: "Bhí triúr fear ann fadó ..." Tosach sú-chaite é ... Anois a Chóilí, foighid ort nóiméad. Lig domsa labhairt. Sílim gur scríbhneóir mé ...

— Éist do bhéal a bholgán béice. Innis leat a Chóilí …

— Bhí triúr fear ann fadó, agus is fadó bhí. Bhí triúr fear ann fadó …

— Sea a Chóilí …

— Bhí triúr fear ann fadó … bhí muis triúr fear ann fadó. Níl a fhios céard ba cor dóibh thairis sin …

— … "As dar mo leabhar a Jeaic na Scolóige …"

— … Cúig faoi haondéag caoga cúig; cúig faoi thrí déag … cúig faoi thrí-déag … ní fhoghlaimíonn duine é sin chor ar bith … Anois b'fhéidir, a Mháistir, nach bhfuil siad agam! … Cúig faoi sheacht … ab shin í an cheist a chuir tú orm a Mháistir? Cúig faoi sheacht ab ea? … Cúig faoi sheacht … faoi sheacht … foighid ort anois ala an chloig … Cuig faoi haon sin a cúig …

6

— … Ach ní thuigim é a Mhuraed. Honest engine, ní thuigim. Thug sí—Caitríona Pháidín adeirim—mí-chliú leis an Máistir Mór orm. Cén brí ach nach ndearna mé tada uirthi? Is feasach duit a Mhuraed nach gcuirimse araoid ar chúrsaí aonduine, ach go síorraí le cultúr. Agus crois bhreá thaibhseach orm freisin. Smashing, adeir an Máistir Mór. Mise a mhaslú a Mhuraed! …

— Tá sé in am agat cleachta mhaith a bheith agat ar theanga Chaitríona a Nóra Sheáinín …

— Ach honest a Mhuraed …

— … "Ar nós concar i líon, bhí Caitríona ar bís
   Go bhfastaíodh sí cír Nóra Sheáinín."

— Ach bíonn sí i m'éadan-sa d'fheacht agus go háirid. Ní thuigim é. Honest …

— … "An mhaidin níor ársaigh gurb sheo anoir Nóra
       Sheáinín
   Le 'Tríona a scláradh i gcumraíocht an éisc—"

— "M'inín bhreá mhánla, má phós sí do Phádraig,
  Is fearrde do bhráicín a cuid a's a spré—"
— "A Chaitríona ghránna b'ort nach raibh an náire
  Gur iarr tú droch-cháilíocht a chur orm fhéin—"
— ... A cuid bréag a Mhuraed! Honest to God! Meastú céard adeir sí le Dotie ... a Dotie ... a Dotie ... Céard adeir Caitríona Pháidín leat fúmsa ...

— Dia dhá réiteach go deo deo. Níl a fhios agamsa cé sibh féin chor ar bith. Nach mairg nach dtug siad mo chual cré thar Ghealchathair soir, agus mé a shíneadh i dTeampall Bhrianáin ar chlár ghléigeal an Achréidh abuil mo mhuintir ...

— Dotie! Dúirt mé leat cheana gur "maothnas ruaimeach" an chaint sin. Céard adúirt Caitríona ...

— Chaith sí an chaint is díbhircí dhár chuala mé ariamh faoina deirfiúr fhéin Neil. "Nár theaga corp 'un cille 'un tosaigh uirthi!" adeir sí. Ní chloisfeá caint mar sin ar chlár ghléigeal an Achréidh ...

— Dotie! Ach fúmsa ...

— Faoi t'inín.

— ... "Ní raibh cóta cabhlach aici, ná léine phósta,
  Ach'réir mar chóiríos í as mo phóca fhéin ..."

— Dúirt sí go mba sibh Cineál na gCosa Lofa agus go raibh sibh foirgthe le dreancaidí ...

— Dotie! De grace ...

— Go mbíodh máirnéalaigh . ... .

— Parlez-vous francais, Madame, Madamoiselle ...

— Au revoir! Au revoir! ...

— Mais c'est splendide. Je ne savais pas qu'il y avait une ...

— Au revoir. Honest a Mhuraed, marach eolas ag Dotie orm, b'fhéidir di na bréaga sin a chreidsiúint ... Dotie! "An maothnas" arís. Is tú mo chomhloingseoir ar mhuir dhochoimsithe an chultúir a Dotie. Ba cheart go mbeitheá i ndon gach claonbhreith agus gach réamhbhreith a scagadh as d'intinn, mar adúirt Clicks i "Beirt Fhear agus Pufa Púdair" é ...

— ... An File a rinne é, adéarfainn ...
— Óra ab é an dailtín sin ru ...
— Go deimhin muis, níorbh é. Ní raibh sé de rath air. Micil Mór Mhac Confhaola a rinne é:
"Ag cumhdach sean-Yank a bhí Baba Pháidín
Agus bean dhá cáilíocht ní raibh i Maine—"
— Honest a Mhuraed, tá dearmad déanta agam ar gach is ar bhain le cúrsaí Chaitríona Pháidín ar an bplána as ar gcionn. An cultúr a Mhuraed. Ardaíonn sé an intinn go dtí na beanna oirearca agus osclaíonn sé na bruidhinte sí di a bhfuil réamhdhamhna datha agus fuaime i dtaisce iontu, mar adeir "Nibs" sa "Fuineadh-Fholt." Ní fhanann aon spéis ag duine i suaraíl ná i gcúrsaí fánacha na beatha marainní. Tá Aimhriar glórmhar in m'intinn le tamall anuas de bharr maidhmire an chultúir ...
— ... "As bean dhá cáilíocht ní raibh i Maine
Tháinig sí abhaile faoi shíoda gáifeach
Mar bhréag sí an carnán ón gcailligh léith ..."
— ... Níor phós Baba Pháidín ariamh, ach i gcionn na caillí ó chuaigh sí go Meiriocá. Meastú nar fhága an chailleach a cuid airgid fré chéile aici—nó i ndáil leis—agus í ag fáil bháis ... Líonfadh Baba Pháidín a bhfuil d'uaigheannaí sa gcill seo le giniúchaí buí, nó sin é an cháil atá uirthi, a Dotie—
— ... Cóilí fhéin a rinne an raiméis sin. 'Deile:
"Ara Bhaba a stór," adeir cut Chaitríona
"Ná géill di a stór," adeir cut Neil.
"Dhá bhfaghainnse an t-ór," adeir cut Chaitríona
"Dhomsa é a stór," adeir cut Neil.
— B'fhearr le Caitríona ná míle léas ar a saol Neil a chur as uachta Bhaba ...
— ... "Tá póca deas orm," adeir pisín Chaitríona.
"Tá póca deas orm," adeir pisín Neil.
— "L'aghaidh airgead caillí," adeir pisín Chaitríona.
"Ní dhuit a gheall Baba," adeir pisín Neil ...

— Bhí chuile mháistir scoile dhá raibh ann leis an fhad seo sáraithe aici ag scríobhadh go Meiriocá di ...

— Agus Mainnín an Caibhnsiléara ...

— Dúirt an Máistir Mór liom gur scríobh sé litreachaí an-chultúrtha di. Thóig sé a lán Meiriocánais ó na pictiúir ...

— An t-am a dtugadh sé an Mháistreás don Ghealchathair sa mótar ...

— Sén cantal ar fad atá ar Chaitríona anois gur bhásaigh sí roimh Neil. Ba mhinic san am a raibh mé beo a chloisinn ag dul an bóithrín í ag síthrá léi fhéin.

"Cuirfidh mé Neil rómham i gcré na cille" ...

— ... Déan an fhírinne, a Chóilí. An tú fhéin a rinne an raiméis sin?

— Micil Mór Mhac Confhaola a rinne é. Sé a rinne "Amhrán Chaitríona" agus "Amhrán ..."

— ... Ach tá Neil beo fós. Sí a gheobhas uachta Bhaba anois. Níl deirfiúr ná deartháir ann ach í ...

— Fainic ab í a Mhuraed. Bhí an-chion ag Baba ar Chaitríona.

— An bhfuil a fhios agaibh céard adeireadh mo chinnire-sa faoi mhuintir Pháidín:

"Coileachaí gaoithe," adeireadh sé. "Dhá dtéadh duine acu chuig an aonach le bó a cheannacht, thiocfadh sé abhaile faoi cheann leathuaire, agus asal aige. Agus ansin déarfadh sé leis an gcéad duine a gheobhadh caidéis don asal: "Faraor nach bó a cheannaigh mé i leabaidh an sean-scrataí d'asal sin. Ba í ba ghaire do chabhair ..."

— ... "An ngluaisfeá fhéin abhaile liom: tá áit dhuit faoi
    mo sheál
   'S dar mo leabhar a Jeaic na Scolóige go mbeidh
    amhráin ai'nn go brách" ...

— ... Tuige dhá mba haisteach an forainm ar dhuine é a Dotie ... Sea. Jeaic na Scolóige. Tá sé thuas amuigh as cionn an bhaile a raibh mise agus Caitríona ann ... Chonnaic mise an

Scolóig fhéin, athair Jeaic … An Scolóig. De mhuintir Fhíne ó cheart é … Ní fáth gáirí ar bith é, a Dotie … Dotie! Tá Scolóig chomh slachtar le Dotie lá ar bith sa saol. Bíodh a fhios agat más ó chlár gléigeal an Achréidh fhéin thú nach faoi chirc a ligeadh amach muide ach an oiread leat …

— De grace Marguerita …

— … "Pósfaidh mé Jeaic," adeir madadh Chaitríona.

"Pósfaidh mé Jeaic," adeir madadh Neil …

—D'eitigh Caitríona cuid mhaith fear. Duine acu Briain Mór. Bhí réimse talúna aige, agus bráigill air. D'iarr a hathair uirthi a dhul ann. Ní raibh meas uisce na bhfataí aici air …

— … Tosaigh ar an amhrán sin aríst agus abair ceart é …

— "D'eirigh Mac na Scolóige …"

— … Ní bheadh a fhios agat gur chuir Dia anam i Jeaic na Scolóige nó go dtéadh sé ag gabháil fhoinn. Ach ó chloisfeá a ghuth cinn uair amháin d'fhanfadh sé in a leannán agad uaidh sin amach. Muise dheamhan a fhios agam cén luighe a chuirfeas mé air …

— Brionglóid cheoil.

— Sea a Nóra. Mar a bheadh brionglóid aisteach ann go díreach. Thú ceachrach ar bharr aille. An poll báite as do choinne síos. Thú ag eitealla le faitíos … Ansin guth Jeaic na Scolóige ag teacht chugat aníos as an duibheagán. Ghabhfadh ag an bhfonn ar an bhfaitíos ort. Thú do do ligean fhéin le fánaidh … Thú do d'aireachtáil fhéin ag sciorradh le fánaidh … le fánaidh … le doirtim ní ba ghaire don ghuth sin …

— O my a Mhuraed! How thrilling! Honest …

— Ní fhaca mé aon duine ariamh a bhfanadh cuimhne aici cén t-amhrán adúirt Jeaic na Scolóige. Níodh muid dearmad ar chuile shórt ach an croí a bhí sé i ndon a chur in a ghuth. Ní raibh bean óg ar na bailteachaí nach líofadh an casán aistreánnach 'nan tí aige, ar lorg a chos. Ba mhinic thuas ar na portaigh a chonnaic mé mná óga agus an dá luath a bhfaighdís amharc ar Jeaic na Scolóige thoir ar a chuid portaigh fhéin nó ag obair timpeall an tí, d'éalaídís ar a gcromada thrí phuiteachaí agus eascaíochaí de ghrá é a chloisteáil ag gabháil fhoinn leis fhéin. Chonaic mé Caitríona Pháidín dhá dhéanamh. Chonaic mé a deirfiúr Neil dhá dhéanamh …

— Smashing a Mhuraed. An triantán suthain a thugtar sa gcultúr air …

— … "D'éirigh Mac na Scolóige ar maidin leis an lá,
A's tharraing sé 'nan aonaigh ag radaíocht i ndiaidh mná …"

— … Lá Aonach Mór na Muc muis a d'imigh Neil Pháidín agus Jeaic na Scolóige le chéile. Bhí a muintir le cuthach dhá mbeadh gar dóibh ann. Níl a fhios agam a mbíodh sé de ghnás agaibhse ar an Achréidh a Dotie gurb í an iníon is sine a chaithfeadh pósadh i dtosach …

— … "D'ardaigh sí thrí chíocraí é, thrí cheascannaí a's thrí láib
A's ní raibh diomúch ach na crotachaí a díbríodh ón a n-ál …

— Thuas ar an sliabh a bhí Jeaic agus gan aige ach diomallachaí agus an mhoing bháite …

— Ara a Mhuraed Phroinsiais ní fhaca mé in mo shaol ariamh aon chasán ab achrannaí ná a bhí suas go teach na Scolóige. Nar chur mé amach mo rúitín an oíche sin ag teacht abhaile ón mbainis as …

— … Chuiris, mar rinne tú craos ann, rud ba mhinic leat …

— … Oíche na bainise tigh Pháidín bhí Caitríona suctha isteach i gcúinne sa seomra thiar agus pus uirthi chomh fada le scáile meán-oíche. Bhí broscán againn fhéin ann. Bhí Neil ann. Thosaigh sí ag déanamh grinn le Caitríona:

"Diabhal mé go mba cheart duit Briain Mór a phósadh a Chaitríona," adeir sí. Bhí Caitríona th'éis é a eiteachtáil roimhe sin …

— Bhí mé ann a Mhuraed. "Tá Jeaic agamsa," adeir Neil. "Fágfamuid Briain Mór agatsa a Chaitríona."

— Chuaigh Caitríona i ngealta. Réab sí amach, agus ní thaobhódh sí an seomra aríst go maidin. Ná níor thaobhaigh sí teach an phobail lár na mháireach …

— Bhí mé ag baint beart fraoigh an lá sin, a Mhuraed, agus ba é an áit a bhfaca mé ag guairdeall í suas sa gcriathrach ag an Tulaigh Bhuí th'éis go raibh an bhainis dhá chaitheamh thoir tigh na Scolóige …

— Ní dheachaigh a cois chlí ná dheas thar thairsigh Jeaic na Scolóige an lá sin ná aon lá ó shoin. Shílfeá gurb í an anachain bhreac a bheadh i gcrioslaigh Neil leis an gcaoi a dtéadh sí thairsti amach. Níor mhaith sí ariamh di faoi Jeaic …

— … "Tá Briainí dathúil, talamh aige a's bólladh,
 'S ní bhfaighidh sé a shláinte go ndéanfaidh sé an
  pósadh" …

— … Ach th'éis a raibh de bhráigill air mar Bhriain Mhór, bhí sé cinnte dubh agus dubh air aon bhean a fháil. Diabhal easna dhó nach dteagann ag iarraidh Chaitríona in athuair …

— … "A dheabhais," adeir Tríona, "seo muic bhreá le scólladh,
 An citil den tine: ba mhaith an fháilte í don óglach."

— Lúib an phota a thóigidís chucu taobh thoir de Ghealchathair. An t-am a dtáinig Peats Mhac Craith …

— Tá an modh diúltaithe sin taobh thiar de Ghealchathair freisin a Dotie. Honest. Mé fhéin cuirigcás …

— Ar chuala sibh céard a rinne deirfiúr an Táilliúra nuair a tháinig sean-scraiste eicínt as Doire Locha isteach dhá hiarraidh. Fuair sí ráipéar as an gcomhra, agus thosaigh sí ag cur faobhair uirthi i lár an tí. "Coinnigí dhom é," adeir sí …

— Ó d'eireodh dhi ru. Cineál na Leathchluaise …

— Meastú ina dhiaidh sin, nár phós Caitríona Seán Thomáis Uí Loideáin ar an tsráid se'againne, gan "sea" ná "ní hea" a rá nuair a tháinig sé dhá hiarraidh …

— Dar Dia a Mhuraed, ro-mhaith a bhí Seán Thomáis aici …

— Bhí gabháltas mór de thogha an dúramháin aige …

— Agus fír na maitheasa ann freisin len a oibriú …

— Bhí teach áirgiúil aige …

— An áit a shantaigh sí siúráilte. Deis agus airgead a bheith aici thar Neil. Í a bheith sách comhgarach do Neil le go bhfeicfeadh Neil chuile lá dhá n-eireodh ar a súil go raibh deis agus airgead aici nach mbeadh ag Neil fhéin go brách …

— … "Tá iothlainn mhór agam," adeir cut Chaitríona.
"Tá climirt bhó agam, im agus geir" …

— "Tá mé síodúil, fóintiúil, geanúil, múinte,
A's sin caoi dar ndó' nach bhfuil cuitín Neil …"

— A thabhairt le tuigsint do Neil narbh í fhéin a tharraing an crann dona, agus cead ag Neil a dhrámh agus a dhiomú a bheith uirthi. Béal leathair Chaitríona adúirt liom é. Bá é a díoltas é …

— Oh my! Ach sin scéal inspéise. Sílim nach mbacfaidh mé le geábh léitheoireachta an Mháistir Mhóir inniu … Hóra, a Mháistir … Ní bhacfamuid leis an novelette inniu … Saothar eile intleachta ar siúl agam. Au revoir …

— Bhí Caitríona fíriúil, tíomhasach glan tigh Sheáin Thomáis Uí Loideáin. Is agamsa atá a fhios é, mar bhí mé ag béal an dorais aici. Níor rug an ghrian sa leabaidh ariamh uirthi. Ba mhinic a níodh sí clogán streille den oíche len a carla agus len a túirne …

— Bhí a shliocht ar a teach a Mhuraed. Bhí cuid agus maoin aici …

— … Bualadh isteach i nGeall-Oifig de Barra sa nGealchathair. Mo lámh in mo phóca agam chomh teann agus dhá mbeadh rud ann. Mé taobh leis an aon scilling. Mé ag déanamh an-toirnéis léi dhá caitheamh ar an gcuntar. "An t-Úll Órga," arsa mise. "Rása an trí a chlog. Céad ar an gceann

... B'fhéidir di breith," adeirimse, ag cur mo láimhe sa bpóca agus dhá iontú amach ...
— ... Faraor nach mise a bhí ann a Pheadair agus ní ligfinn leis é. Níor chóir dhuit cead a thabhairt d'eiriceach dubh ar bith do chreideamh a mhaslú mar sin, a Pheadair.
"Creideamh ar n-atharga naofa beo beidh muid
dílis duit go deo.
Beidh muid dílis duit go deo ..."
Fear gan fuil a bhí ionat a Pheadair agus an chaint sin a ligean leis. Ní mise a bhí ann ...
— I dtigh diabhail agaibh é. Níor tháinig iadh ar bhéal na beirte agaibh le chúig bhliana ach ag cur dhíbh faoi chreideamh ...
— ... Deir siad muise a Mhuraed th'éis a mbíodh de sclafairt ag Caitríona ar Neil, go mba mhaith léi aici Neil th'éis bás a fir. Bhí sí in anchaoi an uair sin, mar ní raibh mórán aoise ag Pádraig ...
— Go mba mhaith liom agam Neil! Go mba mhaith liom agam Neil! Go nglacfainn tada ó Neil. A Mhic na mBeannacht anocht go nglacfainn tada ón smuitín sin! Pléascfaidh mé! Pléascfaidh mé! ...

7

— ... Garáin neantógacha Bhaile Dhoncha, adeir tú.
— Ní thiúrfadh cnocáin do bhaile-sa na neantógaí fhéin lena raibh de dhreancaidí orthu ...
— ... Tuitim de chruach choirce ...
— M'anam muise, mar adeir tusa, go scríobhainn fhéin agus fear Mhionlach ag án a chéile ...
— ... Meastú ab é 'Cogadh an dá Ghall' é an cogadh seo? adeirimse le Paitseach Sheáinín ...
— Dúisigh suas, a dhuine. Tá an cogadh sin thart ó 1918 ...

— Bhí sé ar siúl agus mise ag fáil bháis …

— Dúisigh suas, adeirim leat. Nach bhfuil tú ionann is deich mbliana fichead básaithe. Tá an t-ath-chogadh ar siúl anois …

— Tá mise aonbhliain déag agus fiche anseo. Tig liom gaisce a dhéanamh nach dtig le ceachtar agaibh: ba mé an chéad-chorp sa gcill. Nach síleann sibh gur chóir go mbeadh rud eicínt le rá ag sean-undúr na cille. Cead cainte dhom. Cead cainte dhom ru …

— … Bhí cuid agus maoin ag Caitríona muis a Mhuraed …

— Bhí. Ach ainneoin a raibh de maith ag a háit ar áit Neil, níor chuir Neil an deachma ariamh ar cáirde ach oiread …

— O beannacht Dé dhuit a Mhuraed. Deamhan smeach a dhéanadh sí fhéin ná Jeaic ach ag breathnú idir an dá shúil ar a chéile agus ag gabháil fhoinn, nó go dtáinig Peadar an mac in éifeacht le cuid den chriathrach a shaothrú agus na diomallachaí bradacha siúd a réiteach …

— Ní raibh bonn bán ar Neil gur tháinig spré Mheaig Bhriain Mhóir isteach in a teach.

— Dhá mhéad coiriúint dhá bhfuil agaibh ar a háit séard a sheas di go raibh sí i gcomhgar abhann agus locha agus cearca fraoigh ansiúd. 'Ar ndó' níl cinneadh go deo ar an méid airgid a d'fhága foghlaeraí agus iascairí ó Shasana aici sin. Chonnaic mé fhéin an tIarla lá ag síneadh páipéar puint isteach ar a bois: páipéar nua glan puint …

— … Eanaigh a thugas sibh ar na muingeannaí ar chlár gléigeal an Achréidh, a Dotie. Chuala mé freisin gur fiagaí francach atá agaibh ar chut agus mac an teallaigh ar thlú … Ó go deimhin a mh'anam a Dotie ní hí an tSean-Ghaeilge cheart í …

— Dia dhá réiteach go deo deo …

— … "Cuirfidh muid muca 'nan aonaigh," adeir cut Chaitríona.

"Siad na buláin is daoire," adeir cut Neil.

— ... Ní aibhéil ar bith dhom a rá go gcuireadh Caitríona agús ina paidreachaí díleá a theacht ar Neil. Bhíodh gliondar uirthi dhá gcaillí gamhain léi, nó dhá loiceadh a cuid fataí ...

— Ní chuirfidh mé bréag ar aon duine a Mhuraed. Nar lige Dia go gcuirfinn! Ach an t-am ar ghortaigh an leoraí cois Pheadar Neil séard adúirt Caitríona suas le mo bhéal: "Breá nar fhan sé uaidh. Bhí an bóthar fada fairsing aige. Sin é an gléas uirthi an smuitín" ...

— "Tá an chúig sin le Neil," adeir sí an lá ar cuireadh Seán Thomáis Uí Loideáin, a fear ...

— Sa roillig thoir a cuireadh é. Is maith a chuimhním air, agus a údar agam. Chuir mé mo rúitín amach an áit ar sciorr mé ar leic ...

— An áit a ndearna tú craos, mar ba mhinic leat ...

— ... Ní ba mhó fataí a bheith aici ná ag Neil; ní ba mhó muca, cearca, móna, féir; teach ní ba ghlaine dheisithe a bheith aici; éadaigh ní b'fhearr a bheith ar a clainn: ba cuid den díoltas é. Ba é an díoltas é ...

— ... "Thá-inig sí abha-ile faoi shí-oda gá-ifeach
     Mar bhré-ag sí an cá-rnán ón gca-illigh léith."

— Tháinig ruaig thinnis ar Bhaba Pháidín thall i Meiriocá a thug go doras an bháis í. Ba í Meaig Bhriain Mhóir a thug aire di. Chroch sí Meaig abhaile léithi ...

— ... "Tigh Chaitríona a bhí Baba teáltaithe ..."

— B'annamh a thaobhaíodh sí Neil. Bhí sí ró-fhada suas agus an casán ro-aistreánnach i ndiaidh a cuid tinnis. Ba mhó an luí a bhí aici le Caitríona ar chuma eicínt ...

— ... "Níl i tigh Neil ach púirín gránna,
     Is beag an cás léi a bheith a' sioscadh bréag.
     Bhí an fiabhras ann 'sní mian léi trácht air,
     A's má bhuaileann pláigh thú is gearr do shael ..."

— ... Ní raibh tigh Chaitríona ach an t-aon mhac Pádraig ...

— Fuair beirt iníon léi bás ...

— Fuair triúr. Duine eile i Meiriocá. Cáit ...

— Is maith a chuimhním uirthi a Mhuraed. Chuir mé amach mo rúitín an lá ar imigh sí ...

— Gheall Baba do Phádraig Chaitríona gan aon anshó a fheiceál len a ló air, ach Meaig Bhriain Mhóir a phósadh. Bhí an ghráin shíorraí shaolta ag Caitríona ar Bhriain Mhór, agus bhí sí len a mhadadh agus len a inín amhlaidh. Ach bhí spré mhór le fáil aici, agus bhí Caitríona barúlach go mbeadh fearasbar fonn ar Bhaba a cuid airgid fré chéile a fhágáil sa teach aici fhéin dá barr. An báire a chur ar Neil ...

— ... "Tigh Chaitrí-í-ona a bhí Ba-a-ba teá-á-ltaithe
Nó gur eitigh Pá-á-ádraig Meaig Bhriain Mhó-ó-ir
Ag Nóra Sheá-á-inín atá an ainnir bhlá-á-áfar
Thug mé grá-á-á di gan buaibh gan ó-ó-ór ..."

— High for Gort Ribeach! ...

— Bean bhreá a bhí in inín Nóra Sheáinín mo choinsias ...

— ... Sin é an rud a chuir Caitríona in aghaidh t'inínsa ó thús a Nóra Sheáinín. Níl sa gcaint adeir sí faoin spré ach leith scéal. Ón lá a dtáinig t'inín isteach ar a hurlár pósta ag a mac, bhí sí in a héadan mar a bheadh coileán a mbeadh crúib ar a chuid aige agus coileán eile ag teacht in a bhéal air. Nach minic ab éigin duit a theacht anoir as an nGort Ribeach, a Nóra ...

— ... "An mhaidin níor á-á-rsaigh gur b'sheo anoir Nóra Sheáinín ...

— O my! Támuid ag tarraint ar chuid líonnraitheach den scéal anois a Mhuraed, nach bhfuil? Tá an laoch pósta le searc a chroí. Ach tá an bhean eile ansin in a cúlchearrbhach fós. Tá diomú na coimhlinte uirthi anois, ach beidh go leor anbháthadh sa scéal fós ... litreacha dí-ainme, araoid i gcoisíseall ar chúrsaí an laoich, dúnmharú b'fhéidir, colscaradh go cinnte ... O! my! ...

— ... "Ní phósfainn Briain Mór," adeir pisín Chaitríona ... Cuir thú fhéin lúibín eile anois ann ...

—   "Nar shíl tú a scólladh," adeir pisín Neil ...

—   "A inín 'sí a phósfainn," adeir písín Chaitríona ...

— "Ní bhfaighidh tú an dóigh uaim," adeir pisín Neil.
— Is maith a chuimhním, a Mhuraed, ar an lá ar phós Peadar Neil Meaig Bhriain Mhóir. Chuir mé mo rúitín amach …
— … "Tigh Chaitrí-í-ona a bhí Baba teá-á-ltaithe
   Nó gur eitigh Pá-á-draig Meaig Bhriain Mhó-ó-ir …"
— Ba mhó a ghoill sé ar Chaitríona aríst gur aistrigh Baba suas tigh Neil, ná go bhfuair mac Neil an t-airgead agus an spré a gheall sí do Phádraig se 'aici fhéin …
— Is maith a chuimhním a Mhuraed an lá a ndeachaigh Baba Pháidín ar ais aríst go Meiriocá. Ag baint fhéir sa Móinéar Rua a bhí mé nuair a chonnaic mé anuas chugam iad ó tigh Neil. Rith mé soir nó go bhfágainn slán aici. Mo chorp ón diabhal, ag caitheamh na claise foinnte dhom nár chuir mé amach mo …
— Meastú, a Mhuraed, nach bhfuil sé scór ó chuaigh Baba Pháidin ar ais go Meiriocá …
— Sé bliana déag atá sí imithe. Ach níor bhain Caitríona súil ariamh den uachta. Marach sin is fadó a bheadh sí faoin bhfód. Ba léas ar a saol freisin an sásamh a d'fhaigheadh sí as a bheith ag gadhraíocht le bean a mic …
— Sea a Mhuraed agus an saobhnós a bhíodh uirthi ag dul chuig sochraideachaí.
— Agus talamh Thomáis Taobh Istigh …
— … Éist anois, a Churraoinigh:
   "Altóir mhór mar chiondáil sóláis …
— Ná tabhair áird ar bith ar an dailtín sin a Churraoinigh. 'Ar ndó' ní filíocht atá sé i ndon a dhéanamh …
— Tá an scéal roint leamh anois a Mhuraed. Honest. Shíl mé go mbeadh i bhfad níos mó ná sin d'anbháthadh ann …
— … Éist a Churraoinigh. Éist leis an dara líne:
   "A's uaigh mhaith puint mar spré an bhróid dhom …
— … Honest a Mhuraed. Shíl mé go mbeadh dúnmharú ann, agus colscaradh amháin ar a laghad. Ach féadfaidh Dotie gach claonbhreith a scagadh …

— ... Tá sé agam dar mo choinsias a Churraoinigh. Éist:
"Crois ar m'fheart croí Neil a leonfas
A's i gcré na cille beidh báire an bhróin liom ..."

8

Hóra a Mhuraed ... An gclúin tú a Mhuraed? ... Nach beag an náire ar Nóra Sheáinín a bheith ag caint le máistir scoile ... 'Ar ndó' sea a Mhuraed. Tá a fhios ag chuile dhuine gurb í mo chliamhain í. Cén bhrí ach in áit mar seo agus gan cúlráid ar bith ann ná fascadh in aon duine. Dia dílis dhá réiteach. Raicleach! Raicleach í. Raicleach a bhí ariamh inti. An t-am a raibh sí ar aimsir sa nGealchathair sul ar phós sí deir siad—diúltaíomuide dhi—go mbíodh sí ag tabhairt chomhlódair do mháirnéalach ...

Siúráilte a Mhuraed ... Dúirt mé leis é. "A Phádraig chroí," adeirimse, mar seo. "An ceann sin as an nGort Ribeach atá tú líofa ar a phósadh, ar chuala tú go mbíodh a máthair ag tabhairt chomhlódair do mháirnéalach sa nGealchathair?"

"Cén dochar?" adeir sé.

"Ach a Phádraig," adeirim fhéin, "Máirnéalaigh" ...

"Hu! Máirnéalaigh," adeir sé. "Nach bhféadfadh máirnéalach a bheith chomh gnaíúil le fear ar bith. Tá a fhios agam cé leis a raibh máthair an ghearrchaile seo ag dul in éindigh sa nGealchathair, ach is faide ná sin ó láthair Meiriocá agus níl fhios agam cé leis a raibh Meaig Bhriain Mhóir ag dul in éindigh ann. Le 'black' b'fhéidir ..."

Siúráilte a Mhuraed. Marach leisce an oiread dá croí a thabhairt do Neil agus go mbeadh an t-airgead aici, ba beag de lua a bheadh agamsa iarraidh ar mo mhac inín le Briain Mór a thabhairt isteach ar m'urlár. 'Leabharse a Mhuraed bhí ceart agamsa rud a bheith agam ar Inín Bhriain Mhóir! An oíche ar phós Neil, sin é an rud a chaith an smuitín in mo bhéal. "Ó atá

Jeaic agamsa," adeir sí, an smuitín, "fágfaidh muid Briain Mór agatsa a Chaitríona."

Bíodh fhios agad a Mhuraed gur mhó a ghoill an dá fhocal sin orm ná a ndearna sí d'éagóir orm fré chéile. Bhí an chaint sin mar bheadh pláigh easógaí ann ag drannadh soir agus siar thrí m'intinn agus ag stealladh smugairlí nimhe astu fhéin. Níor lig mé as mo cheann go lá mo bháis é. Níor lig a Mhuraed. Gach uair dhá bhfeicinn Briain Mór chuimhnínn ar an oíche sin, ar an seomra sa mbaile; ar an gcáir mhagaidh a bhí ar Neil in ucht Jeaic na Scolóige. Gach uair dhá bhfeicinn mac nó iníon le Briain Mór chuimhnínn ar an oíche sin. Gach uair dá dtráchtadh duine ar Bhriain Mhór chuimhnínn uirthi ... ar an seomra ... ar an gcáir ... ar Neil in ucht Jeaic na Scolóige! ... in ucht Jeaic na Scolóige ...

D'iarr Briain Mór faoi dhó mé, a Mhuraed. Níor innis mé é sin ariamh duit ... Cén t-ainm adeir tú a thugas Nóra Sheáinín air? ... An triantán suthain ... an triantán suthain ... M'anam gurb shin é a streille ... Ach a Mhuraed níor innis ... Tá dearmad ort. Ní duine den tsórt sin mé a Mhuraed. Níl mé cabach. Rud ar bith a bhain liomsa, rud ar bith dá bhfaca ná dár chuala mé, thug mé i gcré na cille liom é. Ach ní dochar a dhul ag trácht anois air agus muid ar shlí na fírinne ...

D'iarr sé faoi dhó mé muis. An chéad uair ar tháinig sé ní mórán le scór a bhí mé. Bhí m'athair ag iarraidh mé a chur ann. "Fear maith fíriúil é Briain Mór agus áit the agus spaga teann aige," adeir sé.

"Ní phósfainn é," adeirimse, "dá mbeadh orm iasacht an tseáil a fháil ó Neil agus seasamh ar chlár an aonaigh."

"Tuige?" adeir m'athair.

"An scóllachán gránna," adeirimse. "Féacha an meigeall féasóige atá air. Féacha na starógaí. Féacha an chaochshrónaíl. Féacha an chamroillig. Féacha an phruchóigín shalach de theach atá aige. Féacha an chairt bhrocamais tá air. Tá mo thrí aoise aige. D'fhéadfadh sé a bheith ina shean-athair agam."

B'fhíor dhom. Bhí sé ar na boird ag an leath-chéad an uair sin. Tá sé ar na boird ag an gcéad anois, é as cionn talúna fós, agus gan lá mairge air, ach corr-dhaol de na scoilteacha. Bhíodh sé ag dul i gcoinne an phinsean 'chuile Aoine chomh uain is a bhí mise ar an talamh uachtair. An scóllachán gránnna! ...

"A chomhairle fhéin do mhac dhanartha," adeir m'athair, agus sin é ar chuir sé de chaidéis orm.

Ba ghearr th'éis do Neil pósadh go raibh sé isteach aríst. Ag dul ag réiteach braon tae leis an gcomhtráth a bhí mé. Cuimhním go maith air. Bhí an "taepot" leagtha ar an teallach agam agus mé ag cur únfairt smiochóideachaí amach faoi. Seo isteach an fear chugam idir chlár agus chuinneoig, sul a raibh sé d'ionú agam a aithneachtáil. "An bpósfaidh tú mé a Chaitríona," adeir sé gan frapa gan taca. "Is maith atá tú saothraithe agam, ag teacht faoi dhó. Ach ó tharla nach bhfuil mé ag fáil aon tsláinte d'uireasa cliobaire de bhean ..."

M'anam muise gurb shin í an chaint a chaith sé.

"Ní phósfainn thú a scóllacháin ghránna dhá dteagadh cailemhineogaí orm d'uireasa fir," adeirim fhéin.

Bhí an tlú leagtha uaim agam agus an citil uisce bhruite in mo láimh. Dheamhan filleadh ná feacadh a rinne mé, a Mhuraed ach rith go dtí é i lár an tí. Ach bhí an doras amach tugtha aige dhó fhéin.

Bíodh a fhios agat a Mhuraed gur dheacair mise a shású faoi fhear. Bhí dathúlacht ionam agus spré mhaith agam ... Briain Mór a phósadh a Mhuraed th'éis an rud adúirt Neil ...

— ... "B'fhéidir di breith," adeirimse, ag cur mo láimhe sa bpóca agus dhá iontú amach. "An áit a gcailltear feanntar," adeirimse, ag breith ar an tuicéad ón ngearrchaile. Rinne sí meanga gáire liom: meanga glé ó chroí óg gan urchóid. "Má ghnóthaíonn an tÚll Órga," arsa mise, "Ceannóidh mé milseáin duit, agus tiúrfaidh mé chuig na pictiúir thú ... nó arbh fhearr leat prioncam damhsa ... nó cupla deoch ar cúlráid i sóghósta an Aíochtlann Iarthair ...

—... Qu'est ce que vous dites? Quelle drôle de langue! N'y a-t-il pas là quelque professeur ou étudiant qui parle francais?

— Au revoir. Au revoir.

— Pardon! Pardon!

— Éist do bhéal a bhrogúis!

— Dhá bhféadainnse a dhul chomh fada leis an mbardal sin, chuirfinn codladh air. Sin nó déarfadh sé a chuid cainte mar Chríostaí. Chuile uair dhá dtráchtar ar Hitler, tosnaíonn sé ag dodaireacht leis an díle cainte a thagas air. M'anam go gceapaim dhá mbeadh tuiscint ag duine air nach buíoch chor ar bith atá sé do Hitler ...

— Nach gcloiseann tú 'chuile uair dhá labhartar ina ainm ar Hitler gur "meirdreach," adeir sé ar an toirt. Thóig sé an méid sin Gaeilge ...

— Ó dhá bhféadainnse sroicheachtáil chomh fada leis! High for Hitler! High for Hitler! High for Hitler! High for Hitler! ...

— Je ne vous comprends pas monsieur ...

— Cé hé sin a Mhuraed?

— Sin é an fear siúd a maraíodh as an mbád aeir, nach gcuimhníonn tú? É siúd a thuit sa gCaladh Láir. Bhí tusa beo an uair sin.

— Ó nach bhfaca mé as cionn cláir é a Mhuraed ... Bhí an-tsochraide air. Deir siad go raibh gaisce eicínt déanta aige ...

— Bíonn sé ag lapaireacht mar sin. Deir an Máistir gur Francach é, agus go dtuigfeadh sé fhéin é, marach an teanga a bheith támáilte aige de bharr an fhad agus a bhí sé sa sáile ...

— Agus ní thuigeann an Máistir é, a Mhuraed?

— Diabhal tuiscint muis, a Chaitríona.

— Bhí a fhios agam ariamh fhéin a Mhuraed nach raibh aon fhoghlaim ar an Máistir Mór. Ná bac leis mara dtuigeann sé Francach! Is fadó ba chóir dom fios a bheith agam air sin ...

— Is fhearr a thuigeas Nóra Sheáinín é ná duine ar bith eile sa roillig. Ar chuala tú dhá fhreagairt ar ball í ...

— Ara bíodh unsa céille agat, a Mhuraed Phrionsiais. Ab í Nóirín na gCosa Lofa ...

— Ils m'ennuient. On espère toujours trouver la paix dans la mort mais la tombe ne semble pas encore être la mort. On ne trouve ici en tout cas, que de l'ennui ...

— Au revoir. Au revoir. De grace. De grace.

— ... Sé faoi shé, ceathracha sé; sé faoi sheacht, caoga dó; sé faoi hocht, caoga hocht ... Anois nach hait mé a Mháistir! Tá mo chuid táblaí agam go dtí sé. Dhá dtéinn chuig an scoil in mo ghasúr, ní bhéadh cinneadh go deo liom. Déarfaidh mé na táblaí ó thús duit anois a Mháistir. Dó faoi haon ... Tuige nach maith leat a gcloisteáil a Mháistir? Tá tú ag ligean faillí ionam le scathamh, ó a d'innis Caitríona Pháidín duit faoi do bhean ...

— ... Dar dair na cónra seo a Churraoinigh, thug mé an punt di, do Chaitríona Pháidín, agus ní fhaca mé amharc air ón lá sin ...

— Ab bu búna! Thug tú éitheach a chailleach ...

— ... Honest a Dotie. Ní thuigfeá an scéal: strainséara anoir de chlár an Achréidh. Seo í an fhírinne, lom-chlár na fírinne a Dotie. Honest sí. Bhí mé ag dul a rá "dar an ladhairicín bheannaithe," ach sin í caint na mbodach. Déarfaidh mé a Dotie in a leabaidh: "Cuirfidh mé an chroich chéasta ar mo chroí." D'innis Muraed duit fúithi fhéin agus faoi Neil, ach níor innis sí dhuit cén spré a thug mise do m'iníon nuair a phós sí isteach tigh Chaitríona. Ba chóir go dtuigfeá an scéal sin a Dotie. Is feasach dhá bhfuil eile anseo cheana é. Sé scóir a Dotie. Honest! Sé scóir punt in a ghiniúchaí buí ...

— Ab bu búna! A Mhuraed! A Mhuraed! An gcluin tú? Pléascfaidh mé! Pléascfaidh mé a Mhuraed! Pléascfaidh mé a Mhuraed! Iníon Nóra Sheáinín ... sé scóir ... spré ... isteach agamsa ... Pléascfaidh mé! Pléascfaidh mé! Óra pléascfaidh mé! Pléasc ... mé ... Plé ... mé ... Plé mé ... Plé ...

Eadarlúid II

An Chré dhá Sreathnú

1

BHÍ tú dhá thuaradh dhuit féin. Marach gur sháigh mise thú nach sáifeadh duine eicínt eile thú, agus narbh é an dá mhara chéile an ballséire agus a ghiolla? Ó a bhí tú le sáitheadh b'fhearr don chomharsa a dhéanamh ná don strainséara. B'fhada uait a bheadh an strainséara curtha: ar chlár gléigeal an Achréidh b'fhéidir, nó thuas i mBaile Átha Cliath, nó thíos in Íochtar Tíre. Céard a dhéanfá ansin? Féacha an sásamh atá agat ag géaraíocht anseo ormsa. Agus dhá mba é an strainséara a bheadh curtha le t'ais, bheitheá i dteannta d'uireasa fios céard a chaithfeá ina bhéal, nuair nach mbeadh eolas ar a sheacht sinsir agat. Bíodh ciall agat a dhuine sin! Cén bhrí ach sháigh mé glan thú freisin …

— Ba mhinic le cineál na Leathchluaise duine a sháitheadh glan …

— … Láirín cheanann … B'ait í …

— … Dar dair na cónra seo, a Shiúán an tSiopa, thug mé an punt di, do Chaitríona Pháidín …

— … D'fhan mar sin. A dhul suas chuig an nGeall-Oifig taca an trí a chlog. "An tÚll Órga" arsa mise. "B'fhéidir di breith," ag cur mo láimhe sa bpóca aríst agus dá iontú amach. Ní raibh sciúrtóg ann …

Bhain sé an trí. Ritheadh an rása. "An tÚll Órga" a rug: céad ar an gceann. Mo chúig phunt a tharraint. Rinne an gearrchaile an meanga liom aríst: meanga glé ó chroí óg gan urchóid. B'fhearr de lón dom é ná mo chúig phunt: "Ceannóidh mé milseáin dúit, nó tiúrfaidh mé chuig pictiúir thú, nó chuig damhsa … nó ar b'fhearr leat" … bhuail náire mé. Níor chríochnaigh mé an chaint.

"Buailfidh mé leat taobh amuigh den Phlaza ag ceathrú th'éis an seacht," arsa mise.

A dhul abhaile. Mé fhéin a bhearradh, a ghlanadh, a níochán, a phiocadh. Béiléiste an ghill fhéin níor ól mé. Bhí an iomarca ómóis agam don mheanga ghlé sin ó chroí óg gan urchóid …

A dhul chuig an bPlaza ag an seacht. Bhearnaigh mé mo chúig phunt den chéad uair le bosca seacláid a cheannach di. Chuirfeadh na seacláidí fearasbar gliondair ar an gcroí óg gan urchóid, agus bheadh dealramh an róis faoi chéad ghath gréine óighe na maidne sa mheanga. Nach mairg go raibh mé fhéin chomh doscúch …

— … Foighid ort go lé mise an Ghairm Scoile dhuit a phoibligh Éamonn de Valéra do mhuintir na hÉireann:

"A Mhuintir na hÉireann …"

— … Foighid ort thusa go lé mise dhuitse an Ghairm Scoile a phoibligh Art Ó Gríobhtha do mhuintir na hÉireann:

"A Mhuintir na hÉireann …"

— … D'ól mé dhá phionta agus dá fhichead an oíche sin as cosa i dtaca. Agus shiúil mé abhaile ina dhiaidh sin chomh díreach le giolcach Spáinneach … chomh díreach le giolcach Spáinneach adeirim leat. Thug mé lao ón mbó bhreac, agus é idir chnámhannaí le dhá uair roimhe sin. Chuir mé an sean-asal as coirce an Churraoinigh … agus ba mé a cheangail Tomáisín. Bhí mo bhróga bainte dhíom ar an teallach agam agus mé ar thí a dhul ar mo ghlúine go n-abraínn smeadar urnaí nuair seo isteach an gearrchaile. Ní raibh puth dá hanáil aici. "Dúirt mo Mhama leat a dhul siar ar an bpointe," adeir sí, "go bhfuil an dúchas ag bualadh Dheaide aríst."

"Dúchas ar an diabhal air marab é a thráth é," adeirim fhéin, "agus mé ag dhul ag rá m'urnaí go díreach. Cén diabhal ná deamhan atá anois air?"

"Fuisce poitín," adeir sí.

Siar liom. Bhí sé i mbarr a ghealta agus gan a raibh sa teach acu in araíocht é a cheangal. Ba deacair a rá nar dhona na spagáin iad …

"Seogaí," adeirimse. "Faghaigí an téad go beo dhom, sul a bhfastaí sé an tua. Nach bhfeiceann sibh go bhfuil gacha le breathnú aige uirthi …"

— Is maith a chuimhním air. Chuir mé mo rúitín amach …

— … B'againne a bhí an cluiche.

— Fainic ab agaibh. Marach gur leag an "mine" an teach …

— …   "Nigh mé m'éadan leis an gceo,
        Agus sén raca a bhí agam an ghaoth …"

Níl sé ceart fós, a Churraoinigh. Tá ceathrú lia ann. Fuirigh leat anois:

"Nigh mé m'éadan leis an gceo …"Tá an méid sin ar áilleacht, a Churraoinigh. Bhí sé agam cheana sna "Réalta Buí." Fuirigh leat anois … Éist anois, a Churraoinigh:

"Nigh mé m'éadan leis an gceo,
A's chíor mé mo ghruaig leis an ngaoith …"

Tá sin ar deil. Bhí a fhios agam go dtiúrfainn liom as a dheireadh é, a Churraoinigh … An bhfuil tú ag éisteacht anois?

"Nigh mé m'éadan leis an gceo,
A's chíor mé mo ghruaig leis an ngaoith …
Bhí an tuarcheatha d'iall in mo bhróig …"

Fuirigh leat, a Churraoinigh … Fuirigh leat … Eureka … "Is an Streóillín ag ceangal mo bhríst" … Bhí a fhios agam go dtiúrfainn liom é, a Churraoinigh. Éist leis an rann ar fad anois …

— Go ropa an diabhal thú agus ná bí ag sárú na ndaoine. Tá an mothú bainte asam le dhá bhliain ag éisteacht le do chuid fearsaí fánacha. Tá rud thairis sin ar m'aire, ní ag ceasacht ar Dhia é: an mac is sine ag tabhairt chomhlódar d'Iníon Cheann an Bhóthair, agus í siúd sa mbaile b'fhéidir, ar thí an gabhaltas mór a thabhairt dó. Agus gan a fhios agam an pointe seo de ló nach hiad asail an Chraosánaigh nó beithigh Cheann an Bhóthair a bheadh istigh in mo chuid coirce …

— Is fíor dhuit, a Churraoinigh. Breá, i dtigh diabhail, nar chuir siad an dailtín salach sa roillig thoir. Is inti atá Maidhc Ó Domhnaill, a rinne "Amhrán an Turnapa" agus "Caismirt an tSicín leis an nGráinne Coirce" …

— Agus Micil Mór Mhac Confaola, a rinne "Amhrán Chaitríona" agus "Amhrán Thomáis Taobh Istigh" …

— Agus "Laoi na gCut." Is breá go deo an píosa cainte é "Laoi na gCut". Ní bheadh sé de rath ortsa a dhéanamh, a dhailtín …

— … Hocht faoi shé ceathracha hocht; hocht faoi sheacht caoga ceathair … Níl tú ag éisteacht chor ar bith, a Mháistir. Tá seachmall ort ar an aimsir seo … Níl mé ag dul chun cinn a dhath! … Ab shin é adúirt tú, a Mháistir? Ba diachta dhom, a Mháistir, agus chomh siléigeach agus atá tusa fúm … Cogar dhom seo leat … Cé mhéad tábla ann a Mháistir? … Ab shin é an méid? 'S óra má sé ru! Ara shíl mise go raibh siad suas go dtí céad ann … go dtí míle … go dtí milliún … go dtí cuaidrillliún … Tá neart ionú againn lena bhfoghlaim ar chuma ar bith, a Mháistir. Chuala mise ariamh é gurb iomaí lá sa roillig orainn. An Té a rinne an t-am rinne Sé greadadh dhe …

— … Dia dhá réiteach. Nach mairg nar thug siad mo chual cré thar Ghealchathair soir, agus mé a shíneadh i dTeampall Bhrianáin ar chlár ghléigeal an Achréidh ab uil mo mhuintir! Tá an chré caoin fáilteach ann; tá an chré sprosach síodúil ann; tá an chré lách múirneach ann; tá an chré díonmhar teolaí ann. Níorbh fhíniú é fíniú na fearta ann; níor thruailliú é truailliú na feola ann. Ach ghlacfadh cré cré; phógfadh agus dheornfadh cré cré; dhéanfadh cré cóimeascadh le cré …

— Tá an maothnas uirthi seo arís …

— Ní fhaca tú aon duine ariamh is spleodraí ná í, nó go mbuaileann an óinsiúlacht sin í …

— An nádúr, go bhfóire Dia orainn! Is measa go mór Caitríona ach í ag tosú faoi Neil agus faoi Nóra Sheáinín …
— Ara tá Caitríona as compás ar fad. B'fhíor do Bhriain Mhór é, nuair a thug sé "jennet" uirthí …
— Ní raibh an ceart ag Briain Mhór. Honest fhéin ní raibh …
— Céard seo? An bhfuil tusa in aghaidh an scóllacháin freisin, a Nóra …
— Honest ní raibh an ceart aige. Beithíoch an-chultúrtha an "jennet". Honest tá. Bhíodh "jennet" ag Ruaitigh Bhaile Dhoncha, nuair a bhínn ag dul ag a scoil fadó, agus d'itheadh sé arán rísíní as cúl mo ghlaice …
— Ag dul ag an scoil fadó! Nóra na gCosa Lofa ag dul ag an scoil! Arán rísíní sa nGort Ribeach! Ó bhó go deo deacrach! A Mhuraed … A Mhuraed, an gcluin tú céard adúirt Nóirín na gCosa Lofa Sheáinín Spideóg? Óra, pléascfaidh mé …

2

… A Nóra Sheáinín … A Nóra Sheáinín … A Nóra na gCosa Lofa … Ní raibh tú sásta faisean salach na mbréag a fhágáil as cionn talúna go dtug tú faoi thalamh leat é freisin. Go deimhin tá a fhios ag an roillig gur thug an t-ábhairseoir— diúltaíomuid dhó—iasacht a theanga dhuit in do dheolcachán, agus bhain tú leas chomh maith sin aisti ó shoin agus nar iarr sé ar ais ariamh ort í …

Sé scóir punt spré a thabhairt don ágóidín is iníon duit … ó muise, muise … bean nach raibh snáth éadaigh aici le cur ar a craiceann lá a pósta, marach gur cheannaigh mise foireann di … Sé scóir punt ag Nóirín na gCosa Lofa … Ní raibh sé scóir punt istigh ar fhuaid an Ghoirt Ribigh ariamh. Gort Ribeach na Lochán. Is dóigh go bhfuil sibh ro-ghalánta anois le na lachain a bhleán … Sé scóir punt … Sé scóir dreancaid! Ní hea ach sé mhíle dreancaid. Ba iad an t-eallach ab fhairsinge a bhí ariamh ag Cineál na gCosa Lofa iad. Go deimhin muise, dhá ndéanadh dreancaidí spré bheadh an oiread luáin ag an bpleoitín a phós t'inín, a Nóirín, agus go mbeadh sé ina ridire naoi n-uaire. Bhí sealbhán maith acu sin ag teacht isteach in mo theach aici …

Ba é an lá léin dom, a Nóirín, an chéad lá ariamh a bhfaca mé thú fhéin ná t'inín faoi chaolachaí mo thí … An scraideoigín ós ise í. Go deimhin, a Nóra, is cliú dhuit í: bean nach bhfuil i ndon pluideog a chur ar a páiste, ná leabaidh a fir a chóiriú, ná luaith bhuí na seachtaine a chur amach, ná a mullach stuineach a chíoradh … Sí a chuir síos sa talamh mé dhá fhichead bliain roimh an am. Cuirfidh sí mo mhac ann freisin, gan mórán achair, mara dteaga sí fhéin anseo le cuideachta agus biadán a choinneál leat ar an gcéad abhras eile cloinne …

Ara nach fonóideach an claibín atá ort inniu, a Nóirín … "Beidh muid …"Cén chaoi ar dhúirt tú é? … "Beidh muid O K ansin" … O K: sin é do chairín, a Nóirín …"Beidh muid O K ansin. Beidh do mhac agatsa agus m'inín agamsa, agus muid abuil a chéile aríst faoi thalamh mar a bhíomar as a chionn" … Nach fonóideach atá ball sugra an Ábhairseora in do chaibín inniu, a Nóirín …

Nuair a bhí tú sa nGealchathair … thug mé m'éitheach, adeir tú. Thug tusa do dheargéitheach, a Nóirín na gCosa Lofa …

— Staiceallach.

— Raicleach.

— Rálach.

— Cineál na gCosa Lofa … Lucht bhlite na lachan …

— An cuimhneach leat an oíche a raibh Neil ina suí in ucht Jeaic na Scolóige? "Fágfaidh muid Briain Mór agatsa, a Chaitríona …"

— Níor shuigh mé ariamh in ucht máirnéalaigh, míle buíochas le Dia …

— Ní bhfuair tú an deis, a Chaitríona ... Dheamhan beann ar bith agamsa ort. Ní poll dóite ar mo chóta-sa do chuid ropaireacht ná bréag. Is fhearr an t-eolas agus an meas atá sa roillig seo ormsa ná ortsa. Tá crois bhreá ghnaíúil as mo chionn, rud nach bhfuil as do chionn-sa a Chaitríona. Smashing! Honest! ...

— Ara muise má tá ba bheag de do chaillteamas fhéin sin. Bí buíoch don amadán is dearthair dhuit a chuir ort í nuair a bhí sé sa mbaile as Meiriocá. B'fhada go mbeadh luach croise agat as bainne lachain an Ghoirt Ribigh. ... Céard adeir tú a Nóra ... abair amach é. Níl sé de mhisneach agat a rá liom ... Níl aon chultúr orm? ... Níl aon chultúr orm a Nóirín? ... Níl aon chultúr orm ru! ... Is fíor duit é sin a Nóirín. Ar Chineál ná gCosa Lofa a chonnaic mise míola agus sneá ariamh ...

Céard é sin adeir tú a Nóirín ... Nach raibh aon ionú agat coc a choinneál liomsa ... go raibh tú ag diomallú do chuid ama ag coinneál coc liomsa. Ab bu búna! Níl aon am agat coc a choinneál liom a Nóirín ... tá rud ar t'aire ru! ... Anois céard adeir tú! Caithfidh tú éisteacht le giota eile den ... Cén t-ainm siúd a thug sí air, a Mháistir ... a Mháistir ... ní chloiseann sé mé. Tá an ceann tóigthe air ó chuala sé faoin mbean ... sea a mh'anam ... novelette ... seo é an tráth a léann an Máistir giota den ... novelette duit chuile lá ... Dhá dtugadh an Máistir aird ormsa ... ó a Mhuire Mhór ... Novelette sa nGort Ribeach ... Novelette ag Cineál na gCosa Lofa ... A Mhuraed. Hóra a Mhuraed. An gcluin tú? Novelette ag Cineál na gCosa Lofa ... Pléascfaidh mé! Pléascfad ...

3

— … Dar dair na cónra seo, a Chraosánaigh, thug mé an punt di: do Chaitríona Pháidín …

— … Dia dhá réiteach go deo deo … Níor bhás liom mo bhás ann: arae sí cré the bhog an Chláir atá ann; an chré urrúnta a dtig léi a bheith cineálta le neart a nirt; an chré uaibhreach nach call di taiscí a broinne a dhreo, a lobhadh ná a leá le í fhéin a leasú; an chré shéasúrach ar furasta di a bheith flaithiúil lena fáltas; an chré bhisiúil atá i ndon gach a bhfaghann sí len ithe agus len ól a athrú agus a athchumadh gan a n-ídiú, a n-éagruthú, ná a n-ainriochtú … D'aithneodh sí a duine fhéin …

D'fhásfadh an fearbán fáilí, an mhuingbheara mhánla, an samharcán suimiúil agus an t-aorthann tréan ar m'uaigh inti …

Bheadh ceiliúr caointineach éan in mo mhullach gan glagaireacht toinne, ná easa ná cíbe, ná na caillí duibhe nuair a bhíos sí go craosach as cionn cluiche stuifíní. A chré an chláir, nar mhéanra a bheith faoi t'fhallaing …

— Tá "an maothnas" uirthi seo aríst …

— … Dúirt an Piarsach, dúirt Ó Donnabháin Rosa, dúirt Wolfe Tone, gurb é Éamonn de Valéra a bhí ceart …

— Dúirt Toirdhealbhach Mac Suibhne, dúirt Séamas Ó Conghaile, dúirt Seán Ó Laoghaire, dúirt Seán Ó Mathúna, dúirt Séamus Fiontain Ó Leathlobhair, an Dáibhiseach, Emmet, an Tiarna Éamonn Mac Gearailt agus an Sáirséalach gurbh é Art Ó Gríobhtha a bhí ceart …

— Dúirt Eoghan Rua Ó Néill gurbh é Éamonn de Valéra a bhí ceart …

— Dúirt Aodh Rua Ó Domhnaill gurbh é Art Ó Gríobhtha a bhí ceart …

— Dúirt Art Mhac Murcha Caomhánach gurbh é Éamonn de Valéra a bhí ceart …

— Dúirt Briain Ború, Maoilsheachlainn, Cormac Mac Airt,

Niall Naoi nGiallach, an dá Phádraig, Bríd agus Colm Cille agus uile-naoimh Éireann pérbith cén áit—ar talamh, muir nó spéir—a bhfuil siad, agus uile-mhairtírigh Éireann ó Dhún Coirc go Bealgrád, agus Fionn Mhac Cumhail, Oisín, Conán, Caoilte, Déirdre, Gráinne, Ollamh Fódla agus Gael Ghlas gurbh é Art Ó Gríobhtha a bhí ceart ...

— Thug tú éitheach, níor dhúirt ...
— Deirim gur thug tusa éitheach, gur dhúirt. Bíonn an fhírinne searbh ...
— Dhúnmharaigh tú mé go fealltach agus mé ag troid ar shon Poblacht ...
— Thuill tú é. Ní cheadaíonn dlí Dé ná na hEaglaise féachaint le Rialtas dlisteanach a chur de dhroim seoil le foiréigin ...
— Ní bhíonn plé ar bith agam fhéin le poilitíocht, ach tá báidh agam le sean-Óglaigh na hÉireann ...
— A chladhaire, faoin leaba a bhí tú agus Éamonn de Valéra ag troid ar shon na Poblacht ...
— A chailleach faoin leaba a bhí tú san am a raibh Art Ó Gríobhtha ...
— ... "A's tharraing sé nan ao-ao-naigh ag radaíocht ..."
— ... Fan ort anois, a dhuine chóir, go gcríochnaí mé mo scéal duit:
"... Cuirigí chugamsa amach Seán Mhac Séamais
Agus anois atá mise dhá éagmais."

D'fhuadaigh leannán sí Seán Mhac Séamais sa mbruidhin, agus ní raibh aon fhuascailt ina chionn. Thriomaigh Inis iathghlas Éireann gona hoileáin agus a huiscí críche lena linn sin, cés moite de dhá bhuidéal d'uisce aeraithe Phoirtingéalach a tháinig i dtír sa mBlascaed, agus ceaig d'uisce coisricthe na Spáinne a thug trólar d'iascaire ar Oileán dá Bhruineog in ómós leath-chéad fataí ...

Bhí ainnirín na gciabhfholt donn i mBaile Átha Cliath an t-am céanna ...

— Sén leagan a chloisinn ag na seandaoine ar an mbaile se'againn féin air, a Chóilí, gur banaltra a bhí sa nGealchathair …

— Bean i nGealloifig a chuala mise …

— Ó'dar a shon. Thuas i mBaile Átha Cliath a bhí sí. 'Deile ru! "Tá saighead agam," adeir sí, "a fhuasclós Seán Mhac Séamais, má gheallann sé mór-bhairille agus céad, puinsiún agus céad, oigiséad agus céad de thús a phota dom mar thionscra …"

— Anois, a Chraosánaigh, cáil do dhá phionta agus dá fhichead …

— A Chóilí, foighid ort nóiméad. Seo é an chaoi a gcríochnóinn an scéal úd marach gur bhásaigh mé …

— … Ach a dteaga Hitler isteach go Sasana cuirfidh sé ag ithe cuit chaillte iad …

— I nDomhnach ní raibh an saol go dona ariamh go dtí sin. Dheamhan pínn a fhanfas ar bhó ná ar ghamhain. Go bhfóire Dia ar an duine bocht má shaoirsíonn na beithigh tuilleadh. Tá roinn thalúna agamsa i mbarr an bhaile agus níl cinneadh go deo léi ag cur cruth ar bheithigh. Gabhfaidh sí i bhásta, tá faitíos orm, mara bhfana aon phínn ar stoc …

— "Níl cinneadh go deo léi ag cur cruth ar bheithigh!" A bhfuil de thalamh istigh ar do bhaile, agus ligtear amach dhá choinín air, agus fágtar fúthu fhéin é, ní bheadh ann faoi cheann chúig bhliana ach dhá choinín, dhá mbeadh an dá choinín fhéin …

— Fear gan fuil a bhí ionat, a Pheadair! Faraor nach mise a bhí ann! 'Leabharsa thiúrfainn a dhóthain de fhreagra air. Dhá mbeadh teach ósta agamsa, 'Pheadair, agus eirigh dubha ag teacht isteach ann ag maslú an chreidimh mar sin …

— … Tá muide—Coirp na Leathghine—ag cur comhiarránaigh chun cinn sa Togha seo freisin. Fearacht an dá dhream eile—Coirp an Phuint agus Coirp na Cúig Déag—níl tada againn le tairiscint dar gcomhchoirp. Ach támuid rannpháirteach i dTogha seo na Cille, mar tá polasaí againne—peártaí na Leathghine—freisin. Más tairbhe don phobal as cionn talún togha, ba chóir go mba thairbhe dúinne é. Ní daonfhlathas go togha. Is muide anseo i gcré na cille na fíordhaonfhlathasóirí.

Siad Coirp an Phuint peártaí na n-uasal, peártaí na Caomhnachta, peártaí na Lois Mhóra, peártaí na bhFrithghníomhóirí, peártaí an Fhosachais. Siad Coirp na Cúig Déag peártaí aos tráchta agus ceannaíochta, peártaí aos dána, an bhourgeoisie, na haicme meánaí, na Seilbhe agus an Rachmais. Ach sinne, a Chomh Chorpa, is sinne Peártaí an Aois Saothair, an Phrólatariat, an Aitheach Tuatha, Peártaí na nDaor agus na bhFuidhear, agus na sean-chleith. Peártaí an Ollphobail dhísheilbhithe: "snaíodóirí an adhmaid agus iomparóirí an uisce." Tá ar eire againn cur ar shon ár gcirt go dána dalba mar is dual d'iar-fhir (cnagairt bhlaoscannaí ar Áit na Leathghine) …

— … An comhiarránach atá againne—Peártaí na Cúig Déag—sa togha seo, is bean í. Ná cuireadh sin scáth ar aon duine agaibh a cháirde. Ní raibh a fear ina Theachta Dála ariamh. Bean í a rinne bun sa roillig seo lena hintleacht agus lena stuaim fhéin. Trí bliana ó shoin ar theacht i gcré na cille di, bhí sí chomh beag eolas le ceachtar de na gaotairí sin atá ag scoilteadh seafóide thíos ar Áit na Leathghine. Ach ainneoin a n-abraíonn Peártaí na Leathghine tá comhcheart agus comhdheis ag cách sa gCill seo (cnagairt bhlaoscannaí). A chruthú sin ár gcomhiarránach. Tá cultúr agus léann uirthi inniu. A Chorpa, is mian liom ár gcomhiarránach a chur in aithne dhaoibh … Nóra Sheáinín (mór-chnagairt bhlaoscannaí).

— Nóra na gCosa Lofa. An raicleach. Lucht bhlite na lachan … Hóra, a Mhuraed … Hóra, a Mhuraed … Nóra Sheáinín … Pléascfaidh mé … Pléascfaidh mé …

4

... Nóra na gCosa Lofa ag dul isteach sa Togha! A Dhia agus a Chríosta, níl meas ar bith fanta acu orthu fhéin sa roillig mara bhfuil le cur suas acu ach Nóra na nDreancaidí as an nGort Ribeach ... Ní ghabhfaidh sí isteach ... Ach cá fhios goidé sin? Bíonn Cite, Dotie agus Muraed ag caint léi, agus Peadar an Ósta, agus Siúán an tSiopa fhéin scaití. Maidir leis an Máistir Mór 'ar ndó' náire shaolta na rudaí a bhíos sé a rá léi chuile lá ... Deir sé fhéin gur sa leabhar atá siad, ach dheamhan a ligfeadh an chuiúlacht d'aon duine na rudaí siúd a chur i leabhar:

"Do chúl craobhach cas,
Do rosc glas mar dhrúcht,
Do chíoch chruinn gheal bhláith
A tharraingeas mian súl."

... Is deas an chaint do mháistir scoile í. An Mháistreás agus Bileachaí an Phosta atá dhá chur thar bharr a chéille. Marach go bhfuil fleasc eicínt air 'ar ndó' ní ag moladh Nóra Sheáinín a bheadh sé: "Tháinig an-fheabhas intinne uirthi," adeir sé, "tá cultúr uirthi anois ..."

Nach maith gasta a mheabhraigh sí dhom faoin gcrois atá ar a huaigh. "Tá crois bhreá ghnaíúil as mo chionn," adeir sí, "rud nach bhfuil as do chionn-sa, a Chaitríona." Ba bheag an chrois a bheadh uirthi marach gur chaill an t-amadán is dearthair di léi, rud a d'innis mise di. Thíos ar Áit na Leathghine gan lia gan leacht, i lár amhais Chlochair Shaibhe agus Dhoire Locha a bheadh sí, agus b'ann ba chóra di a bheith dhá mbeadh ceart le fáil. Sin í nar moladh ar chaoi ar bith, nó go bhfuair sí bás. Cén uair a moladh duine dhá cine. Dheamhan é ariamh. Ariamh sa saol. Ní fhaca muid é. Cine faoi chopóig ...

Ach is ionann crois anseo le teach mór ceann slinne as cionn talúna, agus ainm as cionn an dorais—Radharc na Brocaí, Dídean Phárrthais, Suí na mBan Sí, Bealach na Leannán, Súil na Gréine, Áras na Naomh, Faiche na Leipreachán—agus sconsa suimint timpeall air, crainnte agus pabhsaethe go colbha na leapan, an geaitín iarainn agus an t-áirse géagánach as a chionn, an deis agus an t-airgead sa mbeainc … Is comhmhar a chéile na ráillí ar uaigh agus na sconsaí móra atá timpeall ar theach an Iarla. Níor bhreathnaigh mé isteach ariamh thar sconsaí an Iarla gan fuadach croí a theacht orm. Bhínn ag súil i gcónaí go bhfeicinn rud gradha eicínt: an tIarla agus a bhean faoina gcuid sciathán tuirlinte thar éis a bheith ar dínnéar sna Flaithis. Sin nó an Naomh Peadar, agus an tIarla agus a bhean cois ar chois leis, dhá thíolacan go dtí bord ar scáth na gcrann; líon in a láimh, th'éis a bheith ag iascach ar Loch an Iarla; bradán óir inti; an-toirnéis ag a chuid eochrachaí móra; é ag oscal a Leabhair agus ag ceadú an Iarla faoin dream ar a dhúiche a ligfí isteach do na Flaithis. Shíl mé an uair sin gurbh ionann a bheith glan ar leabhra an Iarla, agus a bheith glan ar leabhra na bhFlaitheas …

Tá an dream sin as cionn talúna an-tsimplí go deo. "Cén mhaith a dhéanfas sé do na mairbh crois a chur ar a n-uaigh?" adéarfas siad. "Dheamhan a bhalath! Níl sna croiseannaí céanna ach leithead agus onóir agus airgead amú." Dhá mbeadh a fhios acu! Ach ní theagann tuiscint dóibh go gcuirtear sa gcill iad, agus bíonn sé mall an uair sin. Dhá dtuigidís as cionn talúna go dtuilleann crois anseo ómós do Chineál na gCosa Lofa fhéin, ní bheidís chomh siléigeach fúinn agus a bhíos siad …

Nímé cáid go gcuirtear an chrois orm? Ní féidir go bhfailleodh Pádraig? Gheall sé dhom go dílis é:

"Beidh sí ort faoi cheann bliana, nó achar is lú ná sin," adeir sé, "níor chomaoin dúinn gan an méid sin a dhéanamh dhuit …"

Crois de ghlaschloich an Oileáin, agus scríobhainn Ghaeilge uirthi … Sí an Ghaeilge is mó ardnós ar chroiseannaí ar an saol seo … agus pabhsaethe deasa …

B'iomdha fainic a chuir mé ar Phádraig:

"Thóig mé go múirneach thú, a Phádraig," adeirimse. "Choinnigh mé teach maith ariamh duit. Chí Muire muis narbh fhurasta sin scaití. Níor innis mé ariamh duit a bhfuair mé de chrácamas th'éis bás t'athar. A dhath fhéin níor iarr mé as a ucht. Ba mhinic a theagadh fonn orm ruainnín muicfheola a cheannacht le meall gabáiste a bhealú; nó glac rísíní le cur sa gcáca; nó a dhul isteach tigh Pheadair an Ósta nuair a d'airínn mo phíobán scalta ag deannach glantacháin, agus leathghloine a iarraidh air, as na buidéil óir údaí a mbíodh meanga orthu liom ón bhfuinneoig gach uair dhá dtéinn thar a theach …

Ach a Phádraig, a chuid, ní dhearnas. Chuir mé chuile chianóg i dtaisce … Níor mhaith liom a thabhairt de shásamh do Neil ná do Mheaig Bhriain Mhóir anois nach gcuirfí go maith mé. Fagh uaigh dhom ar Áit an Phuint. Cuir crois orm de ghlaschloich an Oileáin. Bíodh sí thuas agat faoi cheann bliana th'éis mé a chur, ar a fhad. Tá a fhios agam nach gan costas sin, ach tiúrfaidh Dia a luach dhuit …

Ná géill do do bhean má bhíonn sí ag banrán faoin airgead. Sí do bhean í, ach mise a thug ar an saol thú, a Phádraig. Níor chuir mé de thrioblóid ort ariamh ach an méid seo. Beidh tú réidh liom ansin. Fainic a dtiúrfá de shásamh do Neil …"

Níor chuir sé ar Áit an Phuint mé ina dhiaidh sin. An bhean … nó an bhean agus an smuitín eile siúd Neil. Ach tá Pádraig sách borb freisin nuair a thograíos sé é. Gheall sé an chrois dom …

Nímé cén sórt sochraide a bhí orm? Ní bheidh a fhios agam sin nó go dteaga an chéad chorp aitheantais eile. Tá sé in am feasta ag duine eicínt a theacht. Bid Shorcha, bhí sí ag éagaoineadh. Ach diabhal mairg fós uirthi, déarfainn. Tá Máirtín Crosach, Beartla Chois Dubh agus Bríd Thoirdhealbhaigh ann, agus 'ar ndó' an scóllachán gránna Briain Mór, i bhfad uainn a chual cnámh … Ba cheart go mbeadh Tomás Taobh Istigh caillte feasta ag an mbáisteach anuas. Má rinne Pádraig mo chomhairle-sa, tá an bothán tuite air faoi seo ...

Beidh bean mo mhic chugainn ar an gcéad-abhras eile, go siúráilte. Tá Neil cloíte go leor ó gortaíodh Peadar, agus na scoilteachaí uirthi, an smuitín. Má tá fhéin dheamhan bás a thiúrfas siad di. Ba mhinic a bhí sí ar a cailleadh má b'fhíor di fhéin, ach ní chaillfeadh seacht bpláigh na hÉigipte cuid de na daoine. Nar theaga corp 'un cille 'un tosaigh uirthi ...

Dheamhan a fhios agam ar tháinig aon litir Mheiriocá ó shoin. Tá faitíos orm go mbeidh rith seoil ag Neil anois ar uachta Bhaba. Dhá mairinn cupla bliain eile fhéin ...

Bhí an-ghnaoi ag Baba ariamh ormsa thar dhuine ar bith eile againn. Nuair a bhíodh muid ag fosaíocht i bPáircín na Sciochóirí fadó inár ngearrchaileadha ... Nach beag de lua a bheadh aici crois a chur orm mar chuir deartháir Nóra Sheáinín ar Nóra ...

— ... "Meastú ab é Cogadh an Dá Ghall é an cogadh seo?" ...

— Ní bhuaileann táirm chríochnaithe na clabairí seo ach an uair a bhíos duine ag tnuthán le suaimhneas. Nach seafóideach an chaint a bhíos orthu sa saol thuas: "Tá sí sa mbaile anois. Beidh suaimhneas aici feasta, agus féadfaidh sí cuimhne an tsaoil a chaitheamh as a ceann i gcré na cille" ... Suaimhneas! Suaimhneas! Suaimhneas! ...

— ... Má chuireann sibh isteach in mo theachta mé geallaim daoibh go ndéanfaidh mé cion fir—cion mná ab áil liom a rá—ar shon cultúir, agus ar shon pobal-bharúil eolgach léarsannach a chraobhscaoileadh anseo ...

— A Mhuraed! A Mhuraed! Hóra a Mhuraed ... Ar chuala tú céard adúirt Nóra Sheáinín ... "Má chuireann sibh isteach mé" ... Pléascfaidh mé! Pléascfaidh mé! ...

5

— ... "Bhí Tomá -á-ás Taobh Istigh ann a's ra-a-agus
  pósta air,
Mar sé ba dó-ó-óide dhó i ndiaidh an bhraoin ..."
— ... Nach hé an fáth gáirí é, a Dotie ... Tomás Taobh Istigh atá de leasainm ag chuile dhuine air ... I mbráicín as féin i mbarr an bhaile se'aghainne a chónaíos sé. Níor phós sé ariamh. Tá sé ina shean-fhear anois. Níl aon duine a bhaineas leis beo—in Éirinn ar aon chor—ach Caitríona agus Neil Pháidín ... Dheamhan a fhios agam mara dtugainn freagra gearr ort, a dhuine chroí, cén gaol atá aige le Neil ná le Caitríona, ní cheal nar chuala mé sách minic é muis ...
— Colcúigearachaí, a Mhuraed. Ba cholceathar Páidín beag, athair Chaitríona, agus Tomás Taobh Istigh ...
— ... "Tá giodán talú-ú-úna agam a's bothán teo-o-olaí ..."
— Tá talamh Thomáis Taobh Istigh tórainneach le cuid Neil, agus is mó an scéal faoi í ná Caitríona, mar tá a cuid talúna-sise i bhfad ó láthair uaidh, agus gabháltas mór aici mar tá sí ...
— ... "A's beirt ar m'eo-o-olas le mo chíos a íoc ..."
— Bhíodh Caitríona go síorraí ag gabháilt de mhaidí croise ar Thomás Taobh Istigh lena mhealladh anuas aici fhéin, ach ní le saint ina chuid talúna amach agus amach é, ach le Neil a chur as ...
— Óra a Mhuraed nach bhfeicinn Pádraig sáraithe aici ...
— Dhá mbeadh na seacht sraith ar an iomaire aige fhéin, bheadh sí ag tuineadh leis go gcuireadh sí suas a chúnamh do Thomás Taobh Istigh é ...
— Duine gnaíúil é Pádraig Chaitríona ...
— Togha comharsa é leis an gceart a rá ...
— Ní raibh tnuthán ar bith aige le talamh Thomáis Taobh Istigh ...
— Ba bheag dhá fhonn a bhíodh air scaití a dhul suas a chúnamh dhó, ach le grá an réitigh ...

— … "Is maith í Neil faoi chlaidheachaí a thó-ó-ógáil …"
— … Diabhal rud a chonnaic mé ariamh ní ba bharúla ná é, sílim …
— Diabhal rud a chonnaic tú ní ba barúla ná é, muis …
— Ach ní fhaca tusa a leath …
— Chonnaic mé mo dhíol …
— Dhá mbeitheá ar aon bhaile leo …
— Bhí mé sách gar dóibh. An rud nach bhfaca mé chuala mé é. Nach orthu a bhí an tír ag caint? …
— Dheamhan duine ar an dá bhaile se'againne ar aonchor nach mbíodh i lagracha acu ó mhaidin go fuin. Ní chreidfeá a leath dhá n-innsínn duit é …
— Chreidfinn, a mhaisce. Ba bheag Aoine th'éis an phinsean a tharraint nach dtéinn fhéin agus Tomás Taobh Istigh isteach tigh Pheadar an Ósta, go n-óladh muid cupla gailleog, agus d'innsíodh sé thríd síos agus thríd suas dom é …
— Labhair go réidh. Tá a fhios agat go bhfuil Caitríona Pháidín curtha le scathamh—ar Áit na Cúig Déag. B'fhéidir go gcloisfeadh sí thú …
— Bíodh aici. Cloiseadh agus a bhfuil ar Áit na Cúig Déag más breá leo é. Tá beann agam orthu go deimhin. Iad fhéin agus a gcuid floscaíocht. Shílfeá gur draoib agus salachar muide acu …
— Níorbh ait liom go gcloisfeadh Caitríona mé, ina dhiaidh sin. Bhí mé istigh ar aon bhaile léi ariamh, agus má bhí fhéin, diabhal mé go mba chomharsa mhaith í, ach go raibh sé bruite ar bhainne aici dhá deirfiúr Neil. Ba ag Tomás Taobh Istigh a bhí sochar a gcuid faltanais …
— Nach minic adúirt sé liom é, agus muid ag ól gailleoige …
— D'fheicfeá Caitríona ag éirí amach ar maidin agus ag seoladh na mbeithíoch go barr an bhaile. Chuireadh sí timpeall uirthi fhéin d'aon uaim amháin ag filleadh 'nan tí, le dhul thar bhráicín Thomáis:
"Cén bláth atá ort inniu, a Thomáis? … Chítear dhom gur

dona an péire cléibh phortaigh iad sin agat. Diabhal mé go sílim go bhfuil dhá chliabh sa mbaile in áit eicínt, agus gan ag teastáil díobh chor ar bith, arae bhí Pádraig ag caoladóireacht anseo an lá cheana, agus rinne sé péire nua …"

Gheobhfadh Tomás na cléibh.

Ní maith a bheadh Caitríona bailithe síos thar Ard an Mhóinéir nuair b'sheo anuas Neil:

"Cén bláth atá ort inniu, a Thomáis? … Diabhal mé go bhfeictear dom gur dona an treabhsar é sin ort. Is géar a theastódh a phíosáil uaidh … Ach níl a fhios agam ar ghar é. Tá sé sceite ar fad. Mh'ainín go bhfuil treabhsar thoir agus go bhfuil sé nua glan ar scáth a bhfuair sé de chaitheamh. Do Jeaic a rinneadh é ach bhí sé cúng sna cosa, agus níor chuir sé air faoi dhó ariamh é …"

Gheobhfadh Tomás an treabhsar …

— Nar dhúirt sé liom é? …

— Lá eile théadh Caitríona suas:

"Cén bláth atá ort inniu, a Thomáis? … Diabhal mé go sílfeá go bhfuil claidheachaí an Gharraí seo thiar agat leagtha go talamh … Tá an ballséire ar asail an bhaile seo, a Thomáis. Tá muis. Tá an ballséire orthu nuair nach gcoinneochaí ceanglaithe istigh sna croithe iad. Tá sean-asal an Chraosánaigh agus cuid Cheann an Bhóthair dona go leor, ach dheamhan asail ar bith is bradaí ná a cuid seo thuas"—seo í Neil—"agus tugann sí cead scoir dóibh … 'Ar ndó' ní i ndon a dhul ag díbirt asail atá sean-fhear bocht mar thusa. M'anam go bhfuil rud ar t'aire feasta choíchin. Caithfidh mé a rá le Pádraig go bhfuil na claidheachaí caite anuas" …

Agus thóigfí na claidheachaí do Thomás Taobh Istigh …

— Muise go deimhin, nach hé nar dhúirt liom é …

— Bhuaileadh Neil anuas:

"Cén bláth atá ort inniu, a Thomáis? … Níl aon iarracht ar an ngarraí seo agat, bail ó Dhia ort. A dhiabhail álainn níl curtha dhe ach cúilín fós. Tá aon choicís amháin eile ort. Is beag é foghail an duine aonraic 'ar ndó'. Tá sé buille mall le bheith ag cur fhataí anois. Nach shin é ina Lá Buí Bealtaine thall é! … Is diabhaltaí nach dtiúrfaidís seo thíos"—seo iad muintir Chaitríona—"aon lá dhuit agus a gcuid fhéin críochnaithe acu le coicís … Caithfidh mé a rá le Peadar a theacht anoir amáireach. Ní fheilfeadh aon áit don chupla againne an chuid eile dhar saol, a Thomáis, ach i dhá chlúid an teallaigh …"

Chríochnóchaí an garraí fataí do Thomás Taobh Istigh …

— An síleann tú nach minic adúirt sé liom é? …

— Ní bheadh a fhios ag aon duine ceart ina dhiaidh sin é, ach an té a bheadh ar aon bhaile leo … Bhíodh Caitríona d'fheacht agus go háirid ag iarraidh é a tharraint isteach chuici fhéin ar fad. Ach mo chreach mhaidne dhóite thú! Deirimse leatsa nach raibh néal ar bith ar Thomás Taobh Istigh, th'éis go mbíodh daoine ag iarraidh suí ina bhun …

— Ab éard a shíleas tú nach bhfuil a fhios agam é? …

— Ní bheadh a fhios ag aon duine ceart é, ach an té a bheadh ar aon bhaile leo … Bhí Tomás chomh ceanúil ar an bpruchóigín de bhothán siúd, agus bheadh rí ar a chróin. Dhá dtéadh sé isteach ag cónaí le ceachtar den bheirt deirfiúr thiúrfadh an ceann eile cúl dó. Agus ba shuarach an blas a bheadh ag chaon duine acu air chomh luath in Éirinn agus a scarfadh sé len a ghiodán talúna. Níor scar. Ba shean-dhaidí é Tomás Taobh Istigh …

— Mea'nn tú nach bhfuil a fhios agam é? …

— Níl a fhios agat é muis, ná ag duine ar bith nach raibh ar aon bhaile leo … Ach ba é an uair a mbíodh ól déanta aige —lá aonaigh nó Aoine nó eile—a gheobhfaí an spraoi ar fad. Thagadh rachmall pósta air.

— T'anam ón diabhal, an síleann tú nach go minic a chonaic mé é tigh Pheadair an Ósta agus é bogtha? …

— Chonaic mise lá ann é, agus má chonaic féin ba bharúil é. Níl sé mórán le chúig bhliana fós: an bhliain sul má fuair mé bás:

"Pósfaidh mé," adeir sé. "Tá giodán deas talúna agam, leathghine pinsin, agus mé luath láidir fós. T'anam ón docks é go bpósfaidh mé. Pósfaidh muis, a stór ... Tabhr'om buidéal fuisce as sin, a Pheadair"—bhí Peadar beo an uair sin — "an chéadscoth anois. T'anam ón docks é go ngabhfaidh mé ag tóraíocht."

— Is maith a cuimhním ar an lá céanna. Chuir mé mo rúitín amach ...

— Seo isteach Caitríona agus chuir sí cogar ina chluais:

"Siúil uait abhaile in éindigh liomsa, a Thomáis, agus gabhfaidh Pádraig se'againne dhá hiarraidh dhuit, ach a gcuire sibh 'ur gcomhairle i dteannta a chéile" ...

Seo isteach Neil agus chuaigh sí san leath-chluais eile aige:

"Teara uait abhaile in éindigh liomsa, a Thomáis chroí. Tá ruainne feola agam agus braoinín fuisce. Ach a n-ithe sibh greim gabhfaidh Peadar se'againne ag iarraidh mná duit ..."

Réabadh soir tigh Nóra Sheáinín sa nGort Ribeach a rinne Tomás. "Más baintreach fhéin í," adeir sé le Neil agus le Caitríona, "t'anam ón docks é gur beag de locht í. Bean óigeanta fós atá inti. Ní mórán le dó dhéag nó trí déag is fiche a hinín atá pósta ag Pádraig se'agaibhse, a Chaitríona. T'anam ón docks é, a stór, gur puis-rúpálaí sách óg domsa atá sa máthair ..." Deireadh a mh'anam. An raibh a fhios agat é sin? ...

— Is diabhlaí go síleann tú nach raibh a fhios agam é ...

— Ara cén chaoi a mbeadh a fhios agat é agus gan tú ar aon bhaile leo ... Ba mhaith an scéal dóibh nach raibh ag Tomás ach bráca nó bheidís scriosta, arae diabhal teach faoi sheacht ranna na néal ba mhinicí a dtéadh tuí air ná é. Chuir Pádraig Chaitríona an taobh ó thuaidh dhe ó bhinn go binn bliain. Togha tuíodóra é Pádraig. Cíb a chuir sé air. Níor den díogha í ach oiread. Dheamhan brat a d'iarrfadh an leathchaoin sin aríst go ceann ceathair déag nó cúig déag de bhlianta. An bhliain dár gcionn, tháinig Peadar Neil agus a dhréimre agus a mháiléad aige. Suas leis ar an taobh ó thuaidh. Meastú céard a rinne sé leis an díon a bhí Pádraig th'éis a chur an bhliain roimhe sin: a tharraint amach ón dúid agus a chaitheamh anuas le fánaidh ar an tsráid. Nar fhága mé seo má tá mé ag déanamh smid bhréige leat. Níor fhága sé gib de chíb Phádraig ó bhinn go binn gan strachailt dhe.

"Ba ghearr go mbeadh an braon anuas ort, a Thomáis," arsa seisean. Dar lom lán an leabhair bhí mé ag éisteacht leis! "Ní raibh aon mhaith leis an mbrat sin a chuaigh air anuiridh. Is iontas liomsa go raibh díon deor inti. Dheamhan ceo a bhí ina leath ach an fraoch mín sin. Feacha ansin in a chomhraíocht é. Dheamhan mórán de thóirt a chuir sé air fhéin dhá bhaint, ach fanacht ar an gcruatan. Más leat cíb a fháil caithfidh tú a dhul ar na heascaíochaí domhaine agus do chois a fhliuchadh. Breathnaigh ar an gcíb atá agamsa ansin, amach as lár na hEasca Rua" …

Chuir sé dhá thaobh an tí agus go deimhin má chuir fhéin, ba mhaoilscríobach uaidh. Diabhal ní ba mhaoilscríobaí! Níor sheas sí aon trí bliana ariamh. Ba mhór an carghas é …

— Diabhal mé go sílfeadh duine ort nach bhfuil a fhios agam é …

— Ní bheadh a fhios ag duine ar bith ina dhiaidh sin é, ach an té a bheadh ar aon bhaile leo …

Chonnaic mé uair eile an bheirt acu ar an teach: Pádraig Chaitríona agus Peadar Neil. Bhí Pádraig ó thuaidh agus a dhréimre agus a mháiléad agus a adhairt chíbe aige. Bhí Peadar ó dheas, agus a dhréimre agus a mháiléad, agus a adhairt chíbe aige fhéin. Tabhair thusa obair ar an obair a bhí an bheirt sin a dhéanamh: fíriúil ceart. Bhí Tomás Taobh Istigh gróigthe ar an gcloich mhóir atá ansiúd ag an mbinn thoir, é ag stolladh tobac agus ag coinneál chainte leis an mbeirt acu in éindigh. Sé a bhí san áit cheart idir dhá thaobh an tí. Tháinig mé fhéin ann. Shuigh mé ar an gcloich mhóir le hais Thomáis. Ní chloisfeá méir i gcluais ag an dá mháiléad.

"Shílfeá," arsa mise, "go mb'fhearr do dhuine agaibh éirí as an tuíodóireacht agus a dhul ag freastal ar an gceann eile, nuair nach bhfuil Tomás anseo ag freastal ar cheachtar agaibh: sin nó chaon duine agaibh a dhul gacha le scathamh ag freastal agus ag cur ..."

"Eist do bhéal," adeir Tomás, "t'anam ón docks é go bhfuil siad ag dul chun cinn bun ar aon anois, go lige Dia slán iad! An-tuíodóirí iad. Ní chomhairimse go bhfuil ionga ná orlach ag duine acu ar an duine eile" ...

— Diabhal aithne ort nach hé an chaoi nach bhfuil a fhios agam é ...

— Muise níl fhios agat, ná cuid dá fhios ...

— ... "Is maith í Neil faoi chlaidheachaí a thógáil,
A's tá Caty eolgach i gcúrsaí dín" ...

— ... "Bhí Tomás Taobh Istigh ann agus drandal gáire air
Faoi Chaty Pháidín a d'íoc a chíos" ...

— Ní raibh! Ní raibh! Ní raibh! Hóra a Mhuraed. A Mhuraed. Pléascfaidh mé! Pléascfaidh mé! ...

6

— ... Fear na Roillige! Tá sé ina bhobarún chomh mór agus a chonnaic tú ariamh é ...

— Is diabhlaí, a Chaitríona, má tá an mapa aige, nach n-aithneodh sé na huaigheannaí thar a chéile ...

— Go bhfóire Dia ort fhéin agus ar do mhapa! Níl aon bhlas ina mhapa siúd ach an chaoi a mbíodh Fear Thaobh Thoir an Bhaile ag roinnt na talúna sa luaith leis an tlú, aimsir na "Straidhpeála" fadó ...

— I nDomhnach muise, a Chaitríona, choinnigh mé an roinn i mbarr an bhaile dhá bhur mbuíochas th'éis nach raibh mac an aoin agaibh nach raibh ag iarraidh í a bheith aige fhéin. Níl cinneadh go deo léi ag cur cruth ar bheithigh ...

— Óra an gcloiseann sibh an ghaotaireacht atá arist ar an gcleabhar? ...

— Is diabhlaí, a Chaitríona, má tá coirp dhá gcur sna huaigheannaí contráilte, nach gcuirfeadh duine eicínt tréas air: scéala a chur suas chuig an nGovernment, nó labhairt leis an sagart nó leis an bpóilí rua ...

— Ara bail ó Dhia ar do Ghovernment! Government mar siúd é, ó caitheadh amach lucht an Ghríobhthaigh ...

— Thug tú éitheach ...

— Thug tusa do dhearg ...

— Nach shéard adúirt Briain Mór: "Tá siad dhá gcaitheamh síos i bpoll ar bith sa roillig siúd thiar anois fearacht is dhá mba putógaí éisc nó sliogáin fhaochan a bheadh acu ann" ...

— Ó an scóllachán gránna ...

— Mara bhfuil crois as do chionn sa roillig seo anois le go mbeidh comhraíocht mhaith ar t'uaigh, dheamhan lá san aer nach oscailte a bhéas sí ...

— Is gearr go mbeidh crois orm. Crois de ghlaschloich an Oileáin mar atá ar Pheadar an Ósta agus ar Shiúán ...

— Crois de ghlaschloich an Oileáin, a Chaitríona ...

— Ní ligfidís crois admhaid ar bith a chur suas a Chaitríona?

— Bheidís caite amach ar an mbóthar lár na mháireach ...

— Meastú nach hiad lucht dhíolta na gcroiseannaí eile is ciontach leis sin? ...

— Ara 'deile? Chuile dhuine ag tarraint uisce 'na mhuilinn fhéin. Dhá mbeadh cead croiseannaí adhmaid nó suimint, ní bheadh glaoch ar bith ar a gcuid croiseannaí-siadsan. D'fhéadfadh chuile dhuine ansin a chrois fhéin a dhéanamh ...

— B'fhearr liom gan crois ar bith ná ceann adhmaid nó suimint a dhul orm ...

— Is fíor dhuit. Chaillfí le náire mé ...

— An Government seo a tharraing an obair sin Faghann siad airgead cánach ar na croiseannaí eile ...

— Thug tú éitheach! Bhí an obair sin ann roimh an nGovernment seo ...

— Is diabhlaí an rud duit do dhuine fhéin a bhúrláil síos abuil strainséara ...

— Bíonn an cnáimh ag iarraidh a dhul ar a nádúr siúráilte go leor ...

—Sin é anois an Government agaibh ...

— Thug tú éitheach ...

— Chuala mé gur anuas as cionn Tiúnaí Mhicil Tiúnaí a d'fháisceadar mac Thomáis Táilliúr anuiridh ...

— Ó nár chiceáil mé dhíom an murdaróir! An chuid eile de Chineál fealltach na Leathchluaise a sháigh mé ...

— Bhí mise ar shocraide Jude an bhaile se'againne bliain ó shoin. Síos ar Dhomhnaillín Fíodóir as Clochar Shaibhe a cuireadh í. Níor tuigeadh go raibh siad ag cartadh na huaighe contráilte gur nochtadh an chónra. Tá a fhios ag an lá muise gur fíor dhom é, mar bhí mé ar bhall na háite ...

— Is fíor dhuit é. Nach bhfuil a fhios againn gur fíor dhuit é. Cartadh cheithre uaigh don Fhile agus sén chaoi a raibh sé as a dheireadh gur fágadh tealtaithe ag an gCurraoineach é ...

— Go ropa an diabhal é! Tá mé sáraithe aige lena chuid fearsaí fánacha. Loirg an diabhail dhó nar fhan beo scathamh eile nó go dtéadh crois orm ...

— Óra an dailtín ...

— Cén bhrí ach rud ar m'aire agus gan a fhios agam nach hé mo ghabháltas mór a bheadh tugtha aici siúd sa mbaile don mhac is sine ...

— Céard deir tú le bean Mhicil Chite as Baile Dhoncha a bhíodar a chur as cionn Shiúán an tSiopa. Ní raibh an chrois ar Shiúán an uair sin ...

— A Shiúán bhocht ...

— Chaithfeadh sé go raibh tú i bpíolóid, a Shiúán bhocht ...

— Dúirt mé aníos léi gan frapa gan taca dealú uaim ar áit na Leathghine nó na Cúig Déag. 'Deimhin ní theastódh uaim ach an liúdramán sin a bheith as mo chionn. Chuirfeadh sí den tsaol mé le balath neantógaí ...

— Nar fhéachadar le duine eicínt a chur as do chionn-sa freisin, a Chite? ...

— Suaróigín eicínt as Clochar Shaibhe nach raibh aon aithne agam ariamh uirthi fhéin ná ar a muintir. Dar dair na cónra seo, chuir mise siúl ag imeacht aici! "Is dona a frítheadh mé más iad lucht déirce Chlochar Shaibhe a bhéas i gcré na cille liom faoi dheireadh," arsa mise ...

— Honest. Bhí m'uaigh-sa carta acu freisin. Bean eicínt as Seana-Choille. "Uch," arsa mise, "an gharbhóg bharbartha sin as Seana-Choille a chur síos liomsa! Dhá mba duine í a mbeadh cultúr uirthi!" ...

— Óra, an gcluin sibh raicleachín Ghort Ribeach na Lochán ag tabhairt easmailt do Sheana-Choille? Óra éistigí liom! Pléascfaidh mé! ...

7

— ... Tuitim de chruach choirce ...

— ... Dia dhá réiteach go deo deo! Breá nar thug siad mo chual cré thar Ghealchathair soir ... Ní ar fiar agus go faiteach a thiocfadh an fuineadh chugam ann. Ní mar bhean siúil nach ligfeadh an náire di ach bealaigh aistreánnacha cnoc agus aille a thabhairt uirthi fhéin ar a céad-gheábh ag iarraidh a codach a thiocfadh an t-éirí gréine ann. Ní ar thomhais doréitithe cnoc, caracán agus cuan a chaithfeadh an ghealach tuirlint, nuair ba mhian léi a thíocht do mo phógadh. Bheadh fairsinge leitheadach an Chláir spréite amach agam ina cáiteoig ildathach faoina comhair. Ní de dhorta dharta ar nós urchar díbhirceach rógaire reatha ar chasáin droibhéalacha a thiocfadh an bháisteach, ach mar chaithréim stáidiúil bhainríona ar dhaingniú reachta agus rathúnais dá muintir í a theacht ar a bhfud ...

— Dotie! Maothnas!

— An óinsiúlacht aríst …

— … Feacha mise ar thug an murdaróir droch-bhuidéal dom …

— … A dhul chuig an bPlaza ag an seacht … a theacht di. An meanga glé aríst. Na seacláidí a ghlacadh. Pictiúir … Bhí pictiúr an Phlaza—bhí pictiúir an bhaile mhóir ar fad—feicthe cheana aici. Spaisteoireacht nó damhsa … Bhí sí ar a cosa sa nGeall-Oifig ó mhaidin … Tae … Ní raibh sí ach tar éis éirithe uaidh. An Aíochtlann Iarthair … Cinnte dhéanfadh gearr-scíth maith di …

"Fíon," arsa mise, leis an dáileamh.

"Fuisce," arsa sise.

"Dhá fuisce mhóra," arsa mise …

"Dhá fuisce mhóra eile," arsa mise …

"Níl a thuilleadh fuisce agam," arsa an dáileamh. "An bhfuil a fhios agaibh cén fuisce atá ólta agaibh ón seacht a chlog: dhá cheann déag mhóra an duine! Tá fuisce gann …"

"Stout," arsa mise.

"Brandaí," arsa sise.

"Dhá bhrandaí mhóra," arsa mise …

"An bhfuil a fhios agaibh," arsa an dáileamh, go bhfuil sé go hárd th'éis an haon a chlog, agus más san Aíochtlann Iarthair fhéin atá sibh, nach foláir a bheith airdeallach. Ruathar Póilíos b'fhéidir" …

"Déanfaidh mé thú a thíolacan go teach," arsa mise, agus an dáileamh ag dúnadh doras an Aíochtlann Iarthair inár ndiaidh.

"Mé a thíolacan go teach?" arsa sise. "Is mó go mór an chosúlacht atá ortsa gur mise a chaithfeas thú a thíolacan. Meabhraigh suas thú fhéin beagán nó tuitfidh tú isteach thríd an bhfuinneoig sin. Níl aon acmhainn agat air, an ea? Nach maith an chiall agamsa é, a bhfuil brandaí mór ólta agam thart! Níl aithne deoir orm, an bhfuil? … Fainic an mbuailfeá faoin gcuaille sin … Siúil leat. Lig dom breith i ngreim ascalla ort, agus déanfaidh mé thú a thíolacan go dtí do dhoras fhéin. B'fhéidir go bhfaigheadh muid cupla deoch eile tigh Shíomáin Uí Allmharáin ar an mbealach suas. Oíche íocaíocht atá intí, agus ní dhúinfidh sé go maidin" ...

D'éirigh liom féachaint uirthi i meath-dhorchadas na sráide. Bhí an meanga glé ar a ceannaghaidh. Ach ag cur mo láimhe in mo phóca agus dhá iontú amach a bhí mise. Mé taobh leis an aon scilling ...

— A phleoitín ...

— ... M'anam muise mar adeir tusa ...

— ... Tá mise ag déanamh na fírinne leat, a Pheadair an Ósta. Tháinig Caitríona Pháidín isteach go dtí mé. Cuimhním go maith air. Amach faoi Shamhain a bhí ann. Ba í an bhliain í ar shean-leasaigh muid Garraí na Ráibe. Ag feamnadh a bhí Micil an lá céanna. Bhí mé ag súil ón scoil le na malraigh pointe ar bith, agus d'iontaigh mé an bhruineog a bhí lena n-aghaidh, sa ngríosach. Shuigh mé sa gclúid ansin ag tógáil sáil ar stoca.

"Bail ó Dhia anseo," adeir sí. "Muise go mba hé dhuit." adeirim fhéin. "Sé do bheatha, a Chaitríona. Suigh."

"Ní fhéadfaidh mé aon chuairt a dhéanamh," adeir sí. "Tá mé ar mo mhine ghéire ag téisclim le haghaidh an tsagairt. Dheamhan ann ach naoi nó deich de laethantaí anois nó go mbeidh sé isteach sa mullach orm. Níl aon mhaith dhom a dhul anonn ná anall leis, a Chite," adeir sí. "Dhíol sibh na muca an t-aonach deireannach. Ní bheidh an chuid se'againne in alt a ndíolta go Féil Bríde má fhágann Dia againn iad ... Is mór an ní a dhul dhá iarraidh ort, a Chite, ach má fhéadann tú a spáráil go dtí Aonach na Féile Bríde, ba mhór an chomaoin a chuirfeá orm ach punt airgid a thabhairt dom. Caoi atá mé le chur ar an simléar, agus roundtable le haghaidh bricfasta an tsagairt atá mé ag brath ar a cheannacht. Tá dhá phunt agam fhéin" ...

"Roundtable, a Chaitriona?" adeirimse. " 'Ar ndó' ní bhíonn roundtable ag duine ar bith anseo dhó, ach ag daoine móra.

Ceadh nach n-íosfadh sé de bhord Ghaelach chomh maith é, mar a rinne na sagairt a chonnaic muid ariamh?"

"An uair deiridh a raibh sé ag Neil se'againne," adeir sí, "bhí teapot airgid aici a thug Meaig Bhriain Mhóir as Meiriocá. Gheobhaidh mise teapot airgid Shiúán an tSiopa ar iasacht, mar ba mhaith liom a bheith cab ar chab le Neil agus cab as a cionn, a Chite. An sotaire bradach!"

Thug mé fhéin an punt di. Cheannaigh sí an roundtable. Bhí rudaí saor an uair sin. Leag sí anuas bricfasta an tsagairt air, agus réitigh sí a chuid tae i dtaepot airgid Shiúán an tSiopa.

Dar dair na cónra seo thug mé an punt di, a Pheadair an Ósta, agus ní fhaca mé aon amharc air ón lá sin go dtí lá mo bháis, pér bith céard a rinne Siúán an tSiopa faoin taepot ...

— Thug tú éitheach, a Chailleach na mBruineog. Ná creid í, a Pheadair chroí. Thug mé chuile phínn rua dhe isteach ina bois di nuair a dhíol mé na muca faoi Fhéil Bríde a bhí chugainn ... Cá bhfágfá é? Níor mhinic le do mháthair fhéin an fhírinne a dhéanamh ... Fuair mé bás chomh glan leis an gcriostal, míle buíochas le Dia ... Ní fhéadfaidh aon duine a rá choíchin gur dhligh Caitríona Pháidín cianóg rua dhó ag fáil bháis di, ní hé sin duitse é, a Chite ghortach na mbruineog ... D'fhága tú fhéin agus do dhream ariamh foracún fiacha in do dhiaidh is chuile áit. Is leitheadach a labhrófá! Mharaigh tú do chlann agus thú fhéin le bruineogaí ... Ó ná creid í a Pheadair ... Ná creid í ... Thug mé chuile phínn rua dhe isteach ina bois di ...

Níor thugas a chailleach? ... Níor thugas ab ea? ...

Hóra a Mhuraed ... A Mhuraed ... Ar chuala tú céard adúirt Cite? ... Pléascfaidh mé! Pléascfaidh mé! ...

Eadarlúid III

An Chré dhá Slámadh

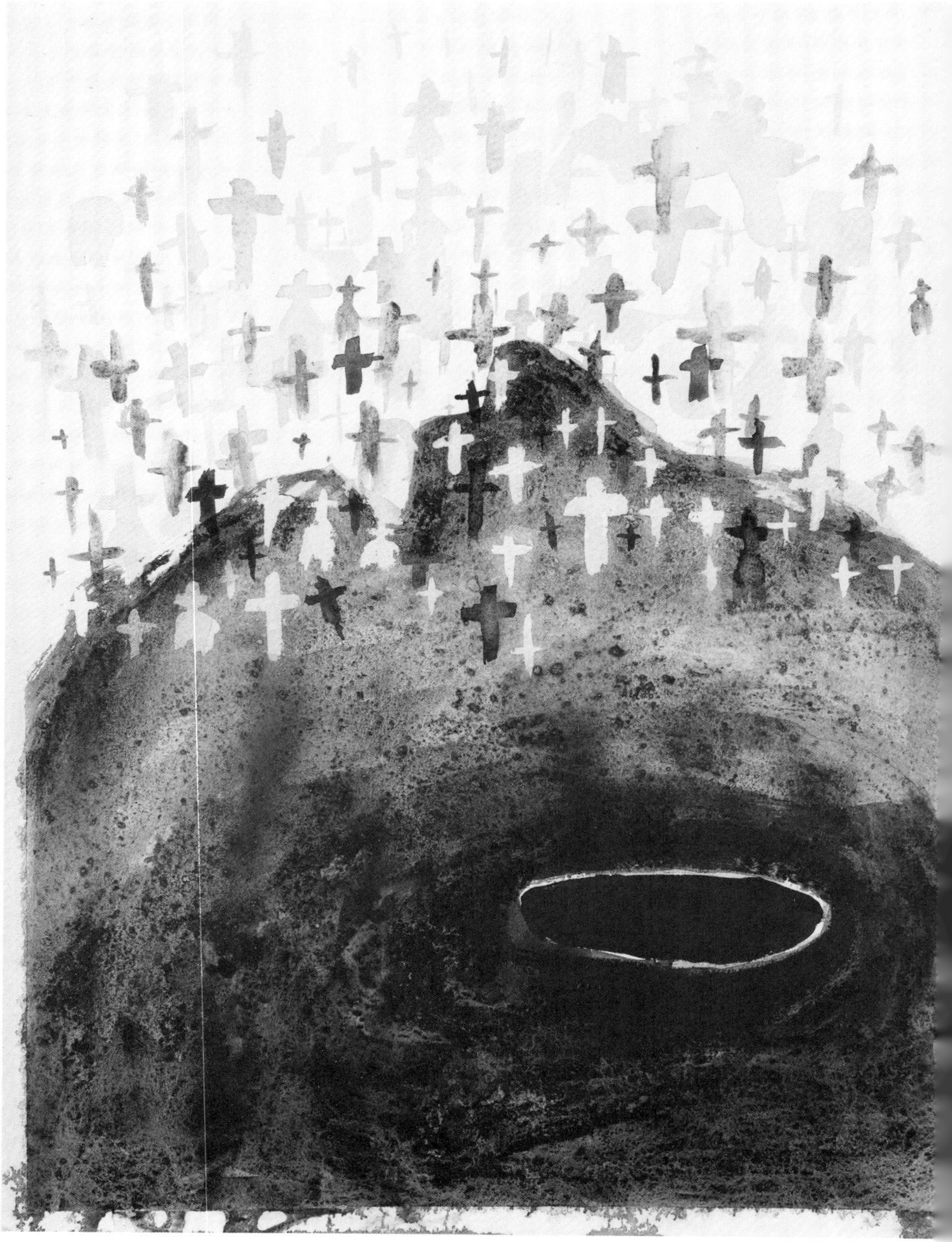

1

Is mise Stoc na Cille. Éistear le mo ghlór! Caithfear éisteacht ...
   Óir is mé gach glór dá raibh, dá bhfuil agus dá mbeidh. Ba mé an chéad ghlór in éagruth na cruinne. Is mé an glór deiridh a cluinfear i spros an Olldíoláithriúcháin Choitinn. Ba mé glor plúchta an chéad toircheasa faoin gcéad bhroinn. Ar a bheith don arbhar órga cruachta san iothlainn, is mé an glór a ghoirfeas abhaile an déas-díolaimeoir deiridh as Gort an Ama. Óir is mé mac sinsire an Ama agus na Beatha, agus reachtaire a dteallaigh. Is mé buannaí, cruachadóir agus súisteoir an Ama. Is mé taisceánaí, siléaraí agus eochróir na Beatha. Éistear le mo ghlór! Caithfear éisteacht:
   Níl am ná beatha sa gCill. Níl sorchas ná dorchas ann. Níl fuin ghréine, rabharta, luainneachas gaoithe ná claochmú ann. Ná síneadh lae, ná an Streoillín agus an Chroimiscín ag dul dhá dtaighríocht; ná an dúil fhástaigh dhá cóiriú féin i gculaith an Gháirdis agus na Fleidhe. Níl súile friochanta an pháiste ann. Ná lasadh doscúch an óigfhir. Ná grua rós-ghríseach an chailín. Ná caoin-ghuth na mná oiliúna. Ná meanga soineannta an tseanduine. Níonn súile, lasadh, grua, guth agus meanga aon aon-ghné easairíonnach amháin in aileimbic neamh-éiseallach na húire. Níl glór ag an snua ann, ná snua ag an glór, arae níl snua ná glór sa gceimic neamh-chásmhar is feart. Níl ann ach cnámha ag críonadh, feoil ag fíniú, agus baill ba bhaill bheatha ag dreochan. Níl ann ach an almóir chré agus culaith chuileáilte na beatha inti ag na leoin le rodadh ...

Ach as cionn talúna tá smúit éadrom theasbaigh san aer. Tá an rabharta ag goineachan go fíriúil i gcuislí an chladaigh. Tá féar an bháin fearacht is dá ndóirtí corcán de bhainne ghlas air. Tá sceach, tom agus crí mar a bheadh mná coimhrí ann a dheasódh suas a gcuid gúnaí uaisle sul a dtéidís i láthair an Rí. Tá ceol bog cumhúil ag an lon sna garáin. Tá súile na bpáistí leata ag láimhseáil na mbréagán atá ag titim amach as bosca iontach na bliana óighe. Tá lóchrann a bhfuil athnuachan gach dóchais ann i leicne an úr-oirfeartaigh. Tá méiríní sí mar a thiomsófaí i gcluana na síoraíochta, i ngrua chúthal na hógmhná. Tá bláth uanach na sceiche gile i gceannaghaidh tláth na máthar. Tá na gárlaigh ag déanamh "falach bhíog" san iothlainn agus a ngealgháire mar chloig aoibhnis, agus airdí éagsúla a nglór mar a bheidís ag iarraidh Dréimre Iacob a tharraint anuas ó Neamh aríst. Agus tá cogar cásmhar na suirí ag éalú ó chúlráid an bhóithrín mar a bheadh geoladh gann gaoithe trí cheapaigh bainne bó bliochtáin i dtír na hóige ...

Ach tá criotán an tseanfhir ag dul in ainsil. Tá cnámha an fhir óig ag spadadh. Tá an ramallae liath ag folcadh an óir i bhfolt na mná. Tá fionn mar ghlae nathar ag múchadh rosc an linbh. Tá ceisniú agus ceasacht dhá dtabhairt ar aoibheall agus ar aeríl. Tá laige ag cur droim díbeartha ar an neart. Tá éadóchas ag sárú an ghrá. Tá an scaoilteog dhá fuáil don phluideoig, agus an uaigh don chliabhán. Tá an beo ag tabhairt a dheachma don mharbh ...

Is mise Stoc na Cille. Éistear le mo ghlór! Caithfear éisteacht ...

2

— ... Hóra! Céard sin? Cé thú fhéin? An tú bean mo mhic? Nach maith adúirt mé go mbeadh sí anseo ar an gcéad abhras eile clainne ...

— Seáinín Liam i nDomhnach—mara gcaithfear mé a bhaisteadh anseo aríst—a thugaidís orm san áit a d'fhága mé. An croí ...

— Seáinín Liam. Ab bu búna! Tá siad do do chur san uaigh chontráilte, a Sheáinín. Uaigh Chaitríona Pháidín í seo ...

— Ara nach shin é an bealach atá leis an roillig seo, a Chaitríona na páirte? Ach ní féidir liomsa labhairt leis an duine beo. Tá rud ar m'aire. An croí ...

— Cén sórt sochraide a bhí orm, a Sheáinín Liam?

— Sochraide? An croí, a Chaitríona! An croí! Bhí mé i gcoinne an phinsin. Dheamhan mogal a d'airigh mé. D'ól mé braon tae. Síos liom sa nGarraí Páirteach faoi dhéint cliabh fataí. Nuair a bhí mé dhá leagan dhíom istigh sa mbaile, shníomh an iris agus tháinig sé anuas ar leathmhaing. Bhain mé stangadh beag as mo thaobh. Níor fhan puth de m'anáil agam ...

— Cén sórt sochraide a bhí orm, adeirim leat?

— An croí go bhfóire Dia orainn! Is olc é an croí, a Chaitríona. Croí fabhtach ...

— Ag an diabhal go raibh do chroí! Caithfidh tú an tseafóid sin a chaitheamh i gcártaí anseo ...

— Diabhal mé gur bocht an rud é an croí a Chaitríona. Bhíomar ag déanamh cró nua don bhromach a cheannaigh muid th'éis na Nollag. Bhí sé réidh ach an ceann. Ní mórán cúnamh a bhí mé fhéin i ndon a thabhairt don gearrbhodach, ach dhá laghad é aireoidh sé mé. Cén bhrí ach bhí an-aimsir ann le fada anois ...

— Aimsir! Am! Sin dhá rud nach gcuirfidh aon imní ort anseo a Sheáinín. Bhí tú ido chluasánach ariamh fhéin. Cogar mé seo leat! Cén chiall nach dtugann tú aird orm? An raibh sochraide mhór orm? ...

— Sochraide bhreá mhór!

— Sochraide mhór, adeir tú a Sheáinín ...

— Sochraide bhreá mhór. An croí ...

— Ag an diabhal agus ag an deamhan go raibh an croí céanna agat, marab é an éadáil é! An gcluin tú leat mé? Caithfidh tú éirí as an sproschaint. Deirim leat nach n-éistfear leis an gcaint sin anseo. Cén altóir a bhí orm?

— Sochraide bhreá mhór ...

— Tá a fhios agam, ach cén altóir? ...

— Altóir bhreá mhór ...

— Cén altóir, adeirim. Bhí tú in do chluasánach ariamh fhéin. Cén altóir?

— Bhí altóir mhór ar Pheadar an Ósta agus ar Shiúán an tSiopa, ar Mhuraed Phroinsiais agus ar Chite ...

— Nach bhfuil fhios agam. Ach ní shin é atá mé a fhiafraí dhíot. Nach raibh mé féin as cionn talúna an uair sin? Ach cén altóir a bhí ormsa: ar Chaitríona Pháidín. Altóir. Seacht bpunt dhéag nó sé phunt dhéag nó cheithre phunt dhéag? ...

— Deich bpunt dó dhéag.

— Deich bpunt! Deich bpunt. Anois, a Sheáinín, an bhfuil tú siúráilte gur deich bpunt é, nó aon phunt déag, nó dhá phunt dhéag, nó ...

— Deich bpunt a Chaitríona! Deich bpunt! Altóir bhreá mhór, a mh'anam. Diabhal bréag ar bith narbh altóir bhreá mhór í. Dúirt chuile dhuine gurbh ea. Bhí mé ag caint le do dheirfiúr Neil: "Bhí altóir bhreá mhór ar Chaitríona," adeir sí. "Shíl mé nach dtiocfadh sí i bhfoigseacht a dhó nó trí de phunta dhó, nó a ceathair féin. An croí ...

— Lomán agus léan ar do chroí! Anois, a Sheáinín, éirigh as in ainm Dé! ... Ní raibh lucht an tSléibhe ann? ...

— M'anam gur dhúirt: "Shíl mé nach dtiocfadh sí i bhfoigseacht a dhó nó trí ..."

— Ní raibh Lucht an tSléibhe ann?

— Lucht an tSléibhe! Níor chuala siad é. Bhí Pádraig le scéala a chur chucu: "Ara," adeir Neil, "céard a bheadh ort dhá dtarraint anuas an fhad sin bealaigh de shiúl a gcos, na créatúir." M'anam gur dhúirt. An croí. Croí fabhtach ...

— Faraor géar deacrach gan do chroí ina mheall nimhe agus é a bheith i mbéal cléibh Neil! Ní raibh Muintir Ghleann na Buaile ann? ...

— Dheamhan a gcos.

— Muintir Dhoire Locha?

— Bhí an colceathar sin ag Siúán an tSiopa i nDoire Locha dhá thabhairt 'nan phobail an lá céanna ... Cén bhrí ach bhí an-aimsir ann le fada anois, agus muid ag plé leis an gcró ...

— Ní raibh Stiofán Bán ann mo léan? ...

— Bromach a cheannaigh muid th'éis na Nollag ...

— Go gcuire Dia an t-ádh ort, a Sheáinín, agus ná tabhair le rá do lucht na roillige nach mbeadh meabhair eicínt thairis sin ionat! ... An raibh Stiofán Bán ann?

— Diabhal a chos, ach dúirt Pádraig liom go raibh sé ag caint leis lá an aonaigh, agus gurb éard adúirt sé leis: "Go deimhin dhuit, a Phádraig Uí Loideáin," adeir sé, "dhá mbeadh féith de mo chroí air, bheinn ag an tsochraide. Níor chomaoin domsa ...

— "Gan a theacht ar shochraide Chaitríona Pháidín dhá mba ar mo ghlúine a ghabhfainn ann. Ach dheamhan smid a chuala mé faoi go dtí an oíche ar cuireadh í. Scurach le ..." An sclaibéara ós é Stiofán Bán é! ... Cén sórt cónra a chuaigh orm?

— Deich bpunt, a Chaitríona. Altóir bhreá mhór.

— Ab í an chónra nó an altóir atá tú a rá? Breá nach n-éisteann tú! ... Cén sórt cónra a chuaigh orm? Cónra ...

— An chónra a b'fhearr tigh Thaidhg, trí leathbhairille pórtair agus scáird phoitín. Bhí a dhá ndíol óil ann. Dúirt Neil sin leis, ach ní bheadh aon mhaith aige ann mara bhfaghadh sé na trí leath bhairille. Go deimhin bhí ól go barr-bachall ann. Má ba mé féin an seanfhear d'ól mé dhá mhuigín déag san oíche, gan caint ar ar ól mé an lá ar tugadh go dtí teach an phobail thú, agus lá na sochraide. Déantas na fírinne dhuit, a Chaitríona, th'éis a raibh de mheas agus de chion agam ort, ní bheadh baol orm an méid sin a ól dhá mbeadh a fhios agam go raibh an croí fabhtach …

— Níor chuala tú gur dhúirt Pádraig tada faoi mé a chur in áit eicínt eile sa roillig?

— Bhain mé stangadh beag as mo thaobh agus níor fhan puth de m'anáil agam. An croí, go bhfóire Dia orainn …

— Lig an scéal chugat fhéin, a Sheáinín. Éist liom. Níor chuala tú gur dhúirt Pádraig tada faoi mé a chur …

— Ní fhágfaí gan cur thú ar aon chaoi, a Chaitríona, ba chuma cén t-ól a bhí ann. Má ba mé fhéin a raibh an croí fabhtach agam agus eile …

— Is tú an cluasánach is mó dhá dtáinig ó d'ith Ámh an t-úll. Ar chuala tú gur dhúirt Pádraig tada faoi mé a chur in ait eicínt eile sa roillig?

— Bhí Pádraig le thú a chur Áit an Phuint, ach séard adúirt Neil go raibh Áit na Cúig Déag sách maith ag aon duine, agus gur mhór an ní d'fhear bhocht a dhul i gcostas.

— An raicleach! Déarfadh sí é! Bhí sí ag an teach mar sin?

— Bromach breá mór a cheannaigh muid th'éis na Nollag. Deich bpunt …

— An ar an mbromach a thug sibh na deich bpunt? Dúirt tú cheana liom gur deich bpunt a bhí ar m'altóir …

— Deich bpunt a bhí ar t'altóir go siúráilte, a Chaitríona. Deich bpunt dó dhéag. Ba ea go barainneach. Tháinig Briain Mór agus an tsochraide ag casadh ceann an bhóithrín, agus bhí sé ag tiomaint scillinge ar Phádraig ach ní ghlacfadh Pádraig í. Ba shin deich bpunt trí déag dhá nglacadh …

— A cur siar in a phíobán a bhí a dhéanamh. Briain Mór! Dhá mba ag iarraidh mná a bheadh an scóllachán gránna ní bheadh sé mall … Ach anois, a Sheáinín Liam, éist liom … Maith 'fear! An raibh Neil ag an teach?

— Níor fhága sí é ó a fuair tú bás gur imigh tú go dtí teach an phobail. Sí a bhí ag roinnt ar na mná istigh sa teach lá na sochraide. Chuaigh mé fhéin siar sa seomra go líonainn cupla píopa tobac do mhuintir an Goirt Ribigh, nach ligfeadh an coimhthíos dóibh a theacht isteach den tsráid. Thosaigh mé féin agus Neil ag caint:

"Is breá an corp í Caitríona, go ndéana Dia grásta uirthi," adeirim féin. "Agus ba ghleoite a leag sibh amach í ..."

Theann Neil isteach sa gcúinne mé ar cúlráid: "Níor mhaith liom tada a rá," adeir sí. "Ba í mo dheirfiúr í ..." M'anam muise gur dhúirt.

— Ach céard dúirt sí? Innis amach é ...

— Nuair a bhí mé dhá leagan dhíom istigh sa mbaile, bhain mé stangadh beag as mo thaobh. Níor fhan puth de m'anáil agam. Diabhal puth muis! An croí ...

— Dia dílis dhá réiteach! Bhí tú féin agus Neil istigh i gcúinne an tseomra agus dúirt sí mar seo: "Níor mhaith liom tada a rá, a Sheáinín Liam. Ba í mo dheirfiúr í ..."

— Mh'anam muise gur dhúirt. Nár fhága mé seo marar dhúirt: "B'ait an rúpálaí oibre í Caitríona," adeir sí. "Ach ní raibh sí chomh glan, 'ndéana Dia grásta uirthi, le duine eile. Dhá mbeadh, deirimse leat go mbeadh sí leagtha amach go gleoite. Feacha chomh salach agus atá an scaoilteoig sin anois, a Sheáinín. Breathnaigh na spotaí atá uirthi. Nach mór an náire iad. Shílfeá go bhféadfadh sí a cuid aiséadaigh a bheith nite aici, agus leagtha i leataobh. Dá mbeadh liostachas fada uirthi, ní abróinn tada. Tá chuile dhuine ag tabhairt suntais do na spotaí sin atá ar an scaoilteoig. Is deas an rud an ghlaineacht, a Sheáinín ...

— Ab bu búna! Ó a Mhuire Mhór go deo! D'fhága mé chomh glan leis an gcriostal iad i gcúinne an chomhra. Bean mo mhic nó na gasúir a shalaigh iad. Sin nó an dream a leag amach mé. Cé leag amach mé a Sheáinín?

— Inín Nóra Sheáinín agus Neil. Chuaigh fios ar Cháit Bheag ach ní thiocfadh sí ... an croí, 'bhfóire Dia orainn ...

— Cén sórt croí! Nach sa droim a bhí sí ag éagaoineadh.

Síleann tú má bhí do shean-chroí féin lofa go raibh chuile chroí lofa. Cén chiall nach dtiocfadh Cáit Bheag ...

— Chuir Pádraig an gearrchaile is sine aige ina coinne. Ní chuimhním cén t-ainm atá uirthí. Ba cheart go gcuimhneoinn muis. Ach d'imigh mé ró-thobann. An croí ...

— Máirín atá uirthi.

— Is fíor dhuit. Máirín. Máirín muis ...

— Chuir Padraig Máirín siar i gcoinne Cháit Bheag, ab ea? Agus céard adúirt sí ...

— "Ní ghabhfaidh mé soir ar an mbaile sin go brách aríst," adeir sí, "tá mé réidh leis. Tá an tóirt ró-fhada anois agus an croí atá agam" ...

— Ní hé an croí ach an droim, adeirim leat. Cé a bhí do mo chaoineadh?

— Bhí an cró réidh ach an ceann. Dhá laghad de chúnamh dhá raibh mé féin i ndon a thabhairt don ghearrbhodach ...

— Ní thiúrfaidh tú an oiread sin féin feasta dó ... Ach éist anois, a Sheáinín. Maith 'fear thú! Cé a chaoin mé? ...

— Séard adúirt chuile dhuine gur mhór an feall nach dtáinig Bid Shorcha agus nuair a gheobhadh sí a sáith den phórtar ...

— Ab bu búna! Cheal nach raibh Bid ann le mé a chaoineadh?

— An croí.

— An croí! Tuige dá mba é an croí é! Na duáin a bhí ag goilliúint ar Bhid Shorcha m'fhearacht féin. Tuige nach dtáinig sí ...

— Nuair chuaigh duine ina coinne séard adúirt sí: "Diabhal é ná treasna na troighe. Chaoin mé uisce mo chinn dóibh agus cén mheas atá acu orm?" Tá: 'Ag súdaireacht a bhíos Bid Shorcha. Ag súdaireacht i ndiaidh óil. Muise i mbannaí nach gcloisfidh tú aon racht aici nó go mbeidh ionlaois phocaide istigh aici. Caoinfidh sí go breá bogúrach ansin.' Caoinidís anois

iad, más maith leo é. Duine áirid a chaoinfeas mise feasta."
M'anam gur dhúirt ...

— An raicleach ós í Bid Shorcha í. Beidh a shliocht uirthi ach a dteaga sí anseo ... An raibh Neil ag sioscadh leis an sagart ar an tsochraide?

— Ní raibh an sagart chor ar bith ann. Ba ar shochraide cholceathar Shiúán an tSiopa a chuaigh sé, mar bhí sí breá comhgarach dó. Ach las sé hocht gcoinneal ...

— Sin rud nach raibh ar aon chorp cheana ann, a Sheáinín.

— Marach gur mhúch ceann acu, a Chaitríona. Smál ...

— Smál as orthu.

— Agus dúirt sé an domhan paidreacha agus chraith sé an t-uisce coisricthe chúig uaire ar an gcónra, rud nar fachtas a dhéanamh ariamh é ... Dúirt Neil gur ag beannú an dá chorp in éindigh a bhí sé, ach ní cheapfainn féin gurbh ea ...

— Ara a Sheáinín, tuige dá mba ea? Go lige Dia a shláinte dhó. Is mór an sásamh ar Neil an méid sin féin. Cén chaoi a bhfuil a mac Peadar ...

— Sách suarach. Sách suarach. An croí ...

— A muise muise muise! Cén sórt croí an diabhail sin ort! Nach hí a chorróig a bhí go dona. Nó ar bhuail sé sa gcroí le goirid é? Is fhearr ná sin é ...

— An chorróig, a Chaitríona. An chorróig. Tá caint go mbeidh an dlí ar siúl i mBaile Átha Cliath sa bhFómhar. Séard adeir chuile dhuine go gcaithfear é, agus nach bhfágfaidh sé bonn bán ar Neil, ná ar inín Bhriain Mhóir ...

— Nar fhága cheana! Go dtuga Dia dhó ... Céard adeir tú faoi Thomás Taobh Istigh? ...

— Th'éis a dhul i gcoinne an phinsean, d'ól mé braon tae agus chuaigh mé siar sa ngarraí Páirteach ...

— Ná bíodh faitíos ort! Ní ghabhfaidh tú aríst le do loiseag ann ... Éist. Éist, adeirim. Tomás Taobh Istigh.

— Tomás Taobh Istigh? Go ceochánta. Bhí an bothán i

gcruth titim air cheal dín. Is gearr ó a tháinig Neil go dtí do Phádraig-sa:

"Is mór an náire dhuit an sean-fhear bocht sin a fhágáil faoi bháisteach anuas," arsa sise. "Marach an rud a d'éirigh do mo Pheadar-sa ..."

— Agus ghéill an pleoitín don raicleach sin ...

— Bhí cruóg air, ach dúirt sé go gcuirfeadh sé sop anonn agus anall sna cuislí ba mheasa nó go bhfaghadh sé ionú brat ceart a chur ... An croí ...

— Is fíor dhuit. An croí. Tá croí maith ag Pádraig. Ro-mhaith ... Níor chuala tú é ag rá tada faoi chrois a chur orm?

— Crois nua ghlan de ghlaschloich an Oileáin, a Chaitríona ...

— Go goirid? ...

— Go goirid muis ...

— Agus bean mo mhic? ...

— Bean mo mhic? ... Níl aon bhean ag mo mhac, a Chaitríona. Dúirt mé leis nuair a bheadh cró nua an bhromaigh réidh narbh fhearr do ghearrbhodach mar é rud a dhéanfadh sé ...

— Ná a dhul ag dochtúr faoin a chroí, a Sheáinín, ar fhaitíos gur thóig sé an galra uaitse. Bean mo mhic. Mo mhac Pádraig. Iníon Nóra Sheáinín. An dtuigeann tú anois? ...

— Sea. Iníon Nóra Sheáinín. Meath-thinn. An croí ...

— Thug tú do dhearg-éitheach. Ní hé an croí ach a bheith tinn ...

— Meath-thinn, a Chaitríona ...

— Slán an scéalaí! Bhí a fhios agam fhéin an méid sin. Shíl mé go mbeadh sí ag cur aon ghoití uirthi fhéin a theacht anseo. Beidh sí ann ar an gcéad abhras eile clainne go siúráilte. Ar chuala tú aon chaint faoi Bhaba?

— Baba se'agaibhse i Meiriocá. Scríobh sí chuig Pádraig ag cású do bháis-sa. Chuir sí chúig phunt aige. Ní dhearna sí aon

uachta fós. Dúirt sé liom go bhfuil an gearrchaile is sine sin aige—cén t-ainm atá agam uirthi? Ní chuimhním air. Ba cheart go gcuimhneoinn muis, ach d'imigh mé ró-thobann ...
— An gearrchaile is sine ag Pádraig. Máirín...
— Sí, Máirín. Tá na mná rialta in áit eicínt thart síos lena tabhairt leo, agus le máistreás scoile a dhéanamh di ach a mbeidh a díol foghlaim uirthi ...
— Máirín ag dul in a máistreás scoile! Go saolaí Dia í. Bhí an-tóir aici ar na leabhra i gcónaí. Is sásamh breá ar Neil é ...
— ... An comhiarránach atá againne sa Togha seo ...
— Crois Críosta Choisreacan Dé orainn! Ní féidir, a Chaitríona, go bhfuil toghannaí anseo freisin. Bhí ceann as cionn talúna an lá cheana.
— Cén chaoi ar bhótáil an mhuintir se'againne ...
— Bhain mé stangadh beag as mo thaobh. An croí ...
— Feacha an seachmall atá aríst air. Éist! Cén chaoi ar bhótáil an mhuintir se'againne? ...
— Ar an tsean-chaoi. 'Deile? Ar an tsean-chaoi a bhótáil chuile dhuine ar an mbaile cés moite de mhuintir Neil. Ach d'athraigh a bhfuil sa teach aici sin leis an dream eile seo ...
— Nar chuire Dia an rath uirthi, an smuitín. D'athródh. Bhí sí fealltach ariamh féin ...
— Deir siad gur gheall an dream eile seo bóthar nua isteach go teach di ... Mo léan géar, is beag an mhairg atá uirthi fós. Ag dul in aois na hóige atá sí. Ní fhaca mé chomh maith ariamh í agus a bhí an lá ar cuireadh thú, a Chaitríona ...
— Crap leat, a shean-bhrogúis. Níor mhinic an deá-scéal ag aon duine de do mhuintir, níor mhinic sin ... Crap leat. Ní sheo í t'uaigh chor ar bith ... Chaithfeadh sé go bhfuil an roillig in a cíor-thuaifill chríochnaithe lá is go ngabhfaí do do chur in aon uaigh liomsa. Síos leat ar Áit na Leathghine. Is ann is córa dhuit. Feacha an altóir a bhí ormsa. Feacha an t-ómós a thug an sagart dom. Ní dheachaigh do chónra-sa pínn thar

chúig phunt ariamh. Crap leat. Thú fhéin agus do sheanchroí. Mara sonda thú ... Níor mhinic an deá-scéal ag aon duine de do mhuintir. Crap leat go beo! ...

3

... Agus ní raibh orm ach deich bpuintín ghágach d'altóir th'éis a fheabhas is a shaothraigh mé gach sean-stróinse sa tír ag cur airgid ar altóireachaí. Ní fiú duine ar bith—beo ná marbh— maith a dhéanamh air ... Agus níor tháinig lucht an tSléibhe chuig mo shochraide ... ná muintir Ghleann na Buaile ná Dhoire Locha ... Agus mo léan níor tháinig Stiofán Bán, an sclaibéara. Beidh a shliocht orthu lá eicínt. Tiocfaidh siad anseo ...

Cén ghair a bhí ag aon duine a theacht agus an deis a bhí ar an smuitín sin Neil ag déanamh nead i gcluais Phádraig, agus ag cur faoi ndeara gan scéal a thabhairt do dhuine ar bith faoi mo bhás. Agus bhí sí do mo leagan amach agus ag roinnt óil ar mo shochraide. D'airigh sí nach raibh mise beo, d'airigh sin. Dheamhan neart a bhíos ag an duine marbh air ...

Cén bhrí ach Cáit Bheag agus Bid Shorcha. Gheobhaidh siad garbh é, muis. Ní chuirfeadh sé lá iontais orm dhá mba í Neil a thriallfadh ina gceann roimh ré, agus a chuirfeadh suas leo gan a theacht chuig an teach go dtí muid, beag ná mór. Dhéanfadh sí é, an smuitín. Bean ar bith adúirt nach raibh foireann glan faoi réir agam le cur orm as cionn cláir ... Nar theaga corp 'un cille 'un tosaigh uirthi! ...

Ach chuir Baba chúig phunt chuig Pádraig. Is mór is fiú dhó sin fhéin. Bréagfaidh sé an scubaid is iníon do Nóra Sheáinín, agus ní fhéadfaidh sí a rá anois gurb í féin a bheas caillteach ar fad le mo chrois. Ní droch-chosúlacht ar bith é, ach oiread, Baba a bheith ag scríobhadh chugainne ... dá mairinn cupla bliain eile fhéin nó go gcuirfinn romham an raicleach Neil ...

Is mór an mhaith Máirín a bheith ag dul ina máistireás scoile. Splanncfaidh sé sin Neil agus Meaig Bhriain Mhóir: máistireás a bheith sa teach se'againne agus gan máistireás ar bith a bheith acu fhéin. Bíonn airgead mór do mháistireás scoile, creidim. Chuala mé ariamh é. Caithfidh mé fiafraí den Mháistir Mhór cé mhéid a bhí dhá bhean. Cá fhios nach bhfaigheadh Máirín a dhul ag múineadh sa scoil se'aghainn féin dhá n-imíodh bean an Mháistir Mhóir nó dhá n-éiríodh tada di. Ansin a bheadh an sásamh ar Neil. Máirín ag dul síos chuile Dhomhnach thríd an séipéal faoin a hata, a péire miotóg, a parasól, oiread cliabh portaigh de "Phrayer Book" faoin a hascaill, í ag siúl le deirfiúr an tsagairt suas ar an áiléar, agus ag casadh an phiano. Thuitfeadh déidín ag Neil agus ag Meaig Bhriain Mhóir—dá mbeidís ar shlua na mbeo. Ach deir siad gurb ag an sagart atá na máistireásaí a chur isteach. Má sea, dheamhan a fhios agam céard adéarfainn, arae tá Neil an-mhór leis ... Ach cá fhios goidé sin. B'fhéidir gur gearr go n-imeodh sé, nó go gcaillfí é ...

Agus tá an scubaid de bhean sin ag Pádraig meath-thinn fós ... Is diabhlaí mór an t-ionadh nach bhfaghann sí bás. Ach gheobhfaidh ar an gcéad abhras eile go siúráilte ...

Nach mairg nar fhiafraigh mé de Sheáinín Liam faoin móin agus faoin gcur, faoi na muca agus na gamhna, nó céard is cor don tsionnach anois. Ní raibh ag dul fúm ná tharm ach é, muis ... Ach cén ghair a bhí ag duine tada a fhiafraí dhe, agus an chlabaireacht a bhí aige faoina shean-chroí? Is furasta dhom deis chainte a fháil leis as seo go ceann seal. Tealtaíodh in aice láithreach anseo é ...

— ... Foighid, a Chóilí. Foighid. Éist liomsa. Is scríbhneoir mé ...

— Fan ort a dhuine chóir go gcríochnaí mé mo scéal: " ... Óra an scaibhtéirín," adeir Fionn. "Nach beag an lua a bheadh aige Niamh Chinn Óir a fhágáil ag a athair bocht agus chomh haonraic agus a bhíos sé san oíche, ó d'imigh an rúisc sho-ghluaiste sin Gráinne Inín Chormaic Uí Chuinn leis an Macán Mór Ó Dúlaoich as Fiodhchuilinn na bhFiann …"

— … An fear ba dóranní a raibh mise ag plé leis ariamh faoi árachas ba é an Máistir Mór é. Ní raibh cleas ag gabháil liom nar fhéach mé. Tháinig mé aniar aduaidh agus anoir aneas air. Ó fharraigí grianmhara, agus ó chnoic reoite. Ó shúil na gaoithe agus ar boird. In mo theannachair, in m'fháinne, in m'ord, in mo ghath boilg, in mo phléascán adamach. In mo choileáinín luaitéise, agus in mo ghadaí san oíche. Le lán loinge den charthannas daonna, agus le aor-bholg aithise Bricreannach. Thug mé cuiríochtaí gan chúitiú dó go dtí cailleach Pheadar an Ósta. Thug mé toitíní in aisce dhó, agus marcaíochtaí in aisce sa ngluaisteán. Thugainn scéala barainneach chuige faoi shireoireacht chigirí, agus an biadán ba deireannaí faoin scliúchas a bhí ag Máistir agus ag Máistireás Bharr na Tamhnaí. D'innis mé scéalta beadaí faoi ógmhná dhó …

Ach níor ghar é. Bhí faitíos air dhá nglacadh sé polasaí árachais uaim gurbh é lom a aimhleasa é. Do cheann finne ní chuirfeadh faoi ndeara dhó scaradh le cianóig …

— Ach chuir mise …

— Chuir, agus mise freisin. Fan ort. Ba é an cnuastóir ba mheasa faoi na brait é. Bhí sé chomh críonna agus go mbeadh sé i ndon luchain a fhosaíocht ag cros-bhóthar, mar deirtear. Ní dhearna sé a dhath doscúch ina shaol ariamh ach an geábh sin a thug sé go Londain nuair a fuair na múinteoirí an t-ardú …

— Sin é an t-am a raibh sé sa gclub oíche.

— Sé. Chaith sé an chuid eile dhá shaol dhá aithris dom, agus ag cur fainiceachaí orm gan labhairt as mo bhéal air: "Dhá gcluineadh an sagart ná an Mháistireás faoi," adeireadh sé …

Phós sé í: an Mháistireás.

"B'fhéidir," arsa mise liom fhéin, "go dtiocfadh liom aon bhoige shíne a fháil ann anois. Ba mhaith an cúl toraic dom an Mháistireás dhá bhféadainn a bladar. Agus is féidir a bladar …

Níl bean nach bhfuil eithne uathmhórtha inti ach duine a

bheith i ndon a nochtadh. Níor chaith mé suim achair le árachas gan a fhios sin a bheith agam.

— Tá a fhios agamsa freisin é. Is fusa díol le mná ná le fir ach stuaim a bheith ionat …

— Chaithfinn ionú a thabhairt dó nó go mbeadh nuaíocht an phósta maolaithe roinnt. Ach ní fhéadfainn a ligean ró-fhada ach oiread, arae b'fhéidir nach mbeadh sé chomh lánghafach le comhairle na mná dhá mbeadh sé ag tosaí ag déanamh neamhshuim dá cluain. Bíonn a fhios sin ag lucht árachais …

— Agus ag lucht dhíolta leabhar freisin …

— Thug mé trí seachtainí dhó … Domhnach a bhí ann. Bhí sé féin agus í fhéin ina suí amuigh ar aghaidh an tí, thar éis a ndinnéir.

"Seo chugat mé, a chladhaire," adeirimse … "Dar smior mo shinsir mara ndéana mé cúis inniu! … Tá clár oibre na seachtaine agus na nótaí a mbíonn tú ag síor-chaint orthu faoi réir anois agat. Tá tú sactha le beatha, agus má bhíonn an bhean cóiriúil chor ar bith is fusa imeartas ort ná uair eile …"

Rinne muid dreas cainte faoi chúrsaí na Ríocht. Dúirt mé fhéin go raibh deifir orm. "Mar a chéile Domhnach agus Dálach agamsa," arsa mise. "I gcónaí ag sireoireacht 'dá fhéachain cia shluigfinn." Ó tharla pósta anois thú, a Mháistir, ba cheart don Mháistireás cur faoi ndeara dhuit polasaí árachais a ghlacadh ar do shaol. Is éadalaí anois ná cheana thú. Tá cúram céile ort … Dar liom fhéin," adeirimse leis an mbean, "níl grá ar bith aige dhuit, ach a ghaisneas a bhaint asta, agus má imíonn tú bualadh faoi cheann eile."

Lig an bheirt reacht gáire. "Agus," arsa mise, "mar fhear árachais ní mór dom a rá má imíonn seisean nach mbeidh soláthar ar bith déanta dhuitse. Dá mbeadh 'urrús chiumhaisórga' mar thusa agamsa …"

Tháinig smut beag uirthi-se: "Sea," adúirt sí leis an Máistir. "Idir shugradh agus dáiríre dhá n-éiríodh aon cheo dhuit, i bhfad uainn an anachain …"

"Céard a d'éireodh dom?" adeir sé de ghlór mhíshásta.

"Ní leithne an t-aer ná an timpiste," adeirimse. "Sé dualgas fear árachais é sin a rá i gcónaí."

"Go díreach," adeir sí fhéin. "Tá súil agam nach n-éireoidh. Nar leige Dia go n-éireodh! Dá n-éiríodh, ní mhairfinn de t'uireasa. Ach i bhfad uainn an anachain, dhá bhfaghthá-sa bás, agus gan mise ag fáil bháis san am céanna ... Cén bhail a bheadh ormsa ansin? Tá dualgas ort ..."

Ná raibh ann marar ghlac sé polasaí ar a shaol! Míle go leith punt. Ní raibh íoctha aige ach ceathair nó cúig de ghálaí sílim—gálaí troma freisin. Chuir sí faoi ndeara dhó dhá chéad go leith eile a thógáil aimsir an ghála dheireannaigh.

"Is gearr a mhairfeas sé," adeir sí go gealgháireach, agus chaoch sí an tsúil orm.

B'fhíor di. Níorbh fhada go raibh sé in a spreas ...

Innseoidh mé dhuit faoi coup eile a d'éirigh liom. Ní raibh sé baol air chomh maith le ceann an Mháistir Mhóir ...

— D'imir tú ar an Máistir Mór chomh maith is a d'imir Neil Pháidín ar Chaitríona faoi Jeaic na Scolóige ...

— Ab búna búna búna! Pléascfaidh mé! Pléascfaidh mé! Pléascfad! Pléasc ...

4

Hóra, a Mhuraed! Hóra, a Mhuraed! ... An gcluin tú mé? ... Bhí siad ag cur Sheáinín Liam in mo mhullach. I nDomhnach bhí a Mhuraed ... Ara beannacht Dé dhuit, a Mhuraed! Tuige a ligfinn in aon uaigh liom é? Níor thóig mise aon fhaocha le díol ariamh. Nach ar fhaochain a mhair sé féin agus a mhuintir, rud adéarfainnse leis. Dá laghad an t-achar a bhí mé ag caint leis, fhobair gur sháraigh sé mé lena sheanchroí ... Is fíor dhuit é sin, a Mhuraed. Dhá mbeadh crois orm b'fhurasta aithinte do chuile dhuine an uaigh. Ach is gearr go mbeidh anois, a Mhuraed. Dúirt Seáinín Liam liom é. Crois de ghlaschloich an Oileáin mar atá ar Pheadar an Ósta ... Bean mo mhic ab ea? Dúirt Seáinín Liam go mbeadh sí anseo ar an gcéad abhras eile go siúráilte ...

An gcuimhníonn tú, a Mhuraed, ar an ngearrchaile is sine ag Pádraig se'againne? ... Sí. Máirín ... Is fíor dhuit, a Mhuraed. Bheadh sí cheithre bliana déag anois ... Tá an ceart agat. Ní raibh inti ach pataire, muis, nuair a bhásaigh tusa. Tá sí i gcoláiste anois. Dúirt Seáinín Liam liom é ... le dhul ina máistireás scoile! 'Deile! 'Ar ndó, ní cheapann tú, a Mhuraed, go gcuirfí i gcoláiste í go bhfoghlaimeodh sí le fataí agus ronnachaí a bhruith, nó le leapachaí a chóiriú, nó leis an teach a scuabadh? Don scubaid is máthair di a d'fheilfeadh sin, dhá mbeadh a leitheide de choláiste ann ...

Bhí tóir ariamh ar an scoil ag Máirín. Tá an-chloigeann go deo uirthi, do ghasúr atá chomh hóg léi. B'fhearr go fada í ná an Mháistireás—bean an Mháistir Mhóir—sul a bhfuair sé féin bás. Níl duine ar bith sa gcoláiste a bhfuil gair ná gaobhar aige uirthi, deir Seáinín Liam liom.

"Tá sí an-ard deo i bhfoghlaim," adeir sé. "Beidh sí amuigh bliain roimh chuile dhuine eile."

Dar m'fhocal, dúirt a Mhuraed ... Anois a Mhuraed, níl aon mhaith dhuit ar an gcaint sin. Ní iontas ar bith é. Tuige a ndeir tú go mb'íontas é, a Mhuraed? Bhí meabhair agus intleacht chinn ag an muintir se'againne, ní as ucht mise dhá rá é ...

— ... Ach ní shin é an rud a d'fhiafraíos díot, a Sheáinín.
— Á a Mháistir, an croí! An croí, go bhfóire Dia orainn! Bhí mé i gcoinne an phinsin. Dheamhan mogall a d'airigh mé ... Anois a Mháistir, ná bí chomh francaithe sin. Dheamhan neart agam air. Thug mé aníos cliabh fataí. Nuair a bhí mé dhá leagan díom ... Ach a Mháistir, níl mé ag rá smid ar bith, ach an fhírinne leat. 'Ar ndó' dheamhan a fhios agamsa é, a Mháistir, ach do réir mar a chuala mé na daoine ag caint. Bhí rud ar

m'aire, faraor. Tháinig an cliabh anuas ar leathmhaing. Bhain … Céard a bhí na daoine a rá, a Mháistir? 'Ar ndó', a Mháistir, ní raibh ionú ag an muintir se'againne tada a rá, ná éisteacht le tada. Bhíomar ag déanamh cró nua don bhromach …

Céard a bhí na daoine a rá, a Mháistir? Tá a fhios agat fhéin, a Mháistir—fear a bhfuil an oiread foghlaime air leat, bail ó Dhia ort—nach beo iad cuid de na daoine gan a bheith ag caint. Ach an té a mbíonn croí fabhtach aige … Nach bhfuil mé ag innseacht dhuit, a Mháistir, céard a bhíos siad a rá, ach foighid a bheith agat, agus gan bheith chomh francaithe sin liom. Cén bhrí ach bhí an-aimsir ann le fada, agus muid ag plé leis an gcró … Na daoine, a Mháistir. Bíonn cuid mhaith thar a n-urnaithe ag cur imní orthu, a Mháistir. Ach an té a bhfuil croí fabhtach aige, go bhfóire Dia orainn …

An Mháistireas ab í? Ní fhaca mé chomh maith ariamh í, a Mháistir, go saolaí Dia í! In aois na hóige atá sí ag dul, sea sin. Chaithfeadh sé go bhfuil croí folláin aici … Bhíodh na daoine ag caint muis, a Mháistir. Níl bréag ar bith nach mbíodh. Ach m'anam go raibh mise agus an gearrbhodach cruógach leis an gcró … Ná bí chomh francaithe sin liom, a Mháistir chroí. 'Ar ndó', bhí chuile dhuine sa tír ag rá nach bhfágadh Bileachaí an Phosta an teach agat cor ar bith.

Bromach breá mór a bhí inti, a Mháistir … Cén mhaith dhuit a bheith francaithe liomsa, a Mháistir. Dheamhan neart ar bith a bhí agamsa oraibh thrína chéile. Bhí rud ar m'aire, go bhfóire Dia … Bíonn sé sa teach ab ea? M'anam gurb é a bhíos, a Mháistir. Ach cén bhrí ach sa scoil. Buaileann sé isteach sa scoil chuile lá, tugann sé na litreacha do na gasúir agus téann sé fhéin agus an Mháistireás amach san "hall" ansin ag comhrá. Ara beannacht Dé dhuit, a Mháistir. Níl a fhios agat é. Ach bhí rud ar m'aire-sa. Níor fhan puth de m'anáil agam. An croí …

5

— ... Ach a Chóilí, a Chóilí ...
— Lig dhom mo scéal a chríochnú, a dhuine chóir: "Níl aon duine a chuirfeadh ar m'eolas mé faoin gcás seo anois," adeir Dan O Connell," ach duine amháin—Biddy Early—agus tá sí seacht gcéad míle as seo, ag cur artha do stiléaraí a bhfuil na síógaí ag goid an tairbhe uilig dhá gcuid poitín, i mbaile mór a dtugann siad Cnámhannaí an Chapaill air i gCondae na Gaillimhe, thiar in Éirinn. Cuirigí srian agus diallaid ar an gcapall is fearr i mo stábla go dté mé ina coinne agus go dtuga mé ar cúlóig go Londain Shasana í ..."
Chuaigh. "Miss Debonair," adeir sé léi ... "Dar a shon go mbainfeadh mac caillí ar bith mise as m'ainm," adeir sí ...
— ... Anois ru, a Shiúán an tSiopa! Ag tóraíocht bhótannaí do Pheadar an Ósta! Tuige nach mbeitheá. Tá do mhac pósta lena inín as cionn talúna. Mara mbeadh fhéin bheitheá-sa agus Peadar chomh mór le chéile agus ba dual do bheirt ghadaithe ar bith a bheith ...
— Seo é mo bhuíochas anois. Bheitheá básaithe na blianta roimh an am marach gur thug mé cairde dhuit. Rite isteach ag dilleoireacht gach lá: "In onóir Dé agus Mhuire caith gráinne mine agam nó go ndíola mé na muca ..."
— Ba shin í an mhin a d'íoc mise go daor agus go docharach, a Shiúáinín phriocach! Ní raibh ann ag daoine ach: "Is maith agus is grádiaúil í Siúán an tSiopa. Tugann sí trust uaithi." Thugadh mar bhí a fhios agat, a Shiúán, go n-íocfaí thú, agus dá mbeadh duine ann a bhfanfadh rud agat air, go mbeadh céad nach bhfanfadh ...
— An bunphrionsapal céanna atá i gcúrsaí árachais ...
— Gheobhainn mála mine ar phunt dhá n-íocainn ar an táirne air. Dhá bhfanainn go dtí lá an aonaigh, nó dá mba dea-dhíolaí mé, trí fichead. Mara mbeinn i ndon a íoc go ceann leathbhliana nó trí ráithe, seacht fichead. Ba mhín agus ba

mhilis thú leis an mbó mhór. Ba danra agus ba drochmheasúil thú leis an té nach raibh a phínn i gcúl a ghlaice aige. Míle buíochas le Dia go dtáinig sé sa saol nach bhfuil aon bheann againn ort faoina dhul dhá chasadh suas le do bhéal ...

— Ara, a Shiúáinín spleách—spleách le lucht na deise—a Shiúáinín spleách, ba tú a chuir chun báis mé cheithre scóir bliain roimh an am. Cheal 'fags' ... Chonnaic mé thú dhá dtabhairt don tsáirsint nach raibh ag déileáil chor ar bith agat, ach sa nGealchathair. Chonnaic mé thú dhá dtabhairt d'fhear leoraí nach raibh a fhios sa diabhal cérb as é, agus nár bhuach tú aon phínn ariamh air. Bhí siad thíos faoin gcuntar agat.

"Ceann fhéin," adeirimse. "Bainfidh mé mo ghaisneas as faoi láthair, agus b'fhéidir go bhfairsingeoidís ó máireach amach, tús na míosa ..."

"Cá bhfaighinnse 'fags'," adúirt tú. "Nach bhfuil a fhios agat nach bhfuil mise dhá ndéanamh! ..."

"Dá mbeinn in acmhainn ceathair nó cúig de scilleachaí an bosca a thabhairt orthu," adeirimse ... "Coinnigh iad ..."

Chuaigh mé abhaile.

"B'fhearr dhuit an scaipiúch fheamainne a d'fhan do dhiaidh ansiúd thíos a chur amach ar an ngarraí sin thoir," adeir mo mháthair.

"Feamainn," adeirimse. "Tá deireadh mo chuid feamainne amuigh, a mháthair."

Chaith mé smugairle amach. Bhí sé chomh roighin le dris fhireann. Nar fhága mé seo mara raibh. Bhí pisín cait ar an teallach—thosaigh sé ag líochán an smugairle. Bhuail clochar casachta é. Nar fhága mé seo marar bhuail.

"Ní maith an dóigh é sin," adeirimse. Chuaigh mé siar ar an leabaidh. Níor eirigh mé ní ba mhó. Cheal 'fags'. Tá mo bhás ort, a Shiúán spleách—spleách le fear na deise ...

— Agus mo bhás-sa! Ba iad do chuid 'clogs' a chaill mé, a Shiúán mhí-chneasta. Shín mé amach mo chróin agus dá fhichead ar do bhois. Ba í an dubh-luachair críochnaithe í, agus muid ag déanamh an bhóthair ag Baile Dhoncha. Ag tarraint bara sa lag fliuch siúd ó dheas a bhí mé. Múchadh agus báthadh choíchin agus go brách ar an lag céanna! B'ann a bhí fód mo bháis. Chuir mé na 'clogs' orm. Ó dheamhan díon deor a bhí iontu th'éis dhá lá …

Leag mé fhéin anuas an bara.

"Céard atá ort," adeir m'fhear foirne.

"Tá mo dhóthain orm," adeirimse. Shuigh mé fúm i ngabhal an bhara, agus chrap mé aníos mo dhrár de mo rúitín. Bhí caol mo choise chomh gorm le srón an Chraosánaigh. Dar diagaí bhí.

"Céard atá ort?" adeir an 'boss' mór a tháinig ann.

"Tá mo dhóthain orm," adeirimse.

"Tá do dhóthain ort, tá faitíos orm," adeir sé.

" 'Clogs' Shiúán an tSiopa," adeirimse.

"Múchadh agus báthadh go deo orthu," adeir sé. "Má mhaireann di i bhfad eile is gearr nach mbeidh fear ar an mbóthar agam nach sa roillig a bheas."

Chuaigh mé abhaile. Luigh mé ar an leabhaidh. Cuireadh fios ar an dochtúir an oíche sin.

"Tá tú réidh," adeir sé. "Na cosa …"

"Tá mé réidh muis," adeirimse. "Na cosa … 'clogs' …"

" 'Clogs' Shiúán an tSiopa muis," adeir sé. "Má mhaireann di, ní in mo chónaí a bheas mise …"

Chuaigh fios ar an sagart maidin lár na mháireach.

"Tá tú réidh," adeir sé. "Na cosa …"

"Réidh muis," adeirimse. "Na cosa … 'Clogs' …"

" 'Clogs' Shiúán an tSiopa muise," adeir sé. "Má mhaireann di ní in mo chónaí a bheas mise. Ach tá tusa réidh pér bith é …"

Agus dar ndóinín bhí. Bhí mé ar na maidí seachtain ón lá sin. Do chuid 'clogs', a Shiúán mhí-chneasta. Tá mo bhás ort …

— Tá mo bhás ort, a Shiúán ghránna. Do chuid caifí. Ó do chuid caifí bradach! Do chuid 'jam'. Ó do chuid 'jam' bradach, a Shiúán ghránna. Do chuid caifí in áit tae: do chuid jam in áit ime.

Ba shin é an lá léin dhom—dá mbeadh neart agam air—an lá ar fhága mé mo chuid cártaí agat, a Shiúán ghránna:

"Níor tháinig tae ar bith an tseachtain seo. Níl fhios agam céard atá orthu nar chuir chugam é."

"Níor tháinig aon tae, a Shiúán?"

"Dheamhan é muis."

"Agus níl tae ar bith le fáil ag na daoine an tseachtain seo, a Shiúán?"

"Níl i nDomhnach. Ach gheobhaidh tú cion coicíse an tseachtain seo chugainn."

"Ach dúirt tú é sin go minic cheana, a Shiúán, agus níor cúitíodh muid ariamh ina dhiaidh sin faoi na seachtaineachaí nach dtiocfadh sé ... In onóir Dé agus Mhuire, gráinne tae, a Shiúán! Ioscaidín bheag ... Dubh na hiongan fhéin ... Tá mé tolgtha ag an gcaifí ..."

"Nach bhfuil a fhios agat nach bhfuil mise ag déanamh tae. Mara dtaithníonn leat, féadfaidh tú do chuid cártaí a thabhairt go dtí ..."

Agus fios maith agat nach bhféadfainn, a Shiúán ghránna. Agus an tae i dtaisce agat le tabhairt do dhaoine a d'íocfadh a thrí luach air: tithe Gaeilgeoirí, fámairí, boic mhóra, agus eile. Thug tú as mo chomhair do chailín an tsagairt é, agus ceathrú puint do bhean an tsáirsint. Ag iarraidh an sagart a chur ó fhuagairt do chuid cneamhaireacht den altóir: ag iarraidh an sáirsint a chur ó fhuagairt do chuid cneamhaireacht sa gcúirt ...

Chuaigh mé abhaile agus mo chuid caifí agam. Chuir an tseanbhean síos scallach dhe.

"Ní ólfaidh mé é," arsa mise. "Beannacht Dé dhuit ..."

"Caithfidh tú rud eicínt a chaitheamh go goirid," adeir sí. "Níor chaith tú a dhath ó mhaidin inné."

"Bíodh aige," arsa mise. Chuir mé aniar cochaille réama. Bhí sé mar a bheadh leathar ann i gcead don chill. Thosaigh an madadh ag smúracht in mo thimpeall. Ba ghearr a thosaigh. Lig sé leis fhéin agus níor facthas aríst go ceann dá lá é.

"Níl leannta mo bhoilg mar ba cheart dóibh a bheith," arsa mise. "Nach fearr dom bás a fháil as láimh. Gheobhaidh mé bás má ólaim an scudalach chaifí sin, agus gheobhaidh mé bás mara n-óla ..."

Agus fuair. Ní bheadh focal den chaint agam anois marach gur chuir mé amach ina allas as cionn cláir é ... Sé do chuid caifí a thug bás dhom, a Shiúán ghránna. Tá mo bhás ort ...

— Agus mo bhás-sa!

— Agus mo bhás-sa!

— Agus mo bhás-sa!

— ... Ní bhóthálfaidh mé dhuit, a Pheadair. Thug tú cead d'eiriceach dubh an creideamh a mhaslú istigh in do theach ósta. Fear gan fuil a bhí ionat. Dá mba mise a bheadh ann ...

— Ba chneamhaire thú, a Pheadar an Ósta. Bhain tú cheithre boinn díom ar leathghloine fuisce agus mé in m'aineolaí chomh mór is nach raibh a fhios agam céard ba cheart dom a íoc ...

— Bheadh a fhios ag do bhean é. B'iomaí leathghloine a d'ól sí agamsa. Ach ba shin rud eile nach raibh a fhios agat go dtí anois, is cosúil ...

— Ba chneamhaire thú, a Pheadair an Ósta. Bhí tú ag cur uisce thríd an bhfuisce.

— Ní rabhas.

— Deirimse go rabhais. Chuaigh mé féin agus Tomás Taobh Istigh isteach chugat Aoine th'éis an phinsean a tharraint. Roimh an gcogadh a bhí ann. Bhí fuisce ina shnáth mara is chuile áit. Ar an dá luath is ar airigh tú Tomás bogtha tharraing tú mná anuas chuige:

"Is diabhlaí nach bpósfa, a Thomáis," adúirt tú. "Fear a bhfuil giodán deas talúna aige ..."

"T'anam ón docks é go bhfuil sin agam, a stór," adeir Tomás, "b'fhearr dhuit an iníon a thabhairt dom."

"Dar príosta tá sí ansin, agus níl mise dá coinneál uait," adúirt tusa ... Bhí a leitheide de lá ann, a Pheadair. Ná séan é ...

Tháinig t'inín isteach san ósta go tráthúil. Thóig sí crúsca 'jam' den tseilp. An síleann tú nach gcuimhním air? ...

"Sin í anois í," adeir tusa. "Tá cead a comhairle féin aici ..." "An bpósfaidh tú mé," adeir Tomás, ag teannadh isteach léi. "Tuige nach bpósfainn, a Thomáis," adeir sí. "Tá giodán deas talúna agat, agus leathghine pinsean ..."

Chaith muid scathamh ag fachnaoid mar sin ach bhí Tomás idir shugra agus dáiríre. Bhí t'inín ag úmachan anonn agus anall agus ag méirínteacht leis an gcarabhata a bhí faoina muineál ... Bhí a leitheide de lá ann, a Pheadair an Ósta. Ná séan é ...

Chuaigh t'inín síos sa gcisteanach. Seo síos Tomás ina diaidh, go ndeargadh sé a phíopa. Choinnigh sí thíos é. Ach ba ghearr go raibh sí abhus san ósta aríst ag iarraidh gailleog eile fuisce dhó.

"Beidh an sean-chonús sin dallta, agus is linn go maidin é," adeir sí.

Rug tusa ar an ngloine uaithi. Chuir tú leath uisce go maith inti as an 'jug'. Líon tú suas le fuisce ansin í ... Bhí a leitheide de lá ann, a Pheadair ...

An síleann tú nach bhfaca mé dhá dhéanamh thú? Bhraith mise go maith an útamáil a bhí ort féin agus ar t'inín, ar chúla an chuntair. An síleann tú nar thuig mé bhur gcuid cogarnaíl? Choinnigh t'inín sceidín uisce agus fuisce le Tomás Taobh Istigh ar feadh an lae. Ach d'íoc sé luach an fuisce ar an uisce, agus bhí sé ar meisce trathnóna, ina dhiaidh sin ... Chaith t'inín an lá dhá bhréagadh. Ba ghearr gur thosaigh sé ag glaoch gloiniúchaí fuisce di féin, agus gan í a chur iontu ach uisce. Bhuailfeadh fear leoraí trathnóna é, marach gur tháinig Neil Pháidín, bean Jeaic na Scolóige, lena ardú léi abhaile ... Bhí a leitheide de lá ann, a Pheadair. Ná séan é. Ba chreachadóir thú ...

— Chreach tú mise freisin, a Pheadair an Ósta. Sinseáil as deich scilleacha i leabaidh as páipéar puint a thug t'inín dom, agus sháraigh sí siar in mo bhéal, ina dhiaidh sin ...

— Chreach tú mise féin, a Pheadair an Ósta. Thug t'inín in do pharlús mé, mar dhóigh dhe go raibh sí mór liom. Shuigh sí síos in m'ucht. Tháinig bulc boicíní as an nGealchathair isteach, agus cuireadh siar ar parlús in éindigh liom iad, agus bhí an pleota ag seasamh óil dóibh ar feadh na hoíche. Lár na mháireach aríst, rinne sí an cleas céanna. Ach ní raibh aon bhoicín as an nGealchathair ann an lá sin. Ina leabaidh sin, sméid sí ar na stocairí isteach den choirnéal, cuireadh ar parlús iad, agus b'éigin don phleota glaoch.

— Is maith a chuimhním air. Chuir mé mo rúitín amach …

— Nó nach raibh an oiread agam agus a dhéanfadh torann ar leic. Páirt de do chneamhaireacht a bhí ann, a Pheadair an Ósta: t'inín a bheith in ainm is a bheith mór le chuile scráibín a n-aireochaí cupla punt aige, nó go mbeidís caite …

— Chreach tú mise chomh maith le duine, a Pheadair an Ósta. Bhí mé sa mbaile as Sasana ar scíth. Bhí sé scóir punt de mo shaothrú thíos in m'ascaill. Thug t'inín isteach sa bparlús mé. Shuigh sí in m'ucht. Cuireadh deabhac eicínt ar an ól dom. Nuair a dhúisigh mé as mo mheisce ní raibh agam i gCathair Pheadair ná Phóil ach píosa dhá scilling agus spros leith phínneachaí …

— Chreach tú mise chomh maith leo, a Pheadair an Ósta. Bhí punt agus fiche cúig déag agam a fuair mé ar thrí leoraí móna, an tráthnóna sin. Chuaigh mé isteach go dtí thú go n-ólainn an béiléiste. Ag leath uair th'éis an deich nó ag an haon déag, bhí mé in m'aon aonraic sa siopa. Diabhal do chos nar dhealaigh leat. Ba shin páirt eile de do chríonnacht: a ligean ort fhéin nach raibh tú ag tabhairt tada faoi deara. Chuaigh mé isteach sa bparlús le t'inín. Shuigh sí in m'ucht. Bhuail sí barróg aniar faoi m'ascaill orm. Chuaigh rud eicínt nach raibh ceart ar an ól dom. Nuair a tháinig mo mheabhair fhéin dhom, ní raibh agam ach an tsinseáil a fuair mé as punt roimhe sin, agus a bhí i bpóca mo threabhsair …

— Chreach tú mise chomh maith, a Pheadair an Ósta. Ba

bheag an dochar do t'inín spré mhór a bheith aici nuair a phós sí mac Shiúán an tSiopa. Ní thiúrfainn aon bhóta duit go díreach glan, a Pheadair …

— Bhí sé de rún agam ó thús an togha seo a stiúradh go gnaíúil ar son Páirtí an Phuint. Ach ó a thug sibhse, lucht na Cúig déag, rudaí salacha pearsanta isteach sa gcoimhlint—rudaí ar shíl mé nach mbeadh call dom a n-iomardadh choíchín ach ar Pháirtí na Leathghine—scéithfidh mise eolas nach bhfuil róchuíúil faoi bhur gcomhiarránach fhéin, Nóra Sheáinín. Ba cara liom Nóra Sheáinín. Ainneoin go bhfuil mé ina haghaidh i gcúrsaí poilitíochta, ní fhágann sin nach bhféadfadh meas a bheith agam uirthi agus caidreamh fáilí a bheith agam léi. Mar sin, is fuath liom labhairt ar an rud seo. Is carghas liom é. Is col liom é. Is déistean liom é. Ach sibhse a thosaigh an tuatan, a lucht na Cúig déag. Ná bígí diomúch dom má thugaim maide de bhur meadh fhéin dhaoibh. An leabaidh a thomhais sibh dhaoibh fhéin, codlaigí anois inti! B'óstóir mé as cionn talúna. Ní féidir le aon duine ach le dearg-bhréagadóir a rá narbh ósta gnaíúil a bhí agam. Tá sibh an-bhródúil as bhur gcomhiarránach. Thug sí leath ó chuile dhuine ariamh ar gheanulacht, ar chneastacht agus ar shuáilce, más fíor daoibhse é. Ach ba druncaera í Nóra Sheáinín. An bhfuil a fhios agaibh nach mbíodh mórán lá ar bith nach dteagadh sí isteach chugamsa—go háirid gach Aoine, agus Tomás Taobh Istigh san ósta—agus nach n-óladh sí ceathair nó cúig de phiontaí pórtair sa gcailleach ar chúla an tsiopa.

— Ní fíor é! Ní fíor é!

— Thug tú éitheach! Thug tú éiteach, a Pheadair …

— Tá tú ag déanamh na mbréag! Ní fíor é! …

— Is fíor é! Ní hé amháin go mbíodh sí ag ól, ach bhíodh sí ag súdaireacht. Ba mhinic a thug mé ól ar cairde di. Ach ní go minic a d'íoc sí é …

— Níor ól sí aon deor ariamh …

— Is dearg-bhréag é …

— Ní fíor é, a Pheadair an Ósta …
— Is fíor é, a Chomhchoirp! Bhí Nóra Sheáinín ag ól ar chúla téarmaí. B'iondúil nuair nach mbíodh gnatha aici in aon tsiopa eile sa tsráid-bhaile gur anoir an seanbhóithrín, anuas an choilleog agus isteach an cúlbhealach a theagadh sí. Agus theagadh sí ar an Domhnach chomh maith leis an Dálach, taréis dúnadh san oíche, agus roimh oscailt ar maidin.
— Ní fíor é! Ní fíor é! Ní fíor é …
— Nóra Sheáinín abú! …
— Páirtí na Cúig déag abú!
— Nóra Sheáinín abú, abú, abú, abú! …
— Go lige Dia do shláinte dhuit, a Pheadair an Ósta! Tabhair faoin mbalcais di é! Óra, a dhiabhail! Agus gan fhios agam ariamh go mbíodh an raicleach ag ól ar chúla téarmaí! 'Deile cén chaoi a mbeadh sí! Ag dul in éindigh le máirnéalaigh …

6

— … An croí! An croí, go bhfóire Dia orainn …
— … Dia dhá réiteach go deo deo … Thiocfadh mo chairde gaoil agus lucht mo chine, d'fheacfaidís glúin ar m'uaigh scartfadh croithe báidhiúla le lóchrann an ghuidhe agus chumfadh béil bháidhiúla paidir. D'fhreagródh cré mharbh do chré bheo, théifeadh croí marbh i searc an chroí bheo agus thuigfeadh béal marbh friotal teanntásach an bhéil bheo …
Dheiseodh lámha aitheantais m'uaigh, d'ardódh lámha aitheantais mo leacht agus d'fhearfadh teangaí aitheantais mo chluiche caointe. Cré Theampall Bhrianáin mo dhúchais! Cré naofa mo Shíóin …
Ach níl Ceallach i nGallach, ná Mainníneach i Mionloch, ná Clann Mhag Craith ar Clár, nó dhá mbeadh ní fhágfaí mo chual cré ag dreo i gcré dhaoithiúil an éibhir, i gcré

dhoicheallach na gcnoc agus na gcuan, i gcré ghortach na liagán agus na liochtán, i gcré aimrid na hainleoige agus na feamainne gainimh, i gcré choideáin mo Bhaibileonaí …

— Bíonn sí an-dona nuair a bhuaileas an óinsiúlacht í …

— … Fan ort thusa, a dhuine chóir, nó go gcríochnaí mise mo scéal …

" … Thosnaigh an sicín roilleach ag agallach ar fud na sráide chomh hard is a bhí in a ceann: 'Rug mé ubh! Rug mé ubh! Te bruite ar an gcarnaoiligh. Te bruite ar an gcarnaoiligh. Rug mé ubh! …' 'Shoraí uaithi agat, agus ná bodhraigh muid le t'uibhín,' adeir béaróg de shean-chirc a bhí ann. 'Tá naoi líne, sé athlíne, cheithre ál, trí scóir uibheachaí corra agus bogán agus céad beirthe agamsa ón gcéad lá ar thosaigh mé ag agallach ar an gcarnaoiligh. Féachadh mé chúig chéad sé huair agus dá fhichead …

— … Faraor nach mise a bhí ann, a Pheadair. Níor chóir dhuit cead a thabhairt d'eiriceach dubh do chreideamh a mhaslú …

— … D'ól mé dhá phionta agus dá fhichead as cosa i dtaca. Tá a fhios agatsa é. a Pheadair an Ósta …

— … Deirimse leatsa nach raibh néal ar bith ar Thomás Taobh Istigh …

— Ab éard a shíleas tú nach bhfuil a fhios agam é …

— Go ropa an diabhal agat do chuid fearsaí fánacha. Agus gan a fhios agam an pointe seo de ló nach hí siúd sa mbaile a bheadh ag tabhairt an ghabháltais mhóir don Mhac is sine agus d'Iníon Cheann an Bhóthair …

— … Bhí iníon ag Mártan Sheáin Mhóir …

— … Droch-bhuidéal a thug an murdaróir dom …

— M'anam muis mar adeir tusa …

— Seanfhundúr na cille. Cead cainte dhom …

— Qu'est ce qu'il veut dire: 'cead cainte' …

— … Ach ag cur mo láimhe in mo phóca agus dhá iontú amach a bhí mise …

— ... Do chuid 'clogs,' a Shiúán mhí-chneasta ...

— ... Ó a Dotie chroí, tá mé tugtha ag an Togha. Caint agus cailicéaracht i gcónaí. Bhótannaí! Bhótannaí! Bhótannaí! An bhfuil a fhios agat, a Dotie, nach bhfuil togha leath chomh cultúrtha is a shíl mé. Honest níl. Bíonn an chaint danra. Agus maslúch. Honest! Agus bréagach, Honest! Ar chuala tú an rud adúirt Peadar an Ósta fúm: go n'ólainn ceathair nó cúig de phiontaí gach lá as cionn talúna, Honest! Pórtar! Dhá n-abraíodh sé fuisce fhéin. Ach pórtar! An bhiotáile is neamh-chultúrtha ar fad. Uch! ... 'Ar ndo,' ní chreideann tú go n-ólainn pórtar, a Dotie. Uch! Pórtar, a Dotie! Bréag é! Pórtar dubh broghach neamh-chultúrtha. Bréag é, a Dotie! 'Deile. Honest engine ...

Agus go bhfaghainn deochannaí ar cairde ... Scanail a Dotie. Scanail. Agus go mbínn ag súdaireacht. Uch! Bréaga agus scanail a Dotie. Cé a cheapfadh do Pheadar an Ósta é? Bhí mé mór leis, a Dotie. Fear é a mbíodh daoine cultúrtha isteach agus amach aige ... Tligean puití a thugas lucht an chultúir air. Mar adeir an Máistir Mór, an t-amhas ceathra atá i ngéibheann is gach dóchra againn—an "sean-fhear" mar a thug Naomh Pól air—bíonn cead scoir aige le linn togha. ... Mothaím maolú ar mo chuid cultúir fhéin, ó a chuaigh mé chun teangmhála le na Demos ...

Tomás Taobh Istigh, a Dotie? Dúirt Peadar é sin freisin. Dúirt sé nach mbíodh táirm ar bith orm ag tarraint chuige ach an lá a mbíodh Tomás Taogh Istigh ann. Is furasta a aithinte cén mhí-chliú a bhí sé ag iarraidh a chur in mo leith ... Honest a Dotie, ní raibh aon chall dom a theacht i ndiaidh Thomáis Taobh Istigh. Eisean a theagadh in mo dhiaidhsa. Honest! Tá daoine ann a bhfuil an rómánsaíocht de bheith orthu, a Dotie. Ar chuala tú mar deir Kinks le Blicsín sa "Caor-Phóg" é? "Sé Ciúpaid a chum as a easna féin thú, a chlicsín mhilsín ..."

Ní raibh aon tráth de mo shaol nach raibh pláigh leannán do mo mhearú. In m'óige sa nGealchathair, in mo bhaintrigh sa nGort Ribeach, agus anseo anois, tá affaire de coeur, mar a thugas sé fhéin air, agam leis an Máistir Mór. Ach rud gan aon ghangaid é: platónach: cultúrtha …

Dotie! An maothnas! Ná bac le Clár gléigeal an Achréidh. Ba cheart go dtuigfeá an scéal seo i riocht is go mbeitheá i ndon gach claon-bhreith agus gach réamh-bhreith a scagadh as t'intinn. Sé an chéad chéim sa gcultúr é, a Dotie … Baintreach óg a bhí ionamsa, a Dotie. Phós mé óg freisin. Beith na rómánsaíochta aríst, a Dotie. Ní raibh spré ar bith céille ag Tómas Taobh Istigh in mo dhiaidh, agus mé in mo bhaintrigh:

"T'anam ón docks go bhfuil bothán teolaí agam," adeireadh sé. "Tá muis a stór, agus giodán deas talúna. Ceanna beithíoch agus caorach. Is fear luath láidir fós mé fhéin. Ach is deacair dom freastal do chuile chruóig: d'eallach, do chur agus do thuíodóireacht. Ta an áit ag dul i léig cheal bean mhaith tí … Is baintreach thú, a Nóra Sheáinín, agus do mhac pósta sa teach, agus cén tsamhaoine dhuit a bheith sa nGort Ribeach anois. T'anam ón docks é, pós mise …"

"De grace, a Thomáis Taobh Istigh," adeirinn fhéin. Ach ní raibh aon mhaith De grace a rá leis, a Dotie. Bhíodh sé ag cothú na coise agam is gach uile áit. Mar adeir Pips sa "Caor-Phóg" é: "an grá cásmhar, ní léar dó aon teampán."

Bhíodh sé ag strócadh liom sa tsráidbhaile ag iarraidh mé a thabhairt isteach ag ól. Honest! "De grace, a Thomáis," adeirinnse, "níor ól mé aon deoir ariamh …"

Honest níor ól, a Dotie … Ach na rudaí adeireadh sé liom faoin ngrá, a Dotie:

"Pósfaidh mé thú, a Nóra Shéainín …
A réalt an tsolais agus a ghrian an fhómhair,
A chúilín ómra agus a chuid den tsaol …"

Honest, deireadh, a Dotie. Ach bhí a fhios agamsa nach raibh ann ach anadh Shamhna na rómánsaíochta dúinn agus deirinn fhéin:

"A ghealach, a ghealach bheag na hAlban, is cumhúil a

bheas tú anocht, agus san oíche amáireach agus a liacht oíche ina dhiaidh sin, ag siúl na spéire uaigní taobh thall de Ghlinn Laoigh, ag tóraíocht áit bhandála Naoise agus Dhéirdre, na leannáin ..."

Tháinig sé chuig an nGort Ribeach go dtí mé trí seachtainí shul a bhfuair mé bás agus buidéal fuisce aige. Honest, tháinig. Ba díol truaí an snafach a bhí air. Níl a fhios agam nach dtiúrfainn ogach dó freisin, a Dotie, marach teampáin an ghrá chásmhair. Dúirt sé sin leis:

"Ní bhfaighidh gealach bheag na hAlban ár n-áit bandála amach go héag," arsa mise. "Níl sé i ndán do Naoise ná do Dhéirdre go brách aríst bandáil a choinneál, ná méilseára an ghrá a bhlaiseadh faoi bhoirinn chaoimh Ghlinne Laoigh na leannán." "T'anam ón docks é, cén chiall," arsa seisean. "Teampáin an ghrá chásmhair," arsa mise. "Tá rud le buachtáil ag daoine eile ach mé féin agus mo ghrá bán a choinneál dealaithe go héag. Ní choinneoidh muid de bhandáil ach bandáil na cille. Ach caithfidh muid méilseára an bhuan-ghrá ansin, ar feadh na síoraíochta ..."

Chuaigh sé chois croí orm a rá leis, a Dotie. Ach b'fhíor dom é. Honest, b'fhíor. Caitríona Pháidín a chuaigh idir mé fhéin agus mo ghrá bán. Cúrsaí suaracha saolta. Níor mhian léi bean ar bith a fheiceál ag dul isteach tigh Thomáis Taobh Istigh. Bhí sí ag iarraidh a chuid talúna di fhéin. Níor fhága sí ní dhár dhealbh an ghrian aige nar ghoid sí uaidh. Honest ...

— Thug tú éitheach, a raicleach! Níor ghoid ná níor fhuadaigh mé ó Thomás Taobh Istigh, ná ó aon duine eile. A raicleach! Ag ól ar chúla téarmaí i gcailleach Pheadair an Ósta! Ag ól ar chúla téarmaí! ... Ag ól ar chúla tearmaí! Ná creid í, a Dotie! Ná creid í! ...

Hóra, a Mhuraed ... a Mhuraed ... Hóra, a Mhuraed ... Ar chuala tú céard a dúirt an raicleach Nóra Sheáinín fúm? ... Pléascfaidh mé! Pléascfaidh mé! Pléascfaidh mé! ...

Eadarlúid IV

An Chré dhá Meilt

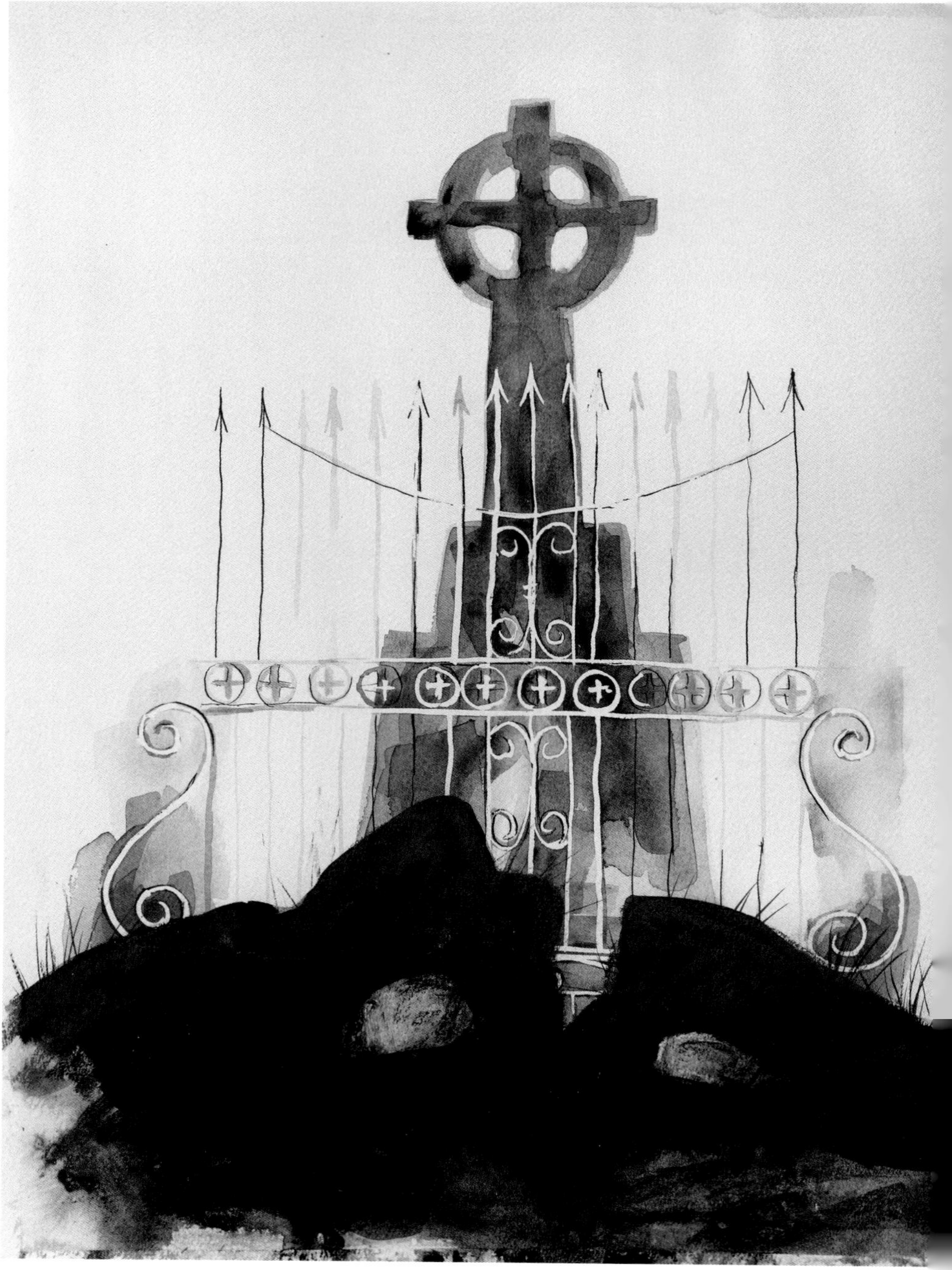

1

IS mise Stoc na Cille. Éistear le mo ghlór! Caithfear éisteacht ...

Anseo sa gcill atá an t-arrachtach an Neamothú ag coilleadh cónraí, ag grafadh corp agus ag fuint na feola fínithe ina bhácús fhuar Úire. Ní cás leis grua ghriansholais, scéimh na finne ná an drad gréithreach arbh iad bród na bruinnile iad. Ná an ghéag urrúnta, an troigh lúfar, ná an cliabhrach teangmháilte arbh iad uabhar an ógánaigh iad. Ná an teanga a chuir cluain ar na táinte lena briochtbhriathra, lena binneas ceoil. Ná an mhala a ndeachaigh craoibhín labhráis na caithréime uirthi. Ná an inchinn a bhí ina réalt eolais tráth do gach mairnéalach "ar mhuir mhóir an léighinn láin ..."Arae is mír méine iad sa gcáca bainse atá sé a fhuint dhá chlainn agus dhá chúntóirí: an chuil, an chruimh agus an phéist ...

As cionn talúna tá coic an cheannabháin ar gach tulán den eanach. Is poiticéara diaga i ngach móinéar é an t-airgead luachra. Tá luipreacháin an fhaoilleáin ag gluaiseacht d'eitreogaí mánla sa mbruth faoi thír. Tá glór sugra an ghasúir i bhfráma ag fás uaibhreach an eidhinn ar bhinn an tí, ag cairiú tóstalach na sceach sa bhfál, ag díon cumhdaitheach na gcrann sa ngarán. Agus tá fonn meanmnach na mná bleáin ón mbuaile chois cladaigh thiar údan ag luí na gréine ina gheantraí athaoibhneas Thír an Óir ...

Ach tá na calógaí cúir atá ar chiumhais ghaise an tsrutha dhá gcasadh isteach i gcaológaí na habhann, nó go ndéana siad latarnach ann. Tá cuilíní bána den fhiontarnach ar an riasc sceirdiúil dhá bhfuadach sna fiodáin bháite faoi thoiliúna na gaoithe. Sé banrán an éadóchais atá ag an mbeach, ar a sidheadh go dtína cuasnóig ón méirín dearg a bhfuil a thaisce meala ídithe. Tá an fhainleog ag cíoradh a cuid clumhaigh ar stuaic an sciobóil, agus cumha na gaoithe a scréachas thrí fhairsinge fheidheartha an díthreibh ina cuid ceiliúir. Tá caorthann an tsléibhe ag cúbadh sa ngaoith rua …

Tá támáilteacht ag teacht i gcosa an scinnire, piachán i bhfead an bhuachaill bó, agus an buannaí ag leagan a chorráin uaidh sa tsraith nar baineadh fós …

Caithfidh an chill a deachma fhéin a fháil ón mbeo …

Is mise Stoc na Cille. Éistear le mo ghlór! Caithfear éisteacht …

2

… Céard seo? Corp eile, 'mo choinsias! Bean mo mhic go siúráilte! B'fhurasta aithinte … Cónra shaor freisin atá inti. Má tá i ndán is gur tú bean mo mhic …

Bríd Thoirdhealbhaigh! Ní féidir. Is fadó an lá a bhí agat a bheith anseo. Bhí criotán agus réama agus alta chroí ort le mo chuimhne … Titim sa tine a rinne tú … agus ní raibh sé de lúd ionat fhéin éirí aisti. Níor bheag dhuit a dhonacht, a mhaisce …

Cogar seo leat! … Ní le scéalta nuaidhe a tháinig tú anseo, a Bhríd? Anois céard adéarfá le Gaillimh! … Ó! Ag iarraidh suaimhnis atá tú! Sin é a siomsán uilig i nDomhnach, ar a theacht dóibh …

Chuala tú go bhfuil an chrois le dhul orm go goirid, a Bhríd. Go bhfuil sí i bhfocal. Ach cáid? Coicís? Mí … Níl a fhios agat? Leis an gceart a dhéanamh, a Bhríd, níor mhinic leat fios a bheith agat ar mhórán …

Tuigim. Dúirt tú cheana gur titim sa tine a rinne tú … Níor

fhág siad aon duine istigh i do chionn! Muise anois, ní theastódh uathu ach sin! Do leithéide de chailleach. Níl dochar ann, a Bhríd. Dheamhan an fearr duit romhat é ... Ach ní thitfidh tú anseo. Nó má thiteann is gearr atá le dhul agat ...

Cogar seo leat, a Bhríd ... Anois, a Bhríd, bíodh cuibheas ionat thairis sin, agus ná déan Seáinín Liam dhíot fhéin, a bhfuil an roillig sáraithe aige ó a tháinig sé, faoina shean-chroí lofa ... Bean mo mhic meaththinn i gcónaí, adeir tú ... Bhí ceann óg eile aici! An fíor dhuit é? ... Agus níor scuab sé í! Is diabhlaí mór an t-ionadh, muise. Ach ní éireoidh sí choíchin as an luí seoil seo ... Cuirfidh mé mo rogha geall leat, a Bhríd, mar sin, go mbeidh sí anseo ar an gcéad abhras eile clainne ... Gasúr mná ... ab bu búna, a Bhríd ... Nóra a thug siad uirthi ... a hainmniú as Nóra na gCosa Lofa! D'airigh sí nach raibh mise beo! ...

Bean mo mhic agus Cáit Bheag ag sciolladóireacht ar a chéile ... Ag tarraint na mullaigh agán a chéile, adeir tú! Ha dad, a mh'anam! Sin é anois é a Bhríd! Ní chreidfeadh duine ar bith uaimse go raibh an strachaille sin ina drochcheann dom ó brúdh isteach sa teach orm í, anoir as an nGort Ribeach. An tae a thugadh sí dom! Agus na héadaigh leapan a bheadh orm marach go nínn féin iad! Caithfidh sí a cuid gadharaíocht a ídiú ar dhuine eicínt eile anois, ó tharla nach bhfuil mise aici, a Bhríd. M'anam nach hí an ribín réidh Cáit Bheag aici, deirimse leat ...

Beidh cúirt air, adeir tú? M'anam muise go mbeidh caint agus caibidil agus costas air sin ... Dúirt Cáit Bheag é sin? Dúirt sí gur ó Jack Chape sa nGealchathair a ceannaíodh éadaigh coláiste Mháirín! Diabhal leath an chirt a bhí ag bean mo mhic léi mar sin. Cá raibh a fhios ag Cáit Bheag marach fad a bheith ar a teanga? Agus dá mba ea féin céard a bhain sé di? Nach beag an náire a bhí uirthi caidéis a fháil don ghearrchaile bhocht a bhí ag dul chuig coláiste. B'fhada go mbeadh aon duine a bhainfeadh léise indon a bheith ina máistreás scoile. Pléifidh an dlí léi é, feicfidh tú fhéin air! Tá súil agam go mbeidh sé de chiall ag Pádraig Mainnín an Caibhnsiléara a thógáil ina haghaidh. Sin é an buachaill a bhainfeas an saghdar aisti ...

Suaimhneas atá uait, adeir tú. Nach shin é atá uainn uilig! Ach tháinig tú go dtí an áit chontráilte ag iarraidh suaimhnis, a Bhríd ... Sin é a bhfuil curtha d'fhataí ag mo Phádraigsa i mbliana; Páirc na Meacan? 'Ar ndó', diabhal dhá phíosa istigh ar a fuaid sin ... Tá an dá Mhóinéar faoi fhataí ag Neil! ... Bhuel anois, a Bhríd, tá riar maith sa dá gharraí sin, ach is fadó uathu seacht bpíosa a bheith iontu, mar adeir tusa ...

Céard adúirt tú faoi dheireadh, a Bhríd? ... Ná bac le bheith ag titim sa tine ach múscail suas, agus ná bí ag mugailt do chuid cainte ... Céard adeir tú faoi mhac Neil ... Ar a shean-léim arís! A ... Tá sé ag déanamh creachlaoiseachaí oibre, ab ea? ... Ab bu búna! Shíl mé, má b'fhíor do Sheáinín Liam, nach ndéanfadh sé aon lá maitheasa lena ló! ...

Leigheasadh ag Tobar Chill Íne é! Tá baol! Nach maith a bhí a fhios ag an smuitín is máthair dó cá dtiúrfadh sí lena leigheas é! Tá fios a saoil ag an smuitín sin! Ach ní chreidfinn ón Domhnach gurb ag Tobar Chill Íne a leigheasadh é. Ná ní chreidfinn go bhfuil leigheas ar bith i dTobar Chill Íne. Chaith bean mo mhic cnapáin a glún ann, ag déanamh turais. Ara, dheamhan tobar ó thobar an tí se'againn fhéin sa mbaile go dtí Tobar Dheiridh an Domhain nach raibh sí sin ann, ach dheamhan mórán dhá shlacht uirthi. Meaththinn i gcónaí. Gheobhaidh sí rud le déanamh ar an gcéad abhras eile, déarfainn.

Is beag de chluanaíocht Neil a thabhairt go Tobar Chill Íne, agus a rá ansin gurb ann a leigheasadh é. Tá an smuitín sin ina dhá cuid déag leis an sagart! ... Ara, beannacht Dé dhuit fhéin agus do Thobar Chill Íne, a Bhríd! Ní shea chor ar bith. Siúd é é. An sagart. 'Deile. Thug sé Leabhar Eoin dá mac. Sin é an chaoi ar leigheasadh é, a Bhríd. Ara' 'deile! An sagart.

Caithfidh duine eicínt eile anois bás a fháil ina ómós, ó leigheasadh le leabhar Eoin é. Beidh a chuid féin ag an mBás. Chuala muid ariamh é ...

Bail ó Dhia ort, a Bhríd. Mar dhóigh dhe gurb í Néil fhéin a imeos! Ní iontas ar bith gur thit tú sa tine, a Bhríd, is chomh simplí is atá tú. Diabhal baol ina craiceann ar Neil imeacht ... Ná iníon Bhriain Mhóir ach oiread. Ná aon duine dhá hál. Jeaic na Scolóige a chuirfeas siad chun tiomána. Bí siúráilte muise gurb é Jeaic adúirt sí leis an sagart a chur 'un báis, in ómós an mhic a leigheas. Go bhfóire Dia orainn! Is maith a shaothraigh Jeaic bocht an saol ariamh aici, an smuitín. Dheamhan aire ar bith a thug sí siúd dó. Cuimhnigh go bhfuil mise dhá rá leat, a Bhríd, gurb ar Jeaic atá an crann anois, agus go bhfeice tú anseo é, gan mórán achair. Is cuma le Neil ná le iníon Bhriain Mhóir é. Nach bhfaighidh siad slam árachais air! ...

An mar sin é? Tá an dlí idir chamánaí fós, dhá réir sin ... ... Beidh siad ag dul go Baile Átha Cliath sa bhFómhar, ab ea? M'anam muise nach gan costas a dhul go Baile Átha Cliath, a Bhríd ... Ó, deir siad go gcuirfear ar athchúirt é an uair sin fhéin! Bánóidh sé Neil as a dheireadh, agus go mbánaí cheana! Ach a Bhríd, má tá a mac leigheasta, 'ar ndó' ní airgead a fhéadfas sé a bhaint amach ... Ó ní bhíonn sé ag obair ach i ngan fhios, ab ea ... Bíonn na maidí croise leagtha lena ais aige is chuile áit dhá mbíonn sé ag obair! ... Tá páipéir ó dhochtúirí aige nach ndéanfaidh an chorróig aon mhaith! Bheadh- Ach cén bhrí sin ach na maidí croise a thabhairt amach sa ngarraí agus ar an bportach leis! Tuilleadh de shlosaíocht Neil. Bhí sí fealltach ariamh fhéin ...

Caint ar bhóthar a dhéanamh isteach go teach aici anois? Beidh an sagart agus an tIarla i ndon a dhul ann ansin le mótar. Nár mhaire sí a bóthar muis! ... Ara diabhal bóthar ná bóthar go sléibhe, a Bhríd. Céard a bhainfeadh na caracáin siud? ...

Suaimhneas aríst é! Déanfar bothae dhíot anseo má bhíonn tú ar an gcaint sin ... Bid Shorcha craiplithe go maith, adeir tú?

Na duáin i gcónaí! A chonách sin uirthi! Níl mórán duine ar bith, ó Neil agus ó bhean mo mhic amach, ab fhearr liom a fheiceál ag teacht anseo ná í ... Agus tá an droim go dona ag Cáit Bheag aríst? Tuilleadh diabhail aici! Ceann eile ... Briain Mór chomh meanmnach le asal Bealtaine adeir tú. Ní dhá roinnt leis é ... É i ndon dhul i gcoinne an phinsin i gcónaí? Nach ar dhaoine a bhíos an t-ádh thar a chéile! D'fhéadfadh sé a bheith ina shean-athair agam. Nár lige Dia, an scóllachán gránna! ...

Anois a Bhríd, b'iomaí duine chomh maith leat a thit sa tine. Bhí do shaol caite. Ní cás é nuair nar dhóigh tú an teach freisin ... Cailleadh dhá ghamhain ar Phádraig ... Leis an gceathrú ghorm? Dia linn muis! Nach maith gurb air a chaithfí a gcailleadh! ... Chuir Neil grán ina cuid fhéin in am? Tá neach ag an smuitín sin. Cén bhrí, ach ba ar a cuid talúna-sise a bhíodh an cheathrú ghorm ariamh. An sagart ...

Is beag an mhóin chor ar bith a bhain Pádraig i mbliana, adeir tú? Cén chaoi a bhféadfadh sé móin a bhaint, agus cúram air aire a thabhairt don ghoróir is bean dó? A plúchadh faoi phota ar nós cait a bhí aige a dhéanamh léi, nuair nach bhfaigheann sí bás í féin ... Chúig cinn de chearca a imeacht uainn in aon lá amháin. Dar fia, sin lot! ... Agus níor thug sé cearc ar bith ó Neil. Nach sna breachlachaí siúd timpeall uirthi a bhí máithreach na sionnach ariamh. Ó tá bean istigh aici sin—Iníon Bhriain Mhóir—atá i ndon cearca a bhuachailleacht, ní hé sin d'Iníon Nóra Sheáinín as an nGort Ribeach é. Creidim go mbíonn leisce ar an sionnach fhéin drannadh le cearca Neil. An sagart ...

Níl muca ar bith ag Pádraig anois, ab ea? Ó, d'imigh na muca, a Bhríd, ó d'imigh mise. Chuirinnse dhá fhoireann muc amach sa mbliain ... Fuair Neil chúig phunt dhéag agus fiche ar a cuid fhéin! Ab bu búna! ... B'fhearr an chuid se'agaibhse ná iad, a Bhríd, agus ní bhfuair sibhse ach dhá phunt dhéag agus fiche, cúig déag. D'éireodh an phínn ab airde le Neil, mo léan. An sagart ...

Síleann tú nach dtáinig scéal ar bith as Meiriocá ó Bhaba le goirid … Níor chuala tú go dtáinig? … Deir Briain Mór gurb í Neil a gheobhadh airgead Bhaba fré chéile … "Cé dhó a dtiúrfadh Baba a cuid airgid," adeir sé, "ach dá haon deirfiúr Neil? 'Ar ndó' marab ea ní do bhean atá caite síos i bpoll talúna a fhéadfas sí a thabhairt" …

Sin é adúirt sé, a Bhríd? 'Ar ndó' 'deile céard déarfadh sé agus a iníon fhéin pósta ag mac Neil? …

Chuala tú iad ag rá go raibh Tomás Taobh Istigh spréachta ag iarraidh pósadh i gcónaí? An conús! Ba chóra dhó a bheith ag déanamh a anama go mór … Síleann tú nach dtaobhaíonn Pádraig an oiread é agus a thaobhaíodh chomh uain is mise a bheith beo? Chaithinn a dhul go bog agus go cruaidh air i gcónaí lena chur ag déanamh tada do Thomás. Ba shin é an sórt duine Pádraig. Ní choinneoidh sé aon teach de m'uireasa. Imreoidh Neil air … D'íoc Neil, adeir tú fear pánaí lena chuid móna a bhaint do Thomás Thaobh Istigh i mbliana? Ab bu búna! Céard é sin adúirt tú, a Bhríd? Ná bí ag mugailt do chuid cainte, adeirim … Gur dhúirt Tomás Taobh Istigh dhá mba i ndán is nach bpósfadh sé fhéin go bhfágfadh sé an giodán talúna agus an bothán ag Neil: "Ní raibh Caitríona baol ar chomh deáchroíúil le Neil," adeir sé. "M'anam nach raibh. I ndiaidh mo ghiodán talúna a bhí Caitríona …"An conús! An scearachán! An glincín! An puicéara! Ós é Tomás Taobh Istigh é! …

Nach breá an scéal atá agat, a Bhríd Thoirdhealbhaigh! Nach bhfuil a fhios ag feara Fáil gur le talamh Neil atá talamh Thomáis Taobh Istigh ag síneadh? … Diabhal mé go gceapfadh duine ar an gcaoi a bhfuil tú ag caint, a Bhríd, gur fearr an aghaidh ar Neil ná ar mo Phádraig-sa talamh Thomáis Taobh Istigh … Nach bhfuil a fhios agam chomh maith leatsa, a Bhríd, nach bhfuil ag Neil ach breaclachaí? … Dar Dia, is sonda thú, a Bhríd, rud mar sin a rá suas le mo bhéal. Céard a bhaineas sé dhuitse cé a gheobhas talamh Thomáis Taobh Istigh? Cail do chaillteamas? …

Suaimhneas aríst! Is olc an aghaidh ort é, a strachaille ... Céard adeir tú, a Bhríd? ... Deasaím síos san uaigh le áit a thabhairt duitse! Diabhal aithne ort nach hí t'uaigh fhéin í. An bhfuil a fhios agat go raibh mo Chúig Déag íoctha agamsa ar an uaigh seo bliain shul má fuair mé bás? Ba deas an t-eallach a bheadh sínte síos liom muise: bean loiscthe. Sa saol a tháinig sé thú fhéin ná aon duine de do mhuintir a bheith abhus ar áit na Cúig Déag. Ach is furasta dhuit anois. Tá cúigear i do theach ag fáil 'dole' ...

Tugaim suaimhneas duit! Téirigh 'un suaimhnis mar sin! Ach ní theáltóidh tú thú fhéin suas le mo cheathrú-sa anseo. Chuaigh an chónra ab fhearr tigh Thaidhg ormsa agus trí leathbhairille pórtair, agus chraith an sagart an t-uisce coisricthe ...

Anois, a strachaille, má théann tú sa gceann sin leis inseoidh mise dhuit as comhair na cille cé thú fhéin ... Céard adeir tú? ...

"Ó b'annamh leis an gcat srathar a bheith air, duine de mhuintir Pháidín a bheith curtha ar Áit na Cúig Déag ..."

Ara muise, a Bhríd, is deas an té atá dhá inseacht dom: lucht na déirce. Nach mé a thóig t'athair ariamh? Ag teacht anoir go dtí mé chuile ré solais ag tnuthán le cupán tae, nuair nach raibh sé a fháil sa mbaile ach fataí agus 'scadán caoch.' Mara postúil a labhrófá! Níl baol ar bith nach bhfuil na carnaoileachaí ag éirí ar an saol seo ... Céard sin, a strachaille?

... Níl crois orm fós chomh breá le Nóra Sheáinín ... Dealaigh leat, a strachaille ...

3

... Bríd Thoirdhealbhaigh, an Strachaille ... Bid Shorcha, an Súdaire ... Cite na mBruineog ... Cáit Bheag, an Draidín ... Tomás Taobh Istigh, an Conús ... Briain Mór ...
Is furasta don scóllachán gránna floscaí a bheith anois aige agus fear a iníne i riocht maitheasa aríst. Cá mb'fhíor do Sheáinín Liam na bhfaochan nach ndéanfadh sé aon bhuille lena mharainn? Leigheasadh ag Tobar Chill Ine é! Leigheasadh muis! M'anam má sea gurb í an smuitín siúd is máthair dó a fuair Leabhar Eoin lena aghaidh ón sagart. Sé Jeaic na Scolóige bocht a íocfas an féarach. Gabhfaidh sé ar leabhar an fhiach dhuibh anois in omós an Leabhair Eoin. Is gearr go mbeidh sé anseo. Agus tá mé siúráilte nar chuir siad ar an airdeall ná a dhath é. Nach beag an scruball iad, a Thiarna!

An sagart agus Neil agus Inín Bhriain Mhóir ag pisearnach chainte i ngois íseal:

"Mh'ainín a athair," adéarfadh Neil, "má tá an t-imeacht ar dhuine ar bith gurb é sean-Jeaic is córa a chur 'un tiomána. Is gearr go n-imí sé ar aon chor. Níl sé ar fónamh le fada. Ach ná habraíodh muide faice faoi. Chuirfeadh sé imní air. Ní maith le duine ar bith, go bhfóire Dia orainn, scaradh leis an saol ..."

Déarfadh sí é, an smuitín ... Ceann óg eile ag bean mo mhic. Is iontas nár scuab sé í. Ach tá an scúille siúd roighin. Roighin mar tá carraigreacha an Ghoirt Ribigh ar thug "Bossannaí" bóthair a mallacht ariamh dóibh, in áit nach raibh púdar ar bith i ndon a mbriseadh ... Ach beidh sí anseo ar an gcéad abhras eile. Chuirfinn geall ar bith air sin ...

Agus Nóra a thug siad ar an naíonán! Nach mairg nach raibh mé ann! Shíl bean mo mhic an cleas céanna a dhéanamh cheana nuair a rugadh Máirín. Bhí sí sa bpluideoig agam fhéin, lena tabhairt amach chuig an omar baistí.

"Cén t-ainm a thiúrfas sibh ar an somacháinín, bail ó Dhia uirthi?" adeir Muraed Phroinsiais, a bhí istigh.

"Máire," adeirimse. "'Deile? Ainm mo mháthar."

"Deir a máthair anseo thiar ar an leabhaidh Nóra a thabhairt uirthi," adúirt Pádraig.

"Nóra na gCosa Lofa," adeirimse. "A hainmniú as a máthair fhéin. 'Deile céard déarfadh sí? 'Dar a shon, a Phádraig?"

"Ní cheal ainmneachaí atá oraibh," adeir Muraed. "Caitríona nó Neil nó …"

"Múchadh agus báitheadh ar an smuitín," adeirimse. "B'fhearr liom gan ainm ar bith a thabhairt uirthi ná Neil … Níl aon ainm is feiliúnaí di, a Phádraig," adeirimse, "ná ainm a sean-mháthar: Máire."

"An liomsa nó leatsa an leanbh?" adeir Pádraig, agus taghd dhá bhualadh. "Nóra a thiúrfar uirthi."

"Ach a Phádraig, a chuid," adeirim fhéin, "cuimhnigh ar an bpáiste agus ar an saol atá roimpi. Nar chuala tú céard dúirt mé cheana leat? Mairnéalaigh …"

"Éist do bhéal, nó m'anamsa ná raibh ag an diabhal …"

Ba é an chéad fhocal arannta liom a chuala mé as a bhéal ariamh é, sílim.

"Más cúrsaí mar sin é," adeirimse, "oibrigh ort. Ach duine eicínt tharmsa a thiúrfas chuig an omar baistí í … Tá meas agam orm fhéin, buíochas le Dia. Má thugann tú Nóra uirthi tabhair. Ní beag domsa chomh minic is a bhíos Nóra amháin ag tarraint ar an teach seo agus gan Nóra eile a bheith agam ann i gcónaí. Má bhíonn, ní fhanfaidh mise ann. Imeoidh mé i ndiaidh mo chinn romham …"

Shín mé an naíonán chuig Muraed agus rug mé ar mo sheál den doras dúinte.

Chuaigh Pádraig siar sa seomra go dtí iníon Nóra Sheáinín. Bhí sé aniar agam aríst le iontú mo bhoise. "Tugaí a rogha ainm uirthi," adeir sé. "Tugaí 'Amhráinín síodraimín siosúram seó' uirthi má thograíonn sibh. Ach ná bígí do mo reicsa feasta. Níl aon lá dhá n-éiríonn ar mo shúil nach idir ord agus inneoin agaibh atá mé …"

"Thú fhéin ba chiontaí, a Phádraig," adeirimse. "Dá ndéanthá mo chomhairle-sa agus comhairle Bhaba ..."

Bhí sé lasctha leis amach. Ón lá sin go dtí an lá a ndeachaigh na hordógaí ormsa níor caintíodh ar Nóra a thabhairt ar aon duine de na naíonáin. Ach airíonn an scubaide de bhean atá aige go bhfuil mise imithe anois ...

Tá an chrois i bhfocal ar aon chor. Is maith é Pádraig bocht th'éis gur cosúil nach bhfuil bonn bán fágtha air ag an stroimpiléidín mná, nach bhfuil i ndon muc ná gamhain a thógáil, ná a ghabháil amach i ngort ná ar phortach. Tá a fhios ag mo chroí gur deacair dhó fhéin freastal do chuile rud. Ach a mbeidh Máirín ina máistreás scoile coinneoidh sí deoladh leis ...

Nach maith abartha adúirt Bríd Thoirdhealbhaigh: "Níl crois ort fós chomh breá le Nóra Sheáinín." Ach beidh, a strachaille. Crois de ghlaschloich an Oileáin mar atá ar Pheadar an Ósta, agus ráillí mar atá ar Shiúán an tSiopa, agus pabhsaethe agus scríobhainn Ghaeilge ...

Marach leisce orm d'inseoinn do Pheadar an Ósta faoin gcrois. Nach córa dhom a bheith ag caint leis—lá is go bhfuil mé ag bhótáil dó—ná do Mhuraed, ná do Chite, ná do Dotie. Sin iad lucht na gcroiseannaí, 'ar ndó'. Cén bhrí ach an éisteacht a thugadh sé do Nóra na gCosa Lofa! Ach tá an brachán dóirte anois. A Mhic na nGrást, nach hiad a scioll a chéile an lá cheana. Dhá dtugadh Peadar an Ósta aird ormsa in am, d'inseoinn dhó cé hí Nóra na gCosa Lofa. Ach is deacair a dhul ag caint le lucht an Phuint sin. Tá a dhá ndíol measa acu orthu fhéin ...

Ní bhacfaidh mé le Peadar faoi láthair. Tá sé rochruógach timpeall an togha, ar aon chor. Déarfaidh mé le Siúán an tSiopa é, agus inseoidh sí sin do lucht an Phuint é. Is fearr dhom a rá go ngabhfaidh an chrois orm as seo go ceann ...

— ... Sháigh sé mé thrí scimhil na n-aobha. Bhí an feall ariamh fhéin i gCineál na Leathchluaise ...

— ... Nach ciotach a ligeamar uainn margadh Shasana, a Churraoinigh? ...

— ... "Sé Cogadh an dá Ghall é, a Phaitseach," adeirimse ...

— ... Honest, a Dotie! Bhí intleacht chinn ag an muintir se'againne. Mé fhéin, cuir i gcás ... Bhí malrach le mo mhac, atá pósta sa mbaile sa nGort Ribeach, ag tíocht ag an scoil ag an Máistir Mór, agus dúirt sé liom nach raibh cinneadh go deo leis. Le litríocht a bhí luí ar fad aige:

"Bhí an cultúr ina chnámha," adeir sé. "D'aithin mé air é."

"Honest, dúirt, a Dotie. Tá a fhios agat an inín liom atá pósta ag mac Chaitríona Pháidín. Tá gearrchaile léi sin imithe anois le bheith ina máistreás scoile. Ó m'inín-sa a thug sí an éirim. Marab ea ní ó na Loideánaigh ná ó mhuintir Pháidín é ...

— Thug tú éitheach, a raicleach! Ag ól ar chúla téarmaí i gcailleach Pheadair an Ósta! Ag ól ar chúla téarmaí! Mairnéalaigh! Mairnéalaigh! ...

Hóra, a Mhuraed! Hóra, a Mhuraed! ... An gcluin tú? ... An gcluin tú céard adúirt Nóirín na gCosa Lofa! ... Pléascfaidh mé! Pléascfaidh mé! ...

4

— ... Go gcuire Dia dílis an t-ádh ort, a Nóra Sheáinín, agus lig dom fhéineacht. Is deas é do thráth le haghaidh novelettes! Caithfidh mé geábh cainte a dhéanamh le mo sheanchomharsa Bríd Thoirdhealbhaigh. Ní raibh ionú agam labhairt léi ó tháinig sí, agat fhéin, do chuid cultúir agus toghannaí! ...

An bhfuil tú ansin, a Bhríd Toirdhealbhaigh? ... Titim sa tine! Ba é an chéad cheacht eolaíochta a mhúininn sa scoil i gcónaí, a Bhríd, a riachtanaí is atá sé an t-aer a choinneál ó dhóiteán. Sén t-aer a chothaíos dóiteán, a Bhríd. Ba chóir go dtuigfí go forleathan é sin ... Ó, níor fágadh duine ar bith istigh a choinneodh an t-aer uait, a Bhríd? I gcás den tsórt sin, a Bhríd, ba é ab fhearr a dhéanamh ... Tá faitíos orm nach mbeadh aon leigheas ag an eolaíocht ar chás den tsórt sin, a Bhríd ... Ó, ag iarraidh suaimhnis atá tú, a Bhríd ... Tá faitíos orm nach bhfuil aon leigheas ag an eolaíocht ar chás den tsórt ach oiread ... Céard sin, a Bhríd? ... An tír ar an mbainis, a Bhríd! ...

— Sin í an fhírinne, a Mháistir. Bhí an tír ar an mbainis. Tig leat bród a bheith agat as do bhean, a Mháistir. Bhí fuíoll na bhfuíoll ann: arán, im, tae, agus sé chineál feola, pórtar, fuisce agus Seán Péin, a Mháistir. Seán Péin, a Mháistir. Nuair a ghránaigh an ceann se'againne—Séamas—ar an bhfuisce agus ar an bpórtar, seo siar sa bparlús é ag ól an Seán Péin, a Mháistir. Chomh maith chuile orlach le fuisce poitín Éamainn na Tamhnaí, adeir sé.

Ná bíodh imní ort, a Mháistir. Rinne sí bainis ghnaíúil: chomh gnaíúil agus dhá mbeitheá fhéin beo. Bean chóir í an Mháistreás, a Mháistir. Tháinig sí aníos againne dhá oíche roimh ré le cuireadh a thabhairt síos ag an mbainis dhá raibh sa teach againn. Dheamhan lúd a bhí ionam fhéin a Mháistir. 'Leabharsa dhá mbeadh, a Mháistir, níl bréag ar bith nach mbeinn ann.

"B'fhéidir go mbeadh canna bainne leamhnacht le spáráil agat, a Bhríd," adeir sí.

"Go deimhin beidh agus dhá channa, a Mháistreás," adeirim fhéin. "Dá mba cuid ba mhó ná sin é, níor mhór liom duit é, ná do d'fhear atá i gcré na cille—an Máistir Mór bocht—go ndéana Dia trócaire air!" adeirim fhéin.

"Tá rún agam bainis mhaith a dhéanamh, a Bhríd," adeir sí. "Bhí mé fhéin agus Bileachaí an Phosta ag caint air," adeir sí:

" 'Bainis mhaith', adeir Bileachaí an Phosta," adeir sí. " 'Sin é an chaoi ab fhearr leis fhéin, go ndéana Dia grásta air!' "

" 'Tá mé siúráilte dhá mbeadh a fhios ag an Máistir Mór, a Bhileachaí, go bhfuil mé leis an bpósadh a dhéanamh arist,' adeirim fhéin, a Bhríd," adeir sí, " 'gurb shin é a déarfadh sé liom bainis mhaith a dhéanamh. Ní bheadh sé ina dhiaidh ar na comharsanaí. Agus 'ar ndó' ní bheadh sé ina dhiaidh orm fhéin.' Ní bheadh ach oiread, a Bhríd ..."

"Diabhal mé a Mháistreás," adeirim fhéin—níl a fhios agam a raibh agam a rá chor ar bith, a Mháistir, marach cúl mo chainte a bheith liom—"Diabhal mé a Mháistreás," adeirim fhéin, "gur shíl mé nach ndéanfá an pósadh aríst."

"Ara muise, a Bhríd, a stór," adeir sí, "ní dhéanfainn ach oiread—ba bheag an baol orm—marach an rud adúirt an Máistir Mór liom cupla lá sul ar cailleadh é. Bhí mé i mo shuí ar cholbha na leapan aige, a Bhríd. Rug mé ar láimh air:

" 'Céard a dhéanfas mé,' adeirimse, 'má éiríonn aon cheo dhuit'?"

"Lig sé a shean-scairt gháirí, a Bhríd."

" 'Céard a dhéanfas tú,' adeir sé. 'Céard a dhéanfá—bean bhreá luath láidir óg mar thú—ach pósadh aríst?' "

"Thosaigh mé fhéin ag diúgaireacht, a Bhríd: 'Níor cheart duit rud mar sin a rá,' adeirim fhéin leis."

" 'Rud mar sin,' adeir sé, agus bhí sé dháiríre píre den iarraidh seo, a Bhríd."

" 'Rud mar sin,' " adeir sé. " 'Sé lomlán an chirt é. Ní bheidh mé suaimhneach i gcré na cille,' adeir sé, 'mara ngeallla tú dhom go bpósfaidh tú aríst.' "

"Dúirt a mh'anam, a Bhríd," adeir sí.

— An raibiléara ...

— Nár lige Dia go gcuirfinnse bréag uirthi, a Mháistir. Sin é adúirt sí.

" 'Tá tú ag dul i gcostas mór, a Mháistreás,' adeirim fhéin. 'Tá slí airgid agat, agus 'ar ndó' níl daorbhasctha do bhuachaill an phosta, go bhfága Dia lena shaothrú sibh,' adeirim fhéin, 'ach mh'anam gur daor an ailím bainis a dhéanamh ar an saol seo, a Mháistreás.' "

" 'Marach a raibh leagtha i dtaisce aige fhéin shul má bhásaigh sé, agus an t-árachas a fuair mé dhá bharr, ní bheadh

aon ghair agam air, a Bhríd,' adeir sí. 'Ba fear tíobhasach é an Máistir Mór, go ndéana Dia maith air,' adeir sí. 'Ní raibh ól ná drabhlás ann. Bhí pínn maith sa spaga aige, a Bhríd ...' "
— An raibiléara! An raibiléara! Ní chuirfeadh sí crois orm leath chomh maith ...
— Nach shin é adúirt mé léi, a Mháistir:
"Ach níor cheart duit tada a dhéanamh, a Mháistreás, go gcuirtheá crois ar an Máistir Mór i dtosach."
" 'Is maith an mhalrait don Mháistir Mhór bhocht é,' adeir sí. 'Tá an Máistir Mór bocht ar shlí na fírinne, agus ó atá agus go bhfuil, a Bhríd, ní croiseannaí atá ag cur imní air. Ach tá mé siúráilte, a Bhríd, dhá mbeadh a fhios aige céard ba chor dhom fhéin agus do Bhileachaí an Phosta atá ar shlí na bréige fós, gurb éard a déarfadh sé linn gan bacadh le crois, ach gach só dhá bhféadfadh muid a bheith againn. Níor bhréag Máistir Mór a thabhairt air, a Bhríd,' adeir sí. 'Bhí sé mór idir chroí agus eile' " ...

M'anam péin gurb shin í an chaint a chaith sí, a Mháistir ...
— An raibiléara! An raibiléara bradach ...
— ... Titim de chruach choirce ...
— ... An croí! An croí, go bhfoire Dia orainn! ...
— ... Go deimhin muise, ghnóthaigh Gaillimh craobh pheile na hÉireann ...
— I 1941, ab ea? Más 1941 atá tú a rá níor ghnóthaigh ...
— I 1941 atá mé a rá. Ach bídís buíoch don Cheanannach. Diabhal a mhacsamhail de pheileadóir a tháinig ariamh. Threascair, thruisleáil, bhasc, agus bhearnaigh sé peileadóirí Chabháin as éadan. Ba chumasach an peileadóir é, agus ba ghleoite! Bhí mé ag breathnú air an lá sin i bPáirc an Chrócaigh sa leas-chraobhchluiche ...
— Ghnóthaigh siad an leaschraobhchluiche in aghaidh Chabháin, ach níor ghnóthaíodar cluiche na craoibhe ...
— Ó, go deimhin ghnóthaigh! Ghnóthódh an Ceanannach leis fhéin é ...

— I 1941, ab ea? Bhuel, más ea níor ghnóthaigh Gaillimh craobh na hÉireann. Bhuail siad Cabhán hocht bpointe, ach bhuail Ciarraí iad fhéin cúl agus pointe sa gcraobhchluiche ...

— Ara beannacht De dhuit, tuige dá mbuailfeadh? Nach raibh mé i mBaile Átha Cliath ag breathnú ar an leaschraobhchluiche in aghaidh Chabháin! Chuaigh triúr againn ann ar na rothair. Diabhal smid bhréige atá mé a dhéanamh leat: suas ar na rothair an t-aistear ar fad. Bhí sé ina mheánoíche nuair a bhíomar thuas. Chodlaíomar amuigh an oíche sin. Chinn sé orainn aon deoch fhéin a fháil. D'fháiscfeá ár gcuid éadaigh le allas. Thar éis an chluiche isteach linn de sciotán go dtí na peileadóirí. Chraith mé féin láimh leis an gCeanannach.

"Mo chuach thú," adeirimse. "Is tú an peileadóir is cumasaí a chonaic mé ariamh. Fan go dtí an craobhchluiche mí ó inniu. Beidh mé anseo aríst le cúnamh Dé, ag breathnú ort ag bualadh Chiarraí" ... agus mo léan, bhuail ...

— 1941, ab ea? Más ea, níor bhuail na Gaillimhigh Ciarraí, ach bhuail Ciarraí iad ...

— Ara beannacht Dé dhuit! Innis é sin d'fhear adhartha. "Bhuail Ciarraí iad." Diabhal aithne ort nach bobarún agat mé ...

— I 1941, ab ea? An raibh tú ag breathnú ar an gcraobhchluiche?

— Ní rabhas. Ní rabhas sin. Ach bhí mé ag breathnú ar an leaschraobhchluiche in aghaidh Chabháin, adeirim leat. Cén sórt bobarún thú féin nach dtuigeann mo scéal! Tháinig muid abhaile an tráthnóna Domhnaigh sin aríst ar na rothair. Bhí tart agus ocras orainn. Diabhal a leithéide d'ocras! Ach dheamhan baile dá ndeachaigh muid thríd nár fhuagair muid "Gaillimh abú" ann. Bhí sé ina lá gheal ghléigeal maidin Dé Luain nuair a bhí muid sa mbaile. Tháinig mé anuas den rothar ag ceann an bhóithrín.

"Má tá i ndán," arsa mise leis an mbeirt eile, "go mbeidh

muid againn fhéin ón tart agus ón ocras atá orainn faoi cheann míosa, dar Dia gabhfaidh muid suas aríst. B'ait liom a bheith ag breathnú ar an gCeanannach ag bualadh Chiarraí" ... Agus 'ar ndó' bhuail, mo léan. B'air nach raibh an stró ...
— 1941, ab ea? Deirim leat gurb iad Ciarraí a ghnóthaigh. Cheal nach raibh tú ag an gcraobhchluiche? ...
— Ní rabhas. Ní raibh mé. Cén chaoi a bhféadfainn? Meastú dá bhféadainn nach mbeinn? Cén sórt bobarún thú fhéin? An lá sin thar éis a theacht abhaile ó chluiche na leaschraoibhe, nar buaileadh tinn mé! Slaghdán a tholg mé as an allas agus as an gcodladh amuigh. Bhí sé in ainsil orm ar an toirt. Chúig lá ón lá sin bhí mé anseo i gcré na cille. Cén chaoi a mbeinn ag an gcraobhchluiche? Is diabhlaí an bobarún thú ...
— Agus cén sórt clabaireacht atá ort mar sin gur bhuail siad Ciarraí?
— B'orthu nach raibh an stró, mo léan ...
— 1941, ab ea? B'fhéidir gurb ar bhliain eicínt eile atá tú ag cuimhniú! ...
— 1941. 'Deile? Bhuail siad Ciarraí sa gcraobhchluiche ...
— Ach deirim leat nár bhuail. Bhuail Ciarraí cúl agus pointe iad. Cúl agus hocht bpointe do Chiarraí agus seacht bpointe do Ghaillimh. Rinne an moltóir éagóir ar mhuintir na Gaillimhe. Má rinne fhéin níorbh é an chéad uair é. Ach ghnóthaigh Ciarraí an cluiche ...
— Go dtuga Dia unsa céille dhuit! Tuige a ngnóthódh Ciarraí an cluiche agus Gaillimh dhá ghnóthachtáil? ...
— Ach bhí tusa básaithe. Agus bhí mise ag breathnú ar an gcluiche. Mhair mé trí ráithe ina dhiaidh sin. Níor chuidigh an cluiche liom chor ar bith. Dheamhan lá ón lá sin amach nach raibh mé ag fuasaoid! Marach go raibh mé ag breathnú orthu dhá mbualadh ...
— Beannacht Dé dhuit! Is tú an bobarún is mó a chonaic mé ariamh! Dhá mbeitheá ag breathnú orthu faoi chéad, níor bhuail Ciarraí Gaillimh. Nach raibh mé ag an leaschraoibh-

chluiche i bPáirc an Chrócaigh! Dhá bhfeictheá an lá sin iad ag bualadh Chabháin! An Ceanannach! Ó, ba chumasach an peileadóir é! Ní raibh mé ag iarraidh de léas ar mo shaol ach a bheith ag breathnú air ag bualadh Chiarraí mí ón lá sin … B'air nach raibh an stró a mbualadh, mo léan …

— Craobhchluiche 1941, ab ea? …

— Sea. 'Deile? Cén sórt bobarún thú fhéin?

— Ach níor bhuail …

— Bhuail sin. Bhuail sin. Bhuailfeadh an Ceanannach leis fhéin iad …

5

… Hóra, a Mhuraed … An gcluin tú? … Cé'n chiall nach mbíonn sibh ag caint? Nó céard a tháinig oraibh le gairid? Níl uch ná ach ná éagaoine agaibh ó a bhí an togha ann. Gheobhaidh Bríd Thoirdhealbhaigh suaimhneas anois. Nar éiri sin léi, muis! An chailleachín! Is fearr an troid ná an t-uaigneas ina dhiaidh sin …

'Ar ndó', ní diomú atá oraibh faoi Nóra na gCosa Lofa a bhualadh sa togha, a Mhuraed. Múinfidh sin í gan a bheith chomh cunórach aríst. D'imeodh sí as a cranna cumhachta ar fad dá dtéadh sí isteach …

Do Pheadar an Ósta a bhótáil mé, a Mhuraed. 'Deile? 'Ar ndó', ní ag tnuthán a bheitheá go bhótálfainn do Nóirín na Mairnéalach, a bhíodh ag ól ar chúla téarmaí. Tá meas thairis sin agam orm fhéin, a Mhuraed. Bóta a thabhairt do bhean a bhíodh ag ól ar chúla téarmaí ab ea? …

Agus tá an Máistir an-choilgneach léi ar an saol seo, a Mhuraed. Dheamhan a gcoinneofar faoi thalamh chor ar bith é ó a d'innis Bríd Thoirdhealbhaigh dhó faoi phósadh a mhná. An bhfuil a fhios agat, a Mhuraed, céard adeir sé an lá cheana le Nóirín Ribeach agus an-mhusán uirthi nuair nach léifeadh sé giota de novelette di:

"Lig dom, a raicleach," adeir sé. "Lig dom! Ní comhlódar do dhuine, do bheithíoch ná do chorp thú …"

Tá a fhios ag an lá beannaithe gur dhúirt, a Mhuraed … Cén mhaith dhuit a bheith ag caint, a Mhuraed? Nár chuala mé é? …

Ach a Mhuraed, tá duifean eicínt oraibh ar fad sa gcuid seo den roillig nach mbíonn sibh ag caint mar bhíodh … Ag déanamh créafóige, ab ea? … An teanga ag fíniú ar an scríbhneóir, ab ea? Diabhal an miste le Cóilí sin, déarfainn. Bhí sé ciaptha aige … Ó, tá Cóilí fhéin ag déanamh créafóige, an bhfuil? M'anam an bhfeiceann tú anois, nach maith liom é, a Mhuraed. Ba bhreá tíriúil an scéal é sin a bhí aige faoi na cearca. Rinne mise iarmhais ar chearca, ní hé sin don scubaid a d'fhág mé i mo dhiaidh é: bean mo mhic … Sé cóir Dé é, a Mhuraed, péist a bheith ina phíobán, fear a d'ól dhá phionta agus dá fhichead …

Ó, tá sé sin dreoite uilig go léireach, a Mhuraed … D'innis siad dhuit ó Áit na Leathghine go raibh sé dreoite. Shíl mé, a Mhuraed, nach mbítheá ag cur araoid ar bith ar lucht na Leathghine. Ara 'deile cén chaoi a mbeadh sé ach dreoite, a Mhuraed? Ní fhéadfadh corp a bheith ar a mhalrait ansin: uaigh Leathghine. Muise go deimhin fhéin! Chítear dhom, a Mhuraed, go mbíonn baladh aisteach scaití aníos d'Áit na Leathghine. Da mba mise thusa, a Mhuraed, ní chuirfinn araoid ar bith orthu …

Cén sórt uallfairt í sin, a Mhuraed? … Lucht na Leathghine … Ag déanamh caithréime go ndeachaigh a nduine féin isteach sa togha. Bodhróidh siad an chill. Na bacaigh! Brotuinn bhradach gan mhúineadh! Ara, 'gcluin tú an deis atá orthu! Réiteach ó Dhia orainn! Is bocht an éadáil a bheith in aon roillig leo chor ar bith … Ach dar fia, is fearr liom fear na Leathghine istigh ná Nóra na gCosa Lofa. Mara mbeadh a mhalrait ann bhótálfainn dó, le biorán uirthi …

— … Bhí a leithéide de lá ann, a Pheadair an Ósta. Ná séan é …

— ... An murdaróir mór siúd a thug drochbhuidéal dom ...
— ... Láirín cheanann. Ar Aonach na Féile San Bairtliméad a cheannaigh mé í ...
— Is maith a chuimhním air. Chuir mé mo rúitín amach ...
— ... Hitler! Hitler! Hitler! Hitler! Hitler! Hitler ...
— ... Nach mairg nach dtugann siad mo chual cré ...
— ... Is fíor dhuit. Sí an bhean is meanmnaí sa gcill í nó go mbuaile an óinsiúlacht sin í ...
— Bhí rún aici i gcónaí filleadh ar an Achréidh ...
— B'fheasach í go raibh an cat crochta roimpi ann. Díoga a chur i gcloigeann sean-fhear bocht le croich na tine ...
— B'fhéidir gur mhaith an aghaidh sin air. Deir sí fhéin nach dtug sé foras ná suaimhneas di ón lá ar phós sí a mhac ...
— ... Cead cainte dhomsa! ...
— ... Ach níorbh fhiú biorán an méid sin ar fad go bhfeicfeá iad ag cur tuí ar an teach dó ...
— ... Bhí an meanga glé ar a ceannaghaidh ...
— Go ropa an diabhal thú fhéin agus í fhéin! Loirg an diabhal di agat! Cén tsamhaoine dhomsa a meanga glé? Tá tú chuile orlach chomh bioránach leis an dailtín d'fhile seo. Meanga glé! Nach bhfuil an meanga glé sin freisin ar Inín Cheann an Bhóthair? Go ropa an diabhal í, nach bhfuil cathú curtha aici ar an mac is sine agam. Mearbhall nó diabhal eicínt atá aici ar a shúile. Mearbhall muis! Tá sí i 'bhFreemasons' nó diabhal eicínt. Ag iarraidh a theacht isteach ar mo ghabháltas mór ...
— ... Fan go n-insí mise dhuitse faoin gcaoi ar dhíol mé fhéin na leabhra leis an Máistir ...

Chuaigh mé isteach tigh Pheadair an Ósta. Ba ghearr an Máistir Mór san áit an uair sin. Chuir mé tuairisc chuíúil faoi. Ní thairis sin de ghean a bhí tigh Pheadair air. Uair sna naoi n-aird a thaobhaíodh sé iad. Fear tuatach a bhí ann. Ach ní raibh splanc aige i ndiaidh na Máistreása.

"Tuigim," arsa mise. "Tá an baoite agam a fhastós thusa, a bhuachaill ..."

"Ríscéalta Grá an Domhain," arsa mise leis. Bhí sé chomh hamplúch ag dul ina n-éadan is a bheadh deolcachán ocrach ag dul ar chích.

"Chúig ghine an foireann," adeirimse.

"Tá siad an-daor," adeir sé.

"Cén sórt daor?" adeirimse. "Leathghine ar an tairne, agus gálaí mar a fheilfeas duit fhéin. Is foireann éadálach iad. Ní bheidh ceann faoi ort choíchin iad a bheith i do leabhragán tí agat. Féach an páipéar! Agus siad sméar mhullaigh na searcscéal iad. Breathnaigh ar an gclár ansin: *Helen agus Cogadh na Traoí; Tristan agus Iseult; Oidhe Chlainne Uisnigh; Dante agus Béatrios* ... Níl tú pósta? ... Níl ... Tá tú san aois a bhfuil tú agus níor léigh tú na scéalta grá seo ariamh: faoi Helen, 'the face that launched a thousand ships and burnt the topless towers of Ilium,' agus Aon-Éad Dhéirdre:

'*Lá dá raibh maithe Alban ag ól,*
Agus Clann Uisneach dhár chóir cion,
Do Iníon Thiarna Dhún na dTreon
Thug Naoise póg i ngan fhios' ...

Cuimhnigh ort fhéin, a dhuine ... Thíos i gcrompán ansin chois Caoláire, ainnir ar scéimh na gréine i t'ucht agus gan tú i ndon ceann de ríscéalta grá an Domhain a inseacht di ..."

Thosaigh sé ag braiteoireacht. Theann mé fhéin air. Ach diabhal maith a bhí ann.

"Tá siad ró-dhaor ag mo leithéidesa," adeir sé. "Ní bhíonn leabhar ar bith ar athdíol agat?"

"Is comhlucht measúil muide," adeirimse. "Ní chuirfeadh muid sláinte ár gcuid taistealaithe ná ár gcuid cliántaí i nguais. Cá fhios nach thú fhéin nó do bhean a tholgfaidís? ... Tuigim. Níl tú pósta. Ach beidh, le cúnamh Dé, agus sin é an uair a thuigfeas tú cén áirge atá i bhfoireann mar seo. Oícheanntaí áirneáin agus scréachalach síne amuigh agus thú fhéin agus do bhean chois tine teolaí ..."

Ach ag cur cainte ar sraith a bhíos ...

Chuaigh mé isteach sa mbearaic. Ní raibh istigh ach an póilí rua.

"Leabhra," adeir sé. "Tá lán seomra dhíobh ansin thuas agam. Caithfidh mé a ndó go goirid, mara gcastar aon duine thart ar thóir dramhpháipéir."

"Cen sórt cineál iad féin?" arsa mise.

"Úrscéalta," arsa seisean. "Conús … díogha … Ach goideann siad an t-am dom mar sin fhéin, san áit mhíolach seo …"

Chuamar suas. Bhí an domhnaíocht acu ann. Díogha, mar adúirt sé. Na spros-úrscéalta grá sin a amplaíos gearrchaileadha boga óga. De dhéantús na fírinne bhí ainm agus sloinneadh banaltra de m'aitheantas, as an nGealchathair, ar a bhformhór. Thóg mé an ceann ar fhónamh—an chuid ba slachtaire—agus bhain mé an leathanach tosaigh as gach leabhar de mo dhíolaim. Rinne mé tiomchuairt na scoileanna eile sna bólaí seo, agus tháinig mé ar ais aríst, faoi cheann cupla lá, chomh fada leis an Máistir Mór. Ba mé a bhí diomúch dhíom fhéin anois, gur cháin mé leabhra athdíola leis roimhe sin.

"Tá mé ag dul siar amach inniu, a Mháistir," adeirimse, "agus cheap mé nárbh fhearr dom cleas a dhéanfainn ná athchuairt a thabhairt ort. Tá cnuasacht úrscéalta grá agam anseo. Ar athdíol. Ó charaid liom sa nGealchathair a bhí ag díol a leabharlann a cheannaigh mé d'aon uaim iad, ag ceapadh go bhfóinfidís duitse … Díghalraíodh iad."

Thaithnigh na clúdaigh pictiúr-ghártha leis, agus na tiodail rómánsacha: "An Chaor-Phóg," "Beirt Fhear agus Pufa Púdair," "An Fuineadh-Fholt" …

"Deich agus dá fhichead dhuitse, a Mháistir," adeirimse. "Sin é díreach a d'íoc mé féin orthu. Níl brabach ar bith agamsa dá mbarr, mar ní cuid de leabhra na comhluchta iad. Má chuireann tú suas díobh, beidh mé bánaithe …"

Thosaigh an stangaireacht. Ba mhian leis a dhul go dtí bun an amhgair liom. Dúirt mé sa deireadh leis a dtógáil nó a bhfágáil, ach nach ligfinn lag labhartha as dhá phunt iad. Bhain mé sin dhe, ar éigin Dé. 'Ar ndó' níorbh fhiú do sheacht mallacht iad …

— Bhí do cheird agat, a mhic ó. Ach bhí sí agamsa freisin. Níor innis mé ariamh dhuit faoin gcoup seo:

Bhí beirt deirfiúr ina gcónaí in aice liom. Neil Pháidín a bhí ar dhuine acu. Caitríona a bhí ar an gceann eile. Tá sí anseo anois. Bhí an deargghráin ag an dís ar a chéile … Ó, chuala tú an scéal cheana? Diabhal easna dhíom nar bhuail suas chuig Neil lá. Bhí bean a mic freisin ann. Cheartaigh mé dóibh faoi árachas páistí: go bhfaighfidís an oiread seo airgid ach a mbeidís aois áirid, agus dhá réir sin. Tá a fhios agat na cleis. Bhí an bheirt an-aimhreasach. Thaispeáin mé na foirmeacha a líon cuid de na comharsanaí dóibh. Dheamhan maith a bhí ann.

"Níl bradaíl ar bith ag baint leis seo," arsa mise. "Acht tá cuid mhaith le buachtáil air. Fiafraigí den sagart é …"

D'fhiafraigh. As sin go ceann coicíse fuair mé árachas beirt pháistí uathu. Ansin cheartaigh mé dóibh faoi árachas seandaoine: costais sochraide, agus dhá réir sin. Bhí an tseanbhean sásta íoc ar a fear Jeaic na Scolóige …

Tháinig mé anuas go dtí an deirfiúr eile, Caitríona. Ní raibh istigh rómham ach í féin.

"Féach," adeirimse, "na foirmeacha a líon an bhean sin thuas dom as ucht beirt ghasúir agus an sean-fhear. Dúirt mé léi go rabhas le theacht anseo ar mo bhealach anuas, ach chuir sí pearúl orm gan a theacht …"

"Céard dúirt sí? Céard dúirt sí?" adeir Caitríona.

"Ara, diabhal arbh ait liom a bheith ag caint air," arsa mise. "Comharsanaí sibh …"

"Comharsanaí! Deirfiúrachaí," adeir sí. "Cheadh nach raibh a fhios agat é sin? … Is strainséara thú. Sea muis, deirfiúrachaí. Ach má sea, agus gurb ea, nar thé corp 'un cille 'un tosaigh uirthi! Ach céard dúirt sí?"

"Ara, is mór an ní a bheith ag caint air," adeirimse. "Marach go raibh fad ar mo theanga, ní thráchtfainn chor ar bith air."

"Céard dúirt sí?" adeir sí. "An teach ní fhágfaidh tú nó go n-insí tú dhom é."

"Do chomhairle fhéin," adeirimse. "Dúirt sí liom nach mbeinn ach ag bearnú mó lae in aisce dhá dteagainn isteach anseo; nach raibh sibhse sa teach seo in acmhainn árachas a íoc …"

"An smuitín. An raicleach …," adeir sí. "Ba dona sa domhan an lá nach mbeadh muid i ndon a íoc chomh maith le Neil. Agus íocfaidh muid é. Feicfidh tú fhéin go n-íocfaidh …"

Tháinig a mac agus bean a mic isteach. Thosaigh an ghlaschaint. Ise ag iarraidh árachas a ghlacadh ar bheirt de na gasúir; an lánúin ag cur ina haghaidh go nimheneánta.

"Tá deifir orm," arsa mise. "Agus fágfaidh mé mar sin sibh. B'fhéidir go mbeadh scéal barainneach agaibh dhom athrú amáireach: beidh mé ag dul suas tigh Neil aríst. Dúirt sí liom a theacht agus go nglacfadh sí árachas uaim ar an sean-fhear atá ina chónaí leis fhéin, ansin thuas …"

"Tomás Taobh Istigh," adeir sí. "Ab bu búna! Tomás Taobh Istigh. Beart eile atá sí a chur ina shuí lena chuid talúna a bhaint dínne. An bhféadfadh muide árachas a ghlacadh air? … Íocfaidh mé féin as mo leathghine pinsín é …"

Ní raibh sé ina Chath na bPunann ariamh go dtí sin. Thosaigh siad ag sníomh thrína chéile ar fud an tí, mar bheidís ag damhsa Col Trír. Ba é an rún a bhí ag an mac agus ag a bhean mo dhroim a bhriseadh amuigh faoin tsráid. Ach bhí Caitríona ag teacht ar mo scáth, agus do mo choinneál istigh nó go líontaí an páipéar …

Agus líonadh. B'éigin cead a cinn a thabhairt di sa deireadh. Ba í an ghuais ba mhó í a raibh mise inti an fhad is a bhíos le árachas.

Sin é an chaoi ar imir mé ar Chaitríona. Diabhal neart a bhí agam air. Cleis na ceirde …

— Thug tú éitheach! Thug tú éitheach, níor imir! Má d'imir, d'imir tú ar Neil freisin ...
— Níor chaintigh Neil beag ná mór ort fhéin, ná ar Thomás Taobh Istigh. Cleis na ceirde, a Chaitríona chroí ...
— Hóra, a Mhuraed ... An gcluin tú? ... Pléascfaidh mé! ...

6

... Bruasachán maith é Peadar an Ósta sin freisin. Th'éis go ndeachaigh mé in aghaidh comhair ag bhótáil dó, níor ghabh sé buíochas ná a dhath liom. Dhá mbeadh aon chontanás ann, b'fhurasta dó aighneas a chur orm, agus a rá:
"A Chaitríona Pháidín, tá mé buíoch dhuit as ucht gur thug tú do bhóta dhom. Bean mhisnigh a bhí ionat agus dúshlán Lucht na Cúig Déag ar fad a thabhairt. Ba mhaith a chruthaigh muid ar Nóra na gCosa Lofa ..."
Ach níor dhúirt. Ba cheart dó dearmad a dhéanamh—le linn togha agus eile—go raibh mé d'uireasa croise.
Is fadó a bhí agam a inseacht do Shiúán an tSiopa go bhfuil crois le dhul orm. Cén chás atá agam fúithi? Tá sé na cianta ó a bhí mise i gcleithiúnas a cuid cairde. Bheadh sé chomh maith dhom a dhéanamh anois, ó tharla uair mhór an togha thart ...
Hóra, a Shiúán. Siúán an tSiopa ... An bhfuil tú ansin? ... A Shiúán, an bhfuil tú ansin? ... An gcluin sibh, a lucht an Phuint? ... Diabhal an féidir go bhfuil sibh ar fad in bhur gcodladh? ... Siúán an tSiopa atá mé a iarraidh ... Mise atá ann, a Shiúán. Caitríona Pháidín, bean Sheáin Thomáis Uí Loideáin. A Shiúán, beidh crois de ghlaschloich an Oileáin ag dul orm faoi cheann ... go ríghoirid. Crois mar atá ar Pheadar an Ósta, agus ráillí ar m'uaigh, mar atá ar do cheann fhéin, a Shiúán ...

Ná bím do do mhearú, a Shiúán. Ab shin é adúirt tú? Shíl mé gurbh ait leat a chloisteáil, a Shiúán ... Ní maith leat páirt ná caidreamh a bheith agat feasta le Lucht na Cúig Déag. Bhótáil mise do Pheadar an Ósta, a Shiúán. Tharraing mé lucht na Cúig Déag ar fad orm fhéin dhá bharr ... B'fhearr leat d'uireasa mo bhótasa? Ab bu búna! B'fhearr leat d'uireasa mo bhótasa! ... Ní den ghnaíúlacht daoibhse ar Áit an Phuint a bheith ag labhairt le Lucht na Cúig Déag! Anois, a bhfuil biseach agat? ... Féadfaidh mé mo theanga a chaitheamh ag cur dhíom, adeir tú, ach ní thiúrfaidh tusa aon toradh orm ... níl tú sásta níos mó cainte a dhéanamh le mo leithéide de chlaibín muilinn! Claibín muilinn, a Shiúán! Claibín muilinn, a Shiúán! Níl tú sásta níos mó cainte a dhéanamh le mo leithéide de chlaibín muilinn! ...

Bíodh agat mar sin, a chaile. Labhróidh tú aríst ach a gcuire mise aighneas ort! Tá údar leithid agat dhá mbéadh a fhios agat é! ... As ucht sipín a bheith agat as cionn talúna agus tú ag scrios na tíre le do chuid 'clogs' ...

Tá a fhios agamsa go maith céard atá ort, a chaile! Bhótáil mé do Pheadar an Ósta sa togha. Faraor má bhótáil. Is mór leatsa agus leis-sean crois agus ráillí chomh cuidsúlach is atá oraibh féin a dhul ormsa. Béidh mise chomh maith libh an uair sin ...

An chaile sin Siúán. Sa saol a tháinig sé, dar fia ...

— ... "Bhí Tomá-á-ás Taobh Istigh ann a's a bhrí-í-iste
    stró-ó-icthe ...
    Ac ba gheá-á-rr uaidh fó-ó-irthin thuas agus thíos ..."

— ... A Nóra! A Nóra Sheáinín! ...

— Hóigh! How are tricks? An bhfuil tuirse an togha dhíot agat fós? Airím féin buille spadánta.

— Maithfidh tú dhom, a Nóra ...

— Ara, a Pheadair chroí, cén chiall nach maithfinn? Tuigeann fear léinn leathfhocal. Bhí scliúchas—"stink"—a thugas aos cultúir air—eadrainn, ach is cuma sin. "Is laochras don intinn ghágach éagóir a mhaith. Níl ann don intinn uasal ach riachtanas reatha," mar adeir Jinks sa "Fuineadh-Fholt." Honest …

— Ab bu búna! Peadar an Ósta ag caint le Nóirín Sheáinín aríst, ainneoin gur mhionnaigh agus gur mhóidigh sé aimsir an togha nach labhródh sé focal go brách léi. Ó, dheamhan maith ag caint! …

Céard é seo a thug sé uirthi? … Raicleach agus rálach agus raibiléara. Nóirín na gCosa Lofa. Nóirín na Mairnéalach. Druncaera Ghort Ribeach na Lochán agus na Lachan! Dúirt sé go mbíodh sí ag ól ar chúla téarmaí ina chailleach; gur minic ab éigin a hiompar abhaile; gur thosaigh sí ag gabháil fhoinn chomh hard is a bhí ina ceann, agus sochraide Tiúnaí Mhichil Tiúnaí ag dul thar a dhoras; gur rubáil sí ceannachóir beithíoch aníos amach istigh ina pharlús; gur ól sí pórtar ón mbuitléara Black a bhíodh ag an Iarla; go dtosaíodh sí ag caitheamh buidéil ar a cuid óil; gur thug sí pocaide mór gabhair Sheáin Choilm isteach sa siopa as craic mheisce, agus siar ar chúla an chúntair, agus gur ghróig sí thuas ar an leathbhairille coctha é, agus gur thosaigh sí ag cíoradh a mheigill, agus ag coinneál phórtair leis; go bhfáisceadh sí barróg ar Thomás Taobh Istigh …

Ach céard é seo a thug sé uirthi? … Nach breá nach gcuimhním air? … Sea, a mh'anam. So an' So. Caithfidh mé fiafraí den Mháistir, má theagann sé ar a chóir féin aríst go brách, céard é 'So an' So.'

Thug sé So an' So uirthi muis, agus thiúrfadh, agus ainm ní ba mheasa dá mbeadh sé aige. Ina dhiaidh sin agus uilig tá sé ag caint chomh fáilí anois léi is dhá mbeidís gan focal arannta a rá ariamh. Agus ní ghabhfadh sé buíochas amháin liomsa as ucht bhótáil dó …

Cheal gan aon chrois a bheith orm … Má sea. Marab éard a bheadh air go bhfágadh Nóra go leor airgid óil aige, as cionn talúna. Ba bheag an t-ósta a bhéadh ag Peadar ná ag aon

Pheadar eile dá mbeidís taobh le mo chuid tráchtsa. Is feasach dó go maith nach mbeadh crois ná cliú anseo air marach Nóirín na bPiontaí agus a macsamhail ... Ní druncaera a bhí ionamsa ... Agus ina dhiaidh sin, ba mhinic a chuir a fhuinneog cathú orm ...

— ... Sea, a Pheadair. Bhótáil lucht an chultúir uilig domsa, agus Lucht na Cúig Déag freisin, cés moite de Chaitríona Pháidín, agus go bhféacha Dia orainn, 'ar ndó' ní cultúr ná tabhairt suas atá ar an ruibhseach sin.

B'fhearr liom bhóta Chaitríona uaim, ach ba mé a gheobhadh ina dhiaidh sin í, marach amháin. Bhótáil Caitríona dhuitse, a Pheadair, mar bhí sí i bhfaitíos i dtaobh na rudaí a d'fhan gan íoc uirthi, sa siopa agat. Honest! ...

— Thug tú éitheach, a So an' So! Fuair mé bás agus gan pínn fhiacha orm ach an oiread leis an éinín sa spéir, míle buíochas leis an Athair Síoraí. A raicleach!: "na rudaí a d'fhan gan íoc uirthi ..."

Hóra, a Mhuraed! Hóra, a Mhuraed! ... Ar chuala tú céard adúirt Nóirín an Phórtair? Pléascfaidh mé! Pléascfaidh mé! Pléascfaidh mé! ...

Eadarlúid V

AN CHRÉ DHÁ CNÁIMHLEASÚ

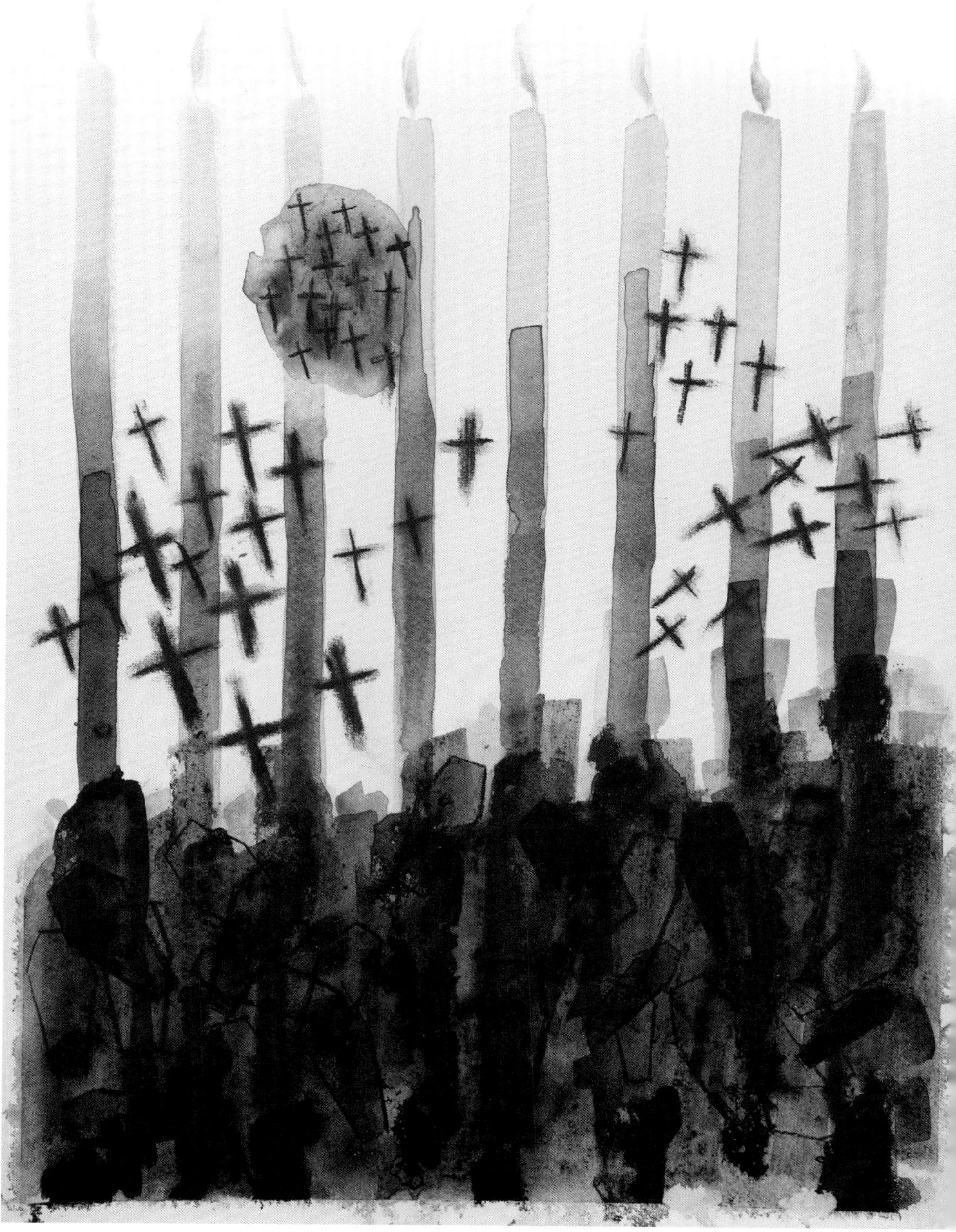

1

IS mise Stoc na Cille. Éistear le mo ghlór! Caithfear éisteacht ...

Anseo sa gcill tá an spól ag síor-imlua: ag tointeáil na duibhe ar an ngile, na gráinne ar an áille, inneach na gcailemhineog, an chaonaigh léith, an ghráin duibh, an ramallae agus crotal an cheo ar dhlúth-throisleáin óir an tsíoda-fhoilt. Tá caille reamhar na neamhshuime agus an dearmaid dhá fíochán as órshnáithíochaí an ghriansholais, as oige airgeata an résholais, as fallaing sheodbhreactha na cliú, agus as clumhnachán maoth na cuimhne neamhbhuaine. Óir an fíodóir seo, sí an chré aclaithe sho-mhúnlaithe a ábhar. Is seol dó an bruscar crannaí ar ar dhréim aislingeachaí an té údan a chuingrigh a charbad don réalt is gleoraí i mbuaic Nimhe, nó a bhain crobhaing den toradh is teiriúla sa duibheagán is doimhne. Imní na haislinge, taidhbhscéimh na háille nach n-aimsítear, tnúthán na mianta ciaptha: siad seanmhaistir an fhíodóra ársa seo iad.

As cionn talúna tá gach rud gléasta sa mbrait a bhfuil bua na síor-óige aici. Níl cith nach gcruthaíonn mashlua miosrún go míorúilteach sa bhféar. Tá lois an chodail mar a bheadh brionglóidí bhaindé an fháis ar fud móinéar agus gort. Tá smearadh buí ar bhéal na déise ó shíorphógadh na gréine. Tá glór suanmhar ag an eas ag scardadh a srutha i mbruas spalptha an bhradáin. Tá an sean-dreoillín go sásta ar a thruslóig faoi na copógaí ag féachaint ar oscar eiltreoige a luipreacháin. Tá an fátallaí ag dul chun farraige agus port ar a bhéal a bhfuil spreacadh taoille, gaoithe, agus gréine ann. Ag spealadh na drúchta di le céad luisne na gréine tá an ógbhean ag tóraíocht larainnín an sparáin do-ídithe, i gcruth is go ngléasfaidh sí í fhéin sna héadaigh éadrochta, sna seoda agus sna liaga lómhara a bhfuil tnúthán a croí leo ...

Ach tá draíodóir eicínt tar éis culaithe uaithne na gcrann a ruadhó lena shlaitín mhallaithe. Tá ciabh óir an tuar ceatha bearrtha dhe ag dimheas na gaoithe anoir. Tá scéimh na heitinne thar éis a theacht i speartha an fhuinidh. Tá an bainne ag roighniú i sine na bó, agus í ag dul ar fascadh i lúibinn an chlaí. Tá balbhas an bhróin nach mínítear i nguth na scurach atá ag coisceadh na n-uan thuas údan ar na caoráin. Tá an cruachadóir ag tuirlint dhá stáca díondheasaithe arbhair, agus ag greadbhualadh a chuid lámh faoina ascallaí, mar tá neascóideachaí dubha drochábhair ag carnú sa spéir ó thuaidh, agus carabhansaeraí gleomhar géabha riabhacha ag deifriú ó dheas ...

Arae tá a deachma fhéin dlite ag an gcill ón mbeo ...

Is mise Stoc na Cille. Éistear le mo ghlór! Caithfear éisteacht ...

2

... Cé thú féin? ... Cén sórt seanchonablach atá siad a bhrú anuas as mo chionn anois? ... Bean mo mhic go siúráilte. Ach ní hea. Fear thú. Ní Loideánach thú ar chaoi ar bith. Fionn atá tú. Ní raibh aon duine de na Loideánaigh fionn ariamh. Dubh a bhí siad. Chomh dubh leis an sméir. Ná mo mhuintir fhéin ach oiread, cés moite de Neil, an smuitín sin! ...

Le Pádraig Labhráis thú? Ba cheart go n-aithneoinn thusa. An tú an darna nó an tríú stócach ag Pádraig Labhráís? ... An tríú stócach ... Níl tú ach naoi mbliana déag ... óg go leor le tosaí ar an gceird seo, a stócaigh ... Trí ráithe a bhí tú ag éagaoine ... Eitinn. Sin í an cailín. Tá an roillig seo reamhar aici ...

Bhí tú le dhul go Sasana marach gur buaileadh síos tinn thú ... Deir tú go raibh tú faoi réir lena dhul ann ... D'imigh aos óg Bhaile Dhoncha an tseachtain seo caite ... Agus muintir an Ghoirt Ribigh! Nar theaga siad ar ais muis! ... Is fíor dhuit, a stócaigh. Creidim go bhfuil saothrú mór ann ...

Deir tú nár chuala tú tada faoi chrois a dhul orm. Níl caint ar bith anois fúithi ... An smid fhéin, adeir tú ... Tharraing sé anuas í, nuair a bhí sé istigh ag breathnú ort. Céard adúirt sé? ... Ná bíodh cás ná náire ort a insean dom, a stócaigh. Go deimhin, ba cheart go mbeadh a fhios agat fhéin nach raibh gean ná gnaoi agamsa ar Bhriain Mhór ... Tá muintir Chlochair Shaibhe imithe as éadan go Sasana. Go deimhin, a stócaigh, nach ina spailpíní agus ina bhfir phánaí a bhí an dream céanna chuile lá ariamh ... Marach gur buaileadh síos tinn thú, bheitheása freisin ann ... le airgead a shaothrú. Tá sé buille mall anois agat a bheith ag caint ar airgead a shaothrú ... Ach céard adúirt Briain Mór? Is agat atá an fhosaíocht leis ... "Is olc an aghaidh crois an mhagarlach sin," adeir sé. "Ní croiseannaí a chleacht a cineál. Fear a bhfuil sé ag cinnt air greim a choinneál lena chuid páistí—Pádraig Chaitríona—ag caint ar chrois de ghlaschloich an Oileáin a chur suas!" Dúirt sé é sin? Tá an faltanas aige dom i gcónaí ...

Deir tú go raibh Briain Mór i mBaile Átha Cliath. I mBaile Átha Cliath! ... An scóllachán gránna thuas i mBaile Átha Cliath ... Chonaic sé an fear greamaithe ar bharr na cloiche móire! Faraor nar thit an fear agus an chloich mhóir anuas sa streille ar an scóllachán! ... An-phórtar ann, adeir sé! Go dtuga an diabhal thar a chaochshrón ghránna é! ... Mná breá i mBaile Átha Cliath. Ba mhór an feall nach ann a chuaigh sé fadó nuair ab éigin domsa a eiteach faoi dhó. Bheadh práinn ag mná Bhaile Átha Cliath muis as a chuid basaíle, agus as a chromshlinneán

… Chonaic sé na beithigh éigéille! Ní raibh beithíoch ar bith ann ab éigéille ghráinne ná é féin, ní dhá roinnt leis é … Agus mhol an bhreitheamh go haer é! Breitheamh gan aon mheabhair a bhí ann muis! … "Is íontach an seanfhear thú, agus an aois a bhfuil tú, a theacht an fhad sin bealaigh go fonnmhar, le cuidiú leis an gcúirt," adeir sé. Ó, breitheamh gan aon mheabhair a bhí ann, marar léar dó gur ag cuidiú lena iníon agus lena fear a chuaigh sé ann, an scóllachán gránna! …

Shílfeá nach mbeadh seafóid ar bith ar do leithéide de stócach, agus ina dhiaidh sin déanfaidh tú Seáinín Liam agus Bríd Thoirdhealbhaigh dhíot fhéin, má mhaireann duit. Bhí mé ag tnúthán le scéala faoin gcúirt uait, agus d'innis tú dom go raibh muintir Ghleann na Buaile imithe go Sasana. Bailíodh leo! A chead sin a bheith acu! Go n-imí an diabhal le muintir Ghleann na Buaile! Ní thiocfadh na bacaigh ar mo shochraide …

Ab bu búna! Fuair mac Neil ocht gcéad punt … th'éis gur ar an taobh contráilte den bhóthar a bhí sé. Tá tú siúráilte? B'fhéidir gur chuir Neil, an smuitín, cúig nó sé de chéadta air … Ó, bhí sé sa bpáipéar! Léigh tú fhéin sa bpáipéar é. Sé seachtainí ó shoin … Sa "nGaillimheach." Ara, níl aird ar bith le tabhairt ar an bpáipéar sin … Bhí sé sa "Scéalachán" agus san "Éireannachán" freisin! … Agus níl a dhath air, adeir tú … Tá na maidí croise caite uaidh aige ar fad anois … Tá sé ag déanamh chuile cheann oibre aríst … Agus mhionnaigh triúr dochtúirí dhó go raibh sé as a shláinte. A Dhia láidir! Ó, breitheamh gan aon mheabhair a bhí ann. Ar hinsíodh dó gur ar an taobh contráilte den bhóthar a bhí sé. An sagart a rinne é. 'Deile! …

Thug sí leathchéad punt don tsagart l'aghaidh Aifrinn. Is fiú di, an smuitín. Tá a mac slán agus lán ladhaire aici … Thug sí deich bpunt dó freisin le Aifrinn a chur le m'anamsa! … Shín sí ag an sagart é, i láthair Phádraig, adeir tú … A, ní dhéanfadh airgead Aifrinn an smuitín sin aon tsochar dom, a stócaigh …

Chuaigh muintir Dhoire Locha go Sasana, chúig seachtainí

ó shoin. Anois! M'anam muise gur fearadh ar Shasana amhais Dhoire Locha a bheith ann … Ní thiocfaidís ar shochraide duine leath chomh maith … Seachain! Ná himigh ann nó go n-insí tú tuilleadh dhom! … Níl Jeaic na Scolóige ar fónamh. B'fhurasta aithinte. An Leabhar Eoin. Beidh sé anseo lá ar bith anois. Rinne Neil agus inín Bhriain Mhóir an phasóid sin a réiteach dó. Gheobhaidh siad árachas air …

Tá bóthar dhá dhéanamh isteach go tigh Neil! Ab bu búna! Shíl mé dheamhan bóthar a dhéanfaí go brách amach ar an aistreán achrannach údaí … An dream nua seo ar bhótáil sí dóibh a fuair di é, adeir tú. Nach maith a bhí a fhios ag an smuitín cé dhó a bhótálfadh sí! … Tá binn le ligean ar an mbóthar as garraí linne! Ab bu búna! … Sin é an garraí é. An Leacach Ard. Níl aon gharraí eile againn chois an chasáin go tigh Neil … Thug mo Phádraig binn den Leacach Ard uaidh! A! Bhí a fhios agam ó a d'imigh mé fhéin go raibh Pádraig roshimplí ag an smuitín sin … Thainig an sagart aniar ar an láthair ann. Is beag de chluanaíocht Neil sin … Sé an sagart a cheap amach an tórainn … Sin é an lá ar thug Neil an t-airgead dó l'aghaidh na nAifrinn domsa. A Dhia agus a Chríosta, nach beag an néal uirthi! Ealaín a bhí ansin aici le áit an bhóthair a fháil. Ní raibh aon áit bóthair ann gan a dhul isteach sa Leacach Ard se'againne … Síleann tú gur híocadh Pádraig ar an ngarraí. Ba chuma sin. Níor cheart dó a ligean léi. Nach mairg nár mhair mé cupla bliain eile fhéin! … Sin é adúirt Briain Mór: "Ó muise muise, Neil a dhul ag íoc ar bhundún blagaideach de sheanleacach bhuinneach, áit nach bhfuil ach clocha ag breith a chéile! … Ó, dhá mbeadh splanc ar bith céille ag Pádraig Chaitríona, dhéanfadh sé sórt pruchóg eicínt dhá seanchnámha coilgneacha siúd thiar … thuas sa Leacach Ard … agus bheadh fuílleach clocha tuamba ansin, d'uireasa glaschloch an Oileáin … le Seáinín Liam agus Bríd Thoirdhealbhaigh … a choinneál aníos ón ngráinneoig …"Ó, an scóllachán, an scóllachán …

Seo é aríst é: "Dá mbeinn i Sasana! Dá mbeinn i Sasana!" An mise a choinnigh as thú? … "Chuaigh muintir an Cheann Siar ar fad ann, tá sé seachtainí ó shoin." Ní miste liomsa faoi ardbhonnachaí an mhí-ádha cá luífidh an ghrian ar mhuintir an Cheann Siar. Tá cupla sclaibéara acu anseo agus go deimhin má tá fhéin is cliú don roillig iad …

Deir tú nar chuala tú tada faoi uachta mo dheirfiúr Baba … Tada ar bith … Cén chaoi a gcloisfeá agus an fíbín a bhí ort a dhul go Sasana? … Sin é ar chuala tú faoi Thomás Taobh Istigh. Tá sé ina bhothán i gcónaí … Teagann sé isteach againn chuile uair dhá dtéann sé i gcoinne an phinsin anois. Fear slán! Sin deá-scéal … Tugann sé an leabhar amanntaí do bhean mo mhic lena tharraint dó! Fear slán! … Níl sé fhéin chomh scafánta is a bhíodh … Ó, cuireann sé an leabhar le Neil agus Meaig Bhriain Mhóir freisin! Hu! …

Tá an droim go dona ag Cáit Bheag, adeir tú. Ná raibh bean a sínte níos gaire dhi ná cré na cille! … Tá Bid Shorcha an-chraiplithe. Ceann eile. Ní thiocfadh sí do mo chaoineadh, an súdaire! …

Ní raibh aon spéis agat i dtada ach a dhul go Sasana … Ghabhfása go Sasana ab ea, faoi rá is go ndeachaigh scramairí Sheana Choille ann, dhá mhí ó shoin! Aon duine ariamh a rinne aithris ar mhuintir Sheana Choille ní dhearna sé a leas. Tá bean mo mhic meaththinn i gcónaí 'ar ndó' …

A Dhia dhá thárrtháil! … Bhí sí ag troid le iníon Bhriain Mhóir … le Meaig Bhriain Mhóir! … ag troid léi! … Chuaigh sí suas go tigh Neil, agus isteach ar an urlár, agus rug sí i ngreim mullaigh ar iníon Bhriain Mhóir! Ní fíor dhuit é! … Ó, ní hí Cáit Bheag chor ar bith adúirt gurb ó "Jack Chape" a ceannaíodh éadaigh coláiste Mháirín! Cén chaint mar sin a bhí ar Bhríd Thoirdhealbhaigh, an strachaille? … Ó, iníon Bhriain Mhóir adúirt le Cáit Bheag i dtosach é! Ba dual di cúl a cainte a bheith léi. Iníon an scóllacháin! Agus tharraing bean mo mhic a mullach, istigh sa teach aici fhéin … Bhuail sí anuas faoin urlár í! Shíl mé nach raibh sé de sponc inti, inín Nóirín na gCosa Lofa! …

Chaith sí Neil sa tine! Chaith sí Neil sa tine! Mo ghrá í! Mo chuach í! Fear slán! Fear slán! Tá tú siúráilte gur chaith sí Neil sa tine? … Chuaigh Neil ag cosaint inín Bhriain Mhóir, agus chaith bean mo mhic sa tine í! Go lige Dia a sláinte di, muis! Fear slán! Mo chuid den tsaol thú, a stócaigh! Sin í an chéad tuairisc a d'ardaigh mo chroí as ceirtlín fhuar na cré.

Bhí siad in árach a chéile nó go ndeachaigh Pádraig suas trathnóna agus go dtug sé a bhean anuas abhaile! D'éagóir Dé dhó nar fhág ina chéile iad: …

Ara, diabhal an fearr muintir na Tamhnaí Láir sa mbaile. Paca sclamhairí! Ní fhágfaidh siad greim i Sasana gan ithe. Ach beidh sé ina dhlí ag bean mo mhic agus ag Meaig Bhriain Mhóir anois …

Ní bheidh! Cén chiall? Mh'anam dhá dtéadh sí isteach go dtí an Ghealchathair agus Mainnín an Caibhnsiléara a thógáil faoi go ndeachthas ag reic a cliú, go gcuirfeadh sí poll maith in airgead Neil. B'fhéidir gur cúig nó sé de chéadta punt a bhainfeadh sí di …

Thug Neil aniar an sagart le eadarascán a dhéanamh! Thiúrfadh … Sin é adúirt Pádraig fúthu: "Ná tugadh duine ar bith aird ar scoimhléaracht ban," adeir sé. Neil a chuir suas leis é sin a rá. Airíonn sí mise imithe, an drandailín! …

Céard é sin adeir tú? Gur an-ghnathaíoch í bean mo mhic anois … Tá sí fíriúil ag obair ón uair a bhí an troid ann … Ní bhíonn tinneas ná tromas anois uirthi! Is diabhlaí mór an t-ionadh muis! Agus mé siúráilte go mbeadh sí anseo uair ar bith … Ina suí leis an éan, adeir tú … I ngort agus ar phortach … Tá sí ag tógáil banbh aríst! Fear slán! Bhí trí nó ceathair de ghamhna ar an aonach deiridh acu! Fear slán! Tá an tsuáilce i do chuid cainte, a stócaigh! … Agus chuala tú do mháthair ag rá go bhfaca sí an tsráid breac ballach le sicíní! Meastú cé mhéad ál a bhí thíos aici i mbliana? … Ní milleán ar bith dhuit, 'ar ndó,' gan fios a bheith agat ar sin, a stócaigh ...

Tá Pádraig ag dul chun cinn bun ar aon, adeir tú. Is fada go scothfaidh sé Neil agus a hocht gcéad punt mar sin fhéin. Breitheamh gan aon mheabhair a bhí sa mbreitheamh sin. Ach má fhanann bean mo mhic ar an táirm a bhfuil sí, agus nuair a bheas Máirín ina máistreás scoile ...

Is fíor dhuit sin, a stócaigh! Bhí Pádraig bochtaithe ... Céard adúirt sé? Céard adúirt Briain Mór? ... Go mb'fhearr do Phádraig, ó a bhí sé ag cinnt air a chíos a íoc, morgáiste a thabhairt do dhuine eicínt ar an lán glaice de chréafóig agus ar an lán glaice de bhean a bhí aige, agus bualadh anonn go Sasana ag saothrú ... lán glaice de chréafóig ar ghabháltas mór, adeir an scóllachán! ... "Ach is mór is fiú nach bhfuil an mhagarlach is máthair dó beo le droch-chomhairle a chur air," adeir sé. An scóllachán. An scóllachán. An scóll ...

Cáil tú agam, a stócaigh? Cáil tú? ... D'ardaigh siad uaim thú ...

3

— ... Níl a fhios agat, a dhuine chóir, cén fáth a bhfuil taobh Chonamara chomh garbh maolscreamhach is atá sé ...

— Foighid, a Chóilí. Foighid. Aimsear na Leice Oidhre ...

— Óra, stop liom! Aimsear na Leice Oidhre ru! Ní hea muis, ach Mallacht Chromail. An t-am ar chuir Dia an diabhal go hIfreann ba bheag bídeach nár chinn sé Air. Anseo a thit sé anuas as na flaithis. Chaith sé fhéin agus Mícheál Ard-Aingeal samhradh ar fad ag cor charaíocht. Réab siad an tír aníos ó thalamh íochtair ...

— Is fíor dhuit, a Chóilí. Thaispeáin Caitríona lorg a chrúibe dhom thuas ar thalamh Neil ...

— Éist do bhéal, a ghrabairín ...

— Tá tú ag maslú an chréidimh. Is eiriceach thú ...

— Dheamhan a fhios agamsa cén chaoi a mbeadh sé as deireadh an scliúchais marach gur thosaigh bróga an diabhail ag tabhairt uathu. Cromail a rinne dhó iad. Caibiléara a bhí in Cromail thall i Londain Shasana. Thit na bróga uilig dhe amuigh sa gCaolsháile. Rinne leathbhróig acu dhá leith. Sin iad trí oileán Árann ariamh ó shoin. Ach th'éis go raibh Aingeal an Uabhair ina bhambairne d'uireasa a chuid bróg, diabhal mé gur chuir sé Mícheál isteach i ndiaidh a chúil arís go dtí Seilg Mhichíl. Sin oileán atá siar i mbéal Chárna. Lig sé a sheanbhlaodh ansin ag fuagairt ar Chromail a theacht anall go ndeasaíodh sé na bróga dhó. Dheamhan a fhios agamsa cén chaoi a mbeadh sé as deireadh an scliúchais dhá mbeadh na bróga deasaithe ...

Anoir le Cromail go Connachta. Anoir le na hÉireannaigh ina dhiaidh mar—ní nach íonadh—is in aghaidh an Diabhail a bhídís i gcónaí ariamh ...

Chúig mhíle ó dheas d'Uachtar Ard, in áit a dtugann siad Poill Tí Lábáin air, a chas Mícheál orthu agus é ag teitheadh i gcónaí ón Diabhal ... "Seas, a fhleascaigh," adeir siad, "agus tiúrfaidh muid faoin tseanbhalcais dó é." Siúd é an áit ar cuireadh go hIfreann é, i Loch na Ruibhe: Is inti a éiríos Abhainn Ruibhe atá ag dul soir thrí Uachtar Ard. Ruibh an t-ainm ceart ar an Diabhal sa tsean-Ghaeilge agus Ruibhseach ar a bhean ...

Le chuile údragáil meastú nár thug Cromail an eang uathu go hÁrainn, agus d'fhan sé ann ní ba mhó. Bhí Árainn naofa go dtí sin ...

— Ach, a Chóilí, a Chóilí, lig domsa labhairt. Scríbhneoir mé ...

— ... Go ropa an diabhal thú féin agus na "Réalta Buí!" ...

— ... M'anam muise, mar adeir tusa, go mbíodh an fód ar fónamh goidthe orainn ...

— Tusa ag caint ar ghoid, a fhear Cheann an Bhóthair, agus

go ngoidfeá an ubh ón gcorr, agus an chorr ina diaidh. Bhí sé de smál orm go raibh mo phortach tórainneach le do phortachsa, agus nach raibh d'ionlach agam le mo chuid móna a thriomú ann ach le hais do chuidse. D'fheistítheá do charr nó t'asal srathrach isteach i mbéal do chruaiche fhéin, ach b'as mo chruachsa a líontá an t-ualach. An gcuimhníonn tú ar an maidin ar rug mé ort? Ní raibh sé ach ag déanamh lae. Dúirt mé an oíche roimhe sin leat go raibh mé ag dul 'nan aonaigh le na muca. Dúirt tusa liomsa go raibh tú le dhul 'nan aonaigh freisin …

Agus an lá ar rug mé ar do bhean. Chonaic mé ag dul 'na phortaigh í i lár an lae ghléigil. Bhí a fhios agam nach mbeadh aon duine suas ann: go raibh siad sa trá rabharta ar fad. B'inti a bhí agam fhéin a bheith freisin, ach d'aithin mé ar do bhean gurb í bara na gadaíochta a bhí fúithi …

Shnámh mé ar mo bholg ariamh ariamh aníos ar chúla an Droma, nó gur éirigh mé chuici agus í ag fáscadh an ghad maoil, istigh i mbéal mo chruaiche …

"Dá fhad dhá dtéann an madadh rua, beirtear air sa deireadh," arsa mise …

"Cuirfidh mé dlí ort," adeir sí. "Níl aon bhaint agat a theacht ar uaigneas mar seo ar bhean ar bith. Mionnóidh mé ort. Cuirfear thar farraige thú" …

— Thusa ag caint ar ghoid, a fhear Cheann an Bhóthair, agus go ngoidfeá an mhil ón gcuasnóig. Thú ag díol chuile chaorán de do chuid móna fhéin. Gan fód ag gabháil leat ó lá Samhna, agus gleorach thine sa gcistineach agat ina dhiaidh sin, agus sa bparlús, agus i seomraí bharr an tí …

Bhí mé istigh ar cuairt agat oíche. D'aithin mé an mhóin a thug mé fhéin ón bportach an lá roimhe sin.

"M'anam muise, mar adeir tusa, nach bhfuil greas ná teas san móin sin," adeir tú. "Bhí aici a bheith ní b'fhearr … Tá an fód ar fónamh goidthe orainn" …

— Thusa ag caint ar ghoid, agus go ngoidfeá an bhráithlín

den chorp. Ghoid tú an fheamainn ghaoithe a bhain mé i mbéal an Oileáin.

"Nuair nach bhféadann muid í seo a chur ar bruach ar ár ndroim, ná leis an gcapall," adeirimse leis an mbean, "is fhearr dom sreangáin a fháscadh ar a cosa, i gcruth is go mbeidh comhartha againn uirthi. Dheamhan carghas ar bith a bheadh acu seo thuas ag Ceann an Bhóthair a tógáil as an snáth ar maidin."

" 'Ar ndó' diabhal an féidir dóibh go ngabhfaidís ag tógáil feamainn ghaoithe," adeir an bhean.

"Go dtuga Dia ciall duit!" arsa mise. "Dá mbeadh sí scartha istigh ar do chuid talúna agat, thóigfidís í, ní áirím a mhalrait."

… Maidin lá ar na mháireach agus mé ag teacht ó bharr an bhaile casadh t'inín liom sa nGleainnín Domhainn, agus malach feamainne ar asal aici.

— Ó, an cathaíodóir a bhfuil an ceann is sine sin agamsa ag tabhairt chomhlódair di.

— D'aithin mé mo chuid coirrlí ar an toirt, ainneoin go raibh cuid de na sreangáin bainte de na cosa.

"I gCaladh Choilm a thóig tú í," arsa mise.

"Sa gCaladh Láir," arsa sise.

"Go deimhin muise ní hea," arsa mise, "ach i gCaladh Choilm. Ní thiocfadh feamainn an Oileáin choíchin go dtí an Caladh Láir le gaoith aneas díreach agus le sruth rabharta. Sin í mo chuid coirrlí-sa. Má tá scruball ar bith ionat, leagfaidh tú an boirdín sin, agus fágfaidh tú agamsa é …"

"Cuirfidh mé dlí ort," adúirt sí, "faoi m'ionsaí ar uaigneas mar seo. Mionnóidh mé ort. Cuirfear thar farraige thú …"

— Ghoid tú m'oirdín. D'aithin mé agat é an t-am a raibh tú ag déanamh an chúiltí …

— Ghoid tú mo chorrán …

— Ghoid tú an téad a d'fhág mé amuigh …

— Ghoid tú na scoilb a d'fhág mé biorraithe sa scioból

th'éis dhá lá dhá n-anró a fháil i gCoill Ionnarba. D'aithin mé mo dhá scor fhéin ar gach scolb ...

— M'anam muise gur goideadh glaicín fhaochan uaimse. Bhí siad i málaí agam ag ceann an bhóithrín.

"M'anam," adeirimse leis an ngearrbhodach, "má chruinníonn muid an oiread chuile sheachtain go Samhain seo chugainn, go mbeidh cúnamh mhaith de luach bromaigh againn."

"Bhí seacht rampaire de sheacht mála ann. Ar maidin lár na mháireach chuaigh mé síos roimh Fhear na bhFaochan. Bhreathnaigh sé orthu. "Tá an mála seo cupla cloch uireasach," adeir sé.

B'fhíor dhó. hOsclaíodh é agus goideadh cupla cloch as, an oíche roimhe sin.

Sí an fhírinne is fhearr. Bhí aimhreas agam ar Chaitríona Pháidín ...

— Ab bu búna ...

— Bhí, muis. Bhíodh an-tóir aici ar fhaochain. Chuala mé daoine ag rá go mba togha earradh ag an gcroí iad. Ach ní raibh a fhios agam an uair sin go raibh croí fabhtach agam, go bhfóire Dia orainn! Ach bhain mé stangadh ...

— A shean-bhrogúis! Ná creidigí é ...

— Nach bhfeicinnse m'athair fhéin, a Sheáinín Liam. An duine bocht, d'ólfadh sé tae chuile ré solais. Diabhal cianóg dhá phinsean a chonaic mise sa mbaile ariamh, a Sheáinín, ná a bhfuil a fhios agam cá gcuireadh sé é. Ach bhí greadadh tae le fáil an uair sin, agus cheannaíodh sé punt go leith, nó dhá phunt dhe, chuile Aoine. Dúirt Siúán an tSiopa liom gur minic a cheannaigh agus dhá phunt go leith. "An fhad is a sheasfas sé fóinfidh sé," adeireadh sé i gcónaí, an duine bocht.

Bhíodh Caitríona chuile Aoine i mbéal an tseoil ar a bhealach abhaile, agus d'ardaíodh sí isteach chuici fhéin é. Bhí sé soghluaiste mar sin, an duine bocht.

"Ólfaidh tú braon tae," adeireadh sí.

"I nDomhnach ólfaidh," adeireadh sé. "Sin dhá phunt ansin, agus a fhad is a sheasfas sé fóinfidh sé."

D'insíodh sé dhom thríd síos agus thríd suas aríst sa mbaile é. Bhí sé simplí mar sin, an duine bocht.

Réitítí an tae. Réitítí agus faoi dhó b'fhéidir. Ach dheamhan ní b'airde ná leathphunt den lastas tae a thug sé abhaile ariamh chugamsa. Nár lige Dia go gcuirfinn bréag air, a Sheáinín! ...

"Cheannaigh mé dhá phunt," adeireadh sé i gcónaí. "Marar chaill mé é! Féach an bhfuil aon pholl ar na pócaí sin. B'fhéidir gur fhág mé cuid dhe in mo dhiaidh tigh Chaitríona Pháidín. Gheobhaidh mé an chéad lá eile é. Agus mara bhfaighe fhéin, cén dochar? An fhad is a sheasfas sé fóinfidh sé. Tá comhlódar Chaitríona i ndon caitheamh a chur i dtae, slán a bheas siad! ..."

Bhí sé símplí mar sin, an duine bocht ...

— Thug tú éitheach, a strachaille! Nár bhánaigh mé mé fhéin ag coinneál tae leis! É rite anoir agam gach uair dhá mbaineadh clog nó watch, an áit a raibh sé tolgtha ag do chuid fataí breaca agus ag do scadán caoch, a Bhríd Thoirdhealbhaigh na déirce. Na creidigí í ...

— Suaimhneas atá uaimse! Suaimhneas atá uaimse. Tóig aghaidh do bhéil dhíom, a Chaitríona. Níor dhligh mé do chuid gadharaíocht uait! Suaimhneas! Suaimhneas! ...

— Déanfaidh mise an fhírinne leat, a Bhríd Thoirdhealbhaigh. Bhí Garraí na Ráibe curtha againn an bhliain chéanna, agus sean-fhataí go barr bachall againn. Amach i ndeireadh na Bealtaine a bhí ann. Bhínn fhéin agus Micil ar an bportach chuile lá dá n-éiríodh ar ár súil in imeacht coicíse roimhe sin. Bheadh agus an lá sin fhéin, marach go raibh Micil ag cur aníos glaicín fheamainn tirim go ham dínnéir. Chuaigh sé isteach sa scioból th'éis a dhínnéir go bhfaigheadh sé uchtóg tuí le cur i srathair an asail, mar bhí faoi an chuid eile den lá a chaitheamh ar an bportach.

"Shílfeá, a Chite," adeir sé, "nach mbeadh an oiread sin ídiú ar na sean-fhataí sin amuigh sa scioból. Déarfainn rud eicínt marach go bhfuil na muca díolta le coicís."

"M'anam, a Mhicil," adeirimse, "nár leag mé mo chois chlí ná dheas istigh sa scioból sin le trí seachtainí. Ní raibh mo chruóg ann. Na gasúir a thugas isteach fataí an bhéilí."

"Bhí againn glas a choinneál air," adeir sé, "ó a thosaigh muid ag taithí an phortaigh. D'fhéadfadh a rogha duine a dhul isteach ann ar feadh an lae, nuair nach mbíonn muid fhéin ag an teach, agus na gasúir ag an scoil."

"D'fhéadfadh a mh'anam, a Mhicil, ná de shiúl oíche," adeirimse.

"Sé fálú an ghairdín é th'éis na foghla," adeir Micil.

Amach liom fhéin, a Bhríd, de mhaol mo mhainge sa scioból. Bhreathnaigh mé ar na fataí.

"I nDomhnach, a Mhicil," adeirimse, ar a theacht isteach dhom. "Sé fálú an ghairdín th'éis na foghla é. Bhí an-chlúid fhataí ansin tá coicís ó shoin, ach tá sí slabhctha ar fad anois. Diabhal baol ar an oiread ann is a thiúrfas go fataí nua muid. An mbeadh a fhios agat faoi do rian, a Mhicil, cé atá dhá ngoid?"

"Gabhfaidh mise ar an bportach," adeir Micil. "Téirigh thusa, a Chite, suas go dtí Árd an Mhóinéir mar dhóigh dhe gur ar an bportach atá tú ag dul ar nós chuile lá, agus teara anuas na breaclachaí gleannacha taobh thiar, agus luigh san tsail i bhfalach."

Rinne, a Bhríd. Luigh mé san tsail ag tógáil sáil ar stoca, agus gacha le breathnú soir agam sa scioból. B'fhada an t-achar a chaith mé ann, agus creidim go raibh mé ag bordáil chodlata nuair a d'airigh mé an torann ag doras an sciobóil. Soir liom an mhaolbhearna de léim. Bhí sí ansin, agus tabhair cruit fhataí ar an gcruit a bhí uirthí, a Bhríd! …

"Tá sé chomh maith dhuit a dtabhairt leat agus a ndíol ag Siúán an tSiopa, mar a dhíol tú do chuid féin ar feadh na bliana," arsa mise. "Tá tú anois ó Lá Bealtaine agus gan fata agat le cur i do bhéal. Bheadh ciall bliain, ach sin é t'fhaisean chuile bhliain."

B'éigin dom a dtabhairt do Thomás Taobh Istigh," adeir sí. "Loic a cuid fhéin."

"Loic! Nuair nár chuir sé aon chaoi orthu," arsa mise. "Níor lánaigh ná níor ghortghlan sé iad, ná níor chuir sé dionnóid sprae orthu ..."

"Impím béal na humhlaíocht ort gan labhairt air a Chite," adeir sí, "agus cúiteoidh mé leat iad. Níor mhiste liom cé a chloisfeadh é, ach gan an smuitín sin Neil ag fáil aon scéala air."

"Tá go maith, a Chaitríona," adeirimse, "ní labhaireod."

"Agus dar dair na cónra seo níor labhair, a Bhríd ..."

— A Chite chaca na mbruineog, bhí dalladh fataí de mo chuid féin agam ariamh, míle buíochas le Dia ...

— ... A Dotie! A Dotie! Níor fhág sí bonn bán ar Thomás Taobh Istigh. Ba mhinic a casadh liom sa tsráidbhaile é.

"T'anam ón docks, níl sciúrtóg agam nach bhfuil goidthe uaim aici, a Nóra," adeireadh sé. Honest, deireadh.

Chaithinn fhéin luach cupla gloine fuisce chuige, a Dotie. Honest. Ba díol truaighe é, an díthriúch, agus a theanga ar nós blátha spalptha í bpota ...

Ach cén chaint sin orm, a Dotie? Nach ndearna m'inín fhéin an cleas céanna? Anseo a fuair mé fairnéis faoi ... Ar mo mhac i nGort Ribeach a rinne sí é, go ríghoirid tar éis mo bháis. Bhí sé fhéin agus a bhean ag dhul ar aonach sa nGealchathair. Thairg m'inín a theacht aniar i gcionn an tí nó go dteagaidís abhaile. Thiomsaigh sí a raibh ar fónamh sa teach agus chaith sí síos sa gcomhra mór iad. Bhí an carr agus an capall aici taobh amuigh. Dúirt sí le ceathar nó cúigear scurach a bhí ann an comhra a chur amach ar an gcarr. Ní raibh a fhios acu sin beirthe é. Chaith sí luach na dí chucu.

"Sé comhra mo mháthar é," adeir sí. "D'fhág sí agam é." Honest, dúirt. D'ardaigh sí léi abhaile é. Honest, a Dotie.

Comhra ríbhreá a bhí ann den tseandéanamh Gaelach. Bhí sé chomh láidir le iarann. Agus é scéimhiúil dhá réir. Fóint agus áilleacht i gcuideacht, a Dotie ...
Cén bhrí, ach an luach airgid a bhi istigh ann! Spúnógaí agus sceanna airgid. Foireann toilette airgid a bhíodh agam fhéin an t-am a raibh mé sa nGealchathair. Leabhra éadálacha faoina gceangal laosheithe. Bráithlíní, pluideannaí, barrógaí, scaoilteogaí ... Dhá mbeadh Caitríona Pháidín i ndon aire a thabhairt dóibh, ní aiséadaigh salacha a bheadh uirthi as cionn cláir ...
Go díreach, a Dotie! Sin é an comhra a mbíonn Caitríona dólámhach ag caint air ...
— Sceanna agus spúnógaí airgid i nGort Ribeach na Lachan! Ó, a Mhuire Mhór! Ná creidigí í! Ná creidigí í! An So an' So. A Mhuraed! A Mhuraed! An gcluin tú céard adúirt Nóirín ribeach? ... agus Seáinín Liam ... agus Bríd Thoirdhealbhaigh ... agus Cite ... Pléascfaidh mé! Pléascfaidh ...

4

— ... Láirín cheanann. B'ait í ...
— Láirín a bhí agatsa. Bromach atá againne ...
— Láirín cheanann muis. Ar aonach na Féile San Bairtliméad a cheannaigh mé í ...
— Th'éis na Nollag a cheannaigh muide an bromach se'againn féin ...
— Láirín cheanann. Níor tholgán ar bith di tonna go leith ...
— Bromach breá mór í an ceann se'againne, bail ó Dhia uirthi! Bhíomar ag déanamh cró nua di ...
— ... An "tÚll Órga" a rug: céad ar an gceann.
— Gaillimh a rug. Bhuail siad Ciarraí ...
— An "tÚll Órga" a rug, adeirim leat.

— Tá mearbhall ortsa mar atá ar an mbobarún sin a bhíos ag sárú gurb iad Ciarraí a rug. Gaillimh a rug, adeirim leat ...
— Ach ní raibh "Gaillimh" ar bith i rása mór an trí a chlog.
— Ní raibh "Úll Órga" ar bith ar an bhfoireann a ghnóthaigh an chraobh peile i 1941. An Ceanannach ab áil leat a rá, b'fhéidir ...
— ... "Bhí Tomá-á-ás Taobh Istigh ann ..."
— ... Tá seacht dtithe déag istigh ar mo bhaile agus chuile bhóta den méid sin ag dul d'Éamonn De Valéra ...
— Seacht dtithe déag! Agus ina dhiaidh sin níor caitheadh urchar le Dúchrónach istigh ar do bhaile! Dheamhan oiread is an t-urchar. Urchar ná urchar ná an t-urchar fhéin ...
— Seachain muise nach ndearna siad luíochán. Deireadh oíche dorcha. Lot siad asal an Chraosánaigh ag dul i nGarraí an Bhóthair an Churraoinigh.
— Is maith a chuimním air. Chuir mé mo rúitín amach ...
— ... Le Pádraig Labhráis thú? ... an tríú stócach. Bhí tusa ag teacht 'na scoile agam. Ba bhuachaill breá urrúnta thú. Mullach fionn ort. Súile donna. Leicne grísghártha. B'ait an báireoir binne thú ... Muintir Dhoire Locha imithe go Sasana ...
An Mháistreás ar fheabhas an domhain, adeir tú! A! Bileachaí an Phosta go dona tinn ... go dona tinn ...
— Tá, a Mháistir. Scoilteachaí, adeir siad. Cuireadh scéala isteach air go dtugadh sé na litreachaí do dhuine ar bith ba thúisce chuige, agus b'éigin dó tosaí dá dtabhairt chuig na tithe aríst ...
— Ba shin é an gléas air, an bacach ...
— Drochlá a rug air ag dhul ar na tamhnachaí. Fuair sé tuile na n-adraí. Ar a theacht abhaile dó, thug sé an leaba air fhéin ...
— Tuilleadh diabhail aige! An bacach! An gadaí! An ...
— Bhí caint mhór aige a dhul go Sasana, a Mháistir, sul má buaileadh síos é ...
— A dhul go Sasana! A dhul go Sasana! ... Abair amach é. Ná bíodh náire ar bith ort ...

— Deir daoine, a Mháistir, nach raibh sé ag fáil a shláinte ó a phós sé ...

— Ó, an gadaí! An sáiteáinín santach! ...

— Ní raibh fonn ar bith uirthi fhéin a ligean ann. An t-am a raibh mise faoi réir len imeacht, bhí sí ag caint le m'athair faoi, agus dúirt sí dhá n-imíodh Bileachaí nach raibh i ndán di fhéin ach an bás ...

— An raibiléara ...

— Thug sí triúr dochtúr as Baile Átha Cliath ag breathnú air, a Mháistir ...

— Le mo chuid airgidsa! Ba bheag an dochtúr a thiúrfadh sí chugamsa, an raibiléara ... an tóin sa raithneach ...

— De grace, a Mháistir!

— ... "Bhí Tomás Taobh Istigh ann a's ragús pósta air ..."

— Ní raibh rún pósta ar bith agamsa. Go Sasana a ghabhfainn marach an donacht a theacht orm. Tá muintir Bhaile Dhoncha agus an Ghoirt Ribigh imithe ...

— Agus Gleann na Buaile agus Dhoire Locha. Tá a fhios agamsa chomh maith leat fhéin cé atá imithe ann. Ach an bhfuil aon staróg ag dul ag pósadh? ...

— Tá caint mhór ag Tomás Taobh Istigh ar phósadh.

— Ag caint air a bheas sé, an conús. Cé eile? ...

— An póilí rua le "nurse" as an nGealchathair. An Máistir Beag freisin ...

— An Máistir Beag ru? Is diabhlaí an fíbín pósta atá ar mhúinteoirí scoile. Chaithfeadh sé go bhfuil siad ag súil le ardú eile.

— Is dona a théas sé dóibh scaití. Chuala tú fhéin an Máistir Mór anois. Ach cé hí an cúileann? ...

— Bean óg as an nGealchathair. Bean bhreá, a mhaisce! An lá a raibh mé ag tarraint phictiúir le dhul go Sasana, chonaic mé an bheirt in éindigh. Chuaigh siad isteach san Aíochtlann Iarthair.

— Cén sórt múnla de bhean a bhí inti?

— Bean chaol ard. Gruaig fhionn uirthi agus í ina troilseáin …
— Fáinne ina cluais?
— Sea …
— Súile dubha aici?
— Diabhal a fhios agam cén sórt súile a bhí aici. Ní hí a bhí ag déanamh imní dhom …
— Meanga glé?
— Bhí sí ag meangaireacht leis an Máistir ceart go leor. Ach ní raibh sí ag meangaireacht liomsa …
— Ar chuala tú cáil sí ina cónaí?
— Níor chuala. Ach tá sí ag obair i nGealloifig de Barra sílim, má tá a leithéide ann. Tá Máistir Dhoire Locha agus deirfiúr an tsagairt le pósadh an mhí seo chugat. Deir siad go bhfaighidh sé an scoil nua.
— Bean an treabhsair ru?
— Sí.
— Nach diabhlaí go bpósfadh sí é?
— Tuige? Nach fear breá feiceálach é, agus ní ólann sé sdriog.
— Ach mar sin fhéin. Chítear dhom nach hé chuile fhear a bheadh bean treabhsair sásta a phósadh. Bheidís éiseallach thar mhná eile …
— Ara, bíodh unsa céille agat! Tá mo mhacsa pósta le Francach i Sasana, agus ní bheadh a fhios sa domhan agat céard a bheadh sí a rá ach an oiread leis an lapaire atá curtha anseo thall. Nach héiseallaí a bheadh sí sin ná bean treabhsair …
— Bail ó Dhia ar do Fhrancach! Tá mo mhacsa pósta i Sasana le "Aidhtailion." Anois, a bhfuil biseach agat?
— Thú fhéin agus do "Aidhtailion." Tá mo mhacsa pósta i Sasana le Black. Anois, a bhfuil biseach agat fhéin?
— Black! Tá mo mhacsa pósta i Sasana le Iúdach. An bhfuil a fhios agat é sin? Le Iúdach. Ní hé chuile fhear a mbeadh Iúdach sásta é a phósadh …

— Ní hé chuile fhear a phósfadh í. Bheadh "consate" ag duine léi …

— Is mó an "consate" go mór a bheadh ag duine leis an mbean atá ag do mhacsa. Black. Soit! …

— Tá an "boss" mór le pósadh, le bean as Gleann na Buaile. An gearrbhodach sin ag Seáinín Liam, tá an cró déanta aige, agus deir siad go bhfuil a shrón roimhe aige fhéin ag iarratas. hEitíodh é faoi inín Fhear Cheann an Bhóthair.

— Ceann an Bhóthair a chaith chuile lá ariamh ag goid mo chuid móna …

— Agus mo chuidse …

— Agus m'oirdínsa …

— Ó, go ropa an diabhal í! Ag iarraidh a theacht isteach ar mo ghabháltas mór …

— Sin í a d'fhuagair dlí orm faoi mo chuid feamainn ghaoithe. Ní phósfadh Mac Sheáinín Liam í sin ru? …

— Tá sí sách maith aige. Cén diabhal a bhí ag Seáinín Liam ariamh? Faochain. Cén diabhal atá aige anois? Faochain …

— M' anam nach raibh na faochain le cáineadh chor ar bith, nach raibh sin. Shaothraigh mé féin agus an gearrbhodach cúnamh maith de luach bromaigh orthu. Tá rud againn thar mar adeir sibhse: Bromach breá mór agus cró nach raibh ag teastáil uaidh ach an ceann. Dúirt mé leis nuair a bheadh an cró críochnaithe aige giodáinín de ghearrchaile a dhéanamh amach dó féin …

— hEitíodh an gearrbhodach i dteach an aird freisin; faoi Inín an Ruaitigh i mBaile Dhoncha, agus faoi inín an tSiúinéirín sa nGort Ribeach …

— Níl aon mhaith leis an ngearrbhodach sin ag imeacht. Ar dhúirt sé gur shaothraíomar cúnamh maith de luach bromaigh ar fhaochain; go raibh cró nua glan déanta againn; gur cheannaíomar bromach breá mór th'éis na Nollag. Dheamhan críoch a ghabhfas go brách air, tá faitíos orm. Marach chomh tobann agus a d'imigh mé féin …

— A Sheáinín Liam, sén Ruaiteach i mBaile Dhoncha mo cholceatharsa. Ní dhearna sé leath an chirt do mhac a eiteach. D'eitigh mise thú fhéin faoi m'inín. An cuimhneach leat an uair a tháinig tú dhá hiarraidh?

— Ní raibh aon bhromach ná aon chró agam an uair sin.

— Is postúil a labhaireofása faoi Ruaiteach Bhaile Dhoncha ach an oiread le scéal. Diabhal aithne ort nach hé an tIarla agat é, agus gur eitigh m'athair faoi bhean é.

"An bhfuil tú ag ceapadh, a Ruaitigh," adeir m'athair, "go gcuirfidh mise m'inín go Baile Dhoncha le maireachtáil ar neantógaí, agus ar cheol dreolán teaspaigh?"

— T'athair ag eiteach an Ruaitigh! D'eitigh mo mháthairsa é féin faoi bhean!

"Tá dhá scór punt agus bó le fáil ag m'inínsa," adeir sí, "agus mh'anam nach isteach ar chnocáin dhreancaideacha do bhailesa a chuirfeas mé í fhéin ná a dá scór."

— D'eitigh do mháthairsa é faoi bhean! Do mháthairsa! Thiomain a hathair ormsa í, agus ní phósfainn í. Bhí sí geamchaoch. Bhí balldóráin faoina cluais. Ní raibh de spré aici ach chúig phunt dhéag. Ní phósfainn í ...

— Ní phósfainnse Briain Mór. D'iarr sé mé ...

— Ara, ní phósfainnse Briain Mór ach oiread. D'iarr sé faoi dhó mé.

— Ná mise. D'iarr sé trí huaire mé. Dar dair na cónra seo, d'iarr. Fhóbair gur chinn sé air sin bean ar bith a fháil. Phósfadh Caitríona Pháidín é agus fáilte san am ar fhág Jeaic na Scolóige ansin í, ach níor tháinig sé dhá hiarraidh ...

— Ab bu búna! A Chite na mbréag! A chailleach na mbruineog ...

— ... Honest, a Dotie. Ní raibh an áit sách maith chor ar bith. Ba bheag an baol a bheadh ormsa m'inín a ligean ansin, agus sé scóir spré le fáil aici, marach gur charghas liom a coinneál uaidh. Bhí riasc den rómánsaíocht thríom fhéin i gcónaí, agus ní bhfaighinn ó mo chroí cead a thabhairt do chúrsaí suaracha saolta a bheith ina dtreampán dodhréimeach dá ngrá cásmhar. Honest. Marach sin, a Dotie, meastú an ligfinn m'inín ná mo shé scóir punt isteach ar chupla póicín gágach Chaitríona Pháidín? ...

— A raicleachín ribeach! A So an' So! Ná creidigí í! Ná creidigí í! A Mhuraed! A Mhuraed! ... An gcluin tú céard adeir Nóra na gCosa Lofa? Agus Cite na mbréag? ... Pléascfaidh mé!

5

— ... Meastú nach hé cogadh an dá Ghall é? ...

— ... Drochbhuidéal a thug an murdaróir dom ...

— ... Diabhal thiomanta deor de dhá phionta agus dá fhichead nach raibh i mo bholg muis, agus mé ag ceangal Thomáisín ...

— Is maith a chuimním air. Chuir mé mo rúitín amach ...

— ... "Tá an ma-da ag ól." Qu-est-ce que c'est qu' "an ma-da" ... Qu'est-ce que c'est qu' "an ma-da." Ma-da. Ma-da.

— Bogha mhogha! Bogha mhogha!

— Un chien, n'est ce pas? Ma-da. Bogha mhogha! Ma-da.

— Mada. Mada. Mada, a chloiginn.

— "Tá an mada ag ól." Le chien boit, n'est-ce pas? "Tá an mada ag ól." Mais non! "Tá an ma-da ag gol"!

— Ba mhinic le madadh a bheith ag gol, a chloiginn! B'fhéidir go raibh sé ag caoineadh, nó ag tafann, nó ag ól fhéin. Ach ní raibh sé ag gol. Ag gol! Diabhal madadh a chonaic mé ariamh ag gol.

— Tá an ma-da ag gol.

— Tá an mada ag caoineadh. Tá an mada ag caoineadh.

— "Tá an ma-da ag gol." "Ag gol: a.........g......g......o......l"! "Ag gol" Ce sont les mots qui se trouvent dans mon livre. "Tá an ma-da ag gol." Pas "ag ól."

— Má tá sé ag gol bíodh. Diabhal neart againne air, ná ar an té a chuir sa leabhar é, ach oiread. B'fhéidir go ndeachaigh an mada ar an ól, agus gur thosaigh sé ag gol ansin faoin bpóit agus faoi na pócaí falamha …

— Je ne comprends pas. Aprés quelques lecons peut-être … "Tá an cat bán ar an stól." "Cat": qu'est ce qu'il neut dire? "Cat?" "Cat?"

— Míámh! Míámh!

— Miaou! Miaou! Chat! N'est-ce pas? Chat.

— Sea, 'deile?

— Tá an ba-ta fa-da. Tá an a-ta ard. Tá an a-ta ard. Tá a-ta ard ar Phól …

— Thug tú éitheach! Ní raibh aon hata ard ariamh orm. Ba dona a bhí sé íseal féin agam. Nach mé an t-easpog agat?

— Je ne comprends pas. "Níl Pól óg …"

— Thug tú éitheach. Bhí mé sách óg. Ní bheinn ach hocht mbliana fichead faoi Fhéil Peadar agus Pól a bhí chugat.

— Je ne comprends pas. "Níl Pól ag ól."

— Níl sé ag ól anois, mar nach bhfaigheann sé an dóigh, ach d'ól sé a raibh aige roimhe seo, agus ba bheag é sin.

— Je ne comprends pas.

— Au revoir! Au revoir! De grace! De grace! …

— Diabhal focal Gaeilge a bheas aige lena loiseag.

— Ní bheadh aon mhoill air, ina dhiaidh sin, ag teacht isteach uirthi. Bhí Gaeilgeoir againn an bhliain ar bhásaigh mé. Diabhal smid i gCathair Pheadair ná Phóil a bhí aige, ach go mbíodh sé ag foghlaim as na leabhra beaga sin, mar atá mo dhuine. Bhíodh sé sa gcisteanach chuile mhaidin uair sul má d'éirínnse agus siún sincín déanta aige den teach:

"Is cat é seo. Is sac é seo. Tá an cat ar an sac. Is mada é seo. Is stól é seo. Tá an mada ar an stól."

Ba shin é a chuid liodán ar feadh an lae. Bhí mo mháthair sáraithe aige.

"Th'anam ón diabhal, a Phóil, croch leat é sin soir sa ngarraí," adeir sí liom fhéin.

Bhí mé ag baint mhóinéir i mbóithrín an chladaigh an tráth céanna. Chroch mé liom soir é. Ba dona a bhí muid thoir nuair a bhí sé in am a theacht anoir aríst ag an dínnéar, mar léigh sé an "lesson" do chuile dhuine dhár casadh linn faoi bhealach.

Soir linn aríst th'éis am dínnéir. Thosaigh mé fhéin ag inseacht focla beaga dhó: "speal," "féar," "claidhe," "coca," agus focla beaga mar sin.

Bhí an lá an-bhrothallach, agus é ag fáil dubhanró ag iarraidh na focla a fhuint ar a theanga. Chaith sé cupla smugairle roighin amach. D'fhiafraigh sé dhíom cén chaoi a n-abróinn "pint" i nGaeilge.

"Pionta," adeirimse.

"Pionta," adeir sé, agus sméid orm …

Soir linn le cladach go tigh Pheadair an Ósta. Sheas sé dhá phionta.

Anoir linn aríst sa ngarraí.

Thug mé focal eile dhó.

"Pionta," adeir sé.

"Pionta," adeirimse.

Soir linn aríst. Dhá phionta eile. Anoir aríst sa ngarraí. Thug mé fhéin focal eile dhó.

Soir aríst. Anoir aríst.

Soir agus anoir mar sin i gcaitheamh an lae. Mise ag tabhairt focal ar an bpionta dósan, agus eisean ag tabhairt pionta ar an bhfocal domsa …

— … Titim de chruach choirce, muis …

— … An síleann tú gur in iomaire chóilise a d'fhás mé nach mbeinn ag pictiúir ariamh? …

— Sean-duine mar thusa?

— Sean-duine mar mise? 'Ar ndo', ní raibh mé sean i gcónaí.

— Is mór an áilleacht iad. Chonaic mé rudaí breá orthu. Tithe mar atá ag an Iarla ...

— Chonaic mé crois bhreá orthu, agus déarfainn gur de ghlaschloich an Oileáin í ...

— Chonaic mé go leor mná treabhsair orthu ...

— Agus Mná Black ...

— Agus daoine cultúrtha, clubanna oíche, céibheannaí, loingiseachaí faoina gcuid slata seoil agus maraithe de chuile ghné craicinn. Honest ...

— Agus corrscóllachán gránna ...

— Agus mná agus meangaí milse mailíseacha orthu, fearacht Shiúán an tSiopa nuair a bheadh sí do t'eiteach faoi thoitíní ...

— Agus mná agus stiúir chluana orthu, mar a bhíodh ar iníon Pheadair an Ósta, ar a bheith di ag giall an dorais le cleas an pharlúis a imirt ar shreothaí bocht eicínt ...

— D'fheicfeá bromaigh breá mór' orthu, a mh'anam ...

— Agus cluichí peile. Ach beannacht Dé dhuit! Dhéanfadh an Ceanannach gruth agus meadhg de thóin aon pheileadóra acu ...

— Ní fheicfeá aon fheamainn ghaoithe chor ar bith orthu ...

— Ná beirt thuíodóirí thuas ar dhá leath taobh tí ...

— Ná neantógaí mar a bhí i mBaile Dhoncha.

— Ná cnocáin dhreancaideacha mar a bhí ar an mbaile se'agaibhse ...

— Thiúrfainn féin roghain ar Mhae West thar dhuine ar bith acu. Ní iarrfainn de léas ar mo shaol ach a feiceál aríst. An-bhean bromaigh a bheadh inti, cheapfainn. Bhí mé fhéin agus an gearrbhodach sa nGealchathair an oíche roimh an aonach. D'ól muid cupla pionta.

"Teaga leis anois," adeirimse. "Dhá dtéadh muid i bhfad scéil leis, is fánach an chaoi a mbearnódh muid luach an bhromaigh."

"Tá sé luath a dhul a chodladh fós," adeir sé. "Siúil isteach chuig na pictiúir."

"Ní raibh mé acu ariamh," adeirimse.
"Cén dochar?" adeir sé. "Beidh Mae West ann anocht."
"Mh'anam muis, más mar sin é," adeirimse, "go ngabhfad."
Chuaigh.
Tháinig bean amach. Bean bhreá mhór, a mh'anam, agus thosaigh sí ag gáirí liom féin.
Thosaigh mise ag gáirí léi.
"Ab shin í í?" adeirimse.
"Ara, cén!" adeir an gearrbhodach.
Ba ghearr go dtáinig splíota eile amach. Bhuail sí láimh ina corróig. Chuir sí leathmhaing uirthi féin, agus thosaigh ag gáirí linn ar fad. Thosaigh a raibh ann ag gáirí léi.
"Sin í anois í," adeir an gearrbhodach.
"Thuga leat!" adeirim fhéin. "An-bhean bromaigh a bheadh inti, cheapfainn. Chomh luath is a bheas an cró réidh, níorbh fhearr do ghearrbhodach mar thú rud a dhéanfadh sé ná giodáinín de ghearrchaile a sholáthar dó fhéin. Ach i nDomhnach, ní mholfainn duit aon phlé a bheith agat lena leithéide sin. Bheadh sí go maith i ndiaidh bromaigh ceart go leor, ach …
"Ara, cén!" adeir an gearrbhodach.
Tháinig bruilín amach ansin, ar nós an phuic sin a theagas ag foghailéaracht tigh Jeaic na Scolóige, agus bhí sé ag caint leis an mbeirt bhan. Thosaigh sé ag sua an aeir lena lámha. Tháinig gillín eile amach. Macsamhail an duine uasail sin a bhíos ag iascach tigh Neil Pháidín—Lord Cockton. Dúirt Mae West caint eicínt leis. M'anam muise gur innis an gearrbhodach dhom céard í fhéin, ach mo cheann fine ní fhéadfadh cuimhniú uirthi anois …
Chuir an bruilín pluic air fhéin, mar a bheadh eadromán ina bhéal, agus leag súil a láimhe anuas ar a easnachaí. Bhí sé an-otraithe, agus saothar diabhalta ann. Déarfainn gur fear é a raibh croí fabhtach aige, go bhfóire Dia orainn! …
— … Uair amháin, a Chite. Sin é a raibh mé ag na pictiúir

ariamh. B'fhearr liom ná fios mo shaoil a bhfeiceál aríst. Ba é an t-am é a raibh luí seoil ar m'inín atá pósta sa nGealchathair. Chaith mé féin seachtain thíos ag tabhairt aire di. Bhí finnéirí uirthi an uair seo. Tháinig a fear isteach tráthnóna ó obair. D'ith sé a dhínnéar agus ghléas sé é fhéin.

"An raibh tú ag na pictiúir ariamh, a Bhríd Thoirdhealbhaigh? adeir sé.

"Céard iad sin?" arsa mise.

"Tá: chuile chineál pictiúr atá dhá 'spáint in áit thuas ansin," adeir sé.

"Ag teach an phobail?" adeirimse.

"A! Ní hea," adeir sé, "ach pictiúir."

"Pictiúir Íosa Críost agus na Maighdine Muire, agus an Naomh Pádraig, agus an Naomh Joseph?" adeirimse.

"Ara ní hea," adeir sé, "ach tíreannaí coimhthíocha agus beithigh éigéille agus daoine aisteacha."

"Tíreannaí coimhthíocha, agus beithigh éigéille agus daoine aisteacha," adeirim fhéin. "M'anam nach dtaobhóidh mé chor ar bith iad. Cá fhios dom, i bhfad uainn an anachain agus an urchóid! ..."

"Intinn na tuaithe atá agat," adeir sé, agus é í lagrachaí gáirí fúm. "Níl iontu ach pictiúir. Ní fhéadfaidh siad aon dochar a dhéanamh dhuit."

"Beithigh éigéille agus daoine aisteacha," arsa mise. "Cá fhios goidé sin? ..."

"Pictiúr faoi Mheiriocá a bheas ann anocht," adeir sé.

"Meiriocá," adeirimse. "Meastú a bhfeicfinn mo Bhríd bhán agus mo Nóirín—céad slán dóibh!—agus Anna Liam ..."

"Feicfidh tú daoine mar iad," adeir sé. "Feicfidh tú Meiriocá."

Agus 'ar ndó' chonaiceas. Dheamhan a leithéidí d'iontais! Nach mairg nach bhféadfainn caoi a chur orthu! An tine bhradach sin a bhain an mheabhair in éindigh asam! ... Ach go deimhin duit, a Chite, bhí chuile shórt chomh follasach dom agus dhá mbeinn thall buailte orthu. Bhí sean-bhean ann agus ceirt aici ag cuimilt an dorais, agus strainc uirthi mar a bhíodh ar Chaitríona Pháidín an tráth a bhfeiceadh sí Neil agus Jeaic na Scolóige ag dul thairti suas abhaile ón aonach …

— Ab bu búna! …

— Agus bhí seomra breá áiriúil ann agus round table ar nós an cheann sin, a Chite, ar thug tú an punt do Chaitríona lena cheannacht, agus nár íoc sí ariamh leat …

— Thug tú éitheach …

— Agus bhí taepot airgid, mar atá tigh Neil, leagtha air. Agus d'oscail fear a raibh éadaigh dubha air, agus cnaipí óir iontu, an doras. Shíl mé gurb é an póilí rua é, nó gur chuimhnigh mé gur i Meiriocá a bhí siad. Tháinig fear eile isteach agus caipín air mar d'fheicfeá ar bhuachaill posta agus thosaigh sé fhéin agus fear an tí ag cailicéaracht le chéile. Rug sé fhéin agus fear na gcnaipí óir ar fhear an tí agus chaith siad síos le fánaidh é. Shíl mé go raibh sé ina chuailín cnámh, mar bhí trí nó ceathair de staighrí roimhe. Ansin chuir siad amach an doras i ndiaidh a mhullaigh é agus fhóbair gur bhain sé tradhall as an tsean-bhean. Tá a fhios ag mo chroí, a Chite, go raibh truaighe agam di. Tháinig rae roilleachán ina ceann.

Ansin bhreathnaigh fear an tí ina dhiaidh agus thomhais sé a dhorn leis an bhfear a chaith amach é. Shíl mé gurb é an Máistir Mór a bhí ann—an gheanc agus na súile rite céanna—agus gurb é Bileachaí an Phosta a chaith amach é, nó gur chuimhnigh mé gur i Meiriocá a bhí siad. Bhí a fhios agam pér bith céard a dhéanfadh an Máistir Mór le bheith i Meiriocá nach bhféadfadh Bileachaí a bheith ann agus cúram an phosta chuile lá air …

— An bacach! An crúbálaí! An …

— Chuaigh an fear seo a d'aithneofá as Bileachaí suas an staighre aríst, go dtí an seomra, agus bhí bean istigh ann a raibh feisteas dubh uirthi, agus pabhsaethe air.

"Sin í an Mháistreás, má tá sí beo," adeirimse liom fhéin.

Ach chuimnigh mé ansin gur i Meiriocá a bhí siad, agus go raibh an Mháistreás ag múineadh scoile sa mbaile cupla lá roimhe sin ...

— An easair ...

— De grace, a Mháistir ... Anois, a Dotie ...

— D'oscail fear na gcnaipí óir an doras arís. Tháinig bean eile isteach a raibh srón bheag gheancach uirthi, agus cóta fionnaigh, macsamhail an cheann a bhí ar Bhaba Pháidín an t-am a raibh sí san mbaile as Meiriocá, nó go mb'éigin dí a chaitheamh i leithrigh de bharr na bpráibeanna súí a thit air tigh Chaitríona ...

— Thug tú éitheach, a strachaille ...

— ... Ó, pictiúr smashing, a Dotie! Honest! Bhí lionra agus anbhá ann. Dhá bhfeictheá an cuid sin di ar dhúirt Eustasia le Mrs. Crookshank:

"My dear," adeir sí. "Níl gar a bheith ag scoilteadh cainte faoi. Tá mise agus Harry pósta. Pósadh in Oifig Cláraitheora ar an Séú hAibhiniú ar maidin muid. 'Ar ndó' my dear, tá Bob ansin i gcónaí" ...

Agus shníomh sí a guaillí go caithréimeach. Ó! ba mhór an feall nach bhfeicfeá, a Dotie, an dreach a tháinig ar Mrs. Crookshank, agus gan focal den chaint fanta aici. Ní fhéadfainn gan cuimhniú—slán an tsamhail chultúrtha é!—ar an rud adúirt Neil Pháidín le Caitríona:

"Fágfaidh muid Briain Mór agatsa, a Kay."

— A ribeacháinín! ... A So an' So ... A Mhuraed! a Mhuraed! An gcluin tú? An gcluin tú sneácháinín na gCosa Lofa, agus Bríd Thoirdhealbhaigh? Pléascfaidh mé! Pléascfaidh mé! ...

6

Agus chaith Neil fear an leoraí! Th'éis gur ar an taobh contráilte den bóthar a bhí a mac. Breitheamh gan aon mheabhair a bhí ann. Cá mb'fhíor don strachaille Bríd Thoirdhealbhaigh nach bhfágfadh an dlí bonn bán uirthi. Agus fuair sí hocht gcéad punt ina dhiaidh sin! An sagart, 'deile? Agus bhí sé d'éadan ag an smuitín a dhul ag cur Aifrinn le m'anamsa …

Tá bóthar dhá dhéanamh isteach go teach chuici. Bóthar nach bhféadfaí a dhéanamh marach chomh simplí is a bhí mo Phádraigsa. Tá sí ag imeartas anois air, mar d'imir sí ar Jeaic na Scólóige faoin Leabhar Eoin. Dhá mbeinnse beo …

Níl smid ná smeaid faoin gcrois anois. Agus an rud adúirt an scóllachán gránna: "Is olc an aghaidh crois an mhagarlach sin." Nach beag d'fhaitíos é roimh Dhia ná Mhuire! Agus é gar don chéad! Nar mhaire sé a aistear go Baile Átha Cliath muis! …

Tá dearmad déanta orm as cionn talúna. Sin é an chaoi, go bhfoire Dia orainn! Shíl mé nach ngabhfadh Pádraig siar ar a ghealladh. Má thóig an stócach sin an scéal ceart? Ní móide gur thóig. Bhí sé ró-líofa ar a dhul go Sasana …

Dhá mbeadh a fhios ag mo Phádraig cén bhail atá ag dul orm i gcré na cille! Is geall le giorria mé a bheadh i dteannta ag confairt. Mé reicthe feannta ag Seáinín Liam, ag Cite, ag Bríd Thoirdhealbhaigh, acu ar fad. Mé ag iarraidh a bheith ag coinneál choic leo i m'aonraic. Agus gan duine ná deoraí agam a chuirfeadh ar mo shon. Ní bheidh a sheasamh agam. Pléascfaidh mé …

An coileán sin, Nóra na gCosa Lofa, atá dhá saghdadh ar fad …

Is diabhlaí an t-athrú a tháinig ar a hinín. Agus mé siúráilte gur fadó a bheadh sí anseo. Is cumasach an bhean í. Tá ríméad orm anois gurb í a phós Pádraig. Níl aon mhaith a rá ach an ceart. Diabhal mé go bhfuil. Mhaithfinn chuile shórt di dhá ndearna sí fhéin agus a máthair orm ariamh, as ucht Neil a chaitheamh ar chúl a cinn sa tine, agus gan fuinín gruaige ná liobar leathair ná falach éadaigh a fhágáil thuas ar inín Bhriain Mhóir. Agus bhris sí na gréithí. D'iontaigh sí an chuinneog a raibh inín Bhriain Mhóir agus Neil ag déanamh maistre inti. D'eirigh sí i mullach ál óg éanachaí ar an urlár. Rinne sí steig meig in aghaidh an bhalla den taepot airgid a bhí ar bharr an dreisiúir dhá 'spáint ag Neil. Agus chuir sí an clog a bhronn Baba ar an smuitín amach thríd an bhfuinneoig. Sin é adúirt an stócach …

An-bhean í. Faraor má rinne mé an oiread géaraíocht uirthi. Neil a chur ar chúl a cinn sa tine! Sin rud nach raibh sé de rath ormsa a dhéanamh ariamh …

Agus tá an tinneas caite i gcártaí aici anois. Cearca agus muca agus laonntaí dhá dtógáil aici. Má mhaireann di, déanfaidh sí bun …

Ach Neil a chaitheamh ar chúl a cinn sa tine! Loisceadh an cúl fionn aici. Níor chuimhnigh mé a fhiafraí den stócach ar loisceadh a cúl fionn. B'fhearr liom ná ar shantaigh mé ariamh dhá bhfeicinn í ag caitheamh Neil sa tine. Nach mairg nach raibh mé beo!

Chraithfinn láimh léi, phógfainn í, bhuailfinn bosóg sa dromán uirthi, chuirfinn fios ar cheann de na buidéil órga ar fhuinneoig Pheadair an Ósta, d'ólfadh muid sláinte a chéile, chuirfinn beannacht Dé le hanam a máthar agus chuirfinn faoi deara Nóra a bhaisteadh ar an gcéad naíonán mná eile a bheadh aici. Ach céard sin orm? Nach bhfuil Nóra cheana ann! …

Dar mo choinsias, glaoifidh mé ar Nóra Sheáinín, inseoidh mé di faoin ngníomh a rinne a hinín agus faoin mbroid oibre atá inti anois, agus déarfaidh mé léi gur mór an phráinn liom gurb í atá pósta ag mo mhac …

Ach céard adéarfas Muraed, Cite, Bríd Thoirdhealbhaigh agus a bhfuil acu ann? Go mbínn ag díbliú uirthi; ag tabhairt raicleach agus Nóra na gCosa Lofa uirthi; nach bhótálfainn di sa togha …

Déarfaidh. Déarfaidh siad freisin—agus is fíor dóibh é—gur chuir sí bréaga orm: gur dhúirt sí gur rubáil mé Tomás Taobh Istigh, go bhfuair a hinín sé scóir spré …

Ach bíodh acu. Mhaithfinn rud ar bith di as ucht gur chaith a hinín Neil ar chúl a cinn sa tine …

A Nóra … Hóra, a Nóra … A Nóra chroí … Is mé Caitríona Pháidín … A Nóra … A Nóra chroí … Ar chuala tú an scéal nuaidhe sin ón talamh thuas? … faoi t'inín …

Céard sin, a Nóra? Céard adeir tú? … Ab bu búna! Nach bhfuil aon ionú agat a bheith ag éisteacht le seafóid shuarach an tsaoil thuas! … Chuaigh tú ag plé le suaráil sa Togha, agus níor fhág sí ort ach séala na créafóige! Dar príosta! … Ní fiú leat éisteacht le mo scéal … Faoi chúrsaí suaracha é ru! … Caithfidh tú do chuid ama ar fad feasta le … le … le … le … Céard a thug tú air? … le cultúr … Níl aon am agat éisteacht le mo scéalsa faoi rá is nach mbaineann sé le … le cultúr … A Mhic Dé na nGrást anocht! Nóirín na gCosa … Nóirín na gCosa Lofa as an nGort Ribeach ag caint ar … ar chultúr …

Abair an blogam Béarla sin aríst. O b'annamh leis an gcat srathar a bheith air Béarla a bheith sa nGort Ribeach. Abair aríst é …

— "Art is long and Time is fleeting."

— "Fleet!" "Fleet!" Sé an "Fleet" an chloch mhór ar do pháidrín. "Fleet" agus mairnéalaigh. Ó a Mhuire anocht, nach beag de mheas a bhí agam orm fhéin a dhul ag cur aighnis ar bith ort, a So an' So …

Eadarlúid VI

An Chré dhá Sua

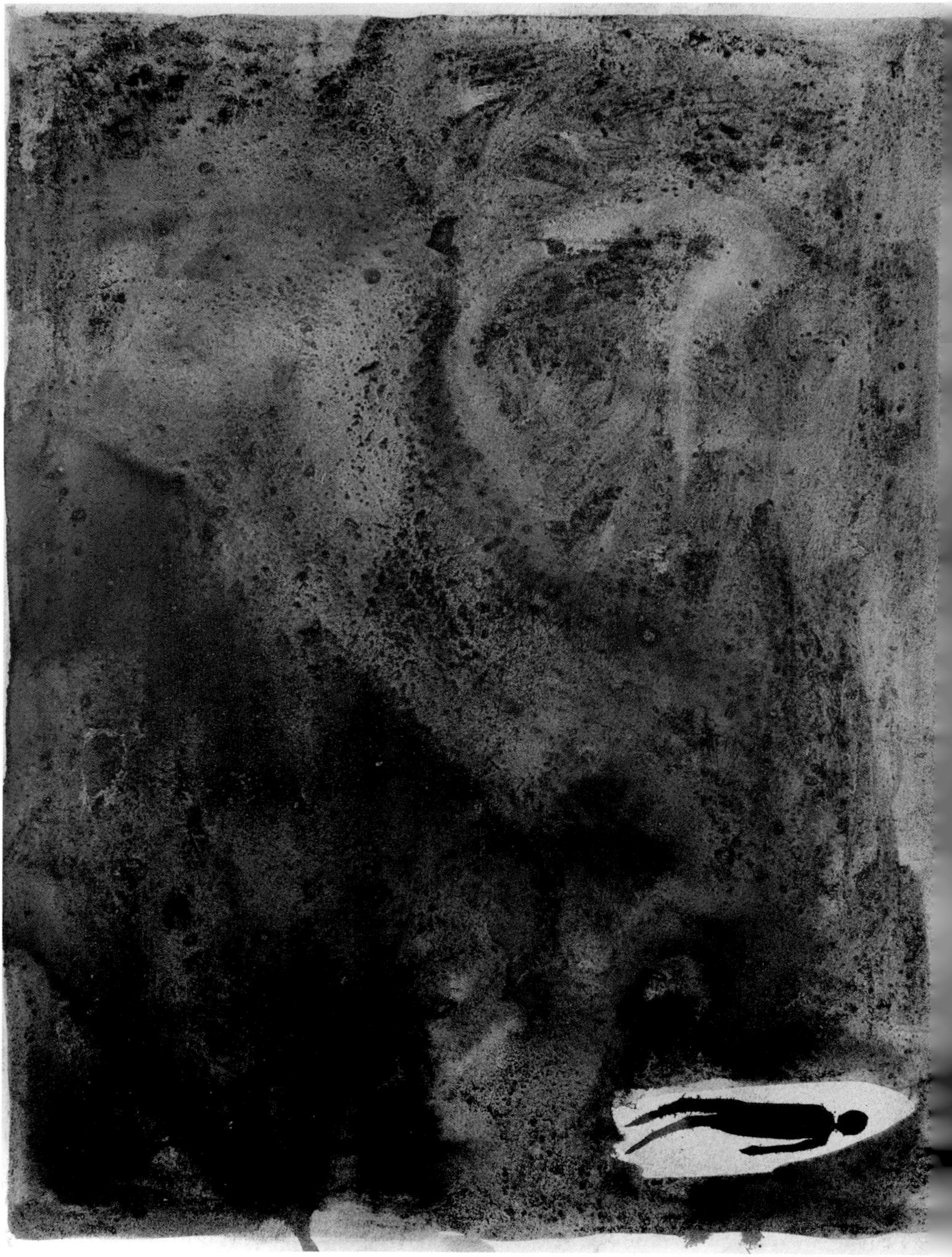

1

IS mise Stoc na Cille. Éistear le mo ghlór! Caithfear éisteacht … Anseo sa gcill tá an póilí uathfhlathach is dorchas. Sé a bhata an lionndubh nach mbristear le scéimh-mheanga bruinnile. Is bolta den neamhaithne a bholta, agus ní scaoilfidh drithle an óir é ná briathra sleamhaine an cheannais. Sí a shúil an scáile ón gcrann smola i mbéal casán na coille. Sí a bhreith an bhreith dhaor nach sáraíonn lann aon ridire gaisce í ar fhód an bháis.

As cionn talúna tá an Sorchas faoina chulaithe ghaisce. Tá leann ghréine air a bhfuil cnaipí róis uirthi, fáithim den mhuircheol, uaim den éancheol, scothógaí d'eití féileacán agus crios de réalta as Bealach na Bó Finne. Is de chaillí brídeog a sciath. Is de bhréagáin leanbh a chlaidheamh solais. Sí a chonách ghaisce an iothchraobh atá ag scinneadh chun déise, an néal a gcuireann grian óighe na maidne scolb air, an ainnir a bhfuil úraisling an ghrá ag lasadh a roisc …

Ach tá an snobh ag triomú sa gcrann. Tá guth óir an smólaigh ag déanamh capair. Tá an rós ag slabhcadh. Tá an mheirg dhubh a mhaolaíos, a rodas agus a dhreos ag foirgeadh béal lainne an ridire.

Tá ag dul ag an dorchas ar an sorchas. Éilíonn an chill a cuid … Is mise Stoc na Cille. Éistear le mo ghlór! Caithfear éisteacht … .

2

Cé seo agam? … Máirtín Crosach, 'mo choinsias! Bhí sé in am agat a theacht! Is fada mise anseo, agus ba mé do chomhaois … Sea, is mé an bhean chéanna, Caitríona Pháidín …

Anacair leapan a bhí ort, adeir tú …

— A Chaitríona, a chuid, bhí an leaba an-chruaidh. An-chruaidh go deo ar mo mhásaí bochta, a Chaitríona. Bhí mo dhroim tóigthe fré chéile. Ní raibh liobar leathair ar mo cheathrúnaí agus bhí sáimhín aireach i mo bhléin. Ba bheag an dochar dhom, a Chaitríona a chuid, agus luiteachas trí ráithe orm. Ní raibh cor ná car ionam. Theagadh mo mhac isteach, a Chaitríona, agus d'iontaíodh sé ar an gceathrú eile mé. "Ní fhéadaim sraith cheart a thabhairt do mo cholainn," adeirinnse. "Is fada an luiteachas é," adeirinn. "Ní dhearna an luí fada bréag ariamh," adeireadh sé. A Chaitríona a chuid, bhí an leaba an-chruaidh go deo faoi mo mhásaí bochta …

— Is beag a d'airigh do mhásaí é, a Mháirtín Chrosaigh. Bhí brabach orthu … Bhuel, má bhí anacair leapan ort is mór an leas duit é, le thú fhéin a thaithiú le na cláir anseo … Bid Shorcha, adeir tú. Tá sí as cionn talúna fós. Ní fearr linn anseo í. Ba ghránna an feic as cionn talúna í, ní ag baint fogha ná easbaidh aisti é, agus ní mheasaim go gcuirfeadh an áit seo aon fhearasbarr slaicht uirthi ach oiread … Bhí tú fhéin agus Bid ag coimhlint le chéile go bhfeiceadh sibh cé agaibh a b'fhaide a mhairfeadh, adeir tú. Sea, a mh'ainín. Sea. Is amhlaidh a bhíos sé, a Mháirtín Chrosaigh … Agus chuir sí roimpi thú! Diabhal neart a bhíos air sin fhéin, a Mháirtín bhoicht. Díol cam uirthi, marab í atá saolach! Is fadó an lá a bhí aici bás a fháil, marach í a bheith gan náire … Is fíor dhuit sin, a Mháirtín, ba mhór an t-ionadh nach dtáinig anacair leapan uirthi agus an cion a bhí aici ar an leaba. Dheamhan lá ariamh nach tinn a bhíodh sí, ach lá sochraide. Chuile lá eile bheadh slócht slaghdáin uirthi. Ach ba bheag a bheadh ar a glór an lá sin. "Marach go raibh piachán orm," adéarfadh sí leat, th'éis na sochraide, "is mise a chaoinfeadh é." An laisceach bhradach! Ag tarraint pinsin agus leathchrónachaí fós, agus dhá mámadh isteach i naprún bean a mic. An fhad is a choinneos sí an t-airgead sa naprún, ní ligfidh bean a mic aon anacair leapan uirthi, deirimse leat! Gabhfaidh im ar a másaí agus ar a ceathrúnaí sin ... Ní chaoineann sí duine ar bith anois, adeir tú. An steallaire! ... Tom Rua buailte suas. Ceann eile ... Níor thit an bothán fós ar Thomás Taobh Istigh, adeir tú ... ab bu búna! Chuir Neil isteach bord dó ... agus drisiúr ... agus leaba. Leaba fhéin ru! Ba bheag an leaba a chuirfeadh sí isteach d'aon duine marach airgead mailíseach. Ó, breitheamh gan aon mheabhair ... Faitíos a bhí uirthi go dtiocfadh anacair leapan air sa tsean-leaba. Faitíos nach bhfaigheadh sí a chuid talúna, a Mháirtín Chrosaigh ...

Briain Mór, adeir tú? Ní chaillfear choíchin é sin nó go mbuailtear searróg ola mhóir air, agus cipín a chur ann ... Sin í an fhírinne, a Mháirtin Chrosaigh. Ní bheidh aon anacair leapan ar an scóllachán gránna sin ... Imeacht in éindigh a dhéanfas sé. Is fíor dhuit. Imeacht in éindigh muis. I bhfad uainn a chual cnámh! ...

Céard sin? ... Drochthinneas arist i Leitir Íochtair! Ba mhinic leo, ní dhá roint leo é. Is fearadh ar an gcill seo iad sin muis. Reamhróidh agus bodhróidh siad í ...

Baba se'againne buailte suas i Meiriocá! Ha Dad! ... Ara, cén! Anacair leapan uirthi siúd, a Mháirtín Chrosaigh! Bhí másaí aici faoi dhó ní ba reimhre ná agatsa. Agus féadfaidh sí leaba bhog a choinneál fúithi féin, níorbh é sin duitse é, a Mháirtín Chrosaigh ... Bíodh unsa céille agat, a dhuine sin ... Síleann tú má d'airigh tú do shean-leaba fhéin cruaidh, go bhfuil chuile leaba eile cruaidh freisin ... Beannacht Dé dhuit, tá leapachaí boga i Meiriocá, don té a bhfuil airgead aige ... Ní bhfuair tú tuairisc ar bith mar sin ar scríobh sí abhaile. Níor chuala tú go raibh Neil go dtí an sagart le gairid? ... Bí siúráilte go raibh, a Mháirtín. Alpóidh sí an uachta, nó is cinniúint uirthi é … An sagart atá ag scríobhadh di? 'Deile? …

Ara, níl aon mhaith sa máistir scoile sin atá ag scríobhadh don mhuintir se'againne … Diabhal foghlaim air, a Mháirtín. Is fíor dhuit sin. Tá an scéal ceart go leor mara n-insí sé don tsagart é … Is minic a bhíos an sagart agus an máistir scoile ag spaisteoireacht in éindigh, adeir tú … Tá an bóthar nua go tigh Neil i ndáil le bheith críochnaithe. Ó, nach air an bpleoitín de mhac sin agam a bhí an léan agus an Leacach Ard a thabhairt di! …

Neil ag caint ar theach ceann slinne a dhéanamh? Teach ceann slinne! Nár mhaire sí a teach ceann slinne muis, an cocailín! Mara cuid den uachta a bheadh faighte aici? Fuair an dream sin i nDoire Locha riar di sul ar bhásaigh a ndeartháir beag ná mór … Ach 'ar ndó' bhí airgead na cúirte aici. Níl baol ar bith nach ar Áit an Phuint a cuirfear anois í …

Tá Jeaic ag fuasaoid i gcónaí. An duine bocht! Á, nach hí Neil agus iníon Bhriain Mhóir, an cuaille, a d'imir air faoin Leabhar Eoin! … Níor chuala tusa caint ar bith ar leabhar Eoin! … Chuala tú rud muis! Meastú a n-inseoidís duitse faoi! …

Bean Phádraig ina suí leis an éan chuile mhaidin! Nar laga Dia í! … Tá go leor gamhna ar thalamh Phádraig, ab ea? … An chomhairle bainte ag an mbean ar fad de Phádraig! … Í fhéin a níos díol agus ceannacht anois. Féacha sin! Agus mé ag ceapadh go mbeadh sí anseo lá ar bith! … 'Ar ndó' ní bheadh a fhios agat tada faoi cheann óg? … Bhí rud ar t'aire. Anacair leapan … Is furasta aithinte go bhfuil tú nua-aosach anseo agus thú ag caint mar sin, a Mháirtín Chrosaigh. Nach bhfuil a fhios agat go gcaithfidh siocair bháis eicínt a bheith ag duine, agus ní measa anacair leapan ná rud eile …

Ab bu búna! Chuala tú go raibh an chrois caite suas! Chuala tú é sin! … Anois, a Mháirtín Chrosaigh, b'fhéidir nach shin é a chuala tú, ach gur thóig tú an scéal contráilte i ngeall ar anacair leapan a bheith ort … Chuala tú go raibh sí caite in aer … Go raibh Neil ag caint le Pádraig faoin gcrois … Níl a fhios agat, leisce na bréige, céard a dúirt sí leis. Anois, a Mháirtín Chrosaigh, lig de do chuid "leisce na bréige."

Leisce na bréige!" Is beag an leisce a bheadh ar Neil bréag a chur ortsa muis, dhá bhfeileadh di … Go gcuire Dia an t-ádh uirthi agat! Tá tú réidh léi mar leaba níos mó. Innis amach do scéal … Níl a fhios agat cén laighe a bhí air! Bhí anacair leapan ort! Éist anois, ala an chloig. B'fhéidir gur dhúirt Neil mar seo le mo Phádraigsa: "Mh'ainín, a Phádraig chroí, go bhfuil do sháith ag glaoch ort seachas crois" … Ó, dúirt iníon Nóra Sheáinín é sin! Dúirt bean Phádraig é sin! … "Is maith a bheas muid as cionn an tsaoil nuair a ghabhfas muid ag ceannacht croiseannaí … Is iomaí duine chomh maith léi gan crois ar bith … Bíodh sí buíoch agus í a bheith curtha i roillig fhéin, agus an saol atá ann." Déarfadh sí é! Eireog na gCosa Lofa! Ach sí Neil béal a múinte. Nár theaga corp 'un cille 'un tosaigh uirthi! … Ní thiúrfaidh Pádraig aon aird orthu …

Tá iníon Phádraig sa mbaile … Máirín sa mbaile! An bhfuil tú siúráilte nach scíth atá aici ón scoil? … Chlis sí sa scoil. Chlis sí! … Níl sí le dhul ina máistreás scoile chor ar bith … Ó, shoraí dhi! Shoraí dhi! …

Tá mac mhic Nóra Sheáinín as an nGort Ribeach imithe … Ar shoitheach as an nGealchathair … Fuair sé posta ar bord … Ba dual mamó dhó luí a bheith aige le na mairnéalaigh …

Abair é sin aríst … Abair aríst é … Go bhfuil mac mhic Neil ag dul ina shagart. Mac iníon Bhriain Mhóir ag dul ina shagart! Ina shagart! An cocscaibhtéirín sin ag dul ina shagart … Go bhfuil sé imithe ag coláiste sagart … Go mbíodh an chulaith air sa mbaile … Agus an "bóna" … Agus "prayerbook" mór míllteach míllteach ag imeacht faoina ascaill aige … Go mbíodh sé ag léamh a thrátha suas anuas an bóthar nua ag an Leacach Ard! Shílfeadh duine nach mbeadh sé ina shagart de dhorta dharta mar sin … Ó, níl sé ina shagart fós, ach go bhfuil sé ag dul chuig an gColáiste. Dheamhan is móide sagart a dhéanfaí choíchin dhe, a Mháirtin Chrosaigh …

Sea, céard adúirt Briain Mór? … Ná bí dhá chomhchangailt chor ar bith ach abair amach é … Tá leisce ort, adeir tú! Tá leisce ort … I ngeall go bhfuil cleamhnas ag Briain Mór liomsa! Níl aon chleamhnas aige liomsa. Leis an gcocailín is deirfiúr dhom atá sé aige. Abair amach é … "Tá airgead ag m'inínsa le cailleadh le sagairt a dhéanamh." "Le cailleadh le sagairt." An scóllachán! … Abair amach é, i dtigh diabhail duit! Déan deabhadh nó beidh tú ardaithe leo acu. 'Ar ndó' ní cheapann tú gur síos san uaigh seo a ligfeas mise thú, fear atá foirgthe le anacair leapan le trí ráithe … "Ní hé sin do mhac Chaitríona Pháidín é" … Abair amach an chuid eile, a Chrosacháin … "nach raibh an oiread aige is a chuirfeadh liobairín de phetticoat coláiste ar a inín." … Briain scóllach! Ó, Briain scóllach! …

Lomán ort! Tá tú ag mungailt aríst. Bíonn Neil ag gabháil "Eileanóir na Ruan" ag dul suas an bóthar nua chuile lá! Glan leat, a Chrosacháin an deargadh tiaraí. Níor mhinic an deáscéal agat fhéin, ná ag do chineál …

3

— … Meastú nach é Cogadh an Dá Ghall é an cogadh seo? …

— … Mise ag tabhairt focal ar an bpionta don Ghaeilgeoir Mhór, agus eisean ag tabhairt pionta ar an bhfocal domsa …

Soir agus anoir aríst lár na mháireach. An tríú lá thug sé an mótar faoina thóin. Bhí an t-aistear soir agus anoir dhár dtuirsiú.

"A Phóil chroí," adeir mo mháthair liom fhéin, an tráthnóna sin, "ba cheart go mbeadh iarracht mhaith triomaigh ar an bhféar feasta."

"Ara cén triomach, a mháthair ó?" adeirimse "Ní féidir an féar luibheannach siúd a thriomú …"

Bhí sé coicís idir chamánaí sul a ndearna mé cocaí móinéir dhe. Lig mé amach aríst as na cocaí é, nó gur iontaigh, gur athiontaigh agus gur bharriontaigh mé é.

Mar sin a bhí nuair a tháinig an ráig bháistí agus an bheirt againn tí Pheadair an Ósta. B'éigin dom a leagan as an athdhéanamh aríst le tamall eile gréine a thabhairt dó.

Ansin thóig mé na clascannaí, leag mé na claidheachaí agus bhioraigh mé aríst iad, bhain mé féar colbhachaí, raithneach agus driseachaí. Rinne mé tóchair. Chaith muid bordáil míosa ar fad sa ngarraí, ach go mbíodh muid soir agus anoir sa mótar go tigh Pheadair an Ósta …

Ní fhaca mé aon fhear ariamh ba ghnaíúla ná é. Agus ní cheal meabhair a bhí air ach oiread. Thóigeadh sé ó scór go dtí deich bhfocal fhichead Gaeilge chuile lá. Bhí dalladh airgid aige. Posta ard faoin nGovernment …

Ach lá a ndeachaigh sé soir de m'uireasa féin chuir Iníon Pheadair an Ósta chun parlúis é agus chuimil sop na geirthe dhó …

Bhí an-chaitheamh ina dhiaidh agam. Seachtain thar éis dó imeacht buaileadh síos le tinneas mo bháis mé … Ach, a Mháistreás an Phosta … Hóra, a Mháistreás an Phosta—cén chaoi a raibh a fhios agatsa nar íoc sé a lóistín? D'oscail tú an litir a chuir mo mháthair suas ina dhiaidh go dtí an Government …

— Cén chaoi, a Mháistreás an Phosta, a raibh a fhios agat nach nglacfadh an Gúm le mo chnuasach dán—"Na Réalta Buí"? …

— 'Ar ndó', ní truaighe ar bith thú. Is fadó a bheidís i gcló dhá ndéantá mo chomhairlesa agus scríobhadh ó bhun an leathanaigh leat suas. Ach féacha mise ar eitigh an "t-Éireannachán" mo ghearrscéal—"An Fuineadh Gréine"—a chur i gcló, agus bhí a fhios ag Máistreás an Phosta sin …

— Agus bhí a fhios ag Máistreás an Phosta cén chomhairle a thug mé don Cheanannach, le foireann Chiarraí a dhonú, sa litir a chuir mé chuige dhá lá thar éis an leaschraobhchluiche ...

— Cén chaoi, a Mháistreás an Phosta, a raibh a fhios agat céard a scríobh mé faoi Chineál na Leathchluaise chuig an nGiúistís an t-am a raibh mé chun dlí leo? ...

— Cén chaoi, a Mháistreás an Phosta, a raibh a fhios ag t'iníon, atá ina máistreás posta anois, sul a raibh a fhios agam féin é, nach ligfí go Sasana mé, agus gurbh eitinn ba chiontach? ...

— D'oscail tú litir a chuir Caitríona Pháidín chuig Mainnín an Chaibhnsiléara faoi Thomás Taobh Istigh. Bhí a fhios ag an saol céard a bhí inti:

"Tiúrfaidh muid go dtí an Ghealchathair i ngluaisteán é. Dallfaidh muid é. Dhá mbeadh cupla gearrchaile slachtar san Oifig agat ag saghdadh faoi, b'fhéidir go síneodh sé an talamh dúinn. Bíonn an-tóir aige ar na cailíní ar a bhogmheisce ..."

— Ab bu búna! ...

— D'oscail tú litreachaí a chuireadh bean as gealloifig sa nGealchathair chuig an Máistir Beag. Ba túisce a bhíodh na lidí faoi na capaill agat ná aige fhéin ...

— D'oscail tú litir a chuir Caitríona Pháidín chuig Briain Mór ag tairiscint dó go bpósfadh sí é ...

— Ab bu búna búna búna! Go bpósfainnse Briain scóllach ...

— Go deimhin, a Mháistreás an Phosta, ní fhéadfainnse a bheith buíoch duit. Bhíodh an citil ag síorfhiuchadh sa seomra cúil agat. D'oscail tú litir a scríobh mo mhac chugam as Sasana le rá gur phós sé Iúdach. Bhí fios ag an tír air, agus gan muid féin ag caintiú beag ná mór faoi. 'Dar a shon, ...

— D'oscail tú litir a scríobh mo mhac chugam as Sasana le rá gur pós sé Black. Bhí a fhios ag an tír é, agus gan muid féin ag caintiú duth ná dath air ...

— Scríobh mé litir chuig Éamonn de Valéra ag moladh

dhó cén sórt gairmscoile ba chóir a chur amach chuig Muintir na hÉireann. Choinnigh tú i dteach an phosta í. Ba mhór an feall ...

— Gach litir ghrá dhá scríobhadh Pádraig Chaitríona chuig m'inín d'osclaitheá roimh ré iad. Níor oscail mé ceann ariamh acu nach bhfaca mé do roiseadh. Honest! Chuimhnínn ar na litreachaí a d'fhaighinn fhéin blianta roimhe sin. Chuir mé pearúl ar fhear an phosta iad a sheachadadh dhom i mo ghlaic. Cumhracht choimhthíoch. Páipéar coimhthíoch. Scríbhinn choimhthíoch. Stampaí coimhthíocha. Post-shuathantais choimhthíocha arbh fhilíocht iontu fhéin iad: Marseilles, Port Said, Singapore, Honolulu, Batavia, San Franscisco ... Grian. Oráistí. Farraigí gorma. Cneasa órbhuí. Insí cuiréalacha. Brait óirghréas. Draid eabhair. Liopaí thrí lasadh ... Dhiúrnaínn le mo chroí iad. Phógainn le mo bhéal iad. Shilinn deor ghoirt orthu ... D'oscláinn iad. Thóiginn amach an billet doux. Ansin, a Mháistreás an Phosta, d'fheicinn do ladhar bhealaithe thíriúil orthu. Uch! ...

— D'oscail tú an litir a chuir mé abhaile chuig mo bhean, agus mé ag obair ar an móin i gCill Dara. Bhí naoi bpunt inti. Choinnigh tú iad ...

— Why not? Breá nar chláraigh tú í? ...

— Nach síleann sibh gur chóir go mbeadh rud eicínt le rá ag sean-fhundúr na cille? Cead cainte dhom. Cead ...

— Go dheimhin, a Mháistreás an Phosta, níor chomaoin domsa a bheith buíoch dhuit féin ná do t'inín, ná do Bhileachaí a thugadh lámh chúnta dhuit sa seomra cúil. Níl aon litir dhá dtáinig chugam as Londain, thar éis dhom a theacht abhaile as, nár oscail sibh. Bhí affaire de coeur, mar adeir Nóra Sheáinín, i gceist. D'innis sibh don tír é. Chuala an sagart agus an Mháistreás—mo bhean—faoi ...

Sin cliú-mhilleadh, a Mháistir. Dhá mba as cionn talúna a bheinn chuirfinn dlí ort ...

— An t-am ar scríobh Baba chugam as Meiriocá faoin

uachta, bhí Neil, an claibín, i ndon a inseacht do Phádraig céard adúirt sí:

"Ní dhearna mé m'uachta fós. Tá súil agam nach n-éireoidh aon bhás de thimpiste dhom, mar a shamhlaigh sibh in bhur litir ..."

D'oscail tú í, a ghorún clamhach ... Thóg tú an chrúibín cham ó Neil.

— Not at all, a Chaitríona Pháidín, níorbh í litir na huachta a d'oscail mé chor ar bith, ach an litir a tháinig ón Aturnae Ó Briain as an nGealchathair chugat, ag fuagairt dlí ort i gceann seacht lá, mara n-íocthá le gnólucht Uí Olláin an round table a cheannaigh tú cuig nó sé de bhlianta roimhe sin ... ú

— Ab bu búna! Ná creidigí í, an chlaimhsín! A Mhuraed! A Mhuraed! ... Ar chuala tú an rud adúirt Máistreás an Phosta? Pléascfaidh mé! Pléascfad ...

4

— ... Inseoidh mise scéal duit anois, a dhuine chóir:

"Bhí Colm Cille in Árainn san am a dtáinig an Naomh Pól go dtí é ann. Ba teannach le Pól an t-oileán ar fad a bheith faoi fhéin.

"Osclóidh mé pán," adeir Pól.

"M'anamsa nach n-osclóidh," adeir Colm Cille, "ach go ndeirimse de ghlan-Ghaeilge go gcaithfidh tú crapadh leat."

Labhair sé sa mBéarla Féne leis ansin. Labhair sé i Laidin leis. Labhair sé i nGréigis leis. Labhair sé sa teanga leanbaí leis. Labhair sé san Esperanto leis. Bhí seacht dteangachaí an Spriod Naomh ag Colm Cille. Ba é an t-aon duine amháin é ar fhág na haspail eile an gifte sin aige, agus iad ag fáil bháis ...

"Very well," adeir Colm Cille, "nuair nach gcrapfaidh tú leat, i bhfeidhmiú na gcumhacht a bheirtear dom, réiteoidh muid mar seo é. Gabhfaidh tusa go hIar-Árainn agus gabhfaidh mise sa gCeann Thiar den Oileán ag Bun Gabhla. Déarfaidh chaon duine againn Aifreann le héirí gréine amáireach. Siúilfidh muid ansin faoi dhéin a chéile, agus an méid den Oileán a bheas siúlta ag gach duine againn nó go gcasa muid ar a chéile, an méid sin a bheith aige."

"Bíodh sé 'na mhargadh," adeir Pól, in Idis. Dúirt Colm Cille an tAifreann agus shiúil sé leis soir ag triall ar Iar-Árainn, gur de sin atá an sean-fhocal: "a theacht aniar aduaidh ort." ...

— Ach a Chóilí, deireadh Seán Chite i mBaile Dhoncha nár dhúirt Colm Cille Aifreann ar bith ...

— Dúirt Seán Chite é sin! Eiriceach é Seán Chite ...

— Cén mhaith do Sheán Chite a bheith ag caint? Nár thug Dia—moladh go deo Leis!—an taispéanadh ansiúd. Bhí an ghrian ina suí chomh uain is bhí Colm Cille ag rá an Aifrinn. Chuaigh sí faoi ansin aríst, agus choinnigh Dia faoi í nó go raibh an tOileán siúlta ag Colm Cille go dtí Iar-Árainn. Sin é an uair a chonaic an Naomh Pól ag éirí i dtosach í! ...

"Bailíodh leat go beo gasta anois, a Iúdaigh," adeir Colm Cille, "fágfaidh mise sproch ort ag dul ar ais go Múr na nDeor: an horsewhipeáil chéanna a thug Críost duit as an Teampall cheana. Mara beag an náire thú! Cén bhrí ach thú chomh sleamhain chomh bealaithe ag imeacht! ..."

Sin é an fáth nach ndearn aon Iúdach tíochas in Árainn ariamh ó shoin ...

—Sén chaoi a gcloisinnse an scéal sin, a Chóilí, ag seandaoine an bhaile se'againn fhéin: an t-am a raibh an dá Phádraig—Sean-Patraicc, alias Cothraighe, alias Calprainnovetch, agus Patraicc Óg—ag dul thart ar fud na hÉireann, ag iarraidh an tír a athrú ...

— An dá Phádraig. Sin eiriceacht ...

— ... Bhí a leithéide de lá ann, a Pheadair an Ósta. Ná séan é ...

— ... A Mháistir, a chuid, bhí an leaba an-chruaidh. An chruaidh go deo faoi mo mhásaí bochta, a Mháistir ...

— Ní raibh mé fhéin inti ach mí, a Mháirtín Chrosaigh, agus d'airigh mé sách cruaidh í …

— Bhí mo dhroim tóigthe fré chéile, a Mháistir. Ní raibh liobar leathair ar mo cheathrúnaí …

— Dheamhan liobar muis, a Mháirtín bhoicht …

— Dheamhan liobar muis, a Mháistir, a chuid, agus bhí sáimhín aireach i mo bhléin. Bhí an leaba …

— Caithfidh muid tharainn í mar leaba go dtí uair eicínt eile. Cogar mé seo leat, a Mháirtín Chrosaigh, cén chaoi a bhfuil …?

— An Mháistreás, a Mháistir. Ina bithin óg, i nDomhnach. Ag saothrú a cuid airgid ag an scoil chuile lá, a Mháistir, agus ag tabhairt aire do Bhileachaí ó oíche go maidin. Sciorrann sí soir ón scoil faoi dhó sa ló ag breathnú air, agus deir siad gur beag néal a chodlaíos an créatúr ach ina suí ag colbha na leapan agus ag tarraint phasóideachaí chuige …

— An raibiléara …

— Ar chuala tú, a Mháistir, gur thug sí triúr dochtúirí as Baile Átha Cliath chuige? Teagann an dochtúr se'againn fhéin go dtí é chuile lá, ach déarfainn, a Mháistir, gur Bileachaí é a bhfuil a chuid maitheasa ar iarraidh. Tá sé ina luí chomh fada anois is nach bhféadfadh sé gan anacair leapan a bheith air …

— Luí fada gan faoilte air! Seacht n-aicíd déag agus fiche na hÁirce air! Calcadh fiodáin agus stopainn air! Camroillig agus goile treasna air! An ceas naon air! An Bhuí Chonaill air! Pláigh Lasaras air! Éagnach Job air! Calar na muc air! Snadhm ar bundún air! Galra trua, bios brún, péarsalaí, sioráin, maotháin agus magag air! Glogar Chaoláin ní Olltáirr ann! Galraí sean-aoise na Caillí Béara air! Dalladh gan aon léas air agus dalladh Oisín ina dhiaidh sin! Tochas Bhantracht an Fháidh air! An Galra glúiníneach air! Deargadh tiaraí air! Gath dreancaidí air! …

— Anacair leapan is measa acu ar fad, a Mháistir, a chuid …

— Anacair leapan freisin air, a Mháirtín Chrosaigh.

— Déanann sí turas na gCros dhá cheann de lá dhó a Mháistir, agus turas go dtí Tobar Chill Íne uair sa tseachtain. Rinne sí turas an Chnoic dó i mbliana, turas na Cruaiche, Tobar Cholm Cille, Tobar Muire, Tobar Sant Aibhistín, Tobar Éinne, Tobar Beirneáin, Tobar Cáilín, Tobar Síonach, Tobar Bóidicín, Leaba na Condeirge, Doigh Bhríde, Loch na Naomh agus Loch Dearg …

— Nach mairg gan mé beo! Thaoscfainn Tobar Briocáin ar an ngadaí, ar an …

— Dúirt sí liom, a Mháistir, marach an chaoi a bhfuil an saol ar forbhás go ngabhfadh sí go Liúird.

"Is measa Loch Dearg ná ceachtar acu, a Mháirtín Chrosaigh," adeir sí. "Bhí mo chosa ag cur fhola i gcaitheamh trí lá. Ach níor chás liom a bhfuilingeoinn, dhá mba rud é a dhéanfadh maith do Bhileachaí bhocht. Ghabhfainn ag lámhacán as seo go …"

— An raibiléara …

— "Bhí dubróin orm i ndiaidh an Mháistir Mhóir," adeir sí …

— Ó, an raibiléara … Dha mbeadh a fhios agat, a Mháirtín Chrosaigh! Ach ní thuigfeá é. Níor ghar dom é a inseacht dhuit …

— Bhuel, sén chaoi é, a Mháistir, bhí an leaba chomh cruaidh sin …

— I dtigh diabhail agat í mar leaba, agus éist léi! … Ó, na rudaí adúirt an raibiléara sin liomsa, a Mháirtín! …

— M'anam gur dóigh é, a Mháistir …

— Muid beirt inár suí thíos sa gCrompán. Tonnaíl lách na taoille ag líochán na leice ag ár gcosa. Faoilleán óg dhá mhaíomh ag a athair agus a mháthair ar a chéad oscar eiteallaí, fearacht brídeog chuthal ag dul chun na haltóra. Scáilí an chrónacháin ag sméaracht ar chosa gréine an fhuinidh ar uachtar toinne, mar a bheadh gasúr an phúicín ag sméaracht le na malraigh eile "a dhó." Maidí rámha curaí a bhí ag filleadh ón muráite ag plubaíl san uisce. Í i m'ucht agam, a Mháirtín.

Dlaoi dhá carnfholt ag cuimilt le mo ghrua. A lámha aniar faoi mo bhráid. Mise ag aithris fhilíochta:
"Gleann Masáin:
Ard a creamh, geal a gasáin.
Do-nímís codladh corrach
Ós inbhear mongach Masáin."
"Má theagann tú; a stóirín, teara go cuíúil.
Teara ag an doras nach ndéanann aon ghíoscán.
Má fhiafraíonn m'athair dhíom cé dhár díobh thú,
Déarfaidh mé leis gur siolla den ghaoith thú." ...
Sin nó ag inseacht scéalta grá di, a Mháirtín ...
— Tuigim thú, a Mháistir ...
— Clann Uisneach, Diarmaid agus Gráinne, Tristan agus Iseult, Tomás Láidir Mhac Coistealbha agus Úna Bhán Nic Dhiarmada Óig, Cearbhall Ó Dálaigh agus Eileanóir na Ruan, "An Chaor-Phóg," "An Pufa Púdair" ...
— Tuigim thú, a Mháistir ...
— Cheannaigh mé gluaisteán d'aon uaim, a Mháirtín, lena tabhairt ag déanamh aeir. Ba dona a bhí mé ina acmhainn, ach níor mhór liom di ina dhiaidh sin é. Théadh muid abuil a chéile chuig pictiúirí sa nGealchathair, chuig damhsaí go Doire na nDamh, chuig cruinnithe múinteoirí ...
— M'anam go dtéadh, agus Bóthar an tSleibhe, a Mháistir. Lá dhá raibh mé ag iarraidh cairrín móna, bhí do mhótar chois an bhóthair ag an Airdín Géar agus an bheirt agaibh thoir sa ngleann ...
— Caithfidh muid tharainn é sin go dtí uair eicínt eile, a Mháirtín Chrosaigh ...
— M'anam, a Mháistir, go gcuimhním ar an lá a bhfuair mé an páipéar faoin bpinsean. Ní raibh a fhios ag aon duine sa teach againn, ó ardbhonnachaí an diabhail, céard a bhí ann. "An Máistir Mór an buachaill," adeirimse. Chuaigh mé chomh fada le tigh Pheadair an Ósta agus d'fhan mé ann nó gur bhailigh na scoláirí siar. Soir liom, ansin. Ag teacht ag geata na

scoile dhom ní raibh uch ná ach ná éagaoine istigh. "Lig mé rofhada é," arsa mise, "ag déanamh cuíúlacht má b'fhíor dom féin. Tá sé imithe abhaile." Bhreathnaigh mé isteach thríd an bhfuinneoig. M'anam, i gcead duitse, a Mháistir, go raibh tú dhá cláradh istigh ...
— Ní raibh. Ní raibh, a Mháirtín Chrosaigh.
— M'anam go raibh, a Mháistir, nach bhfuil rud ar bith is fearr ná an fhírinne ...
— Ha dad, a Mháistir! ...
— Is beag an dochar duit náire a bheith ort, a Mháistir.
— Cé cheapfadh é, a Bhríd? ...
— Bhí ár gcuid clainne ag dul chuige, a Chite ...
— Dhá mbeireadh an sagart air, a Shiúán ...
— Luan Cincíse a bhí ann, a Mháirtín Chrosaigh. Bhí an lá ina shaoire agam. "B'fhearr duit a theacht go dtí Caladh an Rosa," arsa mise léi, thar éis am dínnéir. "Déanfaidh an t-éirí amach leas duit." Chuaigh. Shíl mé, a Mháirtín Chrosaigh, gur thuig mé a rún thar is ariamh, an oíche úd i gCaladh an Rosa ... Bhí an lá fada samhraidh ag dul ó sholas faoi dheireadh agus faoi dheoidh. Bhí an bheirt againn ligthe anuas ar charraig ag breathnú ar na réalta ag ruithneadh sa bhfarraige ...
— Tuigim thú, a Mháistir ...
— Ag breathnú ar na coinnle dhá lasadh i dtithe ar reanna an chladaigh, taobh thall de chuan. Ag breathnú ar an tine dhioláin ar an snáth feamainne ar an meadhthrá. Ag breathnú ar an gceann síne in a dheannach ghleorach amach ar bhéal an Chaoláire. Mhothaíos mé fhéin an oíche sin, a Mháirtín Chrosaigh, i mo chuid de na réalta agus de na soilse; den tine dhioláin, den cheann síne agus d'osnaíl chumhra mara agus aeir ...
— Tuigim thú, a Mháistir. M'anam gur dhóigh é ...
— Dúirt sí liom, a Mháirtín Chrosaigh, go mba doimhne a grá dom ná an fharraige; go mba dílse chinnte é ná torgabháil agus fuineadh gréine; go mba bhuaine é ná tuile agus trá, ná na

réalta agus ná na cnoic, arae go raibh sé ann roimh thaoille, réalt agus cnoc. Dúirt sí gurbh é a grá dom an tsíoraíocht fhéin ...

— Dúirt, a Mháistir ...

— Dúirt, a Mháirtín Chrosaigh. Dúirt, 'mo choinsias! ... Ach foighid ort. Bhí mé ar leaba mo bháis, a Mháirtín Chrosaigh. Tháinig sí isteach thar éis Turas na gCros a dhéanamh agus shuigh ag colba na leapan. Rug sí ar láimh orm. Dúirt sí dhá n-éiríodh aon cheo dhom nár bheo léi a beo i mo dhiaidh, agus nár bhás léi a bás ach muid beirt bású abuil a chéile. Mhionnaigh agus mhóidigh sí dhá mba fada gearr a saol i mo dhiaidh gur ag déanamh leanna a chaithfeadh sí é. Mhionnaigh agus mhóidigh sí nach bpósfadh sí aríst ...

— Mhionnaigh anois, a Mháistir ...

— Dar diagaí mhionnaigh, a Mháirtín Chrosaigh! ... Agus ina dhiaidh sin, féacha fhéin go raibh an nathair nimhe ina croí. Gan mé faoi na fóide ach bliain—bliainín ghágach le hais na síoraíochta a mhóidigh sí dhom—san am a raibh a móide dhá dtabhairt aici d'fhear nach mé, a raibh póga fear nach mé ar a béal, agus grá fear nach mé ina croí. Mise, a céadsearc agus a céile, faoi na fóide fuara agus ise i mbaclainn Bhileachaí an Phosta ...

— I mbaclainn Bhileachaí an Phosta muis, a Mháistir! Chonaic mé féin ... Is mór atá ag duine a ligean thairis, a Mháistir ...

— Agus anois tá sé ar mo leabasa, agus í ag tabhairt fuíoll na bhfuíoll dó, dhá ghiollaíocht ó oíche go maidin, ag déanamh turais dó, ag cur fios ar thriúr dochtúirí go Baile Átha Cliath ... Dhá dtugadh sí dochtúr amháin fhéin chugamsa as Baile Átha Cliath, bheadh an báire liom ...

— An gcreidfeá céard adúirt sí liom fút, a Mháistir? Chuaigh mé isteach chuici le máilín fataí seachtain th'éis thú a chur. Caintíodh ort. "Is mór an scéal é an Máistir Mór," adeirim fhéin, "agus nach raibh siocair ar bith ag an duine bocht. Dhá luíodh sé leis an slaghdán sin, aire a thabhairt dó fhéin, braonachaí fuisce a ól, agus fios a chur ar an dochtúr san am ar bhuail sé i dtosach é ..." "An bhfuil a fhios agat cén scéal é, a Mháirtín Chrosaigh?" adeir sí. Cuimhneoidh mé go brách ar an gcaint a chaith sí, a Mháistir. "An bhfuil a fhios agat cén scéal é, a Mháirtín Chrosaigh, leá na bhFiann ní leigheasfadh an Máistir Mór. Bhí sé ro-mhaith l'aghaidh an tsaoil seo ..." Sea a mhaisce, a Mháistir, agus dúirt sí rud eile nár chuala mé ariamh cheana. Is cosúil gur sean-chaint í, a Mháistir. "An té a mbíonn grá na ndéithe air, básaíonn sé óg ..."

— An raibiléara! An raibiléara! An raibiléirín fairsing ...

— De grace, a Mháistir. Bíodh fios do labhartha agat. Ná déan Caitríona Pháidín dhíot féin. Tháinig an séiplíneach isteach chuici lá. Bhí sé nua-aosach sa bpobal. Ní raibh a fhios aige cá raibh tigh Neil. "Neil, an raicleach," adeir Caitríona. Honest! ...

— A phlandóg na gCosa Lofa! A So an' So! ... A Mhuraed ...

5

— ... Bhíodh sé in éadan Bhriain Mhóir ag an bpinsean chuile Aoine. "Is fearr duit slaimín árachais a chaitheamh ort féin feasta, a Bhriainí," adeireadh an bithiúnach. "Lá ar bith anois gabhfaidh tú Bealach Chondae an Chláir ..."

— "Níl aon ní cruthaithe nach nglacfadh an snagstucairín sin árachas air," adeir Briain Mór liom féin Aoine amháin i dteach an Phosta, "cés moite de ghadhairín le Neil Pháidín a bhfuil sé d'fhaisean aige, ag dul an bóithrín dó, a dhul isteach ag sireoireacht ar urlár Chaitríona."

— Bhí mé thoir ag tógáil an phinsean le Briain an lá ar cuireadh é.

"Is gearr a mhair Fear an Árachais féin," adúirt mise.

"Siúd é siar anois é, an siodchabairín," adeir Briain, "agus más Suas a ghabhfas sé, sáróidh sé an Fear Thuas ag siomsánacht faoin timpiste sin a tharla fadó, agus ag iarraidh Air a "phroperty" naomh agus aingeal a chur faoi árachas ar aithinniúchaí an Fhir Thíos. Más é an Fear Thíos a gheobhas é, sáróidh sé é sin ag tuineadh leis an ghlaicín ghríosaí sin atá aige a chur faoi árachas ar chocannaí an Fhir Thuas. Ní bheadh cleas ar bith ab fhearr dóibh beirt a dhéanamh leis an bpluicsheadáinín sin anois, ná cleas Thomáis Taobh Istigh:

Chuile uair nach dtaithníonn beithigh Neil leis ar a ghiodán talúna cuireann sé isteach ar thalamh Chaitríona iad, agus beithigh Chaitríona ar chuid Neil ..."

— Ar chuala tú céard adúirt sé nuair a bhásaigh Fear Cheann an Bhóthair:

"Dar príocaí, a bhuachaillí, is maith nach mór don Naomh Peadar a bheith ag aireachas ar a chuid eochrach anois, nó ardóidh an tionónta nua seo atá faighte aige uaidh iad ..."

— Ara, cén bhrí ach an rud adúirt sé le Tomás Taobh Istigh ar bhású do Chaitríona:

"A Thomáis, a Aingil ghléigil," arsa seisean, "is minic a bheas ort féin, ar Neil, ar Bhaba agus ar inín Nóra Sheáinín a dhul go dtí an t-úmadóir le bhúr sciatháin bhriste a dheasú, má thugann Dia dhaoibh a bheith ar aon fharadh léi siúd. Déarfainn gur caolsheans atá agamsa ar aon sciathán a fháil. Ní cheapfadh Caitríona go bhfuil mo "valuation" sách mór. Ach dar diagaí dhuit, a Thomáis, a choilm bheannaithe, níor bhaol do do chuid sciathán dá n-éiríodh liomsa áfach bheag ar bith de lóistín a fháil ina haice ..."

— Ab bu búna! Briain scóllach i m'aice! Nár lige Dia anocht! Óra, céard a dhéanfainn? ...

— Séard dúirt Máistreás an Phosta faoi mo bhás-sa gur chinn uirthi litir ar bith a oscailt na laethantaí sin ag freastal do shreangscéalta ...

— Bhí mo bhás-sa sa bpáipéar ...

— Bhí mo bhás-sa i dhá pháipéar ...

— Éist leis an gcuntas a bhí sa "Scéalachán" faoi mo bhás-sa: "Ba de shean-teallach cliúitiúil sa gceantar é. Ghlac sé páirt shuntasach sa ngluaiseacht náisiúnta. Ba chara phearsanta dhó Éamonn de Valéra …"

— Seo é an cuntas a bhí san "Éireannachán" fúmsa: "Ba de theallach a bhfuil gnaoi mhór orthu sa gceantar é. Chuaigh sé i bhFianna Éireann ina ghasúr, agus ina dhiaidh sin in Óglaigh na hÉireann. Ba chara theanntásach d'Art Ó Gríobhtha é …"

— … D'innis Cóilí "Scéal na hEireoige a Rug ar an gCarnaoiligh" ar do thórramh freisin.

— Thug tú éitheach! A leithéide de scéal len inseacht ar thórramh ghnaíúil ar bith! …

— Nach raibh mé ag éisteacht leis! …

— Thug tú éitheach, ní raibh …

— … Siúite ar do thórramhsa! Siúite san áit nach raibh ach dhá shean-phinsinéara!

— Agus duine acu sin féin chomh bodhar le Tomás Taobh Istigh, san am a gcaintíodh Caitríona leis ar theacht in éindigh léi go dtí Mainnín an Caibhnsiléara faoin talamh.

— Sea cheana, agus gan soitheach sa teach nach lán le uisce coisricthe a bhí.

— Bhí siúite ar mo thórramhsa …

— Bhí. Thóig Tomás Taobh Istigh suas ar Bhriain Mhór a rá leis:

"Tá an oiread de leamhnacht Éamonn na Tamhnaí caite agat, ó a tháinig tú isteach, a Thomáis, agus gur cheart go mbeadh díol maistre cruinnithe agat feasta."

— Dhá leathbhairille a bhí ar mo thórramhsa …

— Bhí trí cinn ar mo thórramhsa …

— Bhí muise, a Chaitríona, trí cinn ar do thórramhsa. Sin í corp na fírinne dhuit, a Chaitríona. Bhí trí cinn ann—trí cinn bhreá mhóra—agus scairdín as oibreachaí uisce Éamonn na Tamhnaí freisin … Má ba mé fhéin an sean-fhear d'ól mé dhá mhuigín déag dhe. Déantas na fírinne, a Chaitríona, ní bheadh baol orm an méid sin a chaitheamh dhá mbeadh a fhios agam go raibh mo chroí fabhtach. Séard adúirt mé liom féin, a Chaitríona, agus mé ag breathnú ar an bhfrasaíl phórtair: "b'fhearr don fhear seo go mór dhá gceannaíodh sé bromach ná a bheith ag dalladh sclaibéaraí …"

— A bhrogúis! …

— Ní tada eile a bhí iontu. Bhí cuid acu sínte ina smístí i mbealach chuile dhuine. Sé an áit ar thit Peadar Neil isteach ar an leaba a raibh tú leagtha amach inti, a Chaitríona. Ní raibh aon tapa cheart san gcois a gortaíodh aige.

— An sniogshúdaire salach!

— Cén bhrí ach an uair a thosaigh mac Bhríd Thoirdhealbhaigh agus mac Chite ag rúscadh a chéile, nó gur bhris siad an round-table sul ar féadadh a ndealú …

— Ab bu búna …

— Chuaigh mé fhéin eatorthu. M'anam dhá mbeadh a fhios agam go raibh an croí fabhtach …

— … Facthas dom muise gur leagadh amach an-ghaelach thusa, marab ar mo shúile a bhí sé …

— Ar do shúile a bhí sí nach bhfaca tú an dá chrois a bhí ar mo bhrollach …

— Bhí dhá chrois agus Brat na Scaball ormsa …

— Pér bith céard a bhí ormsa ná nach raibh, a Chite, ní scaoilteóg shalach a chuaigh orm mar chuaigh ar Chaitríona …

— Ab bu búna! Ná creidigí an chlaimhseoigín …

— … Cónra a rinne siúinéara beag an Ghoirt Ribigh a bhí ortsa. Rinne sé ceann eile do Nóra Sheáinín agus ba gheall le cliabhán éanachaí í …

— Cónra siúinéara a bhí ortsa fhéin chomh maith …

— Má ba ea, níorbh é gobán an Ghoirt Ribigh a rinne í, ach siúinéara a chuir a théarma ar fad isteach. Bhí dindiúirí aige ón "Tec" …

— Chuaigh mo chónrasa deich bpunt …

— Shíl mé gur ceann de chuid na hocht bpunt a chuaigh ort: leathcheann chónra Chaitríona …

— Thug tú éitheach, a mhagarlach! Chuaigh an chónra ab fhearr tigh Thaidhg orm …

— Ba í Cáit Bheag a leag amach mise …

— Ba í agus mise, agus chaoin Bid Shorcha mé …

— Muise ba dona a chaoin sí thú. Tá fearsad eicínt i scornach Bhid agus ní scoilteann sí go dtí an seachtú gloine. Is ansin a thosaíos sí ar "Let Erin Remember" …

— Sílim dheamhan ar caoineadh Caitríona Pháidín chor ar bith, marar chaoin bean a mic ná Neil aon dreas …

— … Ní raibh d'altóir ortsa ach sé phunt cróin …

— Bhí deich bpunt ormsa.

— Fóill ort anois, go bhfeice mé cé mhéad a bhí ormsa; … 20 faoi 10 móide 19, comhionann le 190 … móide 20, comhionann le 210 scilling … comhionann le 10 bpunt 10 scilleacha. Nach hea, a Mháistír? …

— Bhí altóir mhór ar Pheadar an Ósta …

— Agus ar Nóra Sheáinín …

— I nDomhnach bhí altóir mhór ar Nóra Sheáinín. Bheadh altóir mhór orm fhéin freisin ach ní raibh a fhios ag aon duine é, arae d'imigh mé rothobann. An croí, go bhfóire Dia orainn! Ní mó na dhá mbeadh luí fada agus anacair leapan orm …

— Bheadh cheithre phunt dhéag go direach ormsa, marach scilling fhabhtach a bhí ann. Ní raibh inti ach leithphínn a raibh páipéar na "bhfeaigs" taobh amuigh uirthi. Briain Mór a thug faoi deara í, agus ba í an mhuic a bhrath sé. Deir sé gurb í Caitríona Pháidín a leag ann í. B'iomaí drochscilling mar í a leag sí ar altóireachaí. Bhíodh sí ag iarraidh a bheith ar chuile altóir agus gan í ina acmhainn, an bhean bhocht …

— A scraideoigín na mbréag …

— Ó, maithimse dhuit, a Chaitríona. Níor mhiste liomsa beirthe é, marach an sagart. "Is gearr gurb iad a gcuid seanfhiacla a bheas siad a leagan ar bord agam," adúirt sé …

— Ní bhíodh ann ach "Pól" anseo agus "Pól" ansiúd agat fhéin agus ag t'inín, a Pheadair an Ósta, san am a ndearna sí cleas an phárlúis ar an nGaeilgeoir Mór. Ach ba bheag an chaint a bhí ar Phól nuair a bhí agat scilling a chur ar m'altóir …

— Thar éis dhá phionta agus dá fhichead a bheith ólta agam cheangail mé Tomáisín, agus diabhal thiomanta mac an aoin as a theach a thaobhaigh mo shochraide ina dhiaidh sin, agus iad ar aon bhaile liom. Ba ar éigin Dé a chuir siad scilling ar m'altóir. Slaghdán orthu uilig, adúirt siad. Ba shin é mo bhuíochas, ainneoin é a bheith i ngreim sa tua. Meastú, dhá mbeadh sé le ceangal aríst …

— Ní raibh aon tsochraide mhór ormsa. Bhí muintir Bhaile Dhoncha imithe go Sasana, agus muintir an Ghoirt Ribigh, Chlochar Shaibhe …

— … Céard deir tú le Caitríona Pháidín, a Chite, nár sheas istigh ar m'urlár ó shéalaigh m'athair nó gur cuireadh i gcónra é, th'éis a liachtaí punt breá dhá chuid tae a d'ól sí …

— Ba shin iad na laethanta a raibh sí ag Mainnín an Caibhnsiléara faoi thalamh Thomáis Taobh Istigh …

— An gcluin sibh an strachaille Bríd Thoirdhealbhaigh, agus Cite chlamhach na mBruineog? …

— B'éigin dom bois a chur trí huaire ar bhéal an tseanbhlaoiscéara seo thall, an áit a raibh sé ag gabháil: "Bhí iníon ag Mártan Sheáin Mhóir" ar do shochraidesa, a Churraoinigh …

— Bhí an tír ar fad ar an tsochraide se'againne, lucht páipéar agus pictiúir agus …

— Ba mhaith an fáth! An "mine" a mharaigh sibh. Dá bhfaigheadh sibh bás ar an tsean-leaba mar a fuair mise, ba bheag an lucht páipéar nuaíochta a bheadh ann …

— Bhí bien de monde ar mo shochraide á moi. Tháinig Le Ministre de France ó Dublin agus leag sé couronne mortuaire ar m'uaigh …

— Bhí ionadaí ó Éamonn de Valéra ar mo shochraidesa, agus brat na dtrí ndath ar mo chónra …

— Tháinig sreangscéal ó Art Ó Gríobhtha ar mo shochraidesa agus scaoileadh urchair as cionn m'uaighe ...
— Thug tú éitheach!
— Thug tusa éitheach! Ba mé an Chéad Leifteanant den chéad Chomplacht den Chéad Chath, den Chéad Bhriogáid ...
— Thug tú éitheach! ...
— Dia dhá réiteach, go deo deo! Nach mairg nár thug siad mo chual cré thar Ghealchathair soir ...
— Tháinig an Búistéara Mór as an nGealchathair ar mo shochraidesa. Bhí meas aige orm, agus meas ag a athair ar m'athair. Ba mhinic adúirt sé liom go raibh meas aige fhéin ormsa i ngeall ar an meas a bhí ag a athair ar m'athair ...
— Tháinig an dochtúr ar mo shochraidesa. Ba suarach an t-ionadh sin, 'ar ndó'. Tá beirt mhac le mo dheirfiúr Cáit ina ndochtúirí i Meiriocá ...
— Anois adúirt tú é! Ba suarach an t-ionadh sin. Ba le bheith gan náire ar fad dó—agus ar fhág tú d'airgead aige le na blianta—nach dtiocfadh sé ar do shochraide. Do rúitín amuigh agat chuile ré solais ...
— Bhí an Máistir Mór agus an Mháistreás ar mo shochraidesa ...
— Bhí an Máistir Mór agus an Mháistreás agus an Póilí Rua ar mo shochraidesa ...
— Bhí an Máistir Mór agus an Mháistreás agus an Póilí Rua agus Deirfiúr an tSagairt ar mo shochraidesa ...
— Deirfiúr an tSagairt! Arbh é an treabhsar a bhí uirthi ru? ...
— Ba diabhlaí nach dtáinig Mainnín an Caibhnsiléara ar shochraide Chaitríona Pháidín ...
— Ba diabhlaí, ná Deirfiúr an tSagairt ...
— Ná an Póilí Rua fhéin ...
— I ndiaidh madraí i mBaile Dhoncha a bhí sé an lá sin ...
— Ní mhairfeadh aon mhadadh ar chnocáin dreancaideacha do bhailesa ...

— ... "Bhí Tomás Taobh Istigh ann a's drandal spóirtiúil air,
Gurb í Neil a thóigfeadh é, ó bhí Caty i gcill ..."

— Go deimhin duit, a Chaitríona Pháidín, dhá mbeadh féith de mo chroí air bheinn ar do shochraide. Níor chomaoin domsa gan a theacht ar shochraide Chaitríona Pháidín dhá mba ar mo ghlúine a ghabhfainn ann. Ach dheamhan smid a chuala mé faoi go dtí an oíche ar cuireadh thú ...

— Is tusa an sclaibéara, Stiofán Bán. Cáid ó tháinig tú? Ní raibh a fhios agam go raibh tú ar fáil chor ar bith. An droch-thinneas ...

— ... Bhí go leor ar mo shochraidesa. An Sagart Paráiste, an Séiplíneach, Séiplíneach Chois Locha, Proinsiascánach agus beirt Bhráthar as an nGealchathair, Máistir agus Máistreás Dhoire Locha, Máistir agus Máistreás an Cheann Thiar, Máistir Chlochar Shaibhe, Maistir na Glinne Bige, agus an Fhó-Mháistreás. Cúntóir Chill ...

— Bhí a mh'anam, a Mháistir a chuid, agus Bileachaí an Phosta. Leis an gceart a dhéanamh ba soilíosach é an lá sin. Sé a dhaingnigh na boltaí ar an gcónra, agus bhí sé fúithi ag dul amach as an teach, agus ba é a d'ísligh síos san uaigh í. Mh'anam leis an gceart a dhéanamh nach raibh leisce ná leontaíocht air. Chaith sé dhe a shaicéad ansiúd, agus rug sé ar a shluasaid ...

— An gadaí! An cocbhodalán! ...

— ... Bhí chúig mhótar ar mo shochraidesa ...

— Rinne mótar an líob sin a fuair an uachta i nDoire Locha staic i mbéal an tseoil agus bhí uair moille ar do Shochraide dhá bharr ...

— Bhí chomh maith le deich gcinn fhichead acu ar Pheadar an Ósta. Bhí dhá "hearse" faoi ...

— M'anam muise mar adeir tusa, go raibh "hearse" fúmsa freisin. Ní bheadh aon tsásamh ag an sean-chailín ann nó go bhfaigheadh sí ceann: "Chroithfí a phutógaí bochta rómhór ar ghuaillí daoine nó ar shean-chairt," adeir sí ...

— Ó b'fhurasta di, a fhear Cheann an Bhóthair, le mo chuid mónasa …
— Agus mo chuid feamainne gaoithesa …
— … Ní raibh an oiread ann le teann frasaíl óil, is a d'iompródh Caitríona 'na phobail. Thosaigh an méid sin féin ag sceaimhínteacht achrainn. B'éigin an corp a leagan anuas faoi dhó leis an gcaoi a bhí orthu. I nDomhnach b'éigin: ar lom an bhóthair …
— Ab bu búna! …
— Agamsa atá an fhírinne, a Chaitríona chroí. Ní raibh ann ach seisear againn ó theach ósta an Bhreathnaigh siar. Chuaigh an chuid eile isteach go dtí an Breathnach, nó loiceadar faoi bhealach. Shíl muid go gcaithfí mná a chur faoin gcorp …
— Ab bu búna! Ná creidigí é, an brogús …
— Sin í lom na fírinne, a Chaitríona. Bhí an-mheáchan ionat. Ní raibh luí fada ná anacair leapan ort.
"Caithfidh an bheirt shean-fhear a dhul fúithi," adeir Peadar Neil thiar ag Bóithrín Chlochar Shaibhe. Ba mhaith ann na sean-fhir, a Chaitríona. Bhí Peadar Neil fhéin ar na maidí croise agus mac Chite agus mac Bhríd Thoirdhealbhaigh ag sclafairt ar a chéile aríst: chaon duine acu ag iarraidh an milleán a chur ar an duine eile faoin "roundtable" a bhriseadh aréir roimhe sin. Níl rud ar bith is fhearr ná an fhírinne, a Chaitríona chroí. M'anam nach ngabhfainn fhéin fút, ná dheamhan troigh den bhealach a dhéanfainn thú a thíolacan, dhá mbeadh a fhios agam an uair sin go raibh an croí chomh fabhtach agam …
— Roleasaithe ag sú faochan, a dhradbhrogúisín …
— "Is mian léi cleas an mhúille a dhéanamh anois fhéin. M'anamsa ná raibh ag an diabhal más olc maith léi é go ngabhfaidh sí 'na phobail agus 'na cille," adeir Briain Mór, agus é fhéin agus mé fhéin agus mac Chite ag dul fút le thú a thabhairt isteach casán an tséipéil …
"Diabhal focal bréige agat, a chliamhain," adeir Peadar

Neil, agus caitheann sé uaidh na maidí croise, agus fáisceann sé fhéin fút ...

— Apupúna go deo deo! Mac an smuitín fúm! Briain Mór fúm! An scóllachán féasógach. 'Ar ndó' má bhí an basachán cromshlinneánach sin fúm, bhí leathmhaing ar an gcónra. Ab bu búna búna! ... Briain Mór! ... Mac Neil! A Mhuraed! A Mhuraed! ... Dhá mbeadh a fhios agam é, a Mhuraed, phléascfainn. Phléascfainn ar bhall na háite ...

6

— ... Muise an ndeir tú liom nach dtóigfí árachas ar bhromaigh? ...

— Ní thóigfeadh mo leithéidesa de ghníomhaire árachais é, a Sheáinín.

— Shílfeá nach mbeitheá ag dul in amhantar ar bith le bromach breá óg. Ba mhór a b'fhiú do dhuine, dá n-éiríodh aon cheo di, crúib airgid a fháil ...

— Fhóbair gur éirigh crúib liom fhéin, a Sheáinín, i gCrosfhocal an "Domhnacháin." Chúig chéad punt ...

— Chúig chéad punt! ...

— Sea, a mh'anam, a Sheáinín. Ní raibh orm ach litir amháin iomraill ...

—Tuigim thú ...

— Séard a theastaigh focal cheithre litir ag críochnú le "e" Dúirt "gaoth na bhfocal" gurb é an chiall a bhí leis, "teallach".

— Tuigim thú.

— Chuimhnigh mé fhéin ar an bpointe ar an bhfocal "teine," ach bhí chúig litir ansin ...

— Thuigim thú.

— "Ní shin é é," arsa mise. Chaith mé an-fhada ag cur scrúduithe orm fhéin agus ag braiteoireacht. "Fine" a chuir mé síos sa deireadh ...

— Thuigim thú.

— Meastú nuair a tháinig a fhuascailt amach ar an bpáipéar nach "tine" a bhí ann! Mo dhiomú go deo ar an litríú simplí, a Sheáinín! Dhá mbeadh gunna soláimhsithe agam dhéanfainn dubhní orm fhéin. Bhí sé ina chiontsiocair mhaith le giorrú liom …

— Anois a thuigim thú.

— … Dar dair na cónra seo, a Stiofáin Bháin, thug mé an punt di, do Chaitríona …

— … Bhí an meanga glé ar a ceannaghaidh …

— Is maith an t-amhantar an meanga glé sin ag an Máistir Beag muise! Tarlóidh cleas an Mháistir Mhóir dó, mara bhfuil ag Dia. Tá geis eicínt ar an scoil se'againne nach n-éiríonn a gcuid ban le na máistrí inti …

— … Sén chomhairle a scríobh mé chuig an gCeanannach thar éis dó leaschraobh na hÉireann a ghnóthachan do Ghaillimh:

"A Cheanannaigh chroí," arsa mise, "mara n-éirí leat an liathróid a bhualadh sa gcraobhchluiche in aghaidh Chiarraí, buail rud eicínt. Ní mór cothramacan síne a bheith ann. Beidh an moltóir ar thaobh Chiarraí, ar aon chor. Agatsa atá a dhéanamh. Tá an spreacadh agus an stuaim ionat. Chuile uair dhá mbuailfidh tú rud eicínt ligfidh mé trí gháire cnoic dhuit" …

— … Mo ghrá é Hitler! Ach a dteaga sé anall go Sasana! … Tá mise ag ceapadh go sluaisteálfaidh sé i dtigh diabhail agus deamhain as ar fad í, mar Shasana: go dtiúrfaidh sé fuadach mhaith an asail le gaoith don chéisín bhuinneach: go gcuirfidh sé "mineannaí" milliún tonna faoina himleacán …

— Go dtárrthaí Dia sinn! …

— M'anam muise nach bhfuil Sasana le cáineadh. Tá saothrú mór ann. Céard a dhéanfadh aos óg Bhaile Dhoncha dhá fuireasa, ná muintir an Ghoirt Ribigh, ná Chlochair Shaibhe …

— Ná an sean-chleabhar seo thall a bhfuil roinn thalúna i

mbarr an bhaile aige nach bhfuil cinneadh go deo léi ag cur cruth ar bheithigh …

— … Après la fuite de Dunkerque et le bouleversement de Juin 1940, Monsieur Churchill a dit qu'il retournerait pour libérer la France, la terre sacrée …

— … Níor cheart duit ligean d'eiriceach dubh ar bith do chreideamh a mhaslú mar sin, a Pheadair. A Thiarna, nach mairg nach mise a bhí ann! D'fhiafróinn mar seo dhe, a Pheadair: "an bhfuil a fhios agat go bhfuil Dia ar bith ann? 'Ar ndó is geall le bó nó gamhain thú, nó le … nó le coileán gadhair." Ní bhíonn ag cur imní ar ghadhar ach a bholg a líonadh. D'íosfadh gadhar freisin feoil Dé hAoine, d'íosfadh sin. Ó dheamhan a dhath col a bheadh aige léi. Ach ní hé chuile ghadhar a d'íosfadh, ach oiread … Bhí ruainnín feola d'fhuílleach agam sa mbaile uair. "Leagfaidh mé suas go Satharn í," arsa mise. "Amáireach lá sheachanta an spóla" … Thar éis am dínnéir Dé hAoine bhí mé ag teacht isteach as an ngarraí le glaicín fhataí san am a bhfaca mé an Ministéara ag dul tharm suas ag foghailéaracht. "D'éireodh dhuit, a eiricigh dhuibh," arsa mise. "Ní ligfidh tú an Aoine fhéin thart gan feoil úr. 'Ar ndó' is geall le bó nó gamhain thú … nó le coileán gadhair." Ar a dhul isteach dhom le mo ghlaicín fhataí, bhí an drol bainte den drisiúr romham. Diabhal cos na feola nach raibh imithe! "Cat nó gadhar go siúráilte," arsa mise. "Ach a bhfaighe mise greim ort, ní rachaidh leat. A dhul ag ithe feola Dé hAoine. Tuilleadh glogair agam nár chuir amach iad agus an doras a dhúnadh i mo dhiaidh!" Ar an tsráid ó thuaidh a fuair mé iad. Madadh an Mhinistéara ag slamairt na feola, agus an madadh se'agam fhéin ag sclafairt air, ag iarraidh é a bhacadh. Fuair mé fhéin an píce. "Is furasta aithinte cé leis thú," arsa mise, "ag ithe feola Dé hAoine." Shíl mé an píce a chur go feirc ann. Thug an rud brocach na haobha leis. Shín mé an fheoil ag an madadh se'againn féin. Go maithe Dia dom é! Níor cheart dom a dhul ag cur cathuithe air. Diabhal a

ndrannfadh sé léi. Diabhail é, muis. Anois, a bhfuil biseach agat? Fios a bhí aige nach raibh sé ceart ... Breá nar dhúirt tú sin leis, a Pheadair, agus gan cead a thabhairt dó do chreideamh a mhaslú. A Thiarna, dá mba mise a bheadh ann ...
— Cén chaoi a bhféadfainn? Níor thug madadh an mhinistéara aon bhlas feola uaimse ariamh ...
— Ach itheann na Spáinnigh feoil chuile Aoine dhá n-éiríonn orthu, agus is Caitlicigh iad ...
— Thug tú éitheach, a bholgán béice ...
— Thug an Pápa cead dóibh ...
— Thug tú éitheach. Eiriceach dubh thú ...
— ... Muise an ndeir tú liom é, a Mháistir, a chuid? Dá gcuimlítí—cén t-ainm é sin a thug tú air, a Mháistir? ... ó sea, biotáile mhiotalaithe—dom in am, nach dtiocfadh aon anacair leapan orm. Ara, a Mháistir, a chuid, ní raibh aon duine den rath do mo chumhdach. Dalláráin. Ní féidir an fhoghlaim a shárú ina dhiaidh sin. Biotáile mhiotalaithe. Nach mairg nach raibh a fhios agam é! I mbuidéal a bhíos sí, adeir tú. Dar fia muise, a Mháistir, caithfidh sé gurb shin iad na buidéil a cheannaíos an Mháistreás ó Inín Pheadair an Ósta. Dúradh liom go gceannaíonn sí an draoi acu. Do Bhileachaí ...
— Ní hiad, a Mháirtín Chrosaigh. Ní i dteach ósta a bheidís chor ar bith. Ag ól atá sí, an raibiléara. Ag ól go siúráilte. Sin nó tá Bileachaí ag ól. Nó an cúpla. Is deas an chaoi ar airgead é, a Mháirtín Chrosaigh ...
— Go deimhin dhuit, a Mháirtín Chrosaigh, dhá mbeadh féith de mo chroí air, bheinn ar do shochraide. Níor chomaoin domsa gan a theacht ar shochraide Mháirtín Chrosaigh, dhá mba ar mo ghlúine a ghabhfainn ann ...
— A Mhuraed! A Mhuraed ... An gcluin tú Stiofán Bán ag sclaibéaracht aríst? Is mór an uais é ... Hóra, a Mhuraed! An gcluin tú? Nóra, a Mhuraed ... Tá tú an-neamhairdiúil le goirid. An gcluin tú mé, a Mhuraed? ... Bhí sé in am agat labhairt ... Ag caint faoin sclaibéara sin Stiofán Bán a bhí mé. Ní raibh a

fhios agam go raibh sé ar fáil chor ar bith go dtí le tamaillín. Is daoithiúil an phaicle atá anseo, a Mhuraed. Ní inseoidís tada do dhuine. Féacha an chaoi ar ceileadh orm faoi Stiofán Bán …

Ó, is feasach mé, a Mhuraed, go dtáinig Máirtín Crosach. Bhí mé ag caint leis. Shíleadar a chur as mo chionn …

Is fíor dhuit sin, a Mhuraed: duine ar bith a bhfuil crois air, is furusta aithinte a uaigh. Ní hé an t-achar is faide é go mbeidh mo chrois fhéin réidh anois, ach deir siad go bhfuil glaschloch an Oileáin dhá hídiú: gur deacair cloch cheart croise a fháil ann; deir Máirtín Crosach gur le fabhar mór a gheofá cloch ar bith anois ann. Dúirt sé liom go raibh dlús dhá chur leis an gcrois mar sin fhéin …

Níor dhúirt, adeir tú, a Mhuraed … Tá an oiread den ghlaschloich ar an Oileán agus nach mbeidh ídithe go deo! Anois, a Mhuraed, níl aon mhaith san aisiléaracht sin. 'Dar a shon go gcuirfinnse bréag ar an bhfear croí. Ní ag fás suas ar a chéile i ngort na mbréag atá mise ná eisean, ó crapadh go dtí an iothlainn seo muid …

Deir tú gur dhúirt bean mo mhic é sin, a Mhuraed: "is maith a bheas muid as cionn an tsaoil nuair a ghabhfas muid ag ceannacht croiseannaí." Tuigim, a mhaisce. Bhí tú ag éisteacht sna doirse dúinte aríst, a Mhuraed, mar a bhítheá ar an Talamh Thuas … Anois, a Mhuraed, níl gar dhá shéanadh. Bhítheá ag éisteacht sna doirse dúinte. An scéal a d'innis tú do Dotie agus do Nóra Sheáinín anseo faoi mo shaolsa, cá bhfuair tú é ach i mo dhoras dúinte? …

Ó, ag éisteacht liom ag caint liom fhéin ar an mbóthar a bhítheá! … agus ar chúl an chlaidhe nuair a bhínn ag obair sa ngarraí! Bhuel, a Mhuraed, nach bhfuil sé chomh gnaíúil éisteacht sa doras dúinte le éisteacht ar an mbóithrín agus ar chúl an chlaidhe! …

Cogar anseo, a Mhuraed? Cén fáth a bhfuil lucht na Cille ar fad im aghaidhsa? Tuige nach bhfaigheann siad cangailt chíre eicínt eile seachas mise? Faoi rá is …

Ní faoi rá is nach bhfuil aon chrois orm, adeir tú! 'Deile? 'Deile? ...

Níor thaithnigh mé le lucht na roillige ó chuaigh mé in aghaidh comhair. Ó a chuaigh mé in aghaidh comhair! Cén chaoi a dhul in aghaidh comhair, a Mhuraed? ...

Tuigim anois thú. Bhótáil mé in aghaidh Nóra Sheáinín! Nach bhfuil a fhios ag do chroí istigh, a Mhuraed, nach bhféadfainn a athrú a dhéanamh? Coigeallach na gCosa Lofa. Torchuire na Mairnéalach, an "So an' So" ...

Ba í comhiarránach na gCúig Déag í ina dhiaidh sin, adeir tú. Agus ba chuma libh faoi chosa lofa, ná faoi lachain, ná faoi mhairnéalaigh, ná a bheith ag ól ar chúla téarmaí, ná í a bheith ina So an' So, a Mhuraed ...

Céard a thug an Máistir orm, a deir tú? ... "Scab." "Scab" a thug sé orm faoi bhótáil in aghaidh lucht na gCúig Déag. Ach níor bhótáil mé in aghaidh lucht na gCúig Déag, a Mhuraed. In aghaidh Nóra thiarpach Sheáinín a bhótáil mé. Tá a fhios agat fhéin gur mar a chéile a bhótáladh an mhuintir sé'againne as cionn talúna i gcónaí. Neil a bhí malraiteach. Neil, an smuitín, a bhí fealltach. Bhótáil sí don dream nua seo as ucht bóthar a fháil isteach chuig an teach ...

Thug an Máistir é sin orm freisin. Abair aríst é, a Mhuraed ... "Bowsie"! "Bowsie," a Mhuraed! ... faoi gur ghlaoigh mé ar Shiúán an tSiopa th'éis í do mo mhaslú roimhe sin! Ó, a Dhia láidir! Níor ghlaoigh mé ariamh uirthi, a Mhuraed. Í fhéin a ghlaoigh ormsa, a Mhuraed. Inseoidh mé sin don Mháistir. Inseoidh agus gan frapa gan taca. "A Chaitríona," adeir sí, "a Chaitríona Pháidín, an gcluin tú?" adeir sí. "Tá mé buíoch duit as ucht go dtug tú do bhóta dúinn. Bean mhisnigh a bhí ionat" ...

Níor lig mé orm amháin, a Mhuraed, gur chuala mé an tóin ghortach. Dhá bhfreagraínn chor ar bith í, séard adéarfainn léi: "a chaile leitheadach, ní duitse ná do Pheadar an Ósta, ná do lucht an Phuint a bhótáil mé beag ná mór, ach in aghaidh an

'So an' So' sin Nóra Sheáinín" …

Dúirt sé gur "turncoat" mé faoi ghlaoch ar Nóra Sheáinín … le carthannas a bhrú uirthi … th'éis ar thug mé de dhíbliú di ó a tháinig mé don roillig … A Dhia agus a Chríosta, a Mhuraed! Mise ag glaoch ar Nóra Sheáinín! … Céard sin, a Mhuraed? … Thug sé sin orm. An Máistir! Ar Nóra Sheáinín a thug sé é, a Mhuraed. 'Deile! …

Thug sé "So an' So" ormsa, a Mhuraed. "So an' So!" Pléascfaidh mé. Pléascfaidh mé. Pléascfaidh …

Eadarlúid VII

AN CHRÉ DHÁ CUMADH

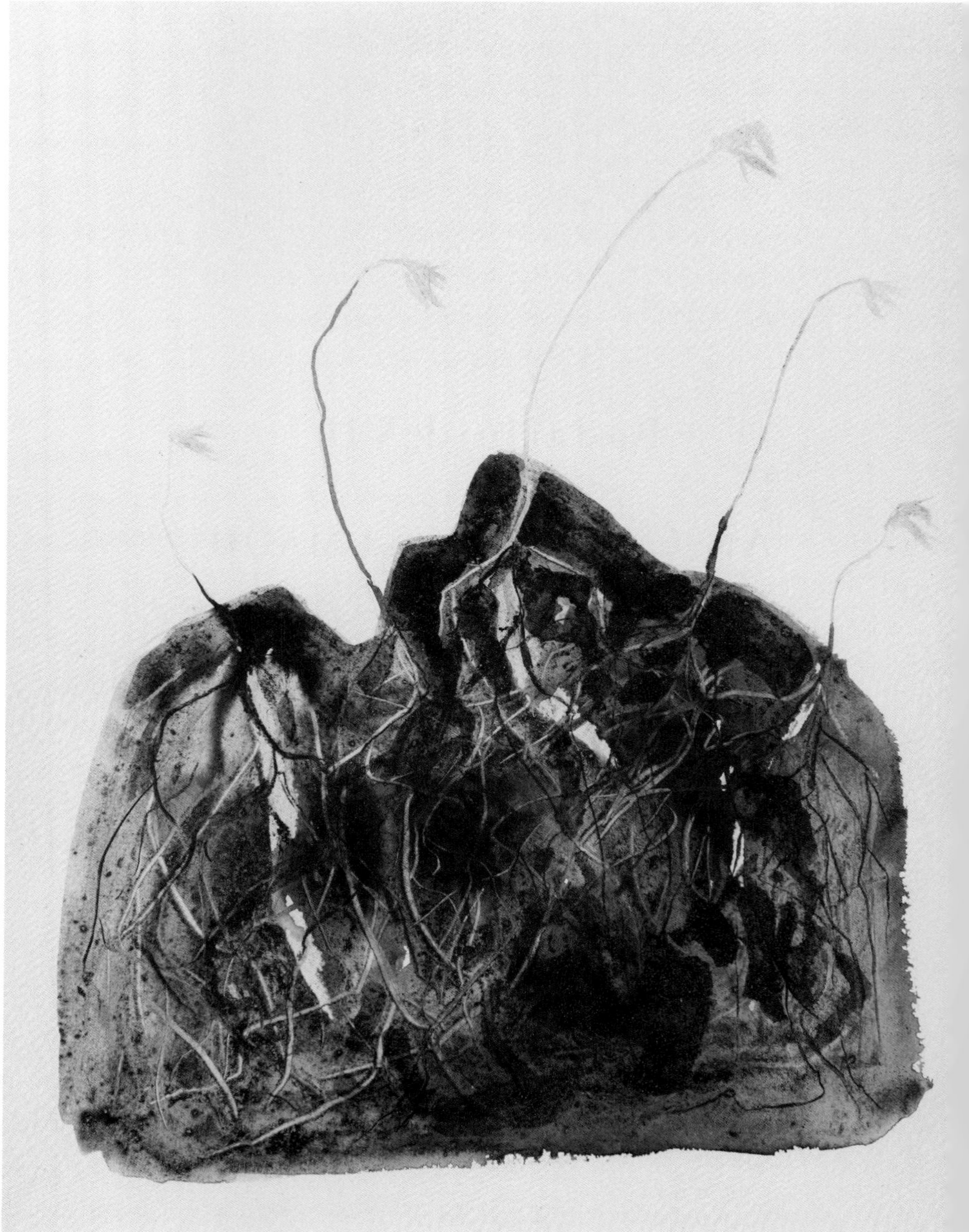

1

IS mise Stoc na Cille. Éistear le mo ghlór! Caithfear éisteacht …

Anseo sa gcill atá an pár arb é gréasán aislingí an duine a chuid friotal doiléar; arb í caraíocht dhúshlánach an duine a dhúch tréigthe; arb iad aoiseannaí uallacha an duine a chuid leathanach dreoite …

As cionn talúna, is scríbhinn úr ornáideach tír, muir agus spéir. Is cuar maorga gach fál. Is sruthline datha gach bóithrín. Is litir órga gach gort arbhair. Is abairt chomhshuiteach den áille gach barrshliabh griansholais, agus gach glaschuan camasach gona chuid gealsheol. Is séimhiú glórmhar gach néal ós cinnlitreacha corcora barra beann. Is uaschama idir leathrann amhra na spéire agus leathrann amhra na talúna an tuarcheatha. Óir is é saothar an scríobhaí seo soiscéal na scéimhe a fhoilsiú ar phár tíre, mara agus spéire …

Ach cheana is abairt bhearnaithe na crainnte didhuilleacha ar mhaoilinn an chnoic. Is lánstad dorcha í an aill ar bhruach rite na mara. Ansiúd ag bun na spéire tá an litir leathchumtha ag críochnú in a práib dhúigh …

Tá an lí ag triomú ar an rónóig, agus tálach ag teacht i láimh an scríobhaí …

Éilíonn an chill a cuid … Is mise Stoc na Cille. Éistear le mo ghlór! Caithfear éisteacht …

2

— ... Cé thú fhéin? ... Cé thú fhéin, adeirim? ... An bodhar atá tú? Nó balbh ... Cé thú fhéin? ... T'anam cascartha ón diabhal, cé thú fhéin? ...
— Níl a fhios agam ...
— Dar uacht an chinn chruacháin! Tom Rua! Cén coimhthíos atá ort, a Tom? Mise Caitríona Pháidín ...
— Caitríona Pháidín. Is tú Caitríona Pháidín. Anois ru. Caitríona Pháidín. Caitríona Pháidín ru ...
— Sea. Caitríona Pháidín. Ní call scéal an ghamhna bhuí a dhéanamh dhe. Cé mar tá siad suas ansin? ...
— Cé mar tá siad suas ansin? Suas ansin. Suas ansin muis ...
— Breá nach dtiúrfá freagra ar an té a labhródh leat, a Tom Rua? Cé mar tá siad suas ansin? ...
— Cuid acu go maith. Cuid acu go dona ...
— Slán an scéalaí! Cé tá go maith agus cé tá go dona? ...
— Is críonna an té adéarfadh, a Chaitríona. Is críonna an té adéarfadh, a Chaitríona. Is críonna an té adéarfadh cé atá go maith agus cé atá go dona. Is críonna, a mh'anam ...
— Nach bhfuil a fhios agat, agus thú sa mbaile is gaire dóibh, an go maith nó go dona atá Pádraig se'againne, a bhean, Jeaic na Scolóige? ...
— M'anam muise go raibh mé sa mbaile ba ghaire dóibh, a Chaitríona. Sa mbaile ba ghaire dóibh, siúráilte go leor. Diabhal bréag ar bith nach raibh mé sa mbaile ba ghaire dóibh, muis ...
— Bíodh gus eicínt ionat, adeirim leat. Níl call coimhthís ar bith anseo duit, ach an oiread is a bhí as cionn talúna. Cé atá go maith agus cé atá go dona? ...
— Bíonn Cáit Bheag agus Bid Shorcha tinn. M'anam go dtiocfadh dóibh a bheith go dona fhéin ...
— Nach breá an scéal atá agat! Ní fhaca mise aon lá ariamh nach tinn a bhí siad, ach nuair a bhí coirp le leagan amach nó

le caoineadh. Tá sé in am acu a bheith go dona feasta choíchin. An bhfuil siad ar a gcailleadh? ... An gcluin tú? An bhfuil Bid Shorcha agus Cáit Bheag ar a gcailleadh? ...
— Deir daoine go n-éireoidh siad. Deir daoine nach n-éireoidh. Is críonna an té adéarfadh ...
— Agus Jeaic na Scolóige? ... Jeaic na Scolóige, adeirim? Cén chaoi a bhfuil sé? ... An scoilteachaí atá ar do theanga? ...
— Jeaic na Scolóige. Jeaic na Scolóige anois. Sea a mh'anam, Jeaic na Scolóige. Deir daoine go bhfuil sé go dona. Deir daoine go bhfuil sé go dona, siúráilte. Thiocfadh dhó. Thiocfadh, a mh'anam ... Ach is iomaí rud adeirtear nach mbíonn i gclár ná i bhfoirm. Is iomaí, a mh'anam. Dheamhan is móide donacht ar bith air ...
— Nach bhféadfá ligean de do chuid leiciméaracht agus a inseacht dhom an bhfuil Jeaic na Scolóige ag coinneál na leapan ...
— Níl a fhios agam, a Chaitríona. Níl a fhios agam, i nDomhnach. Mara n'insínn bréag duit.
— "Mara n-insínn bréag duit!" Shílfeá go mba í an chéad cheann agat í! Céard is cor do Neil? ... Céard is cor don smuitín Neil? ...
— Neil. Sea. a mhaisce. Neil. Neil, a mhaisce. Neil agus Jeaic na Scolóige. Neil Pháidín ...
— Sea. Sea. Neil Pháidín. D'fhiafraigh mé dhíot céard ba chor di ...
— Deir daoine go bhfuil sí go dona. Deir daoine go bhfuil sí go dona, siúrailte ...
— Ach an bhfuil? Nó ab é a cuid ealaíon é? ...
— Deir daoine go bhfuil. Deir go siúráilte. Thiocfadh di, a mh'anam. Diabhal baol ar bith nach dtiocfadh. Ach is iomaí rud adeirtear ...
— Scread mhaidne ar do dhrandal! 'Ar ndó' chuala tú má bhí Neil ag dul isteach agus amach, nó má bhí sí ag coinneál na leapan ...

— Ag coinneál na leapan. Thiocfadh di, a mh'anam. M'anam muise go dtiocfadh ...

— A Dhia agus a Chríosta! ... Éist liom, a Tom Rua. Cén chaoi a bhfuil Baba se'againne atá i Meiriocá? ...

— Baba se'agaibhse atá i Meiriocá. Baba Pháidín. Tá sí i Meiriocá go siúráilte. Tá Baba Pháidín i Meiriocá, tá sin ...

— Ach cén chaoi a bhfuil sí?

— Níl a fhios agam. M'anam nach bhfuil a fhios, a Chaitríona ...

— Sé díol an diabhail é nó chuala tú caint eicínt ag dul thart fúithi. Go raibh sí go dona, b'fhéidir ...

— Deir daoine go bhfuil sí go dona. Deir go siúráilte. Thiocfadh di ...

— Cé adeir é? ...

— M'anam mara n-insínn bréag dhuit, a Chaitríona, nach bhfuil a fhios agam. Níl a fhios muis. Diabhal is móide donacht ar bith uirthi ...

— Cé a gheobhas a cuid airgid? ... Cé a gheobhas airgead, Bhaba? ...

— Airgead Bhaba Pháidín? ...

— Sé. 'Deile? Airgead Bhaba ... Cé a gheobhas airgead Bhaba? ...

— Muise dheamhan a fhios agam féin, a Chaitríona ...

— An ndearna sí aon uachta? ... An ndearna Baba se'againne aon uachta fós? Nach diabhlaí neamh-airdiúil thú! ...

— Muise dheamhan a fhios agam féin sin, a Chaitríona. Is críonna an té adéarfadh ...

— Ach céard adeir muintir an bhaile se'againne faoi, nó muintir an bhaile se'agaib fhéin? ... Ar dhúirt siad go bhfaigheadh Pádraig é? Nó gurb í Neil a gheobhas é?

— Deir daoine gurb í Neil a gheobhas é. Deir daoine gurb é Pádraig a gheobhas é. Is mór adeirtear nach mbíonn i gclár ná i bhfoirm. Is mór muis. Dheamhan a fhios agam féin cé acu a gheobhas é. Is críonna an té adéarfadh ...

— A phúcbhobarúin bhradaigh! Bhí caoi eicínt ar chuile dhuine ariamh acu nó go dtáinig tusa! Céard is cor do Thomás Taobh Istigh? ... Tomás Taobh Istigh. An gcluin tú leat mé? ...
— Cluinim, a Chaitríona. Cluinim é sin go siúráilte. Tomás Taobh Istigh. M'anam muise go bhfuil a leithéide ann, go bhfuil sin, go siúráilte. Diabhal bréag ar bith nach bhfuil Tomás Taobh Istigh ann ...
— Cáil sé anois? ...
— Ar an mbaile se'agaibhse, a Chaitríona. 'Deile? Ar an mbaile se'agaibhse atá sé go siúráilte. Shíl mé go raibh eolas maith agat cá raibh sé, a Chaitríona. Ar an mbaile se'agaibhse a bhí sé chuile lá ariamh, feicthear dom, nó ab ea? ...
— Péarsalaí ar do straois! Séard a d'fhiafraigh mé cá raibh sé anois ... Cáil Tomás Taobh Istigh anois? ...
— Dheamhan a fhios agam, mara n-insínn bréag duit, cáil sé anois, a Chaitríona. Dá mbeadh a fhios agam cén tráth de ló é, ach níl a fhios. Níl a fhios muis. Thiocfadh dhó a bheith ...
— Ach sul a bhfuair tú bás cá raibh sé? ...
— Ar an mbaile se'agaibhse, a Chaitríona. Ar an mbaile se'agaibhse a bhíodh sé, go siúráilte. Ar an mbaile se'agaibhse muis ...
— Ach cén teach? ...
— Muise dheamhan a fhios agam fhéin, a Chaitríona ...
— Ach tá a fhios agat má d'fhág sé a theach fhéin le báisteach anuas ná eile ...
— Deir daoine gur tigh Neil atá sé. Deir daoine gur tigh Phádraig atá sé. Is mór adeirtear nach ...
— Ach níl sé ina theach fhéin? ... An gcluin tú? Níl Tomás Taobh Istigh ina theach fhéin? ...
— Tomás Taobh Istigh ina theach fhéin? Ina theach fhéin ... Tomás Taobh Istigh ina theach fhéin. M'anam go dtiocfadh dhó muis. Thíocfadh, a mh'anam. Is críonna an té adéarfadh ...
— A streilleacháin, ós tusa é, a Tom Rua! Cé aige a bhfuil talamh Thomáis Taobh Istigh? ...

— Talamh Thomáis Taobh Istigh? I nDomhnach muis, tá talamh aige. Tá talamh ag Tomás Taobh Istigh, go siúrailte. Tá muise, talamh ag Tomás Taobh Istigh. Tá talamh aige ...

— Ach cé aige a bhfuil a chuid talúna anois? An bhfuil an talamh fós ag Tomás fhéin, nó an bhfuil sé ag Pádraig se'againne, nó an ag Neil atá sé? ...

— Pádraig? Neil? Tomás Taobh Istigh? Sea, anois. Pádraig. Neil ...

— Loirg an diabhail duit, agus innis dom cé aige a bhfuil talamh Thomáis Taobh Istigh! ...

— Deir daoine gur ag Pádraig atá sé. Deir daoine gur ag Neil atá sé. Is mór adeirtear nach mbíonn i gclár ...

— Ach tá tú siúráilte nach bhfuil an talamh ag Tomás Taobh Istigh fhéin? ... Tá tú siúráilte, a Tom Rua, nach bhfuil an talamh ag Tomás Taobh Istigh fhéin? ...

— Talamh ag Tomás Taobh Istigh fhéin? I nDomhnach thiocfadh dhó, thiocfadh sin. Is críonna an té adéarfadh cé aige a bhfuil talamh Thomáis Taobh Istigh ...

— A chonúis chaca! Is deas an féirín a bronnadh orm: Tom Rua! Cual aicíde! An droch thinneas a thug anseo thú. Marach sin diabhal teacht nó go leáfá. Go deimhin, ní bhfaightheá aon iarraidh mharfach de bharr do theanga, ar chaoi ar bith! Is fearadh ar an gcill thú, a chonúis rua! Gread! Soit ...

3

— ... Titim de chruach choirce ...

— ... Láirín cheanann ...

— ... Go ropa an diabhal agat iad, mar fhearsaí fánacha! Nach bhfeiceann tú go bhfuil rud ar m'aire agus gan a fhios agam nach í siúd sa mbaile a thiúrfadh an gabháltas don mhac is sine ...

— ... Bhí roinn thalúna agamsa i mbarr an bhaile ...

— ... "Bhí inín ag Mártan Sheáin Mhóir,
  Agus bhí sí chomh mór le fear ar bith ..."
— ... Monsieur Churchill a dit qu'il retournerait pour libérer la France, la terre sacrée. Mon ami, gabhfaidh na Francaigh Gaullistes agus les Américains agus les Anglais la France. Tá sin promis ag Messieurs Churchill et Roosevelt ... Sin prophétie ... prophétie ... Targaireacht, je crois en Irlandais ...

— An tairgín a thugas muide ar chlár ghléigeal an Achréidh uirthi. Sin í an tsean-Ghaeilge cheart ...

— Óra, an gcluin sibh aríst í ...

— Bhí sé sa targaireacht go mbeadh an gleann chomh hard leis an gcnoc. Cuimhnínnse ar an am nach ligfeadh an faitíos do dhuine gan láimh a chur ina hata do bháillí agus do stíobhaird an Iarla, ní áirím dó fhéin. Is mó an tsúil atá ag na daoine anois go gcuirfeadh seisean láimh ina hata dóibhsean. 'Mo choinsias chonaic mé fhéin lá é ag umhlú do Neil Pháidín.

— An smuitín! An cocbhúrlamáinín! Thugadh sí stocaí agus sicíní in aisce dhó leis an mbóthar a fháil di. Ba bheag an néal a bhí uirthi sin. B'fheasach di go ndéanfadh sé leas dó fhéin ag dul ag foghailéaracht ...

— Chonaic mise lá eile é ag umhlú do Nóra Sheáinín.

— Is duine cultúrtha é an tIarla. Honest ...

— Honest ar do chairín, a Nóirín na gCosa Clamhach ...

— ... Bhí an "ubh mhailíseach" sa targaireacht. Sin í an "mine" a mharaigh muide ...

— ... Go dtiocfadh Antichrist roimh dheireadh an domhain agus go n-iontódh trí chuid de na daoine leis. Is mór mo bharúil gur gearr uaibh anois é. Agus an deis atá ar an saol: lucht dole ag slamairt fheola ar an Aoine chomh faobharghoileach le eiriceach dubh ar bith ...

— ... Sul dá dteagadh deireadh an domhain go mbeadh muilleoir thart síos agus dhá sháil ar leathchois leis. Peadar Risteard a bheas air. Chuala mé chuile lá ariamh é. Bhí mé ag caint leis an Máistir Beag, goirid th'éis a theacht sa scoil se'againne dó. Tharraing mé anuas chuige é. "M'anam," adeir sé, "go bhfuil sé sin san áit se'againne." D'innis sé an áit dom freisin dhá bhféadainn cuimhniú air. Áit eicínt thart síos é, ar chuma ar bith. Tá, 'mo choinsias," adeir sé. "Tá aithne mhaith agam air, agus dheamhan smid bhreige sa méid sin: tá an dá sháil ar leathchois leis. Is muilleoir é, agus Peadar Risteard atá air," …

— … Go gcaithfeadh 'chuile dhuine a chuid aráin a thomadh in allas a mhala fhéin. Agus nach dtomann? …

— Tomann muis! Féacha Bileachaí an Phosta dhá thomadh in allas an Mháistir Mhóir, agus meas tú an ina chuid allais fhéin atá mac Neil Pháidín, ar éirigh an oiread seo céadta punt leis, dhá thomadh? Agus Tomás Taobh Istigh dhá thomadh ariamh in allas Chaitríona Pháidín agus Neil. Is gearr anois go dtomfaidh Neil a cuid fhéin in allas Bhaba …

— Ab bu búna! Nár fhaighe sí de shaol é! …

— … Go mbeadh fear a dtiúrfaí an Dúil Aeir air as cionn na hÉireann. Agus nach bhfuil? …

— Ara, ní hí Targaireacht Cholm Cille atá agatsa chor ar bith …

— Thug tú éitheach! Sí targaireacht Cholm Chille atá agam …

— Ná géill do thargaireacht Cholm Cille mara bhfaighe tú an leabhar ceart. Níl fíor ach leabhar amháin …

— Sin í atá agamsa: "The True Prophecies of Saint Columkille."

— Foighid oraibh, anois. Ligí dhomsa labhairt. Is scríbhneoir mé. "The True Prophecies of Saint Columkille," ba leabhar é a cuireadh amach le mealladh a bhaint as an bpobal …

— Thug tú éitheach, a bholgán béice! …

— Ó, go deimhin thug agus a dheargéitheach! …

— Is scríbhneoir mé …

— Dhá mbeadh an oiread scríofa agat is nach dtuillfeadh ar an spéir, tá tú ag déanamh na mbréag. Fear naofa mar Cholm Cille ag scríobhadh leabhar le mealladh a bhaint as an bpobal! ...
— Go díreach! Fear naofa. Tá tú ag maslú an chreidimh. Is eiriceach thú. Ní iontas Antichrist fhéin a bheith ar dhord an bhaile. An bhfuil a fhios agat go bhfuil Dia ar bith ann? ...
— Sean-undúr na cille. Cead cainte dom ...
— Níl fíorthargaireacht Cholm Cille anois ach ag fear amháin: Seán Chite i mBaile Dhoncha ...
— Nach tráthúil! Do cholceathar fhéin ...
— Tá sí ag an Ruaiteach i mBaile Dhoncha freisin ...
— Is cosúil go ndearna na fáidhí imirce go garáin neantógacha Bhaile Dhoncha, agus go bhfuil sé ina Mhón naofa acu anois ...
— Tá fíorthargaireacht Cholm Cille ann ar chaoi ar bith, rud nach bhfuil ar chnocáin dhreancaideacha do bhailesa ...
— An-targairí é Liam an bhaile se'againne. Chaithfinn dhá lá mo shaoil ag éisteacht leis. M'anam go bhfuil meabhair mhór ina chuid cainte, feicthear dhom, agus cuid mhaith dhi istigh cheana ...
— Targaireacht bhréagach Liam Chlochar Shaibhe.
— Ní targaireacht bhréagach muis. Sí targaireacht ghlan Cholm Cille atá aige, an targaireacht deiridh a rinne sé. Ach ba mhinic adeireadh Liam nach dtiocfadh isteach di ach trian, an áit ar fhág Colm Cille dhá dtrian dhá thargaireacht bréagach ...
— Thug tú éitheach! Fear naofa mar Cholm Cille ...
— Ó, ná déanaigí aon iontas má fheiceann sibh Antichrist chugaibh pointe ar bith anois!
— Beannacht Dé dhaoibh fhéin agus do Cholm Cille! Tá targaireacht an Gharlaigh Choileánaigh ar an mbaile se'againne ...
— Tá targaireacht Chonáin ar an mbaile se'againne ...

— Targaireacht Mhac Mhrucha Stoca ar Poll atá ar an mbaile se'againne …

— Chuala mise targaireacht Chathail Bhuí ag fear as an gCeann Siar …

— Bhí targaireacht Shnaidhm ar Bundún ag fear as an mbaile se'againne. Tá sé i Meiriocá …

— Bhí targaireacht Mhaoilsheachlainn na nAmhrán ag fear as an mbaile se'againne. Phós sé i gCois Locha. Deireadh sé gur duine naofa a bhí i Maoilsheachlainn. I nDúiche Sheoigeach a bhí sé …

— Bhí targaireacht Uí Dhúgáin ag deartháir mo mháthar. Rial Uí Dhúgáin a bhí aige uirthi …

— Tá fear beo sa mbaile se'againne fós agus targaireacht Déan Swift aige …

— … Go mbeadh "bóthar ar gach fiodán agus Béarla is gach bothán." Agus tá. Tá greadadh Béarla ag Nóra Sheáinín as an nGort Ribeach agus níl fiodán isteach go tigh Neil Pháidín anois nach bhfuil droichead air …

— … Go bpósfadh "na Rómhánaigh" eiricigh. Agus nár phós a gclann seo thall Aidhteailion, Iúdach, agus Black! …

— Bígí ar bhúr son fhéin anois! Ní hé an t-achar is faide go bhfeice sibh Antichrist. Ag pósadh eiricigh … An bhfuil a fhios acu go bhfuil Dia ar bith ann? …

— Tá a fhios ag mo mhacsa go bhfuil Dia ann chomh maith leatsa, th'éis gur phós sé Aidhteailion …

— … Go n-iontófaí an sean-fhear trí huaire ar an leaba …

— Faraor, a chuid, nár hiontaíodh mise scaití. Dhá n-iontaítí, ní bheadh mo mhásaí bochta chomh tóigthe is a bhí …

— … Go ngnóthódh Gaillimh craobh na hÉireann i 1941 …

— In 1941, ab ea? B'fhéidir gur bliain eicínt eile? …

— Níorbh ea. Níorbh ea. Tuige dhá mba ea? 1941. 'Deile? An dúil atá agat a dhul in aghaidh na Targaireachta?

— Seo é Cogadh an dá Ghall. Bhí sé sa targaireacht: "An séú bliain déag beidh Éire dearg le fuil …"Agus nach bhfuil i mbliana? Bhí troid i mBleá Cliath agus ar an Achréidh faoi Cháisc ...

— Dúisigh suas, a dhuine. Tá sin deich mbliana fichead ó shoin, nó tarraint air ...

— Ara cén deich mbliana fichead? Faoi Cháisc a bhí an troid, agus bhásaigh mé faoi Fhéil Muire ...

— Dúisigh suas, a dhuine! Shílfeá gur i mbliana a tháinig tú anseo ...

— Is fíor dó é faoin séú bliain déag ...

— Ara, a mhac Phádraig Labhráis, bíodh unsa céille agat. Níor dhúirt Colm Cille é sin ariamh ...

— Marar dhúirt dúirt Briain Rua é. Targaireacht Bhriain Rua atá aige. Sí atá ag m'uncail freisin:

"An séú bliain déag i ndiaidh an deich fichead beidh
Éire dearg le fuil.
Agus an seachtú bliain déag, sea a fhiafrós na mná:
'mo léan cá ndeachaigh na fir!"

Tá mná Bhaile Dhoncha, an Ghoirt Ribigh, Chlochar Shaibhe, Gleann na Buaile, Dhoire Locha, agus Sheanachoille dhá fhiafraí cheana. Cén chaoi a mbeidh siad faoi cheann cupla bliain eile meastú, nuair nach mbeidh oiread is fear amháin fanta?

Chuala mé m'uncail ag rá go raibh sé i dtargaireacht Bhriain Rua go mbeadh bean agus a h-iníon ina seasamh ar Dhroichead Dhoire Locha agus go bhfeicfidís an fear chucu anoir. Black a bheadh ann, ach m'anam go mba bheag an locht leo é. Thiúrfadh an bheirt áladh an mhadaidh faoi, agus d'fhastóidís é. Bheadh scanradh a chroí ar an bhfear. Ach d'áiteoidís fhéin a chéile ansin, agus gach aon duine acu ag rá go mba léi fhéin é. Thiúrfadh an fear an eang uathu le chuile údragáil. Sin é an uair a bheas na fir gann!

— Is suarach an t-ionadh agus iad ag pósadh Aidhteailions, Iúdaigh, agus Blacks.

— Ó a tháinig an scéala sin abhaile diabhal fear ar bith nach go Sasana atá ag gabháil. Comhairim gur gearr uainn "fómhar na mban fann" anois, mar adeir m'uncail. Cinnfidh sé ar mhná an Ghoirt Ribigh cinnirí a fháil, ná ar mhná Bhaile Dhoncha ná Chlochar Shaibhe. Nach shin é an fonn a bhí orm fhéin ar fad a dhul go Sasana: strachlódh na mná ó chéile eatorthu mé …

Bheinn i mo Bhileachaí an Phosta …

— A mhac Phádraig Labhráis, chuir tú fhéin agus t'uncail míchliú ar mhná na hÉireann …

— Nach ndéanann an Máistir Mór chuile phointe é! …

— A mhac Phádraig Labhráis, mhaslaigh tú fhéin agus t'uncail an creideamh. Eiricigh dubha …

— Deir chuile dhuine gurb iad scoth na bhfear atá ag dealú as an tír. Sén fáth é sin, cheapfainnse, mar tá muid ag tarraint ar Antichrist agus ar dheireadh an tsaoil, agus má tá i ndán is gur sa taobh tíre seo atá an bealach síos go hIfreann ní bheidh ríochan ar bith lena dtriallfaidh de "bhligeárds" orainn as an nGealchathair, anuas as Baile Átha Cliath, agus 'ar ndó' Sasana as éadán. Tá mé i bhfaitíos dár gcuid deirfiúrachaí …

— Éist do bhéal, a ghrabairín Phádraig Labhráis …

— Éist do bhéal, a ghrabairín …

— Ara tá mise ag ceapadh gur gearr anois go mbeidh Sasana cartaithe as i dtigh diabhail uilig. Hitler …

— Tá sé i dTargaireacht Chaitríona Pháidín go mbeidh bean a mic anseo ar an gcéad abhras eile clainne …

— Ab bu búna! …

— Chreidfinn fhéin i dtargaireacht. Níorbh ait liom go mbeadh aon mhíthuiscint faoi seo. Ní abraím go ngéillim do thargaireacht áirid ar bith, ach is léar dom go dtiocfadh do dhaoine an bua sin a bheith acu. Tá buanna ann nach feasach an eolaíocht dhamhnach faice fúthu, faoi nach féidir a léiriú le túrgnaimh. Is ionann an file agus an fáidh ar a liacht bealach. "Vates" a bhí ag na Rómhánaigh ar fhile: duine a dtiocfadh fís nó léargas dó. Thrácht mé fhéin ar an bpointe sin sa "Réalt Eolais" atá i mo chnuasach filíochta "Na Réalta Buí" …

— Go ropa an diabhal thú! Ní dhearna tú de mhaith ná de mhaoin ariamh as cionn talúna ach fearsaí fánacha ...

— Éist do bhéal, a dhailtín. Ba deacair duit aon mhaith a dhéanamh as cionn talúna, nuair nár chuir t'athair ná do mháthair fír na maitheasa ionat. D'fhágaidís istigh thú ag buachailleacht na splaince agus ag rámhaillí, agus iad fhéin sáraithe ag obair ...

— ... Sén chaoi a raibh sé geallta sa Targaireacht go dtiocfadh na Gaill i dtír ag an gCeann Siar, agus go sraonfaidís leo aniar ...

— Beidh neart fear ansin ag mná an Ghoirt Ribigh, Baile Dhoncha agus Chlochar Shaibhe ...

— Tá tú ag maslú an chreidimh ...

— Gabhfaidh Ginearál mór a bhéas orthu síos san abhainn ag Droichead Dhoire Locha le deoch a thabhairt dhá chapall. Scaoilfidh Éireannach faoi agus marófar an capall ...

— Diabhal easna den Ghinearál mór sin nach dtóróidh capall eile. Meastú dhá bhfeiceadh sé bromach maith mór nach n-ardódh sé leis é? ...

— Seo é Cogadh an Dá Ghall. Thuas ar an lagpholl ag gróigeadh móna a bhí mé nuair a tháinig Peaitseach Sheáinín go dtí mé. "Ara, ar chuala tú an scéal nuaidhe?" adeir sé. "Dheamhan é," adeirim fhéin.

"An Kaiser a d'ionsaigh na Belgies bhochta inné," adeir sé. "Is mór an díol truaighe iad," adeirimse. "Meastú nach hé Cogadh an Dá Ghall é?" adeirimse.

— Dúisigh suas, a dhuine. Tá an cogadh sin thart le fada ...

— ... Dúirt an Máistir Mór an lá cheana go gcaithfeadh sé gurb sheo é Cogadh an Domhain agus chomh malairteach is atá na mná ...

— Dúirt Tomás Taobh Istigh é freisin. "T'anam ón docks é, a stór," adeir sé, "sé deireadh an tsaoil é, agus an chaoi a bhfuil an soilíos imithe as na daoine. Féacha mo bhotháinín gan díon deor ..."

— Níl teach ar bith dhá dtéadh Fear an Árachais seo thall isteach ann an t-am ar thosaigh sé, nach n-abraíodh sé gurbh é Cogadh na Targaireachta é.

"Anois, seachas ariamh, tá agaibh slaimín árachais a chaitheamh oraibh féin," adeireadh sé. "Ní baol go maróidh siad an té a bheas faoi árachas, mar dá maraíodh bheadh an iomarca airgid len íoc acu ag deireadh an Chogaidh. Níl agat ach do pháipéar árachais a bheith ar iompar agat síoraí, agus é thaispeáint má ..."

— Ó, nár imir an spriosáinín orm ...

— Cleis na ceirde ...

— Deir Caitríona í féin an lá cheana go gcaithfidh sé gurb é Cogadh na gCríoch é. "Tá glaschloch an Oileáin ídithe," adeir sí, "agus bhí sé sa Targaireacht nuair a bheadh glaschloch an Oileáin ídithe gur ghearr uait deireadh an domhain."

— Ab bu búna! Glaschloch an Oileáin. Glaschloch an Oileáin. Glaschloch an Oileáin! Pléascfaidh mé! ...

4

— ... Foighid, a Chóilí. Foighid ...

— Tabhair cead dom mo scéal a chríochnú, a dhuine chóir: "Rug mé ubh! Rug mé ubh! Te bruite ar an gcarnaoiligh ..."

— Sea, a Chóilí. Cé nach bhfuil ealaín ar bith ann is dóigh liom go bhfuil ciall dhomhain dhiamhair eicínt ag siúl leis. Bíonn i gcónaí i scéalta dhá shórt. Tá a fhios agat céard adúirt Fraser sa "Golden Bough" ... Gabh mo leithscéal, a Chóilí. Níor chuimhnigh mé nach raibh tú i ndon léamh ... Anois a Chóilí, lig domsa labhairt ... A, a Chóilí, lig domsa labhairt. Scríbhneoir ...

— ... Honest, a Dotie. Chlis Máirín. Dhá dtéadh sí liomsa nó le m'iníon ní chlisfeadh. Ach le muintir Pháidín agus le na Loideánaigh a chuaigh sí. Chinn sé dubh agus dubh ar na mná rialta sa gcoinbhint aon cheo a chur ina ceann. Meas tú, a Dotie, nár thosaigh sí ag glaoch smuitín agus raicleach ar a cuid múinteoirí! ... Honest engine, a Dotie. Níorbh fhéidir focla míchuíúla a bhaint as a béal. D'éireodh di, agus a bheith ag éisteacht leo ó rugadh í, in aon teach le Caitríona Pháidín ...

— Ab bub búna! Nóirín ...

— Ná lig ort fhéin go gcloiseann tú chor ar bith í, a Dotie chroí. Nach léar duit fhéin anois go raibh "an leatroma ó thús i gcinniúint" Mháirín mar adeir Blinks sa "Caor-Phóg" é ... Tá tú ceart, a Dotie. Is colceathar do Mháirín é. Ní iontas ar bith é sin a bheith ag dul ina shagart, a Dotie. Bhí cuid mhaith den chultúr timpeall air ó rugadh é. Theagadh an sagart 'na tí ann gach geábh fiach dhá ndéanadh sé. Bhíodh taithí foghailéaraí agus sealgairí ón nGealchathair, ó Bhaile Átha Cliath agus ó Shasana ann chomh maith. Sí Neil, 'ar ndo', a shean-mháthair agus é abuil sí i gcónaí. Is bean chultúrtha í Neil ...

— Ó ... Ó ...

—Bhí a mháthair—iníon Bhriain Mhóir—i Meiriocá, agus bhuail daoine cultúrtha léi ansin. Áit mhór chultúir é Meiriocá, a Dotie. Sciorradh an sean-athair Briain Mór anoir ar cuairt ann scaití, agus ainneoin nach gceapfadh duine é, a Dotie, is fear cultúrtha ar a bhealach fhéin Briain Mór ... Tá sé mar adeir tú, a Dotie, ach bhí an méid seo cultúir air, ar aon nós, nach bpósfadh sé Caitríona Pháidín. Honest ...

— Ó! ... Ó! ... A chíor mheala na ndreancaidí ...

— Ná lig ort fhéin go gcloiseann tú chor ar bith í, a Nóra ...

— Yep, a Dotie ... Nach mór a bhíos idir dhá theallach daoine mar sin fhéin! ... Is colceathar eile do Mháirín é mac mo mhicsa sa nGort Ribeach: an stócach a mbíonn an Máistir Mór ag caint air. D'éirigh leis a dhul ina pheite-oifigeach loinge, a Dotie. Nach méanra dó! Marseilles, Port Said, Singapore, Batavia, Honolulu, San Francisco ... Grian. Oráistí. Farraigí gorma ...

— Ach tá sé an-bhaolach ar farraige ó thosaigh an cogadh ...

— "Ní thomhaiseann giolla na gaisce dubhléim na guaise," mar adeir Frix i "Beirt Fhear agus Pufa Púdair." Aoibhinn, aoibhinn beatha an mhairnéalaigh, a Dotie. Éadaigh áille románsúla air, arb iad buac croí gach mná iad …

— Duirt mé cheana leat, a Nóra, gur codamán tíre mise …

— Rómánsaíocht, a Dotie. Rómánsaíocht … Thug mé searc agus róghrá dhó, a Dotie. Honest! Ach ná labhair amach as do bhéal faoi sin. Tuigeann tú, a Dotie chroí, gur tú mo charaid. Ní bheadh ó Chaitríona Pháidín ach údar biadáin. Ó tharla gan cultúr ar bith a bheith uirthi fhéin ba bharúil antuatúil a bheadh aici faoi rud den tsórt sin …

— Ná lig ort fhéin, a Nóra, go gcloiseann tú chor ar bith í …

— Yep, a Dotie. Thug mé searc agus róghrá dhó, a Dotie. Ba dealbh nuaghlan umha é a gcuirfí séideog na beatha faoi. Ba í réalt an tseaca ag scartadh i linn shléibhe mac eilimistín a shúl. Bhí a fholt ina síoda dubh … Ach a liopaí, a Dotie. A liopaí … Bhíodar thrí lasadh … Thrí lasadh, a Dotie. Ba í an Caor-Phóg fhéin a ngoradh …

Agus na scéalta a d'insíodh sé dhom faoi thíortha coimhthíocha agus faoi bhailte cuain ar an gcoigrígh. Faoi fharraigí callóideacha agus an ghealstoirm ag siabadh bruth bán go barr na slata seoil. Faoi inbhir gléghainimh i lúibinn ros mongach. Faoi shléibhte sceirdiúla sneachta. Faoi bhuailí bhreoghréine ar cholbh foraois duaibhseach … Faoi éanacha gallda, éisc aduaine agus beithigh éigéille. Faoi threibheanna nach bhfuil d'airgead acu ach clocha, agus faoi threibheanna eile a chuireas cogadh d'fhonn céilí a ghabháil …

— Tá sin cultúrtha go leor, a Nóra …

— Faoi threibheanna a adhras an diabhal, agus faoi dhéithe a théas ag suirí i ndiaidh cailíní crúite …

— Tá sin cultúrtha freisin, a Nóra …

— Agus faoi na h-eachtraí a bhain dhó fhéin i Marseilles, i bPort Said, i Singapore …

— Eachtraí cultúrtha, is dóigh …

— Ó thiúrfainn an deor deireannach d'fhuil mo chroí dhó, a Dotie! Ghabhfainn i mo chumhal leis go Marseilles, go Port Said, go Singapore ...

— Rop sibh a chéile ina dhiaidh sin ...

— Ba ghearr ár n-aithne ar a chéile an uair sin. Gnáth-"tiff" díl-leannán, a Dotie. Ba shin é an méid. É in a shuí le m'ais ar an tolg. "Tá tú go hálainn, a Nóróg," adeir sé. "Is loinnirí t'fholt ná an t-éirí gréine ar bheanna sneachta Inse Tuile." Honest dúirt, a Dotie. "Is gleoraí do rosc, a Nóróg," adeir sé, "ná an Réalt ó Thuaidh ag nochtadh thar bhun na spéire don mharaí agus é ag treasnú na Buinglíne." Honest dúirt, a Dotie. "Is áille do cheannaghaidh, a Nóróg," adeir sé "ná bráithre bána ar mhínthránna Hawaii." Honest dúirt. a Dotie. "Is stáidiúla do chaomhchorp, a Nóróg," adeir sé, "ná pailmchrann le múr seraglio i Java." Honest dúirt, a Dotie. "Is caoine t'aolchorp," adeir sé, "ná an teach solais a threoraíos mairnéalaigh go caladh na Gealchathrach, agus a sméideas ormsa chuig dílbharróig mo bhán-Nóróige." Honest dúirt, a Dotie. Chuir sé barróg orm, a Dotie. Bhí a liopaí thrí lasadh ... Thrí lasadh ...

"Is dealfa dea-chumtha do chosa, a Nóróg," adeir sé, "ná an ghealach ina droichead airgid ar bháigh San Francisco," Rug sé greim colpa orm ...

— Rug sé greim colpa ort, a Nóróg. Huga leat anois! ...

— Honest rug, a Dotie. "De grace," arsa mise. "Ná bí ag breith ar cholpaí orm." "Is gleoite cuar do cholpaí, a Nóróg," adeir sé, "ná tradhall faoileáin i sliocht loinge." Rug sé ar cholpa aríst orm. "De grace," arsa mise, "lig do mo cholpaí." "Is bláfaire do cholpaí, a Nóróg," adeir sé, "ná an ceann síne agus é caite ar a dhroim, ó dheas i bhfarraigí fraochmhara." "De grace," arsa mise, "caithfidh tú ligean do mo chuid colpaí." Rug mé ar leabhar a bhí mé a léamh d'íochtar na fuinneoige, agus bhuail mé lena corr ar an mbunrí é ...

— Ach dúirt tú liom, a Nóróg, gur lúib pota a thóig tú chuige, mar a thóig mise ...

— Dotie! Dotie! ...

— Ach dúirt tú liom é, a Nóra ...

— De grace, a Dotie ...

— Agus gur tharraing sé scian, a Nóróg, agus gur thug obainn ar thú a sháitheadh; gur ghabh sé a leithscéal ansin agus gur dhúirt sé gurbh é gnás a thíre fhéin má ba le duine láíocht a dhéanamh le duine eile go mbéarfadh sé ar cholpaí air ...

— De grace, a Dotie. De grace ...

— Go ndearna sibh athmhórtas ansin, agus nach mbaineadh sé méar dhá shróin, gach uair dhá sroicheadh a long an Ghealchathair, nó go dteagadh sé chomh fada leat ...

— De grace, a Dotie. "Méar dhá shróin." An-neamhchultúrtha ...

— Ach sin é an luighe ceanann céanna a chuir tú fhéin air, a Nóróg. Dúirt tú freisin go scríobhadh sé chugat as San Francisco, as Honolulu, as Batavia, as Singapore, as Port Said, agus as Marseilles. Agus go raibh tú achar fada ag déanamh leanna, an áit nach raibh aon litir ag teacht uaidh, nó gur innis mairnéalach eile dhuit gur criogadh é le sáitheadh scine i mbistrot i Marseilles ...

— Uch! Uch! A Dotie. Tuigeann tú go bhfuil mé íogmhar. Ghoillfeadh sé go mór orm dhá gcloiseadh aon duine an scéal sin. Honest, ghoillfeadh, a Dotie. Is tú mo charaid, a Dotie. Ba mhíchliú mhór dom ar dhúirt tú ar ball beag. Go dtarraingeodh sé scian! Go ndéanfainnse rud chomh neamhchultúrtha le lúib pota a thógáil ag aon duine! Uch! ...

— Sin é adúirt tú liom scathamh maith ó shoin, a Nóróg, ach ní raibh an oiread cultúir ort an uair sin is atá anois ...

— Hum, a Dotie. Ní mó ná duine tuatúil ar nós Chaitríona Pháidín a dhéanfadh cleas den tsórt sin. Chuala tú Muraed Phroinsias ag rá gurbh é an t-uisce bruite a thóig sí chuig Briain Mór. Chaithfeadh sé gur fíoramhas í. Honest! ...

— Faraor géar deacrach nár chuir sé an scian go feirc ionat, a mhír na mairnéalachta. Cén áit é sin ar dhúirt tú ar shuigh sé síos in éindigh leat? A Thiarna, Thiarna, níorbh iad barúintí a leasa a bhí faoin duine dona. B'fhurasta aithinte gurb é a sháitheadh a dhéanfaí as a dheireadh, agus suí in aice Chineál na gCosa Lofa. Ba mhaith é a bhronntanas ag imeacht uaitse muis: stuáil shneá …

— Ná lig ort fhéin go gcloiseann tú chor ar bith í, a Nóróg …

— … Anois, a Tom Rua, faoi bhithin Dé thú agus éist liom. Tá mé ag uallfairt ort le uair an chloig agus gan d'aird agat orm ach an oiread is dhá mba síol fragannaí mé. Cén chiall nach ndéanfá teanntás orm? Nach raibh na seacht n-aithne agat orm as cionn talúna? …

— Na seacht n-aithne, a Mháistir. Na seacht n-aithne muis …

— Ceist agam ort, a Tom Rua. An bhfuil Bileachaí an Phosta go dona? …

— Bileachaí an Phosta? Bileachaí an Phosta anois. Bileachaí an Phosta. Bileachaí an Phosta ru. M'anam go bhfuil a leithéide ann, a Mháistir. Tá Bileachaí an Phosta ann, go siúráilte …

— Ara, i dtigh diabhail agus deamhain agus na seacht ndiabhail déag agus fiche milliún a bhí ag leaba bháis Alastar Borgia go raibh sé, mar Bhileachaí an Phosta! Nach bhfuil a fhios agam go bhfuil sé ann! Ab éard a shíleas tú, a Tom Rua, nach bhfuil a fhios agam go bhfuil Bileachaí an Phosta ann? An bhfuil sé go dona, an breillbhodairlín? …

— Deir daoine go bhfuil, a Mháistír. Deir daoine nach bhfuil. Is mór adeirtear nach mbíonn i gclár ná i bhfoirm. Ach thiocfadh dhó a bheith go dona. Thiocfadh, a mh'anam. Thiocfadh go siúráilte. Is críonna …

— Iarraim ort go humhal ceannsa, a Tom Rua, a inseacht dom go bhfuil Bileachaí an Phosta go dona …

— Ó b'fhéidir sin, a Mháistir. B'fhéidir sin, i nDomhnach. Thiocfadh dhó, a Mháistir. Thiocfadh go siúráilte. Muise dheamhan a fhios agam fhéin …

— Impím ort, in ainm nós cianaosta an bhliadáin chomharsanúil, a inseacht dom go bhfuil Bileachaí an Phosta go dona … Maith an fear, a Tom Rua … Mo sheacht ngrá thú, a Tom Rua … M'úillín óir thú, a Tom Rua, ach innis dom an bhfuil Bileachaí an Phosta go dona, nó an bhfaighidh sé aon bhás go luath?

— Is críonna an té …

— Impím ort, a Tom Rua, mar dhuine ba séidigh do mhnaoí—m'fhearacht féin—a inseacht dom an bhfuil Bileachaí an Phosta go dona …

— Thiocfadh dhó …

— Mo chuid den tsaol thú, gealacán mo shúl thú, mo chabhair ón mbeatha thú, a Tom Rua … An gcreideann tú i maoin phríobháideach chor ar bith? … In ainm an dualgais atá ar chách fundúireacht aiceanta an phósta a chothú, m'achaine ort, a Tom Rua, inseacht dom an bhfuil Bileachaí an Phosta go dona …

— Dá n-insínn faice, a Mháistir, d'inseoinn duit fhéin é chomh luath le aon duine, ach ní inseoidh mé faice, a Mháistir. B'fhearr do dhuine a bhéal a choinneál ar a chéile in áit den tsórt seo, a Mháistir. Ní áit do dhuine é le cúl a chainte a bheith leis. Tá poill ar na huaigheannaí …

— Go mba seacht ngáir mheasa a bheas tú anocht agus amáireach agus bliain ó amáireach, a Chomhuintirigh, a Fhasaistigh, a Nasaí, a ainchreidhmigh, a ainchríostaí rua, a fhíorgháilleog den Lóbasfhuil, a bhréandeascaidh de thuaith na bhfos méise, a fhuílleach na haicíde, a gheis na cuile, na cruimhe agus na hagailte, a shampla shnagaigh a chuir faitíos ar an mbás fhéin nó go mb'éigin dó drochthinneas a chur faoi do dhéin, a scearacháin, a sproschodamáin, a raicleach rua …

— De grace, a Mháistir. Coinnigh guaim ort féin. Cuimhnigh gur duine uasal cultúrtha Críostaí thú. Má mhaireann duit is gearr go mbeidh tú i ndon coc achrainn a choinneál leis an amhas sin, Caitríona Pháidín fhéin …

— A Mháistir, a Mháistir, freagair í. Tá an fhoghlaim ort, a Mháistir. Freagair í. Freagair Nóirín …

— Ná lig ort fhéin, a Mháistir, go gcloiseann tú an So an' So chor ar bith ...
— So an' So! So 'an So! Nóirín Sheáinín ag tabhairt So an' So orm! Pléascfaidh mé! Pléascfaidh ...

5

— ... Drochbhuidéal ru. Drochbhuidéal. Drochbhuidéal ...
— ... Chonaic mé uair eile an bheirt acu ar an teach: Pádraig Chaitríona agus Peadar Neil ...
— An síleann tú nach bhfuil a fhios agam é? ...
— ... Go deimhin duit, a Bhríd Thoirdhealbhaigh, dá mbeadh féith de mo chroí air, bheinn ar do shochraide. Níor chomaoin domsa gan a theacht ar shochraide Bhríd ...
— Stiofán Bán ag sclaibéaracht aríst, nó ab ea? Chí Muire gur deacair dhomsa scéal ar bith a bheith agam anseo. An agailt bhradach sin, léanscrios uirthi. Ní dhéanfadh áit ar bith í ach a dhul thrí pholl mo chluaise! Anall díreach ó uaigh Mhuraed Phroinsiais a tháinig sí. Tá an uaigh sin faoi agailteachaí as éadan. Má tá fhéin ghreamaigh sin do Mhuraed. Áras brocach a bhí aici as cionn talúna fhéin. Airde crann loinge de shalachar ar a hurlár, agus cairt ar chuile bhall troscáin faoi chaolachaí an tí. Ní hionadh ar bith go bhfuil sí ar a sáimhín só sa gcréafóig anois. Cén bhrí ach í fhéin. D'fhásfadh fataí ina cluasa, agus níor ghlan sí a bróga ag dul chuig an Aifreann ariamh. D'aithneofá na scráibeannaí marla as poll an tslogaide sa tsráid thoir a d'fhágadh sí ina diaidh síos ar feadh theach an phobail. Agus ní chónódh sí nó go gcocálfadh sí í fhéin le hais na haltóra ar aghaidh Shiúán an tSiopa agus Neil—an raicleachín. Dá bpósadh Muraed Briain Mór ba mhaith ina chéile an bheirt. Níor nigh seisean é fhéin ariamh ach oiread, marar nigh an bhean ghlún é. Deir siad go bhfuil suáilce sa nglaineacht, ach dheamhan a fhios agam.

Rathaíonn lucht an tsalachair fhéin. Choinnigh mise teach glan chuile lá ariamh. Ní raibh oíche Shathairn dhár éirigh ar mo shúil nár nigh agus nár sciúr mé a raibh faoi cheithre roithleánaí an tí. Dhá mbeinn gan éirí i mo sheasamh a bheith ionam, dhéanfainn é. Agus sé a raibh dhá bharr agam gur thug mé giorrachan saoil dom fhéin ...

Céard seo? Cén sórt tóirnéis í seo? Tar éis chomh calctha is atá mo chluasa, tuilleann sin iontu ar chaoi ar bith ... Corp eile. An drochthinneas ... Níl sa gcónra ach sean-bhosca cearc. Dheamhan é muis. Chaithfidís tincéara ar bith anuas as mo chionn anois ...

Cé thú fhéin? ... Loirg an diabhal duit agus abair amach é! Tá mo chluasa calctha ... Dúirt siad thú a chur san uaigh seo ab uil do mháthair. Ní aithním do ghlór muis. Ach is bean thú. Bean óg ... Ní raibh tú ach dhá bhliain agus fiche. Tá faitíos orm go bhfuil fóidín meara ort. Dhá bhféadthá t'aisléine a iontú taobh bun as cionn, b'fhéidir go ndéanfá eolas. Tá mo chlann inín-sa básaithe le fada ariamh ... Nach breá nach labhrófá amach agus a inseacht dom cé thú fhéin! ... An dteastaíonn aon chúnamh spriodáilte uaim! ... Cén sórt cúnamh spriodáilte sin ort? ... Céard é cúnamh spriodáilte? ...

Iníon Choilm Mhóir ru! Sé Briain Mór t'uncail! Is fada ón stuaim an stocaireacht duit a bheith ag iarraidh a dhul in aon uaigh liomsa. An iomarca de do chineál atá tórainneach liom anseo. Níl gaol ná páirt agamsa leat. Gabh síos go dtí do mháthair ansin thíos. Is gearr ó a chuala mé ag cuachaíl í. Ag teacht óna sochraide a tholg mé an fabht ar dtús. Steallaire tuaifisceach de lá a bhí ann ...

Soit! Fan uaim! Drochthinneas Leitir Íochtair. Fan uaim má tá do leas ar Dhia. Ba doicheallach an áit a dhul ag brú isteach chuig t'uncailín Briain Mór ...

Ceard sin adeir tú ru? ... Is agatsa atá a fhios go mba doicheallach! ... Bhí tú ina aghaidh ... Níor thaobhaigh tú a theach le bliain. Níor dhonaide thú sin, a dheirfiúr ó ... Abair é, a dheirfiúr ó! Nach hé adúirt mé ar ball. Dheamhan baslach muis a bhuail sé air fhéin ó rugadh é … Dar príosta níl a fhios agam nach fíor dhuit é: go mba fear glan a bhí i t'athair. Ní aithneofaí duth ná dath as an scóllachán eile é. Lena mháthair a chuaigh t'athair. Duine tláth a bhí ann … Chuaigh tú go dtí Briain Mór bliain ó shoin … D'fhiafraigh tú dhe an bhféadfá aon chúnamh spriodáilte a thabhairt dó. Ó, nach dona na gnaithí a bhí ort cúnamh ar bith a thairiscint don scóllachán gránna! … Ó, ar shon an Léigiúin a chuaigh tú go dtí é! … Is fíor dhuit sin, dheamhan Paidrín Páirteach adúirt sé ó a rugadh é … Sin é a dúirt sé leat … Nach nglacfadh sé aon chúnamh spriodáilte uait … Dúirt sé leat gur "jennetachaí" a bhí sa Léigiúin! Sin é nach bhfuil an bheann aige ar Dhia ná ar Mhuire …

Tá an scóllachán ag ceasacht faoi dheireadh. Loirg an diabhail dhó, tá sé in am sin aige … Sin é adúirt sé: "Sílim go dtiúrfaidh mé 'tour' siar lá ar bith feasta … Agus go deimhin agus go dearfa dhuit beidh sé ina aimsir sna poill údaí thiar … Má bhíonn múille Pháidín …" Tá tú siúráilte anois nár chríochnaigh sé a chuid cainte …

Nár dhúirt mé cheana leat nach dteastaíonn … cén t-ainm é sin a thug tú air? … cúnamh spriodáilte, uaim … Neil ag caint ar theach nua ceannscláta a dhéanamh … Tá siad ag briseadh cloch faoina chomhair. Ab bu búna! … Sin é adeir an droinnín: nár mhór dóibh é anois agus an bóthar nua déanta go doras. Ó, an tiarachín! … "gur gearr go mbeadh sagart sa teach, go lige Dia slán na daoine." Ó, an raicleach! … Tá sí dhá bualadh suas sna cosa. Ba deas an bhail uirthi mara mbeadh sí in araíocht an bóthar nua a shiúl go deo … Na rudaí nach bhfuil a fhios agat anois, bheadh a fhios agat go barainneach faoi cheann seachtaine eile iad … Ach níor lig an scáth d'aon duine a thíocht ag an teach chugat …

Céard deir tú? … Go raibh Jeaic na Scolóige go dona tinn. Sin é tinneas a bháis anois. An Leabhar Eoin. Gheobhaidh Neil agus inín Bhriain Mhóir slam eile airgid … Níor chuala tusa caint ar bith ar an Leabhar Eoin … Ní raibh a fhios agat gur theastaigh aon chúnamh spriodáilte ó Jeaic. Teastaíonn a bhfaighidh sé de chúnamh uaidh anois, an duine bocht …

Chuaigh an ola ar Bheartla Chois Dubh … Tá Cáit Bheag agus Bid Shorcha an-chloíte, adeir tú … Ní chorraíonn siad amach as an teach duth ná dath anois. Ní shínfidh ná ní chaoinfidh siad aon smíste feasta, mar sin …

Chuaigh crois ar Mháirtín Crosach an lá cheana … agus ar Tom Rua freisin. 'Ar ndó' diabhal a bhfuil an conús rua sin achar ar bith anseo … Sin é a chuala tú: gur chuir Neil comhairle ar Phádraig gan crois de ghlaschloich an Oileáin a chur orm … Bheadh a fhios agat go barainneach faoi cheann seachtaine eile é. Slán an scéalaí! … Ó, bí siúráilte, a dheirfiúr ó, gur fíor é. Déarfadh sí é—an raicleach—agus iníon Bhriain Mhóir agus iníon Nóra Sheáinín ag moladh léi … Dúirt Briain Mór é sin:

"Dá mba mise Pádraig, thiúrfainnse a sáith de ghlaschloich an Oileáin don chailleachín bhreilleach sin … A tochailt aníos as an bpoll siúd … A hardú isteach ar an Oileán … Í a chocáil thuas ar an splinc is airde ann … Ar nós fear na Cloiche Móire i mBaile Átha Cliath …" Ó, mo léan, ní hí anáil an Tiarna atá ina bhéal, th'eis go bhfuil sé ar adhastar ag an mbás … Deirim leat nach dteastaíonn aon chúnamh spriodáilte uaim …

Tá iníon Nóra Sheáinín, Neil agus iníon Bhriain Mhóir ag caint le chéile aríst? B'fhurasta aithinte. Ara diabhal is móide troid ar bith a bhí ann luath ná mall ach bréaga an ghrabairín sin ag Pádraig Labhráis … Is fíor dhuit, a dheirfiúr ó. Troid na mbó maol. Tincéaraí iad thrína chéile … Bheadh a fhios agat go barainneach faoi cheann seachtaine …

Tháinig litir mar sin? … Níor dhúirt sí cé aige a bhfágfadh sí an t-airgead … Ó, scríobh sí chuig Pádraig freisin … Nár chunórach an rúisc anois í a dhul ag scríobhadh tigh Bhriain Mhóir, agus gan gaol ná dáimh aici leis … Dúirt sí siúráilte go raibh sí go dona … Agus go raibh a huachta déanta aici. Ha-Dad! … Agus go raibh tuamba i bhfocal aici i Roillig Bhoston.

Tuamba fhéin ru! Mar atá ag an Iarla. Tuamba ar Bhaba se'againne. Léanscrios uirthi, mara dteagadh sí le rud ní ba réidhchúisí ná tuamba! … Chuir sí airgead i mbeainc le go bhfaigheadh an tuamba aire go brách. Dar sliabh ru! … Agus airgead le haghaidh Aifrinn … Dhá mhíle go leith punt l'aghaidh Aifrinn! Dhá mhíle go leith punt! Is beag is fiú an uachta anois. Cluicheálfaidh clann Bhriain Mhóir atá i Meiriocá an chuid eile di. Diabhal an fearr liom beirthe é. Is beag é cion Neil di anois. Ní bheidh sí ag gabháil "Eileanóir na Ruan" feasta ag dul suas thar an teach se'againne …

Síleann tusa nár scríobh Pádraig ar ais chuig Baba. D'imigh an diabhal air marar scríobh! … An éistfidh tú liom faoin bhfios barainneach a bheadh agat faoi cheann seachtaine! Cén mhaith domsa an fios a bheadh agat faoi cheann seachtaine? … Ní scríobhann an Máistir Beag litir d'aon duine anois … An iomarca cruóige … Céard a bhí sé a dhéanamh, adeir tú? … Ag déanamh staidéir ar fhoirm … Ag déanamh staidéir ar fhoirm. Sin caint an-aisteach go deo … Ag cur ar chapaill rása. Ó, huga leat! Ní dhéanann sé smeach sa scoil ach ag léamh fúthu … Tá an sagart ina aghaidh. Shíl mé, i nDomhnach, go mbíodh an bheirt ag spaisteoireacht in éindigh. Nó ar bhréag é? Ní cóir smid ar bith a chreidiúint anseo … Thug sé seanmóir faoi … 'Ar ndóinín, bheadh a fhios ag chuile dhuine cé a bheadh sé a rá, gan trácht ina ainm ná ina shloinne air … "Ag diomallú a gcuid ama agus a gcuid airgid le cearrbhachas, agus ag imeacht le druncaeraí mná sa nGealchathair," adeir sé … "Chuala mé faoi fhear den phobal seo a d'ól dhá phionta agus dá fhichead, ach craosáiníní mná atá i ndon bairille beag brandaí a chráineadh gan call dionnóid phúdair dá gceannaghaidh ina dhiaidh …"A dhiabhail, dhá mbeadh a fhios aige faoi Nóra Sheáinín! … Tá caint go ndíbreoidh sé an Máistir Beag … Ó, nach sheo é aríst é! Bheadh a fhios agat go barainneach faoi cheann seachtaine … Beidh a fhios agat rudaí faoi cheann seachtaine, a inín ó! …

Ab bu búna! Na litreachaí Meiriocá a scríobh an Máistir Beag do Phádraig, níor chuimhnigh sé a gcur i bposta chor ar bith ... San am ar athraigh sé a lóistín uaithi fuair Bean an Chéidigh iad i sean-éadaigh a d'fhág sé ina dhiaidh ... Ab bu búna! D'innis sí do Neil gach a raibh iontu ...

Tá smál eicínt ar Phádraig: breá nar thug sé leis iad é fhéin agus a gcur i bposta? Meastú ar fhág mise mo chuid litreachaí i mo dhiaidh ariamh ag an Máistir Beag ná ag an Máistir Mór? Is aisteach an dream máistirí scoile. B'fhurasta aithinte dhom ariamh fhéin go mbíodh rudaí thar mo chuid litreachaí-sa sa gcoiricín acu. Nach bhfeicinn an Máistir Mór ag scríobhadh dhom agus é ina spól fíodóra ó bhord go fuinneoig féachaint an mbeadh aon amharc ar an Máistreás ag dul an bóthar! ...

Ní scríobhfadh an Mháistreás litir d'aon duine ach an oiread, adeir tú ... An iomarca ar a haire ag breathnú i ndiaidh Bhileachaí. An stropairlín bradach! Ó, dá ndéanadh Pádraig mo chomhairlesa ní bheadh sé i gcleithiúnas aon duine, ach a dhul isteach chuig Mainnín an Caibhnsiléara. Sin é an buachaill nach mbeadh i bhfad ag scríobhadh litir chumasach ar sheacht agus sé pínne. Ach ba mhór le iníon Nóra Sheáinín scaradh le leithphínn ar bith ... Chuala tú nach raibh leath suim ag Pádraig san uachta ... Sin tuilleadh de chluanaíocht Neil ... 'Ar ndó' ní shíleann tú gur scruball atá aici imirt ar mo mhacsa agus í dhá dhéanamh ar a fear fhéin ... "Go raibh Pádraig ceart go leor ó bhásaigh Beisín." Déarfadh Briain Mór é ... An ligfidh tú dhom le do chuid cúnamh spriodáilte! ...

Tá Máirín le dhúl ag coláiste aríst. Déanfaidh sí cúis an babhta seo. Ara, níor cuireadh amach chor ar bith í, an geábh deiridh, ach í fhéin a theacht abhaile. Cumha a bhí ar an gcréatúr. Níl a fhios agat cé air a bhfuil sí ag dul isteach? ... Ina máistreás scoile, is dóigh ... Sin é ar chuala tú fúithi ...

Tá go leor beithíoch ar an talamh ag Pádraig. Chonách sin air! ...

Tá Tomás Taobh Istigh imithe as a theach fhéin ... An

bháisteach anuas a ruaig é ... B'fhadó an lá a bhí aici a ruaigeadh. Sin é adúirt sé: "t'anam ón docks é go raibh an braon dhá bhualadh idir an gob agus an tsúil orm, ba chuma cén áit sa teach a gcuirfinn an leaba. Sílim go ngabhfaidh mé ag cuimilt leis an uaisle an chuid eile de mo shaol" ... Tháinig sé dhá oíche tigh Phádraig agus ansin d'aistrigh sé tigh Neil uilig. Ag Neil mar sin atá an talamh ... Níl a fhios agat ar shínigh sé dhi é nó nár shínigh? Ní mó ná Mainnín an Caibhnsiléara a mbeadh a fhios aige é sin ... Nach cuma sa diabhal céard a bheadh a fhios agat go barainneach faoi cheann seachtaine! Sén rud atá a fhios agat anois ... Dúirt Tomás Taobh Istigh é sin: "ba dea-chroíúla go fada Neil ná Caitríona. Is fearr liom fanacht tigh Neil san áit a gcuimleoidh mé le na huaisle. Ní thaobhaíonn duine uasal ar bith tigh Chaitríona." Is breá an feic ag uaisle cloigeann cruacháin Taobh Istigh! ... "Bíonn togha tobac ag na huaisle agus mná breá in éindigh leo." Is gearr go gcuirfidh an smuitín siúd mná ar an ngoile aige. Má airíonn sí aon cheo dhá bualadh féin, gheobhaidh sí Leabhar Eoin ón sagart, agus sé Tomas Taobh Istigh a chuirfeas sí chun tiomána. Nach mairg gan duine maith eicínt as cionn talúna a chuirfeadh ar an airdeall an duine dona! M'anam gur sa saol a tháinig sé Tomás streilleach Taobh Istigh a bheith ag cuimilt le uaisle ...

Theagadh Lord Cockton ag iascach chuile lá i mbliana ar chuid Neil. D'fhéad sé an mótar a thabhairt isteach go béal an dorais ann ... Tugann an sagart an mótar go teach aici freisin ... Ab bu búna! Thug Lord Cockton amach sa mótar an glibíneach ... Thug sé ag déanamh aeir go Caladh an Rosa í. Ó, nach beag de mheas a bhí aige ar a mhótar ag cur raicleachaí mar sin isteach ann ...

Bhí deirfiúr an tsagairt thuas ann ag foghailéaracht freisin. An treabhsar nó gúna a bhí uirthu ru? ... An treabhsar ... Bhí sí fhéin agus Lord Cockton ag foghailéaracht in éindigh. Nach diabhlaí nach mbacfadh an sagart iad! Is dóigh gur eiriceach dubh é Lord Cockton sin. Bhí caint mhór go raibh sí le máistir scoile Dhoire Locha a phósadh ... Ó bhó go deo, bheadh a fhios agat go barainneach faoi cheann seachtaine é! Caithfidh muid cead a fháil duit a dhul suas aríst go ceann seachtaine ...

Ceapann tú go bhfuil an pósadh caite in aer? Shíl mé gur fear gnaíúil a bhí i máistir scoile Dhoire Locha sin, agus nach n-ólfadh sé an striog fhéin ... Céard adeir tú? Tá mo chluasa calctha ... Go bhfuil sí ag tabhairt chomhlódair do mhac Fhear Cheann an Bóthair: go bhfuil deirfiúr an tsagairt ag tabhairt chomhlódair do mhac fhear Cheann an Bhóthair! Dar fia is barúil an saol é! ...

Dúirt mac Cheann an Bhóthair é sin le Lord Cockton: gan a dhul ag foghailéaracht in éindigh léi ní ba mhó mara mbeadh sé fhéin i láthair ... Chuala mac Sheáinín Liam é dhá rá leis ...

Céard seo? Cáil tú agam? ... Tá siad do do scuabadh leo ... Tuigeann siad anois nach hí seo t'uaigh ... Go ngnóthaí Dia dhuit, a chuid! Má tá tú muintreach ag Briain Mór fhéin is suáilceach uait labhairt. Is beag is ionann thú agus an conús sin Tom Rua ...

6

— ... Mise ag tabhairt focal ar an bpionta don Ghaeilgeoir Mhór ...

— ... Ba mhinic adúirt an Búistéara Mór liom go raibh meas aige fhéin ormsa i ngeall ar an meas a bhí ag a athair ar m'athair ...

— ... Agus mise taobh leis an aon scilling ...

— Mara bhfuil an Máistir Beag taobh leis an aon scilling anois ...

— ... "Rug mé ubh! Rug mé ubh! ..."

— C'est l'histoire des poules, n'est-ce pas?

— ... Honest, a Dotie. Tá m'intinn ina spaid ar fad le

scathamh. Teastaíonn cultúr chomh géar uaimse is a theastaíos grian ón gcraoibh arbhair. Agus níl cultúr ar bith anseo anois. Is náire bhruite don Mháistir Mhór é. Ba chóir nuair a thiocfadh duine don chill go bhfágfadh sé suaraíl fhánach an tsaoil thuas ina dhiaidh agus go mbainfeadh sé leas as a chuid ama lena intinn a fhoirbhiú. Is minic adeirim sin leis an Máistir, ach ní gar é. Níl neart aige trácht ar aon ní anois ach ar an Máistreás agus ar Bhileachaí an Phosta. Caithfear rud eicínt a dhéanamh lena thárrtháil. Honest, caithfear, a Dotie. Ní hé an oiread sin daoine cultúrtha atá againn is go dtig linn déanamh d'uireasa aon duine acu. Ní mór a choisceadh ó bheith ag aithris ar sciolladóireacht Chaitríona Pháidín. Tá 'chaon "raicleach" agus "raibiléara" agus "cocsmuitin" ina bhéal anois aige. Is drochthionchar air Caitríona. Thíos ar Gharbh-Chríocha na Leathghine a bhí aici sin a bheith ...

— Nóirín chlamhach ...

— Ná lig ort fhéin go gcloiseann tú chor ar bith í, a Nóróg ...

— Yep, a Dotie. Tá fúm a dhul chun cinn ar m'aghaidh fhéin agus cumann cultúrtha a chur ar siúl. Measaim gur féidir a lán a dhéanamh le intinn an dream atá anseo a fheabhsú agus leithead agus airde a thabhairt dá mothúchán cultúrtha. Sa gcumann a chuirfeas mé ar bun pléifear cúrsaí forleathna, idir cheisteannaí poilitíochta, caidriúchais, geilleagair, eolaíochta, léinn, oideachais, agus eile. Ach pléifear go cuíúil acadúil iad, ar neamhchead do ghnéas, cine, agus creideamh. Ní bheidh bacainn ar dhuine ar bith dhá nglacfar sa gcumann a bharúil fhoilsiú, agus ní bheidh de cháilíocht chomhaltais againn ach gur caraid don chultúr é ...

— Measann tú nach hí gabháil an chultúir a bhí ag giniúint ionamsa nuair a thóigeas lúib an phota agus a bhuaileas ...

— De grace, a Dotie. "Maitheann Dia na peacaí móra, ach muid féin nach bhféadann na peacaí beaga a mhaitheamh dúinn féin," mar adúirt Eustasia le Mrs. Crookshanks agus iad ag troid faoi Harry. Féachfaidh muid le faisnéis a chraobhscaoileadh faoi ghnéithe eile den tsaol—gnéithe coimhthíocha go sonrach—agus dhá réir sin tuiscint a thabhairt do dhaoine agus do dhreamannaí ar leith de na daoine ar a chéile. Beidh díospóireachtaí againn go féiltiúil, léachtaí, soirées, Tráth Ceist, Symposium, Tréimhseachán Teann, Colloquium, Caibidil, Scoil Shamhraidh, Deirí Seachtaine, agus Faisnéis Más É Do Thoil É do Chríocha na Leathghine. Acara mór i gcúis an chultúir fhorleathain agus na síochána a bheas sa gcumann seo. Rotaraí a tugtar ar a leithéid. Ag daoine cultúrtha fearacht an Iarla a bhíos baint leis an Rotaraí ...

— Agus ag mairnéalaigh ...

— Ná lig ort fhéin, a Nóróg, go gcloiseann tú chor ar bith í ...

— Yep, a Dotie. Ní ligfead. Ach sin sampla maith den chineál barúla a caithfear a phlúchadh le crann soilse an Rotaraí. Ní ag Caitríona amháin atá aigne den tsórt sin. Dá mba ea níor mhiste, ach tá sí coitianta go leor. Is dream inspéise mairnéalaigh. Intinn chúng neamhshaothraithe a ghabhfadh dhá gcáineadh ...

— Marach na sceana sin a bhíos acu, a Nóróg ...

— De grace, a Dotie. Sin barúil eile a caithfear a léirscrios ...

— Cé eile a bheas sa Rótaraí, a Nóróg?

— Níl mé barainneach amach agus amach fós. Tú fhéin, a Dotie. An Máistir Mór. Peadar an Ósta. Siúán an tSiopa ...

— An file ...

— Go ropa an diabhal é, an dailtín ...

— ... Ach níor léis "Na Réalta Buí," a Nóra.

— No infearnal odds, old man! Ní glacfar thú. Honest! Tá tú decadent! ...

— Ba cheart Bríd Thoirdhealbhaigh a ghlacadh. Bhí sí ag na pictiúir sa nGealchathair uair ...

— I nDomhnach, bhí mise in éindigh leis an ngearrbhodach acu, an uair a cheannaíomar an bromach ...

— Foighid oraibh, anois. Is scríbhneoir mise ...
— Ní fhéadfar thú a ghlacadh. Má tá i ndán is go nglacfar déanfaidh muid ciréabacha den chill. Mhaslaigh tú Colm Cille.
— ... Ní gar duit é a léamh. Ní éistfidh mé le "t'Fhuineadh Gréine." Honest! Ní éistfead ... Níl aon mhaith dhuit ag tuineadh liom: ní éistfead. Tá intinn an-libearalach agam, ach mar sin fhéin ní foláir roinnt áirid den chuiúlacht a choinneál ... Is bean mé ... Ní éistfead. Honest! ... Ní glacfar leat. Tá do shaothar Joysúil ... Níl aon mhaith dhuit liom. Ní éistfidh mé leis "An Fuineadh Gréine." Intinn íseal-íseal atá agat agus rud mar sin a scríobhadh ... Tá tú ag gabháil do "Bhrionglóid an Dinosaur" ... Ní éistfead. Brionglóid an Dionosaur. Gaileota Joysúil dáiríre. Gné an-íseal den Dúil Bheo thú ... Ní glacfar leat nó go bhfoghlaimí tú gach focal de Sheanmóin agus Trí Fichid de ghlanmheabhair ...
— Molaimse go nglacfaí an Francach. Is Gael dúthrachtach é. Tá sé ar a mhine ghéire ag foghlaim na teangan ...
— Tá sé ag scríobhadh tráchtais faoi na consoin ghéaráin i gcanúint na Leathghine. Deir sé go bhfuil na carbaid sách maol acu faoi seo le gur féidir staidéar léannta a dhéanamh ar a gcuid fuaimeanna ...
— Measann an tInstitiúid go bhfuil an iomarca Gaeilge—de chineál nach bhfuil marbh ar feadh na tréimhse sceidealta—foghlamta aige, agus ó tharla go bhfuiltear in aimhreas gur Revival Irish corrfhocal di, ní foláir dó gach siolla a dhífhoghlaim sul a mbeidh sé cáilithe leis an staidéar sin a dhéanamh i gceart.
— Tá faoi freisin an béaloideas caillte uilig a bhailiú agus a shábháil i riocht is go mbeidh a fhios ag na glúinte Gaelchorp a thiocfas cén cineál saoil a bhí i bpoblacht na nGaelchorp rómpu. Deir sé nach bhfuil macsamhail Chóilí de sheanchaí le fáil níos gaire ná an Rúis anois, agus nach mbeidh a leithéid arís ann. Síleann sé gur furasta Musaem Béaloideasa a

dhéanamh den Chill agus nach mbeidh stró ar bith deontas a fháil faoina chomhair sin …

— Óra, nach raibh an geadshomachán ag troid in aghaidh Hitler …

— Glactar é …

— Go raibh maith agaibh, mes amis! Merci beaucoup …

— Tá Hitler in aghaidh Rotaraí …

— Óra má tá, bíodh an diabhal agaibh fhéin agus ag bhúr gcuid Rotaraí! …

— … Fear a d'ól dhá phionta agus dá fhichead! Ní ghlacfaí muis, ná in Alcoholics Anonymous ná i Mellerae. Áit ar bith ach i "Meisceoirí Teoranta" …

— D'ól mé dhá phionta agus dá fhichead muis …

— Ach d'óladh Nóra Sheáinín a dhá oiread ar chúla téarmaí …

— Éist do bhéal, a ghrabairín.

— 'Ar ndó' ní féidir go nglacfadh sibh aon duine de Chineál na Leathchluaise ru. Má ghlacann, is sáite a bheas sibh …

— … Cén chaoi a ligfí i Rotaraí thusa agus gan do chuid táblaí agat? …

— Ach tá. Éist liom. Dó dhéag faoi haon, dó dhéag; dó dhéag faoi dhó …

— … 'Dar a shon go nglacfaí: fear a mharaigh é fhéin ag dul ag breathnú ar an gCeanannach? Bás an-neamhchultúrtha a bhí ann …

— Glacfar fear dhíolta na leabhar. Láimhsigh sé na mílte leabhar …

— Agus Gníomhaire an Árachais. Níodh sé Tomhaiseanna Crosfhocal …

— Agus Stiofán Bán. Sochraideach maith a bhí ann …

— … Cén chiall nach nglacfaí thú? Nach bhfuil do mhac pósta ag Black! Daoine cultúrtha iad na Blacks.

— Is cultúrtha iad ar chaoi ar bith ná na hAidtealions a bhfuil duine acu pósta ag do mhacsa …

— Ba cheart Caitríona Pháidín a ghlacadh. Tá roundtable aici sa mbaile ...
— Agus comhra Nóra Sheáinín ...
— Bhí eolas mór aici ar Mhainnín an Caibhnsiléara ...
— Agus tá iním a mic ag dul ina máistreás scoile ...
— Ba cheart iním Choilm Mhóir a ghlacadh. Bhí sí sa Léigiún. Tugann sí cúnamh spriodáilte do dhaoine ...
— Is furasta aithinte, agus a bhfuil de bhiadán aici! Níor tháinig iadh ar a béal ó stríoc sí caladh ...
— Tá tú ag maslú ...
— Más cúrsaí mar sin é, ba chóir Máistreás an Phosta a ghlacadh. B'oifigeach faisnéise agus taiscéalaíochta í sa Léigiún, agus ní fhéadfadh sí gan cultúr a bheith uirthi agus ar léigh sí ...
— Agus Cite. Ba corparál lainse é a mac sa Léigiún, agus bhí Corparáid Creidiúnais aici féin ...
— Agus fear Cheann an Bhóthair. Chuir a shean-chailín hearse faoi ar fhaitíos a gcraithfí a phutógaí bochta ...
— M'anam muise, mar adeir tusa ...
— Bhí a raibh tigh Cheann an Bhóthair sa Léigiún ...
— Agus tá a mhac mór le deirfiúr an tsagairt ...
— Ghoid a raibh ina theach mo chuid mónasa ...
— Agus m'oirdínsa ...
— Tá sibh ag maslú an chreidimh. Is eiricigh dubha sibh ...
— ... Glacfar thú. Bhí an Búistéara Mór ar do shochraide, nach raibh? ...
— Ba fear maith Rótaraí a bheadh i Tomás Taobh Istigh. Caraid don chultúr é.
— Agus Briain Mór. Bhí sé i mBaile Átha Cliath ...
— Agus Neil Sheáinín. Castar go leor de lucht an Rótaraí uirthi. Lord Cockton ...
— Cead cainte dhomsa. Cead cainte ...
— Sé Seáinín Liam a thiúrfas an chéad léacht don Rótaraí. "Mo Chroí." ...
— Cite ansin: "Airleacan" ...

— Dotie: "Clár Gléigeal an Achréidh."
— Máirtín Crosach: "Anacair Leapan" …
— An Máistir Mór ansin: "Bileachaí an Phosta" …
— É seo thall: "An Modh Díreach le Rúitíní a Chur Amach" …
— Caitríona Pháidín: "Scéimh Bhriain Mhóir" …
— Óra, Briain scóllach basach …
— Tom Rua ansin …
— Ní abróidh mé faice. Dheamhan é muis. Faice …
— … Tiúrfaidh tusa léacht faoi fháidhí Bhaile Dhoncha …
— Agus tusa faoi chnocáin dreancaideacha do bhaile féin …
— … Honest, a Dotie, ní raibh aon lá ariamh nach raibh mé líofa chuig an gcultúr. An té adúirt leatsa gur anseo a thosaigh mé leis, deirimse go bhfuil sé claonbhreathach. An uair a bhí mé sa nGealchathair i mo ghirrsigh, níor thúisce a bhínn sa mbaile ón gcoinbhint agus mo dhínnéar ite agam ná a théinn amach i gcóir caidrimh chultúrtha. Sin é an uair a casadh an mairnéalach dom …
— Níor innis tú dhom ariamh, a Nóróg, go raibh tú ag dul 'na coinbhinte …
— De grace, a Dotie. D'innis go minic, ach tá dearmad déanta agat air. Tuigeann tú gur ag cur bal chríoch ar mo chuid oideachais a bhí mé sa nGealchathair, agus ag bean mhuintreach dhom de Chloinn Mhic Fheorais, baintreach, a bhíos ar lóistín …
— Thug tú do dheargéitheach, a Nóirín na gCosa Lofa. Ní raibh gaol ná páirt agat léi. Ar aimsir aici a bhí tú. Ba mhór an t-ionadh gur lig sí isteach ina teach chor ar bith thú féin ná do stoc dreancaidí. Ach ar an dá luath is a bhfuair sí amach go raibh tú ag imeacht le mairnéalaigh thug sí neantóg sa másá abhaile duit go Gort Ribeach na Lachan, na Lochán, na nDreancaidí agus na gCosa Lofa. Cén bhrí ach ag rá go raibh sí ag dul chuig an scoil sa nGealchathair …
— Ná lig ort féin go gcloiseann tú chor ar bith í …

— My goodness me, a Dotie, níl cead cainte ar bith ag an strachaille sin. Í ansin gan chrois gan chomhraíocht mar litir a postáilfí gan aon tseoladh …

— Bhí buíoch don amadán is deartháir duit, a Nóirín …

— Tá do mhac sa mbaile, agus é ag cinnt air an t-árachas a thóig tú ar Thomás Taobh Istigh a íoc. Agus ar an dá luath is a bhfuair Tomás amach é sin, d'imigh sé as do theach agus chuaigh sé go dtí Neil …

— Ó! Ó! …

— Más Ó nó P é, siúd é an scéal. Tá a chuid talúna ligthe ag do mhac Pádraig le Neil, agus is beithigh cíosa le Neil atá ar do ghabháltas fré chéile anois …

— Ó! Ó! Ó! …

— Má mhaireann dó i bhfad eile mar atá sé, caithfidh sé an talamh a dhíol thar barr amach. B'olc an aghaidh bean fear nach bhfuil i ndon a tógáil. Thug mé m'inín dó, arae níorbh áil liom teampáin a chur ar shlí an ghrá chásmhair. Ba ar an gcuntar sin amháin a fuair sé í. Bhí mé rómánsúil ariamh. Ach rómánsúlacht ná eile, dhá dtuiginn i gceart mé fhéin, agus fios barainneach a bheith agam cá raibh sí ag dul …

— … Céard sin? … Is corp thú … Corp nua … Ní bheidh aon ghlacadh agamsa leat san uaigh seo. Sí uaigh coirp a chaisleán. Tá ómós anseo do cheart na maoine príobháidí …

— … Crap leat! Dar dair na cónra seo, ní thiocfaidh tú anuas as mo chionnsa. Tá mise le dhul i Rótaraí …

— … Suaimhneas atá uaimse, agus ní comhlódar. Tá mé le dhul i Rótaraí …

— … Ghortófá mise. Tá anacair leapan orm cheana …

— … Tá an croí fabhtach agamsa …

— … Dealaigh leat as an uaigh seo. Ní inseoidh mé faice dhuit. Tá poill ar an huaigheannaí. Shílfeá gurbh fhurasta aithinte dhuit muide ar fad. Tá croiseannaí orainn. Má tá féin ligeadar t'uaigh anall romhór le m'uaighsa Ól! Gabh anonn ansin thall chuig Caitríona Pháidín. Anonn chuig Caitríona …

— Bíonn an-fháilte aici roimh gach corp nua. Coinneoidh sí neart cúlchainte leat …

— Is uirthi síos a chaitear duine ar bith nach féidir aon áit eile a fháil dó sa gcill.

— Bhí fóidín meara ort nach chuici a chuaigh. Níl aon chrois uirthi …

— Agus ní ghlacfar i Rótaraí í …

— Tom Rua! Tom Rua! Muraed! Cite! Bríd Thoirdhealbhaigh! Máirtín Crosach! Seáinín Liam! Tom Rua! Tom Rua agus caint teagtha dhó! Pléascfaidh mé!

Eadarlúid VIII

An Chré dhá Cruaghoradh

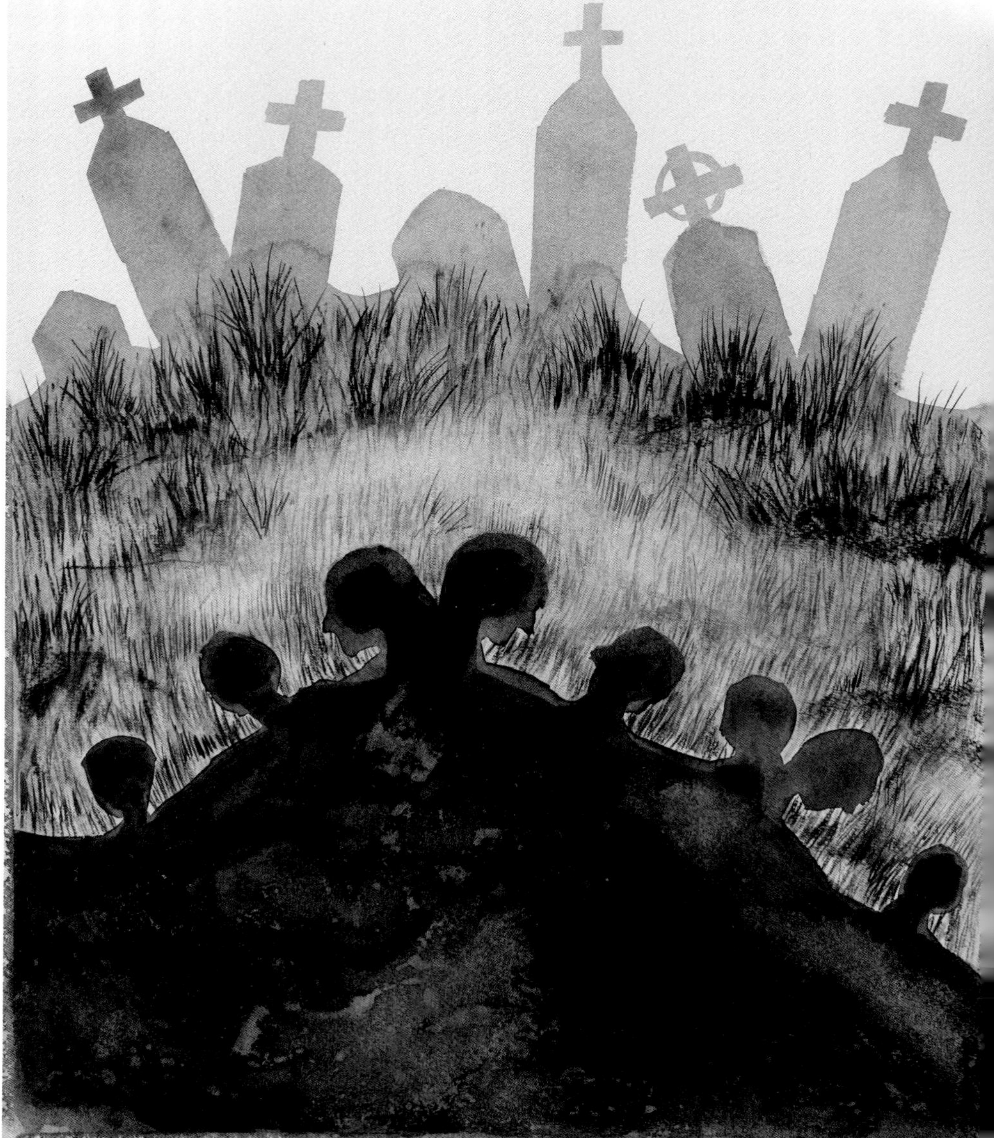

1

IS mise Stoc na Cille. Éistear le mo ghlór! Caithfear éisteacht ...

Is doicheallach é taobh dearg an fhóid lena oighearlíonán. Is aigéadghoirt í eithne na cré. Óir is í seo cluan na ndeor ...

Tá nóchulaith an Earraigh dhá cumadh d'uachtar talúna. Tá cuáin mhánla na ngasán, agus an glasmheanga atá ag madhmadh ar an gcré lom, ina ngóshnáth faoin gculaith seo. Siad ruithní na gréine—ina n-ór loiscthe ar ghuaillí néal—atá ag dul d'fháithimeannaí inti. Siad a cuid cnaipí na crobhaingí samharcán atá ag fearainn as baclainn na gcraobhmhúr i lúibinn gach fáil, agus faoi scáth gach boirinne. Is líonán uirthi laoi cumainn na fuiseoige ag teacht as froighí fiormaiminte thrí smúit éadrom an Aibreáin, chuig an oireamh, agus an mhuine atá ina caoinchláirsigh ag ceiliúr cúplála na lon. Tá aoibheall an mhalraigh a fuair toirtín d'uan óg anois ar na barra garbha, agus port meanmnach an bhádóra ag píceáil a ghleoiteoige i mbréidín lách bhéal na toinne, ina n-uaim dóchais a fhuas áille dhiomuan na súl agus an chroí, don ghlóir shuthain is taobh bun os cionn d'ionar shochaite seo tíre, mara agus spéire ...

Ach cheana, is tuar ceatha mílíoch na tuinte atá an táilliúr a chur thrí chró a shnáthaide. Tá siosúr an ghála ag scothadh na gcnaipí. Tá an t-éadach dhá roiseadh ag cangailt an chorráin bhlasta. Tá an fháithim óir ag scéitheadh sa ngort a bhfuil an t-arbhar ag titim dhá cheann ann ...

Tá an chuaifeach shíghaoithe ag ropadh san iothlainn agus

ag scuabadh léi gach dias, gach sop agus gach cáithnín dár fhan d'fhuílleach Fhómhar na bliana anuiridh ...

Tá criotán i bhfonn an chailín bleáin agus í ag filleadh ón airigh shamhraidh. Is feasach í nach fada go n-aistrítear an airnéis go dtí an athbhuaile chois tí ...

Óir tá Earrach agus Samhradh téaltaithe. Tá siad cnuasaithe ag an iorradh ina phruchóig faoi bhun an chrainn. Tá siad imithe le fánaidh ar eití na fainleoige agus na gréine ...

Is mise Stoc na Cille. Éistear le mo ghlór! Caithfear éisteacht ...

2

— ... "Hó-ó-ró a Mhá-áire, do mhá-álaí 'sdo bheilteannaí,
    A's a bhea-a-an an Stá-á-icín Eo-orna ..."

— Céard seo? ... Beartla Chois Dubh 'mo choinsias, agus é ag gabháil fhoinn dó fhéin ag teacht. Sé do bheatha, a Bheartla! ...

— "Hóró a Mháire, do mhálaí 'sdó bheilteannaí ..."

— M'anam gur croíúil an mhaise dhuit é, a Mhic na Coise Duibhe ...

— Bloody Tour an' Ouns é, cé atá agam ann? ...

— Caitríona. Caitríona Pháidín ...

— Bloody Tour an' Ouns é mar scéal, a Chaitríona. Beidh muid inár gcomharsanaí aríst ...

— Ní san uaigh cheart atá siad do do chur, a Bheartla.

— Bloody Tour an' Ouns é, a Chaitríona, cé miste do dhuine cá gcaithfear a chual sean-chnámh. "Hóró a Mháire ..."

— Shílfeá dheamhan mórán mairg a chuir an bás ort, a Bheartla.

— Bloody Tour an' Ouns é, a Chaitríona, nach bhfuil a fhios agat nach seasann an rith maith don each i gcónaí, mar adeir Briain Mór faoi ...

— Ó, an glaomaire scóllach …

— Diabhal tsiocair ar bith ach síneadh siar agus gan deor fanacht ionam. Bloody Tour an' Ouns é, nach shin é do dhóthain de shiocair! "Hóró …"

— Cén bláth atá orthu ansin suas, a Bheartla? …

— Bloody Tour an' Ouns, a Chaitríona, mar chonaic tú ariamh iad. Duine orthu agus duine dhíobh agus duine idir eatorthu. Nach shin é an chaoi a mbíonn sé agus a gcaithfidh sé a bheith, ar nós gunna dhá lódáil agus dhá loscadh, mar adeir Briain Mór …

— Óra, m'anam gurb eisean an gunnaera …

— Níor chorraigh sé amach, a Chaitríona, ó a bhí sé ag breathnú ar Tom Rua th'éis na hola a dhul ar Tom. Bhí an-bhrón air i ndiaidh Tom …

— Ba mhaith ina chéile iad, an brogúisín rua agus an scóllachán smaoiseach …

— Bhí mé ag éisteacht leis an oíche sin ag cur chomhairle ar Tom thuas sa seomra. "Bloody Tour an' Ouns é," adeir sé, "má tá i ndán is go dtiúrfaidh tú an "tour" anonn, a Tom Rua, agus go gcasfar í siúd i do shiúlta leat, seachain a bhfaigheadh sí brabach ar bith ar do chuid cainte. D'athraigh sí go mór nó beidh sí ag tóraíocht biadáin" …

— Ach cé hí siúd, a Bheartla? …

— Bloody Tour an' Ouns, a Chaitríona, ní bheadh sé cóir ná cuíúil agamsa rud den tsórt sin a inseacht …

— Ó, a Bheartla, ar son Dé ná déan Tom Rua dhíot fhéin. Sin í an cheird atá air ó tháinig sé i gcré na cille …

— Bloody Tour an' Ouns é, má tá sé ina raic bíodh sé ina raic. Thú fhéin. 'Deile, a Chaitríona? …

— Mise, a Bheartla? Mise ag tóraíocht biadáin! Thug sé a dheargéitheach. Beidh cúl a chainte leis an scóllachán choíchin nó go ngabha slaidín an bháis ina theanga …

— Déarfainn nach hé an t-achar is faide é sin fhéin anois, a Chaitríona.

— Fáilte an diabhal roimhe …

— Bloody Tour an' Ouns é, nach bhfuil a fhios agat gur fear réidh é, lá is nach raibh sé de mhisneach aige a dhul ar shochraide Jeaic na Scolóige! …

— Ab bu búna búna! Sochraide Jeaic na Scolóige! sochraide Jeaic na Scolóige! Jeaic! Jeaic! An scillige bréag atá tú, a Mhac na Coise Duibhe …

— Bloody Tour an' Ouns é, nach bhfuil sé anseo le trí seachtainí! …

— Ó bhó go deo deacrach! Jeaic na Scolóige anseo an t-achar sin agus ní inseodh Muraed ná ceachtar acu dhom é. Ó, tá an áit seo ina bhall odhair ag Nóirín na gCosa Lofa, a Bheartla. Sin a thomais ort, céard atá ar siúl anois aici? … Rótaraí! …

— Bloody Tour an' Ouns é, Rótaraí fhéin ru. "Hóró a Mháire, do mhálaí …"

— Jeaic na Scolóige! Jeaic na Scolóige! Jeaic na Scolóige anseo! B'fhurasta aithinte gur gearr an saol a gheobhadh an duine bocht. An Leabhar Eoin …

— Bloody Tour an' Ouns, Leabhar Eoin fhéin, a Chaitríona …

— An Leabhar Eoin a mheall an smuitín siúd ón sagart, 'deile?. Jeaic na Scolóige! Jeaic na Scolóige! Jeaic na Scolóige sa gcill le trí seachtainí i ngan fhios dom. Ní inseodh na púcaí atá anseo tada do dhuine, go háirid ó a bhí an Togha mallaithe siúd ann. Bhúrláilfí Seáinín Liam, an cluasánach, agus Bríd Thoirdhealbhaigh, an strachaille, agus Tom Rua, an brogúisín, anuas in aon-uaigh liom. Jeaic! Jeaic na Scol …

— Bloody Tour an' Ouns é, a Chaitríona, nach cuma do dhuine—mara leis dícéille a bheith air!—cé a chuirfear in aonuaigh leis. "Hórá a Mháire …"

— Mo léan, bhí floscaíocht ag Neil lá na sochraide! Gairéad agus gailimaisíocht agus gan truaighe ar bith don chréatúr bhocht a bhí as cionn cláir. Ar Áit an Phuint a chuir sí é, 'ar ndó'? …

— Uaigh le hais Shiúán an tSiopa ...

— An bhualsach, ós í Siúán an tSiopa í. Is olc an earra atá in aice le Jeaic bocht. Reicfidh an ruibhseach sin é. Ach cér mhiste le Neil, an ghlibíneach, ach é a chaitheamh síos i bpoll ar bith? ...

— Bloody Tour an' Ouns é, a Chaitríona, nach bhfuair sí uaigh thirm phuint dó le hais Shiúán an tSiopa, agus Pheadair an Ósta; nár chuir sí "hearse" faoi; nach raibh fuíoll na bhfuíoll ar an tórramh agus ar an tsochraide, ach nár lig sí d'aon duine titim ar meisce; nach raibh Ard-Aifreann air mar bhí ar Pheadar an Ósta, agus ar Shiúán an tSiopa; ceathar nó cúigear sagairt ag gabháil fhoinn ann, an tIarla thuas ar an áiléar abuil Lord Cockton agus an foghailéara eile sin a theagas ann ...

Bloody Tour an' Ouns é, céard eile a d'fhéadfadh sí a dhéanamh? ...

— Tá an-chion aici ar na sagairt agus ar na Lordannaí i gcónaí. Ach cuirfidh mé mo rogha geall nár chaoin sí an deor i ndiaidh an duine bhoicht. Ara, ba chuma sa tubaiste léi féin ná le iníon Bhriain Mhóir é, ach an créatúr a bheith scuabtha as an teach as an mbealach orthu ...

— Bloody Tour an' Ouns é, a Chaitríona, chaoin sí fhéin agus Inín Bhriain Mhóir go bog úr é. Agus deir chuile dhuine nár chuala siad racht ní ba bhreácha ariamh ag Bid Shorcha ...

— Bid Shorcha! Shíl mé go raibh an súdaire sin ag coinnéal na leapan as éadan anois ...

— Agus Bloody Tour an' Ouns é, nach bhfuil freisin! Nach éard adeir Briain Mór fúithi fhéin, faoi Cháit Bheag agus faoi Bhileachaí an Phosta. "Tá an oiread ola caite ag an sagart ar an triúr sin," adeir sé, "agus nach mbeidh sileadh ar bith dúinne, nuair a thiocfas muid ina call" ...

— Go deimhin is mór a theastódh ola ó Bhriain scóllach! Agus tháinig Bid Shorcha go dtí Neil? ...

— Bloody Tour an' Ouns é, nár chuir Neil mótar ina coinne fhéin agus Cháit Bheag! Ach tháinig Cáit de shiúl a cos ...

— Baladh an choirp, 'deile? ...

— "Bloody Tour an' Ouns é," adeir sí, agus í ag leagan Jeaic amach, "'ar ndó' dhá mbeinn le dhul ar na maidí amáireach mé fhéin, ní fhéadfainn gan a theacht, agus an té a chuir fios orm."

— Bid Shorcha, an súdaire! Cáit Bheag, an draidín! Chuaigh siad chuig Neil, ach ní thiocfaidís chuig daoine gnaiúla chor ar bith. Ní bheinn ina dhiaidh ar Jeaic na Scolóige, an créatúr, marach an ghlibíneach eile. Jeaic na Scolóige! Jeaic ...

— Is gearr gur duine eicínt a chaithfeas Bid Shorcha fhéin a chaoineadh, muis. Bloody Tour an' Ouns é, nár thit sí faoi bhealach abhaile ó shochraide Jeaic, agus nach mb'éigin an mótar a chur go teach léi aríst ...

— Óltach! Ba mhinic léi ...

— Donacht a tháinig uirthi. Níor éirigh sí ó shoin. "Hóró a Mháire, do mhálaí 'sdo bheilteannaí ..."

— Níl cuimhne ar bith ag Neil fhéin a theacht anseo? ...

— Deir sí nach bhfuil ar fónamh di. Ach Bloody Tour an' Ouns é mar scéal, tháinig sí ag breathnú ormsa, agus déarfainn nach raibh sí ina bithin óg ariamh mar atá sí ...

— Le gliondar é sin gur chuir sí Jeaic bocht 'un tiomána. Jeaic! Jeaic ...

— Bloody Tour an' Ouns é, a Chaitríona, nach di is fusa agus mótar faoina tóin le dhul ina rogha áit ...

— Mótar Lord Cockton. Nach beag de chuiúlacht ná náire í ag imeacht le aer an tsaoil! Jeaic na Scolóige ...

— Bloody Tour an' Ouns é mar scéal, cén chall atá di leis, a Chaitríona, as a cuid fhéin! ...

— A cuid féin? ...

— Ní raibh de chaitheamh i ndiaidh an tsaoil agam ach nach bhfuair mé marcaíocht ar bith ann. Bhí sé geallta aici fhéin agus ag Peadar dom mé a thabhairt áit ar bith a dtogróinn sa gcondae, ach Bloody Tour an' Ouns é, shín mé siar agus níor fhan deor ionam! ...

— Ab bu búna búna! Ní féidir, a Mhac na Coise Duibhe, gur léi fhéin an mótar! ...
— Léi fhéin agus lena mac Peadar. Bloody Tour an' Ouns é, a Chaitríona, cheal nár chuala tú gur cheannaigh sí mótar do Pheadar? ...
— Ó, níor cheannaigh! Níor cheannaigh, a Bheartla Chois Dubh ...
— Bloody Tour an' Ouns é, a Chaitríona, cheannaigh. Níl sé in araíocht aon obair throm a dhéanamh leis an gcois. Is beag teanntás a dhéanfas sé go brách uirthi, th'éis nach n-aithneofá céim bhacaíle ar bith ann. Tá sé ag déanamh an-tsaothrú leis an mótar ag tabhairt daoine in áiteachaí le cruóig ...
— Is dóigh nach bhfuil a fhios cén torann a níos sí leis ag dul thar an teach se'againne. Nach haoibhinn dom nach bhfuil mé beo, a Bheartla ...
— Bloody Tour an' Ouns é, nach mbíonn hata uirthi freisin lá ar bith a dtéann sí i bhfad ó bhaile! ...
— Ó, a Bheartla! A Bheartla Chois Dubh! Hata ...
— Hata chomh péacach is atá ar bhean an Iarla ...
— Ní chreidfinn ón saol a Bheartla nach bhfuil cuid den airgead meallta aici ó Bhaba ...
— Bloody Tour an' Ouns é, a Chaitríona, nach bhfuil agus le cheithre mhí! Dhá mhíle punt! ...
— Dhá mhíle punt! Dhá mhíle punt, a Bheartla Chois Dubh! ...
— Dhá mhíle punt, a Chaitríona! Bloody Tour an' Ouns é, nach as a cheannaigh sí an mótar, agus nach bhfuil sí le fuinneoig ghalánta a chur i dteach an phobail! ...
— Is fiú di a bheith buíoch don tsagart. Thiúrfainn an leabhar bheannaithe muis, a Bheartla, nach mbogfadh Baba a crúib ar a cuid airgid nó go mbásaíodh sí! ...
— Bloody Tour an' Ouns é, nach bhfuil sí básaithe le fada! Fuair Neil míle sul má bhásaigh sí, agus míle ó shoin. Tá na céadta corra le fáil fós aici, agus sínfidh sí isteach thíos sa

mbeainc iad le cailleadh leis an gceann siúd atá ag dul ina shagart ...

— Ab bu búna! Ní bhfaighidh mo Phádraigsa falach a bhoise ...

— Deir daoine go bhfaighidh agus go leor, ach nach bhfaighidh sé an oiread le Neil. Bloody Tour an' Ouns é, diabhal caidéis atá an conán a chur faoi! ...

— Ciméar é sin atá ag Neil air ...

— "Hóró a Mháire, do mhálaí 'sdo bheilteannaí ..."

— Ó, a Dhia láidir! Uachta Bhaba. Jeaic bocht, mar chipín dóite, caite aici sa gcosamar, agus a mac coinnithe beo le Leabhar Eoin. Bóthar nua go teach aici. Mac a mic ag dul ina shagart. Teach ceann slinne dhá dhéanamh ag an smuitín. Mótar. Talamh Thomáis Taobh Istigh. Jeaic ...

— Bloody Tour an' Ouns é, a Chaitríona, níl talamh Thomáis Taobh Istigh ag aon duine.

— Ach nach tigh Neil atá sé? ...

— Bloody Tour an' Ouns é, níl ná le fada. Tigh Phádraig se'agaibhse atá sé, agus is le Pádraig na beithigh atá ar a chuid talúna. Níor thaithnigh na huaisle a theagadh tigh Neil leis. "T'anam ón docks é, níl siad leath chomh flaithiúil is atá a gcáil," adeir sé le Pádraig. "Bhí sé cinnte orm aon néal chodlata a thabhairt liom ansin thuas. Mótair ag toirnéis ar an tsráid ann ó oíche go maidin: tuadóireacht, ordlaíocht agus "blastáil" ó mhaidin go fuin. Is mór a theastaíos uathu tithe ceann slinne a dhéanamh. T'anam ón docks é, féacha mise nach raibh aon áit sa mbothán dhá n-athróinn an leaba ann nach mbuailfí an braon anuas idir an gob agus an tsúil orm ..."

— Diabhal focal bréige a bhí aige faoi na tithe ceann slinne ...

— D'fhág Baba dhá chéad punt aige ina huachta, agus Bloody Tour an' Ouns é, 'ar ndó' níor thóig sé a smut as an ól ó shoin. Is fada leis suas ó na hóstaí atá tigh Neil ...

— An conús, ós é Tomás Taobh Istigh é! ...

— Conús muis. Sin í glan na fírinne, a Chaitríona. Conús muis. Bloody Tour an' Ouns nach minic adúirt mé fhéin gur conús é. Fear ar bith a d'fhág tigh Neil le stuaic nuair nach ligfí sa mótar é ...

— Nach raibh sé fhéin, a Bheartla, chomh maith leis an ngrifisc a théadh ann? ...

— Bloody Tour an' Ouns é mar scéal, a Chaitríona, an chéad uair a bhfuair Neil an mótar ní fhágadh sé amach beag ná mór é. Ag imeacht ag tabhairt aer na tíre dhá streille chuile lá—go dtí an Ghealchathair, go Cois Locha, go Caladh an Rosa—é fhéin agus Briain Mór ...

— An scóllachán ...

— Bloody Tour an' Ouns é, 'ar ndó' ní raibh gair ag Peadar Neil suí isteach sa mótar nach mbeadh an cúpla istigh leis an gceathrú aige. Bhí seisean ag iarraidh a bheith ag saothrú pínneachaí airgid, agus níor fheil dó na sean-bhreilleacháin sin a bheith ag déanamh leaba dheirg ina mhótar. Deir daoine gurb shin é a thug meathlaíocht ar Bhriain Mhór, gur bacadh é faoi dhul sa gcarr. Lena linn, ar chaoi ar bith, a thosaigh sé ag coinneál an tí ...

— Diomú Rí na hAoine dhó, nach raibh sé in am sin aige! Ba bhreá an feic i mótar é Brian breilleach! ...

— Bloody Tour an Ouns é, a Chaitríona, nach raibh sé chomh cuidsúlach i mótar le Tomás Taobh Istigh! Thóig Mac Cheann an Bhóthair Peadar Neil oíche le é fhéin agus deirfiúr an tsagairt a thabhairt go dtí damhsa sa nGealchathair. Bhí Tomás Taobh Istigh th'éis a theacht abhaile ó tigh Pheadair an Ósta, agus Bloody Tour an' Ouns, meastú nar shuigh sé isteach sa mótar! "Gabhfaidh mise chuig an damhsa freisin," adeir sé. "T'anam ón docks go mbeidh mná breá ansin."

— An sean-streilleachán ...

— Bhí sé ag stolladh tobac agus Bloody Tour an' Ouns é, marar chaith sé cráisiléad de smugairle amach! Níor dearnadh mórán cainte faoi, a Chaitríona, ach chuala mé gur dhúirt

Briain Mór ina dhiaidh sin go mb'éigin do dheirfiúr an tsagairt malrait treabhsair a chur uirthi fhéin sul má chuaigh sí chuig an damhsa ...

— Sin é d'fheil di, an tsuaróigín, a dhul i mótar phriocsmuit ...

— Dúirt Peadar Neil le Tomás a dhul isteach abhaile. "T'anam ón docks é, ní ghabhfad," adeir sé ...

— Go lige Dia a shaol agus a shláinte dhó! ...

— D'iarr iníon Bhriain Mhóir air a dhul isteach ... "T'anam ón docks é, gabhfaidh mise ag an damhsa," adeir sé.

— Is maith a rinne sé é, gan comhairle iníon Bhriain ghránna a dhéanamh ...

— Bloody Tour an' Ouns é, mara mbeireann mac Cheann an Bhóthair i ngreim bundúin air, caitheann amach ar an mbóthar idir thóin agus cheann é, agus tugann dhá "shalamandar" de dhá chic dó! Bloody Tour an' Ouns é, mara dtéann sé síos tigh do Phádraigsa ar an toirt, agus tá sé tealtaithe ann ó shoin ...

— Ba ghleoite an bhail ar Neil é! Fágfaidh sé an talamh thar barr amach ag Pádraig ...

— Bloody Tour an' Ouns é mar scéal, a Chaitríona, níl a fhios ag aon duine cé dhó a dtiúrfaidh Tomás Taobh Istigh a ghiodán talúna. An t-am a mbídís ag imeacht sa mótar, bhíodh Briain Mór ag tuineadh leis féachaint an síneodh sé é dhá iníon, ach mo léan géar! ...

— Ba é an bhail ar an scóllachán Briain agus ar Neil ghlibíneach é! Níor chuala tú tada faoi chrois, a Bheartla? ...

— Croiseannaí. Bloody Tour an' Ouns é, níl caint ar thada eile ar na bailteachaí. Crois Sheáinín Liam, crois Bhríd Thoirdhealbhaigh, crois Tom Rua, crois Jeaic na Scolóige nach bhfuil faoi réir fós ... Bloody Tour an' Ouns é, a Chaitríona, nach cuma faoi adharca na gealaí do dhuine crois air ná dhe! "Hóró a Mháire ..."

— Ní shin é adéarfas tú, a Bheartla, ach a mbeidh tú anseo

tamall ag éisteacht le Nóra Sheáinín. Shílfeá gurb í máthair an Iarla í. Ach níor chuala tú go raibh Pádraig le crois a chur ormsa go goirid?

— Is minic a bhíos sé fhéin agus Neil imithe sa mótar ó cuireadh Jeaic na Scolóige. Cúrsaí croiseannaí, nó cúrsaí uachta …

— Ó, ní dhéanfaidh sé a leas ag imeacht in éindigh leis an smuitín slíoctha sin …

— Bloody Tour an' Ouns é, a Chaitríona, nach bhfuil sé ag déanamh bun ar aon, bail ó Dhia agus ó Mhuire ar an bhfear! Ní raibh an oiread beithíoch ar a chuid talúna ariamh sa saol. Chuir sé dhá fhoireann muc amach le rídheireannas: muca móra millteacha a raibh ceathrúnaí chomh te orthu le bulóig as an mbácús. Bloody Tour an' Ouns é nach bhfuil beirt leis imithe ag coláiste! …

— Beirt? …

— Beirt. Sea. An gearrchaile is sine agus an ceann ina diaidh …

— Go saolaí Dia iad! …

— Agus beidh an ceann ina ndiaidh sin aríst ag imeacht sa bhFómhar, adeir siad. Bloody Tour an' Ouns é, nach éard adúirt Briain Mór! … "Hóró a Mháire, do mhálaí …"

— Céard adúirt Briain scóllach? …

— "Hóró a Mháire, do mhálaí 'sdo bheilteannaí …"

— Ach céard dúirt sé, a Bheartla? …

— Bloody Tour an Ouns é, nach sciorradh focail a d'éirigh dhom, a Chaitríona! "Hóró …"

— Ach cén dochar, a Bheartla. Ní hé a chasadh leis a fhéadfas mé a dhéanamh. Go gcuire Dia an t-ádh ort, a Bheartla, agus innis dom é. Déanfaidh sé maith dhom …

— Bloody Tour an' Ouns é, ní dhéanfaidh sé aon mhaith dhuit, a Chaitríona, ná cuid de mhaith. "Hóró a Mháire …"

— Déanfaidh sé maith dhom, a Bheartla. Ní chreidfeá ach an mhaith a níos scéal nuaidhe do dhuine anseo. Ní inseodh lucht na cille aon cheo dhuit dhá bhfaighidís a dhul ar ais beo aríst as a ucht. Féacha Jeaic na Scolóige atá i gcill le trí seachtainí. Jeaic na Scolóige! Jeaic …

— "Hóró a Mháire …"

— A, innis dhom é! Maith 'fhear, a Bheartla Chois Dubh! … Go beo anois. Is gearr go mbeidh a fhios acu seo as ár gcionn gurb sheo uaigh chontráilte …

— Bloody Tour an' Ouns é, a Chaitríona, nach cuma do dhuine cén uaigh a gcaithfear a shean-chual cnámh …

— A, innis dom a Bheartla céard adúirt Briain breailleach …

— Ó atá sé ina raic bíodh sé ina raic, a Chaitríona. "Tá sruth agus gaoth le Pádraig," adeir sé "ó a d'fhág sé an bheisín is máthair dó sa bpoll siúd thiar. Is fadó ariamh an lá ó a bhí aige pota a fháil, splaincín tine a chur faoina bhéal agus bás an chait a thabhairt di sa deatach …"

— Tá tú scuabtha uaim acu, a Bheartla Chois Dubh! … Jeaic na Scolóige! Jeaic na Scolóige! … Jeaic na Scolóige! …

3

— … Rinne mo chroí smúdar nuair a cuireadh an Graf Spee go tóin poill. Bhí mé anseo coicís ón lá sin …

— Thug an "mine" bás dúinne ar ín ar eatha. Marach sin bhí Mruchín leis an gcíonán a lomadh …

— … Mé a sháitheadh thrí scimhil na n-aobha. Bhí an buille feille ariamh fhéin i gCineál na Leathchluaise …

— … Slaghdán a tholg mé as allas agus as an gcodladh amuigh, an t-am a ndeachas ar an rothar go Baile Átha Cliath go bhfeicinn an Ceanannach …

— … Titim de chruach choirce agus mo cheathrú a bhriseadh …

— Faraor nár bhris, agus do theanga! …

— B'fhada suas a thug do chosa thú, ar chruach choirce …

— Rachaidh mé faoi dhuit nach dtitfidh tú d'aon chruach choirce aríst. Bí dearfa nach dtitfidh …

— Marach gur thit tú de chruach choirce, ba bás ar chaoi eicínt eile é. Bhuailfeadh capall cic ort; nó ní fhanfadh aon lúd i do chosa …

— Nó thiúrfadh sé siúd drochbhuidéal duit …

— Nó ní bhfaighfeá do dhóthain len ithe ó bhean do mhic, ó tharla gur cuireadh as an bpinsean thú faoi airgead a bheith i mbeainc agat.

— Bí siúráilte go bhfaighfeá bás ar aon nós …

— Is bocht an rud titim …

— Dhá dtiteá sa tine mar thit mise …

— An croí …

— Anacair leapan. Dhá gcuimlítí biotáile dhom …

— A Shiúán spleách! Tá mo bhás ort. Cheal "fags" …

— Do chuid caifí, a Shiúán ghránna …

— M'anam muise, mar adeir tusa, gurb é an tsiocair a bhí agamsa …

— Bloody Tour an' Ouns é, dheamhan tsiocair ar bith a bhí agamsa ach síneadh siar agus gan deor fanacht ionam …

— Sén tsiocair a bhí ag an Máistir Mór …

— Grá cásmhar. Shíl sé dhá mbásaíodh sé fhéin nár bheo leis an Máistreás a beo ina dhiaidh …

— Ní hea, ach facthas dó go mbeadh sé ag déanamh éagóir ar Bhileachaí an Phosta dá bhfanadh sé beo ní b'fhaide …

— Ní hea ná chor ar bith, ach Caitríona a rinne eascaine air, th'éis dó litir a scríobhadh di chuig Baba. "Nár thé corp 'un cille' un tosaigh air sin istigh!" adeir sí. "Ag dul ón mbord go dtí an fhuinneoig …"

— Sén tsiocair a bhí ag Jeaic na Scolóige gur chuir Neil chun tiomána é ar Leabhar Eoin …

— Éist do bhéal, a ghrabairín! …

— Is fíor dhó é. Is fíor dhó é. Fuair an raicleachín Leabhar Eoin ón sagart …

— … Náire a thug bás duitse. Do mhac ag pósadh Black i Sasana …

— Ba mhó an t-údar náire go mór dhá bpósadh sé Aidhtealion mar phós do mhacsa. Ón lá sin amach níor ól tú aon deor bhainne sláinte. Chonaic mé ag dul soir an bóthar thú lá. "Sin fear réidh," arsa mise liom fhéin. "Tá caide an éaga cheana air. Ó a tháinig an scéala gur phós a mhac 'Aidhtealion' a bhuail an mheathlaíocht sin é. Corp náire. Is suarach an t-ionadh …"

— … Briseadh croí a bhí ar Fhear Thaobh Thoir an Bhaile gur ligeamar uainn margadh Shasana …

— … Cantal a bhí air sin go raibh sé ar feadh míosa agus é ag cinnt air a rúitín a chur amach …

— Dúirt Briain Mór gur bhásaigh an Curraoineach le diomú, in áit nár fhéad sé dhá leith droimscoilte, le buille de thál anuas ar an gcrois, a dhéanamh d'asal an Chraosánaigh, a fuair sé ina chuid coirce …

— Shíl mé gurb é asal Cheann an Bhóthair é …

— Go ropa an diabhal é, ba é asal Cheann an Bhóthair é, ach b'aite liom go mór dhá mba í a inín a bheadh in áit an asail! …

— Bhásaigh inín Choilm Mhóir le …

— Drochthinneas Leitir Íochtair …

— Ba bheag an baol. Ach ó a bhuail an drochthinneas í, ní thaobhaíodh an teach ach an dochtúr, agus ní raibh aon luaidreáin ag éirí léi …

— Tá tú ag maslú an chreidimh. Eiriceach dubh …

— … Litir amháin a bhí fear an Árachais amú sa gCrosfhocal. Sé a ghiorraigh leis …

— Ba é an tsiocair a bhí ag Tom Rua fad a bheith ar a theanga …

— Cén tsiocair a bhí agam? Cén tsiocair a bhí agam ru? Cén tsiocair a bhí agam? Is críonna an té adéarfadh …

— Bhásaigh Stiofán Bán le diomú nár chuala sé aon smid faoi shochraide Chaitríona Pháidín …

— ... M'anam muise mar adeir tusa, gurb é an tsiocair a bhí agamsa na putógaí ...

— Óra, an gcluin sibh? Na putógaí ru! Na putógaí! Óra muise, ba é díoltas Dé gur bhásaigh tusa, a Fhear Cheann an Bhóthair. Ghoid tú mo chuid móna ...

— ... Le cantal faoi nach ndéanfaí Ard-Chúistiúnach dhe ...

— ... Díoltas Dé, a Pheadair an Ósta. Bhítheá ag cur uisce thríd an bhfuisce ...

— Creachadh i do theach mé, a Pheadair an Ósta ...

— Agus mise ...

— ... Cóir Dé, a Chraosánaigh. Dhá phionta agus dá fhichead a ól ...

— "Ní fhéadfaidh aon duine go deo a rá gur spagán gaoithe mé," arsa mise. "A dhul idir an chaor-anachain sin agus an tua! Dá mbeadh Gníomh Croíbhrú fhéin ráite agam, ach ní raibh mé thar an darna "beár" den Chré nuair a tháinig an gearrchaile thoir sa teach i mo choinne. Bígí buíoch, a mhuintir Thomáisín, go bhfuil dhá phionta agus dá fhichead ólta agam ..."

— ... D'agraigh Dia ort, a Fhear an Árachais, gur imir tú ar Chaitríona Pháidín faoi Thomás Taobh Istigh ...

— Ab bu búna! Níor imir. Níor imir ...

— Is fíor dhuit, a Chaitríona. D'imir agus níor imir. Cleis na ceirde ...

— ... In áit nach nglacfadh an "Gúm" le mo chnuasach dán "Na Réalta Buí" ...

— Is fearr básaithe thú ná beo, a dhailtín. Istigh ar an teallach i t'aonraic ag guidhe na luaithe. "A Luaith Naofa! ... A fhuil chuisnithe a dórtadh ar shon mo bhaill bheatha a ghrísghoradh! ..."

— Eiriceach dubh é ...

— ... Ní raibh "An tÉireannachán" sásta "An Fuineadh Gréine" a chur i gcló. Ní éistfeadh aon duine ar na sé bhaile liom dhá léamh ...

— Cóir Dé go cinnte! Dúirt tú go ndearna Colm Cille targaireacht le mealladh a bhaint as an bpobal ...

— ... Ní iontas ar bith go bhfuair tusa bás. Chuala mé an dochtúr ag rá nach bhféadfadh aon duine a shláinte a fháil ar gharáin neantógacha Bhaile Dhoncha ...

— Dúirt an sagart liom fhéin go n-íocadh naoi dteach déag é, tá fiche bliain ó shoin, ar chnocáin dreancaideacha do bhailesa, ach anois ...

— Sochraide Jeaic na Scolóige a thug bás domsa. D'éirigh mé de mo leaba lena dhul dhá chaoineadh. Thit mé as mo sheasamh ag teacht abhaile. Thosaigh mé ag cur allais. Bhí an sruth allais liom aríst nó gur shéalaigh mé ...

— Sochraide Jeaic na Scolóige a thug bás domsa freisin. Thosaigh mé ag líonadh ina diaidh ...

— Ab bu búna! Ba bheag an dochar duit, agus an sacadh a thug tú ar do bhoilgín mínáireach ann! Cáid ó a tháinig tú, a shúdaire Shorcha, ná thusa, a Cháit an draidín? ...

— Bloody Tour an' Ouns é, a Chaitríona, nach beag nach raibh siad crinnte liom fhéin ag teacht. Sé lá de thosach a bhí agam ar Bhid Shorcha, agus deich lá ar Cháit Bheag ...

— Múinfidh sin aríst iad fanacht ina leaba! Ba mhór a theastaigh uathu a dhul go dtí an glibín Neil. Conórtas. Ní thiocfaidís go dtí daoine gnaíúla leath chomh maith ...

— Ní bheidh aon duine ann anois le Tomás Taobh Istigh ná Neil Pháidín a shíneadh ná a chaoineadh ...

— Ó, nach breá an bhail uirthí é, an smuitín! ...

— ... Díoltas Dé go cinnte a thug bás do Chaitríona Pháidín. Honest ...

— Thug tú éitheach, a Nóirín ...

— D'agraigh Sé uirthi Thomás Taobh Istigh a chreachadh, tae athair Bhríd Thoirdhealbhaigh, fataí Chite agus faochain Sheáinín Liam a ghoid ...

— Níorbh ea, a Nóra Sheáinín, ach Leabhar Eoin a fuair Neil ón sagart do t'inínsa. Caitríona a chuir siad chun báis ina leaba. Marach sin, nach mbeadh t'inínsa anseo ar an abhras clainne sin. Bhí sí meaththinn ariamh nó gur bhásaigh Caitríona. Ansin scinn sí amach ...

— Ab bu búna búna! Diabhal focal bréige agat! Dar an leabhar muis níor chuimhnigh mo chroí air! ...

— ... Sén bás a thiúrfainnse do Shiúán an tSiopa cur faoi ndeara di a cuid caifí fhéin a ól ...

— A cuid 'clogs' fhéin a chaitheamh.

— Sén bás a thiúrfainnse duitse, a Chraosánaigh, piontaí pórtair a chur ort nó go dteagadh sé amach i do pholláirí, i do shúile, i do chluasa, faoi t'ingne, i bpoll t'ascalla, faoi do mhailí, i do ladhrachaí, i t'ioscadaí, i t'uillinneacha, i bhfhréamhracha do chuid gruaige, nó go gcuirfeá seacht n-allas pórtair ...

— ... Ba é bás do dhiongmhálasa thú fhágáil beo nó go bhfeicfeá Ciarraí ag bualadh na Gaillimhe i gCraobhchluiche na hÉireann i 1941, agus "Rós Álainn Thráighlí" dhá sheinnm ar leath deiridh an Cheanannaigh ...

— ... Sén bás a thiúrfainn duitse agus do chuile ghinealach eile de chineál fealltach na Leathchluaise, sibh ...

— Cur faoi ndeara dóibh "De Valéra Abú" a fhuagairt ...

— ... Ní hea, ach sén bás a thiúrfainnse d'fhear Cheann an Bhóthair ...

— É a fhágáil fúmsa nó go gcuirinn ceann de mo chuid scolb siar an dúdán, síos an fiodán, agus thríd an bputóig siúd aige ...

— A fhágáil fúmsa nó go gcnagainn é le m'oirdín a ghoid sé ...

— B'umhal éascaidh a bhainfinnse an ceann de le mo chorrán ...

— Níorbh éascaidh ná chrochfainnse é le mo théad ...

— ... Peadar an Ósta, ab ea? É a bháitheadh ina sceidín fuisce agus uisce ...

— ... Pól? É a choinneál ar phíobán spalptha, ag éisteacht leis an nGaeilgeoir Mór ag léamh an "lesson" ...

— ... Go ropa an diabhal é fhéin agus a chuid fearsaí fánacha! Gan a thabhairt len ithe don dailtín, don chúl-le-rath, ach a chuid "Luaithe Naofa" ...

— Sén bás a thiúrfadh Caitríona Pháidín do Nóra Sheáinin iallach a chur uirthi í fhéin a dhíghalrú, agus go háirid a cosa ...

— Éist do bhéal, a ghrabairín ...

— ... An scríbhneoir, ab é? Mhaslaigh sé Colm Cille, an sorairín coileáin. Iallach a chur air gacha le turas a dhéanamh agus a níos an Mháistreás do Bhileachaí an Phosta ...

— Iallach a chur air "Seanmóin agus Trí Fichead" a stuáil ina ghoile ...

— Iallach a chur air a chuid eiriceachta agus an masla a thug sé do Cholm Cille a shéanadh i láthair an phobail; maiteanas umhal a iarraidh as ucht ar scríobh sé ariamh; as ucht a liacht maighdean bog óg a chuir a chuid claonscríbhneoireachta dá dtreoir; as ucht a liacht lánúin arbh é ba siocair scarúna dóibh; as ucht a liacht teallach sonasach a dhíscaoil sé; as ucht é a bheith ina réamtheachta ag Antichrist. Ansin é a chur faoi choinnealbháitheadh, agus dó an chuail a thabhairt air ina dhiaidh. Ní mhúinfidh a athrú eiricigh ...

— ... Sén bás a thiúrfadh an Máistir Mór do Bhileachaí ...

— An gadaí! Sén bás a thiúrfainn don bhreillbhodairlín sin ...

— ... Máistreás an Phosta! A coinneál seachtain gan aon litir a léamh ach a cuid dílis fhéin ...

— Is fíor dhuit. Thug seachtain d'uireasa biadáin bás d'iníon Choilm Mhóir ...

— Deir siad gur dhúirt an Mháistreás gurb éard a thug bás don Mháistir Mhór ...

— Go raibh sé ró-mhaith le haghaidh an tsaoil seo ...

— M'anam muise gur dhúirt. Cuimhneoidh mé go brách ar an gcaint a chaith sí. "An té a mbíonn grá na ndéithe air ..."

— Ó, an raibiléara! An ghlibíneach! An cocsmut! ...

— De grace, a Mháistir. Ag aithris aríst ar Chaitríona! ...

— ... Nach gcuimhníonn sibh gur mé sean-fhundúr na cille! Cead cainte dhom ...

— ... Cáit Bheag! A coinneál ó choirp ...

— Mo chreach mhaidne ghéar thú! An Africa Korps ní dhéanfadh é ó a gheobhadh sí a mbaladh ...

— Sén bás a thiúrfadh Briain Mór do Chaitríona Pháidín ...

— Bás an chait bhradaigh faoi bhéal an phota? ...

— Iallach a chur uirthi seasamh ar a sráid fhéin; Neil faoina hata péacach a dhul síos thairti ina mótar; meanga bheag dheirceach uirthi isteach le Caitríona agus í ag séideadh an bhunáin ar a dícheall ...

— Ó éist liom! Éist liom! Phléascfainn ...

— Nach shin é adúirt mé!

— Phléascfainn! Phléascfainn! ...

4

— ... "An ngluaisfeá fé-é-in abhaile liom: tá á-á-it duit
    faoi mo she-á-ál,
A's go deimhin, a Jea-a-ic ..."

— Écoutez-moi, mes amis. Les études celtiques. Beidh Colloquium againn anois.

— Colloquium, a bhuachaillí! Hóra, a Bhríd Thoirdhealbhaigh, a Stiofáin Bháin, a Mháirtín Chrosaigh! Colloquium ...

— Colloquium, a Tom Rua! ...

— Ní abróidh mé faice. Faice ...

— Nach mairg gan Tomás Taobh Istigh anseo! Fear maith Colloquium a bheadh ann ...

— Toradh mo chuid fionnachtan ar chanúint na Leathghine. Is eagla liom nach Colloquium iomchuí a bheas sa gceann seo. An t-aon teanga ar féidir colloquium a dhéanamh go hiomchuí intí, níl sí sách gasta agamsa ná agaibhse ...

— Gasta? ...

— Gasta, mes amis. An chéad cháilíocht i gcóir colloquium, gastacht. Ní mór dom a rá, a chairde Gael, gur chuir mo chuid taighde diomú mór orm ...

— Muise, Dia linn, a dhuine bhoicht! ...

— Mes amis, ní féidir taighde léannta a dhéanamh ar theanga a bhfuil a lán daoine dá labhairt fearacht an Bhéarla agus na Rúisise ...

— Is mór m'aimhreas gur eiriceach dubh é ...

— Ní féidir taighde a dhéanamh—ná ní fiú é a dhéanamh—ach ar chanúint nach bhfuil ar eolas ach ag beirt, nó triúr ar a mhéid. Caithfidh trí phislín sean-aoise a theacht in aghaidh gach focail ...

— ... Bhí a leithéide de lá ann, a Pheadair an Ósta. Ná séan é ...

— Ní fiú taighde a dhéanamh ar chaint duine ar bith nach mbíonn gach focal ar scaradh gabhail ar a chéile aige ...

— ... hOcht i hocht sin a haon; hocht i sé déag sin a dó ...

— ... Is déis ó neamh é an Colloquium seo domsa leis "An Fuineadh Gréine" a léamh ...

— Pas du tout! Colloquium convenable é seo ...

— Ní éistfidh mé leis "An Fuineadh Gréine." Ní éistfead. Honest! ...

— Foighid ort anois, a Fhrancaigh chóir! Inseoidh mise scéal duit ...

— Écoutez Monsieur Cóilí. Colloquium atá ar siúl anois, agus ní léacht Iolscoile ar litríocht na Gaeilge ...

— Inseoidh mé scéal duit. M'anam péin go n-inseoidh! "An pisín cait a rinne míchuiúlacht ar bhráithlíní geala Leath Chuinn fré chéile ..."

— ... "Bhí iníon ag Mártan Sheáin Mhóir
    Agus bhí sí chomh mór ..."

— ... "Ag Áth Cliath Mheadhraighe a casadh Moghchat na másaí eochairmhéith dó. "Ná téirigh níos faide," arsa an

Moghchat. "Tá mise tar éis filliúint ó Áth Cliath anois, agus an mhíchuíúlacht bheag sin déanta agam ar a bhfuil de bhráithlíní gléigeala ann. "Áth Cliath Duibhlinne" a bheas air feasta. D'fhág mé an mhísc bhreá fheiceálach seo—Eiscir Riada—ar mo shliocht anuas, agus roimhe sin bhí smearacháinín míste déanta agam ar bhráithlíní gnaíúla Leithe Mhogha as éadan ... Leath Mhogha, a dhuine chóir, ó Mhoghchat: cat mór sa tSean-Ghaeilge ..."

— Ce n'est pas vrai! Mathchat é an focal. Matou. Mathshlua. Mathghamhain.

— Gast a bhí ar chat boineann sa tSean-Ghaeilge Cheart ...

— Mais non! Gaiste, dol, paintéar, sás, inneall, áis.

"A ghast na ngast i ngast ag gast atáim," adeir Snaidhm ar Bundún agus an fhallaing dhá ropadh dhe ...

Nua-Bhriotánais: gast: bean a mbíonn both earraí beannaithe aici le airgead a chruinniú do na boicht ag pardon i Leon. I gcanúint Gwened ... Chaithfinn mo chuid nótaí a cheadú, a Chóilí, go bhfeicfinn sin. Ach tá an thèse ceart: Sean-Ghaeilge: Gast; S ag seirgeadh roimh T; Gât: Cat: Pangar Bán: Paintéar: Panther: Mathchat Mór Gasta an Léinn ...

— Foighid anois, a dhuine chóir, agus inseoidh mise dhuit an chaoi ar ropadh an fhallaing de Shnaidhm ar Bundún ...

— A Chóilí, deir Seán Chite sa mbaile se'againne gurb í a cailleadh a rinne sé ...

— Seán Chite sa mbaile se'agaibhse! Ba mhinic le fear as an mbaile se'agaibhse a bheith cuíúil ...

— ... Dar dair na cónra seo, a Cháit Bheag, thug mé an punt di, do Chaitríona Pháidín ...

— ... Cóta mór fionnaigh uirthi, a Tom Rua, macsamhail an cheann a bhíodh ar Bhaba Pháidín, nó go mb'éigin di a chaitheamh i leithrigh, de bharr na bpráibeannaí súí a thit air tigh Chaitríona ...

— Thug tú éitheach, a Bhríd Thoirdhealbhaigh ...

— Suaimhneas atá mise a iarraidh. Tóig aghaidh do bhéil dhíom, a Chaitríona …

— … An bhféadfainn aon chúnamh spriodáilte a thabhairt duit, a Stiofáin Bháin? …

— … Bileachaí an Phosta, a Mháistir? Bloody Tour an' Ouns é, má fhaigheann duine bás gheobhaidh sé bás. Má tá an bás ar Bhileachaí, Bloody Tour an' Ouns é, a Mháistir, sínfidh sé siar agus ní fhanfaidh deor ann …

— … Deir tú leis an mbroimín a cailleadh! …

— Deir tú leis an láirín a cailleadh! …

— Is fadó an lá a bhí an scéal sin ann, ach dúirt Beartla Chois Dubh liomsa gur gearr an broimín caillte …

— Is fadó an lá ó a bhí sí agam muis. B'ait í. Ar aonach na Féil San Bairtliméad a cheannaigh mé í. Níor tholgán do tonna go leith a thabhairt in aghaidh aird ar bith. Dhá bhliain go díreach a bhí sí agam …

— Chomh luath is adúirt Beartla Chois Dubh liom gur cailleadh an broimín, "amlua a fuair sí," adeirimse. "Ní raibh an ceann ar an gcró ag an ngearrbhodach, agus d'fhág sé rofhada gan cur isteach í." "Bloody Tour an' Ouns é, níorbh ea, ná chor ar bith," adeir sé …

— Laethantaí na Féile San Bairtliméad a bhí ann thar laethantaí an domhain. Bhí mé ag athrú an láirín anuas go dtí an Garraí Nua ag an teach. Bhí barr an bhaile crinnte go grinneal aici. Casadh Neil agus Peadar Neil liom ag Ard an Mhóinéir agus iad ag dul suas abhaile. "Ní bheadh aon 'mhatch' agat?" adeir Peadar. "I nDomhnach, b'fhéidir dhom," adeirimse. "Cá rachaidh tú leis an láirín, bail ó Dhia uirthi?" adeir sé. "Dhá hathrú síos sa nGarraí Nua," adeirimse …

— "Sioráin mar sin," adeirim fhéin. "Bloody Tour an' Ouns é, níorbh ea ná chor ar bith," adeir Beartla Chois Dubh …

— "Is gleoite an láirín í, bail ó Dhia uirthi fhéin agus ort fhéin," adeir Neil. "Ba ea," adeir Peadar, "dhá mbeadh aon ordú

uirthi." "Aon ordú uirthi!" adeirimse. "Ní tolgán di tonna go leith a thabhairt in aghaidh aird ar bith." …
— "Fothach," adeirimse. "Bloody Tour an' Ouns é, 'fothach'," adeir Beartla. "Níorbh ea, muis" …
— "Níl aon bhrath agat a cur ar an bhFéil San Bairtliméad, bail ó Dhia uirthi?" adeir Peadar.
"Muise dheamhan a fhios sin agam," adeirimse. "Thob ann agus thob as. Is mór liom scaradh léi. An-láirín í. Ach dheamhan mórán farae agam an geimhreadh seo."
— "Péiste," adeirimse. "Bloody Tour an' Ouns é," adeir Mac na Coise Duibhe …
— "Cé mhéad a bheitheá a iarraidh uirthi anois, bail ó Dhia uirthi?" adeir Neil. "Muise dhá dtéinn 'nan aonaigh léi, d'iarrfainn trí phunt fhichead," adeirimse. "'Ara, cén trí phunt fhichead!" adeir Peadar, agus bhog leis suas an bóithrín. "An nglacfá sé phunt dhéag?" adeir Neil. "Go deimhin muise, a Neil, ní ghlacfainn," adeirim fhéin. "Seacht bpunt dhéag," adeir sí. "Ara, cén seacht bpunt dhéag sin ort!" adeir Peadar. "Fág seo." Bhog an mháthair suas ina dhiaidh, agus gacha le breathnú aici anuas ar an láirín cheanann …
— "Cén sórt péiste!" adeir sé. "Bloody Tour an' Ouns é, ní raibh aon phéist inti ach an oiread is a bhí ionamsa! Nár hosclaíodh í! …"
— Tháinig Caitríona Pháidín anoir as Páircíní na Sciochóirí se'aici fhéin. "Céard a bhí an smuitín sin a rá?" adeir sí. "Thairg sí seacht bpunt dhéag dom ar an láirín cheanann," adeirimse.
"M'anam go ligfinn léi ar scór í, nó ar na naoi gcinn déag fhéin. Thiúrfainn punt níos saoire di í ná d'fhear thar baile amach. Ba lóchrann ar mo chroí í a fheiceál ag dul tharm chuile lá. Déarfainn ón taithneamh a thug sí di, go mbeadh sí fhéin nó an mac anuas chugam roimh mhaidin aríst. Ní ligfidh siad mé 'nan aonaigh léi."
"Ara, ab í an smuitín sin?" adeir Caitríona. "Bascfaidh sí do

láirín cheanann ag dul suas na strapaí siúd. Má cheannaíonn sí í muis, nár éirí sí léi! …"

— "Dheamhan a fhios agam cén tsiocair a bheadh ag an mbroimín mar sin," adeirimse. " 'Ar ndó' ní croí fabhtach a bheadh aici? …"

— M'anam muise gur dhúirt sí sin, a Sheáinín Liam. "Gabh ar an aonach," adeir sí, "le do láirín cheanann, agus faigh a luach uirthi, agus ná géill do bhladar an smuitín milis sin …"

— "Bloody Tour an' Ouns é," adeir Mac na Coise Duibhe, "cén tsiocair a bheadh aici ach síneadh siar agus bás a fháil? …"

— "Téirigh ar an aonach le do láirín cheanann," adeir Caitríona arist. Dheamhan suntas ar bith a thiúrfainn nach raibh sí ag cur aon "bhail ó Dhia" uirthi, marach chomh scéiniúil is a bhí na súile aici ar an láirín …

— Is mór an babhta ar an ngearrbhodach bocht gur imigh an broimín. Gheobhaidh sé rud le déanamh anois agus bean a fháil …

— An tráthnóna sin, bhí puthaíl chasacht ar an láirín. Maidin lá ar na mháireach le giolcadh an éin bhí Peadar Neil anuas chugam. Chuaigh an bheirt againn soir sa nGarraí nua. Ba í an chreach í, a Sheáinín Liam! Bhí sí sínte siar ó chluais go rioball agus gan smeach inti …

— Mar bhí an broimín go díreach …

— "Tá sin amhlaidh," arsa mise. "Drochshúil."

— Deir siad muis go raibh an drochshúil ag Caitríona. Ní cheannóinnse aon bhromach an fhad is a mhair sí …

— Ab bu búna! Neil an smuitín a rinne drochshúil di.

— Chuaigh sí tharmsa gan aon "bhail ó Dhia" a chur orm agus ní raibh dhá dhornán eile ar an gcruach choirce agam san am ar thit mé di …

—M'anam muise nár chuir sí aon "bhail ó Dhia" ormsa, agus gur chuir mé mo rúitín amach an lá céanna …

— 'Ar ndó' ní fhaca an Máistir Mór aon lá dá shláinte ó a scríobh sé an litir di. Eascaine …

— Chaithfeadh sé nach ndearna sí drochshúil do Mhainnín an Caibhnsiléara, mar tá sé beo fós ...
— Ná creid iad, a Jeaic! A Jeaic na Scolóige! ...
— ... Cheal nár chuala tú, a Chite, go ndearna Tomás Taobh Istigh imirce eile? ... Rinne muis, tá coicís ó shoin ...
— Ab bu búna! ...
— Bhí sé ag cinnt air aon tionúr codlata a fháil tigh Phádraig Chaitríona le muca ag gnúsacht ó oíche go maidin. Bhí bainbh ag an gcráin, agus tugadh isteach sa teach iad. "Is mór a theastaíos crántrachaí uathu," adeir sé. "Féacha mise nach raibh aon chráin agam ariamh! Gabhfaidh mé suas sa teach nach bhfuil aon ghnúsacht muc ann, agus a mbeidh slinn as mo chionn." Ar a bhealach suas tigh Neil ruaig sé beithigh Phádraig amach dhá ghiodán talúna ...
— ... An cocspreallaire, ós é Tomás Taobh Istigh é ...
— ... Ba mhó an t-údar náire go mór dhuit, mar adeir tusa, dhá bpósadh do mhac Aidhtealion. Daoine síodúla iad na Blacks sin. Nach bhfaca tú an Black a bhí ina bhuitiléara ag an Iarla fadó?
— M'anam go raibh an Black sin sách goirgeach freisin ...
— Scaití, mar adeir tusa, bhíodh sé sách goirgeach. Bhuel, níl a fhios agam, go gcuire Dia ar a leas é, céard a dhéanfas an ceann seo sa mbaile agamsa. D'iarr deirfiúr an tsagairt air í a phósadh. Tá siad ag cómhrá le chéile le scathamh ...
— Nach shin é a d'éirigh do mo mhacsa i Sasana freisín! Bhí sé tamall maith ag cómhrá leis an mBlack seo, agus d'iarr sí air í a phósadh. Meastú nár imigh an pleoitín agus nár phós sé í! ...
— Dar príosta mar adeir tusa, sin é an chaoi a mbíonn sé. Lads dhícéillí. Chuala mé go raibh an-spleodar ar an seanchailín sa mbaile as Neansaí—Neansaí atá uirthi sílim—ach dhá mbeinnse beo séard adéarfainn leis: "Breathnaigh rómhat go maith anois. Céard atá an gearrchaile sin i riocht a dhéanamh i dteach tuaithe? Meastú an scarfadh sí sin barr móna, nó an iompródh sí cliabh feamainne? ..."

— Nach hé an rud céanna a scríobh mé féin go Sasana chuig mo mhac! "Is deas an tseafaide a phós tú," adeirimse. "Má theagann tú abhaile go brách, is dathúil na samplaí a bheas ar adhastar agat ag teacht chun tíre: Blackín, agus ál Blackíní óga ag rith ar fud an bhaile. Gabhfaidh do cháil faoi Éirinn. Thiocfadh daoine i bhfad agus i ngearr ag breathnú orthu. 'Ar ndó' ní foghail atá sí i ndon a dhéanamh ar thalamh ná ar thrá. Diabhal feamainn ná móín a bhí san áit ar tháinig sí sin as …"

— Cár fhág tú an dícéille ina dhiaidh sin, mar adeir tusa! An ceann se'againne, ní raibh aon chomhairleachan ina chionn. Séard a bhí ann chuile lá ariamh … Cén t-ainm é seo a thug Nóra Sheáinín air? …

— Cocstucairín? … Bowsie? … Scaibhtéara? : : :

— M'anam nach hea. Ní scaibhtéara a bhí ann ar aon chor. Thóig mé go múinte cneasta é, ní as ucht mise dhá rá é. Nach breá nach gcuimhním ar an gcaoi ar chóirigh Nóra Sheáinín é? …

— Adonis! …

— M'anam muise, mar adeir tusa, gurb shin é é. D'ardaigh Neansaí go dtí an Ghealchathair é, no gur chuir sé fáinne pósta uirthi. Bhí cluaisíní croí ar an sean-chailín …

— Nach raibh agus ar mo shean-chailín fhéin! Shíl sí gur lady mhór eicínt an "negress" nó gur innis mise di gur de ghné craicinn an bhuitiléara a bhí ag an Iarla í. B'éigin fios a chur ar an sagart ansin di …

— Sin é an chaoi a mbíonn sé, mar adeir tusa. Bhí an sagart ag iarraidh ar Neansaí máistir scoile Dhoire Locha a phósadh, ach m'anam gur dhúirt sí amach leis, gan leathbhord ar bith a thabhairt dá teanga, nach bpósfadh. "Tá an sproschimleachán sin pósta leis an scoil cheana," adeir sí, "agus cén ghnaithe a bheadh aige mise a phósadh ansin? Ní thaithníonn máistir scoile Dhoire Locha liom," adeir sí. "'Ar ndó' dheamhan preab ar bith ann! Sean-phlúithid é sin …"

— Ba phlúithid é mo mhacsa, ar chuma ar bith. Nach gann a chuaigh an saol air anois a dhul ag pósadh Black i Londain, áit a bhfuil an oiread daoine agus atá in Éirinn ar fad, deir siad … Tá gruaig uirthi, chuala mé, chomh catach leis an madra uisce? …

— Dícéille, mar adeir tusa. "Ní phósfaidh mise plúithid Dhoire Locha," adeir Neansaí. "Tá rothar tine ag mac Fhear Cheann an Bhóthair. Is foghailéara, is iascaire, is bheidhleadóir, agus is daimhseoir thar cionn é. Is cuidsúlach uaidh é fhéin a ghléas. Thairg sé Lord Cockton a chaitheamh dhá bhfeiceadh sé in éindigh liom aríst é. Is geall le bhile—bhile adúirt sí, a mh'anam!—a theach, tá sé chomh háirgiúil ornáilte sin. Baineann sé na leamhain as mo chroí chuile uair dhá dtéim isteach ann …"

— Is duit is fusa gláiféisc a dhéanamh, a Fhear Cheann an Bhóthair, faoi do theach ornáilte. Ornáilte …

— De bhárr mo chuid feamainne gaoithesa …

— … Honest, a Dotie. B'fhíor dom chuile fhocal de. Níor íoc Caitríona Pháidín faice ariamh: an roundtable, ná punt Chite …

— Thug tú éitheach …

— Agus tá a mac mar sin, a Dotie. Tá a cónra gan íoc fós tigh Thaidhg, agus ól a tórraimhe agus a sochraide tigh Shiúán an tSiopa …

— Thug tú éitheach, a Nóirín …

— Nach dteagann éiliú chaon dara lá ar a mac fúthu. Honest. Sin é an fáth a bhfuil Peadar an Ósta agus Siúán an tSiopa chomh diomúch di anseo …

— Ab bu búna, a Nóirín, a Nóirín …

— Níor híocadh dubh na fríde a bhain lena cur, a Dotie, ach gur íoc mo mhacsa as an nGort Ribeach ar an tobac agus ar an snaoisín …

— Ó, a Nóirín, a chrann soilse na Mairnéalach! Ná creid í. a Jeaic na Scolóige …

— D'agródh Dia orainn ...
— D'íoc Neil freisin ar a huaigh anseo le corp náire ...
— Ó, an smuitín, níor íoc, níor íoc! Ná creidigí Colpaí Lofa an Ghoirt Ribigh! Ná creid í, a Jeaic! Pléascfaidh mé! Pléascfaidh mé! Pléascfadh mé! ...

5

— ... Is mé a shín ar fad sibh, a chomharsanaí na páirte ...
— Ba mhaith thú leis an gceart a dhéanamh, a Cháit Bheag ...
—Níor ghlac mé punt scilling ná pínn ariamh ó aon duine. An t-am a bhfuair máthair an Iarla bás, chuir an tIarla fios orm. Nuair a bhí sí cóirithe agam, "Cé mhéad a bhainfeas tú amach?" adeir sé. "Breith do bhéil fhéin ..."
— Chuirfí príosún le do ló ort, a Cháit Bheag, dhá bhféachthá le ladhair a leagan uirthi, ná drannadh amháin leis an seomra a raibh sí as cionn cláir ann ...
— Ba mé a leag amach Peadar an Ósta ...
— Ní thú, a Cháit Bheag, ach beirt "nursannaí" as an nGealchathair faoi chultachaí agus faoi chaipíní geala. Deir daoine gur mná rialta a bhí iontu ...
— Ba mé a shín an Francach ...
— Dhá leagthá láimh air, a Cháit Bheag, chuirfí i bpríosún thú faoi bheith ag briseadh neachtaracht na hÉireann ar uair chogaidh ...
— Ba mé a shín Siúán an tSiopa ...
— Tá tú ag déanamh na mbréag. Ní thiúrfadh mo chlann iníon ciondáil do leathpholláire duit den aer a bhí in aon tseomra le mo chorp. 'Dar a shon? Thusa a dhul do mo chrúbáil! ...
— Ní raibh ach amharc ciondáilte ar chorp Shiúáine, a Cháit ...

— An Máistir Mór ...

— Ní thú muis, a Cháit Bheag. Bhí mise ag obair i nGarraí an Bhóthair se'againn fhéin, ansiúd chois an tí aige. D'fhuagair Bileachaí an Phosta orm:

"Tá sé siúd ag dul in oifig na litreacha fáin," adeir sé. Bhí mise agus tusa, a Cháit Bheag, isteach an doras ar aon bhuille amháin. Chuamar suas an staighre agus dúramar cuaifeach phaidreachaí abuil an Mháistreás agus Bileachaí.

"Tá an Máistir bocht séalaithe," adeir an Mháistreás agus meacan an ghoil inti. "B'fhurasta aithinte. Bhí sé ró-mhaith le haghaidh an tsaoil seo ..."

— Ó, an raibiléara! ...

— Chuaigh tusa anonn, a Cháit Bheag, agus shín tú amach do láimh le na hordógaí a chur air. Bhac an Mháistreás thú. Déanfaidh mise a bhfuil le déanamh leis an Máistir Mór bocht," adeir sí ...

— Ó, an chocraicleachín! ...

— Anois, a Mháistir, cuimhnigh go bhfaca Máirtín Crosach thú sa scoil ...

— M'anam nach bhfuil rud ar bith chomh maith leis an bhfírinne, a Mháistir ...

— "Téirigh thusa síos sa gcisteanach agus lig do scíth, a Cháit Bheag," adeir sí. Dúirt sí liom fhéin agus le Bileachaí a dhul ag iarraidh lóin agus óil agus tobac. "Ná spáráil tada," adeir sí le Bileachaí. "Ní mór liom don Mháistir Mhór bocht é" ...

— Le mo chuid airgidsa! Ó! ...

— Ar a theacht ar ais dúinn, bhí tú sa gcisteanach go fóill, a Cháit Bheag. Chuaigh Bileachaí suas go dtí an Mháistreás a bhí ag plobarnaíl chaoineacháin thuas ...

— Ó, an bacach! An bodairlín bíogach! ...

— Ar a theacht anuas dó labhair tusa leis, a Cháit Bheag. "Tá ceart ag an gcréatúr sin thuas a bheith sáraithe," adeir tú. "Gabhfaidh mé suas nó go ní mé a chúnamh dhí é." "Lig do scíth ansin, a Cháit Bheag," adeir Bileachaí. "Tá an oiread dubróin ar an Máistreás i ndiaidh an Mháistir Mhóir bhoicht is go mb'fhearr léi aisti fhéin scathamh," adúirt sé. Tharraing sé rásúr amach as caibhéad agus choinnigh mise an bheilt dó, nó gur chuir sé faobhar uirthi …

— Mo rásúr agus mo bheilt fhéin! In uachtar an chaibhéid a bhídís. Nach hé a fuair amach iad, an gadaí …

— Bhí tusa chomh luainneach ar fud na cisteanaí le gadhar a mbeadh dreancaidí air, a Cháit Bheag.

— An chaoi a mbíodh Nóra Sheáinín ag luainn agus í abhus tigh Chaitríona …

— Éist do bhéal, a ghrabairín …

— "Ní mór domsa a dhul suas lena choinneál deisithe ar a thaobh chomh uain is a bheas tusa ag bearradh a leathleicinn," adeir tú. "Déanfaidh an Mháistreás é sin," adeir Bileachaí. "Lig thusa do scíth ansin, a Cháit Bheag" …

— Ó, an chuingir chlamhach! …

— Ná géill dó sin, a Mháistir Mhóir. Mise a leag amach thú. Ba bhreá cuidsúlach an corp thú, bail ó Dhia ort! Sin é adúirt mé leis an Máistreás agus thú cóirithe againn. "Ní náire dhuit é, a Mháistreás," adeirimse. "Is breá cuidsúlach an corp a rinne sé, go ndéana Dia grásta air, ach d'éireodh dhó: fear breá mar an Máistir Mór …"

— I nDomhnach, a Cháit, ba cuma cén chaoi a sínfí duine againne, ach chítear dhom go mbeitheá an-ghaelach ag crúbáil le máistir scoile …

— … Chúig lá a bhí mé ag forcamhás ort, a Fhear Thaobh Thoir an Bhaile; suas agus anuas go teach agat; suas agus anuas go dtí an tAirdín le breathnú soir ar an teach agat, féa'int an mbeadh aon chosúlacht ort. Thú ag rámhailltí agus gan de shiomsán agat ach roinn thalúna i mbarr an bhaile nach raibh cinneadh go deo léi ag cur cruth ar bheithigh. Shílfeá gur mó dhá fhonn a bhí ort gan imeacht chor ar bith nó go dtugthá leat í …

— Agus an oiread gaotaireacht ag an gcleabhar faoi mhargadh Shasana …

— … Ba mé a shín thú muis, a Churraoinigh, agus má ba mé fhéin, ba drugallach uait bailiú leat. Níl baol ar bith nach ndeachaigh tú sna céadéaga. Bhínn i gcónaí ar thí na hordógaí a chur ort san am a ndúisitheá aniar. Rug do bhean ar chuisle ort. "Tá sé séalaithe, go ndéana Dia grásta air!" adeir sí.

"Muise calm agus deá-lá dhá anam!" adeir Briain Mór, a tharla ann. "Tá a phaisinéaracht faighte sa deireadh aige. Dar diagaí, shíl mé nach seolfadh sé muise gan iníon Cheann an Bhóthair a thabhairt ar bord leis."

"Go mba gheal a leaba sna Flaithis anocht!" adúirt mé fhéin, agus d'ordaigh mé tubán uisce a chur faoi réir. Ná raibh ann mara músclaíonn tú aniar an mhionóid chéanna! "Seachain nach hé Tom a gheobhadh an gabháltas mór," adúirt tú. "B'fhearr liom é a fheiceál fuadaithe léi ag an ngaoith ná é a bheith ag an mac is sine, mara bpósa sé bean eicínt thar iníon Cheann an Bhóthair." Múscail tú aniar arís: "má fhaigheann an mac is sine an talamh uait," adúirt tú le do bhean, "mo chorp ón diabhal go mbeidh mo thaibhse i ngreim rapair ionat d'oíche agus de ló! Nach mairg nach ndeachaigh mé ag aturnae agus uachta dhúshlánach a dhéanamh! …"

Mhúscail tú an tríú huair: "an láighe sin a thug iníon Thomáisín léi aimsir na bhfataí céad fhómhair, téadh duine agaibh ina coinne, nuair nach bhfuil sé de ghnaíúlacht iontu fhéin a cur ar ais. Go ropa an diabhal iad! Seachain nach dtiúrfadh sibh 'summons' ar an gCraosánach seo thuas faoina chuid asail a dhul sa gcoirce. Mara bhfaighe sibh sásamh maith sa gcúirt, an chéad uair eile a mbéarfaidh sibh orthu taobh istigh den chlaidhe agaibh, tiománaigí tairní crú capaill thrína gcrúba. Go ropa an diabhal aige iad! Ná bíodh leisce ná leontaíocht oraibh éirí roimh lá ag faire bhur gcuid móna, agus má bheireann sibh ar fhear Cheann an Bhóthair …"

— Shíl mé gurbh í a shean-chailín a ghoideadh í …

— Ní raibh díogha ná roghain air fhéin ná ar a sheanchailín ná ar a cheathar clainne …

— … Bhí tú in athchur an anama ar a thíocht isteach dom. Chuaigh mé ar mo ghlúine l'aghaidh na liodáin. Bhí tú ag síthrá an uair sin fhéin. "Jeaic. Jeaic. Jeaic," adeirtheá. "Nach maith a chuimhníos an duine bocht ar Jeaic na Scolóige," adeirim fhéin le Neil Pháidín a bhí ar a glúine le m'ais. "Ach ba dhá chomrádaí mhóra ariamh iad." "Go dtuga Dia ciall duit, a Cháit Bheag!" adeir Neil, "nach Black, Black, Black, atá sé a rá! An mac …"

— Chuala mé, a Cháit, gurb í an fhainic dheiridh a chuir Caitríona Pháidín ar a mac …

— A cur ar Áit an Phuint …

— Crois de ghlaschloich an Oileáin a chur uirthi …

— Ab bu búna! …

— A dhul go dtí Mainnín an Caibhnsiléara le litir chumasach a scríobhadh faoi uachta Bhaba …

— Cead titim a thabhairt don teach ar Thomás Taobh Istigh …

— Nimh a thabhairt do Neil …

— Ab bu búna! Ná creid é, a Jeaic …

— Mara mbásaíodh iníon Nóra Sheáinín ar an gcéad abhras eile clainne, colscaradh a fháil uaithi …

— Tá tú ag maslú an chreidimh, a ghrabairín. Is gearr uaibh Antichrist …

— … Ara, bhí sé ina rúaille buaille ar fud an bhaile ar an toirt:

"Titim de chruach choirce.

"Titim de chruach choirce.

"É siúd a thit de chruach choirce."

Suas liom 'na tí agat ar ala na huaire. Bhí mé siúráilte gur corp nua glan a gheobhainn rómham. Ina leaba sin céard a fuair mé ach thú i do liúdramán ansiúd ag inseacht do chuile dhuine cén chaoi ar sciorr do chois chlí …

— M'anam a Cháit, go ndearna mé dhá leith de mo cheathrú …

— Cén éadáil a bhí dhomsa ansin? Shíl mé go mbeadh corp nua glan rómham …

— Ach bhásaigh mé, a Cháit …

— … Ní fhaca mé smíste ar bith i leaba ba mhíshuaimhní ná thusa. Bhí do leathchois ar an talamh …

— D'aithin mé, a Cháit, go raibh mé ag saothrú báis agus shíl mé éirí go dtéinn chomh fada leis, agus go maraínn an murdaróir. "Ól dhá spunóig den bhuidéal seo …"

— Bloody Tour an Ouns é, mar scéal …

— … Shaimhsigh mé do phíobán. "Cáil an cnáimh a thacht í?" adeirimse. "Bhain an dochtúr amach é," adeir do dheirfiúr. "Nár ba lúide an trócaire ar Dhia!" adeirimse. "Níor cheart d'aon duine craos a dhéanamh. Marach go raibh an bhean sin chomh hantlásach ag ithe a codach, ní dhá shíneadh a bheadh muid" …

"Níor bhlais sí d'aon ghreim feola cheana ó Fhéil Mártan," adeir do dheirfiúr …

— Bloody Tour an' Ouns é nach éard adúirt Briain Mór go mbeadh sí beo beithíoch inniu, marach gur dhíbhir sí madadh Chaitríona Pháidín as a teach, roimh an dínnéar. "Bhí sé chomh suaite amplúch sin," adeir sé "agus nach mbeadh mairg ar bith air a dhul síos píobán an doichill aici, agus an cnáimh a thabhairt aníos …"

— Ó, Briain scóllach! …

— … Ba é an samhradh a bhí ann, agus bhí an t-allas téachta isteach i do chraiceann. "Ní fhéadfadh gan baladh an allais a bheith air," adeir mo mháthair. "Mac dícéillí a bhí i mo mhúirnín bocht, agus tá a shliocht air, anois. An tóirt sin a chur air fhéin go Baile Átha Cliath ar shean-rothar, agus codladh amuigh an oíche chéanna! Tá súil agam nach n-agróidh Dia air é …"

— Ó, dhá mbeinn beo mí ón lá sin d'fheicfinn an Ceanannach ag bualadh Chiarraí …

— I 1941, ab ea? Má sea …

— … Liath tú mo cheann fhéin agus ceann Mhuraed Phroinsiais. Sciúr muid agus sciúr muid agus sciúr muid thú, ach b'aon mhaith amháin é. "Ní salachar ar bith iad sin," adúirt mé fhéin le Muraed, faoi dheireadh. "Tá cúig nó sé de cheanna acu ann," adúirt Muraed. "Suaitheantais iad a bhaineas le Hitler," adeir t'inín. Nach dearmadach mé anois nach gcuimhním cén t-ainm a thug sí orthu …

— Tatú.

— Swastika …

— Dar brí an leabhair, sea. Bhí trí phota uisce bhruite caite againn leat, ceithre phunt gallaoireach, dhá bhosca Rinso, cnap Monkey Brand, dhá bhuicéad gainimh, ach amach ní thiocfaidís. Cén bhrí, ach dheamhan bláth ná buíochas agat orainn th'éis a bhfuaireamar de t'anró …

— Gheobhadh sibh tuilleadh marach an Graf Spee, arae bhrandálfainn chuile mhion mulóg dhíom fhéin. Ba mhaith an aghaidh ar Hitler é …

— "Ara ballséire air! Fág mar sin iad," adúirt Muraed. "Ní fhéadfaí bóthar a ligean ar an gcaoi sin leis," adeirim fhéin. "Nach shin é chomh crosach le litir strae é! Cuirigí pota eile uisce ar an tine, in ainm Dé."

Tharla Briain Mór ann an pointe céanna. "Tá brath agaibh, dar liom fhéin, scólladh na muice a thabhairt do mo dhuine bocht," adeir sé …

— Óra, b'eisean fhéin an scóllachán agus an scóllachán gránna! …

— … Ach an oiread leis an gceann ar ball, bhí mé sáraithe do do níochán. Ní raibh míor meacan de do chorp nach raibh faoi dhúch. "Is cosúil é seo le fear a bheadh ar bogadh i gcoire dhúigh," adeirimse. "B'ionann is go raibh," adúirt do dheirfiúr. "Sé an dúch a ghiorraigh leis. Dhá shú isteach ina chuid scamhógaí ó mhaidin go fuin, agus ó oíche go maidin …"

— Tálach scríbhneora a bhí air, dar leis fhéin …

— Ba bheag an scéal é pér bith céard a bhí air. Eiriceach dubh a bhí ann. Níor cheart a ligean i gcré choisricthe chor ar bith. B'iontas nach ndearna Dia sampla dhe ...

— ... Fuair mé é chomh luath is a tháinig mé isteach sa seomra chugat. "Ar dóirteadh aon phórtar ná eile anseo?" adeirimse, le bean an Churraoinigh a bhí ann. "Dheamhan an feasach dom gur dóirteadh," adúirt sí ...

— Ba bheag an dochar dhó: fear a d'óladh dhá phionta agus dá fhichead ...

— Ní raibh deor i mo bholg an lá ar bhásaigh mé. Dheamhan an deor muis! ...

— Is fíor dhuitse sin. Ní raibh. Ba shin iad gnaithí Cháit Bheag, an draidín. Ag tnuthán le ól a bhí sí nuair adúirt sí é sin le bean an Churraoinigh ...

— ... Ba shiúd é a bhí orm, a Cháit Bheag. Lobh sé mo stéigeachaí, caifí Shiúán an tSiopa.

— ... Bhí do chosa-sa chomh briosc le adhmad a bheadh ag déanamh mine, lionscraí dubha iontu, agus iad ag smeachaíl mar a bheadh bó bios brún ...

— 'Clogs' Shiúán an tSiopa, 'ar ndó' ...

— Ní dóigh go raibh bonn agat chomh fada leis an nGort Ribeach, a Cháit Bheag. Dhá bhfeictheá cosa Nóra Sheáinín nár chaith aon chlogs ariamh! Sé sin más fíor do Chaitríona é ...

— Éist do bhéal, a ghrabairín ...

— ... Ar an dá luath is ar tháinig mé faoin doras, fuair mé baladh na bruineoige agaibh, a Chite. Caithigí suas na bruineogaí seo," adeirimse, "nó go mbeidh an marbhán cóirithe." "Níl bruineog ar bith thíos," adeir Micil. "Agus faraor má bhí ó mhaidin, ach oiread. An iomarca fataí bruineoige a d'ith sí. Bhí siad ró-thromchroíach. Rinneadar leac ar a goile" ...

— Bloody Tour an' Ouns é mar scéal, shín Cite siar agus níor fhan deor inti ...

— ... Níor tapaíodh thú nó gur fhuaraigh tú. Bhí tú craptha ansin agus ceathar againn i t'éadan agus thú ag cinnt orainn. "Téadh duine amach i gcoinne oirdín an fhir seo thuas," adeir Brian Mór, "agus feicfidh sibh fhéin air go sínfidh mise na glúine aige ansin" …

"Bloody Tour an' Ouns é," adeir Mac na Coise Duibhe, "nár ghoid fear Cheann an Bhóthair uaidh é!" …

— Ba é a ghoid é, muis. Oirdín gleoite …

— … Bhí lorg an chléibh fhataí a thug tú aniar as an nGarraí Páirteach i gclár do dhroma, a Sheáinín Liam …

— Nuair a bhí mé dhá leagan díom fhéin istigh sa teach, shníomh an iris agus tháinig sé anuas ar leathmhaing. Bhain mé stangadh beag as mo thaobh. Thosaigh an drisiúr ag damhsa. Chuaigh an clog ón mballa go simléar, chuaigh an simféar sa doras, d'éirigh an bromach a bhí amach ar m'aghaidh i nGarraí an Tí suas san aer, agus síos síos an bóithrín agus soir an bóthar. "An bromach!" adeirimse, agus rinne mé ar an doras, nó go dtéinn ina diaidh. An croí …

— Fuair mé baladh na leapan ar an toirt ort, a Mháirtín Chrosaigh …

— M'anam muise gur le anacair leapan a d'imigh mé …

— … Is beag is ait liom a puibliú, a fhile, ach bhí cairt shalachair ó mhullach do chinn go dtí ladhar do choise ort …

— … A chuid "Luaithe Naofa." Go ropa an diabhal é, an dailtín! Níor nigh sé é fhéin ariamh …

— Nocht mé fhéin agus t'aint díot é, nó nach raibh ort ach spota ar do cheathrú. Bhí sé sin ag cinnt orainn. "Giúirinneachaí salachair atá i bhfastó anseo ann," adeirim fhéin le t'aint. "Neart uisce bhruite agus gainimh." Bhí do mháthair amuigh ag tóraíocht aiséadaigh. Tháinig sí isteach ar ala na huaire. "Sin ball dóráin," adeir sí. "Gach uair dhá mbuaileadh daol filíochta mo mhaicín bán, thosaíodh sé dhá thochas fhéin ansin, agus theagadh an chaint leis ar ín ar eatha" …

— Bhí sé ina ghillín, ina shochmán, ina mheall saille. Fuaireamar cnáimh le crinneadh agus a iompar anseo duth ná dath …

— Ní fhaca mé corp ar bith ariamh ar dheacra na súile a dhúnadh aige ná Fear Cheann an Bhóthair. Bhí ordóg agamsa ar leathshúil leis, agus ordóg ag a shean-chailín ar an leathshúil eile, ach níor thúisce mo thaobh fhéin dúinte agamsa ná a d'osclódh taobh an tsean-chailín ...

— Féa'int a bhfeicfeadh sé aon oirdín ar sliobarna a bhí sé ...

— Ná aon fheamainn ghaoithe ...

— Ní bhfuair mé aon bhaladh ariamh ní ba chumhra ná a bhí ar Mháistreás an Phosta ...

— Baladh na ndrugaí a bhíodh aici ag oscailt agus ag athghreamú na litreachaí. 'Ar ndó' ba gheall le siopa poiticéara an seomra cúil ...

— Not at all! Bhí an citil OK lena aghaidh sin. Cumhracháin an dabhach folctha. Thug mé folcadh dom fhéin go díreach sul a bhfuair mé bás ...

— Is fíor dhuit, a Mháistreás an Phosta. Níor chall do chorp a níochán beag ná mór ...

— Níl a fhios agatsa, a Cháit Bheag, ar chall nó nár chall. Gosh! Dhá ndrannthá le mo chorpsa chuirfeadh an tAire Poist agus Telegrafa dlí ort ...

— ... Pér bith cé a leag amach thusa déarfainn go bhfuair sé baladh neantógaí Bhaile Dhoncha ort ...

— B'fhiuntaí sin fhéin ná an rud a bhí ortsa ...

— Ní fhaca mé aon chorp ariamh ba ghlaine ná corp Jeaic na Scolóige. Níor tháinig caide an éaga duth ná dath air. Ba gheall le pabhsae é. Ba shíoda é a chraiceann, dar leat fhéin. Shílfeá nach raibh sé ach sínte thairis ag ligean a scíthe ... Cén bhrí, ach chuile shnáth éadaigh dá raibh ina thimpeall chomh gléigeal leis an "bplúr" sin a craitheadh ar an Iarla ag doras an tséipéil maidin a phósta! 'Ar ndó' ní bheidís i dteach Neil Pháidín gan a bheith amhlaidh ...

— An smuitín! An phriocchocailín! ...

— Deir siad, a Cháit, nach raibh corp Chaitríona ...

— Corp Chaitríona! Í sin! Cuireadh fios orm ann, ach n' ghabhfainn i ngair ná i ngaobhar a coirp ...
— Ab bu búna! ...
— Bheadh "consate" agam léi ...
— Ab bu búna! Cait Bheag, an draidín! Cáit Bheag, an draidín! Pléascfaidh mé! Pléascfaidh mé! ...

6

... Níl Dia thuas nó agróidh Sé ar an gcúpla sin é! B'fhurasta aithinte. Ní raibh gárphian ar bith orm. Dúirt an dochtúr nach dtiúrfadh na duánaí aon bhás dom go ceann suim achair. Ach mheall an smuitín Neil an Leabhar Eoin ón sagart d'iníon Nóra Sheáinín, agus cheannaíodar tuicéad singil domsa go dtí an lóistín seo, ar nós Jeaic na Scolóige, an duine bocht. Nár léar do shean-charcair ghiúsaí marach go raibh cluicheáil eicínt ann go mbeadh iníon Nóra Sheáinín anseo ar an gcéad "bhlast" eile clainne. Ina leaba sin sén chaoi nár fhan pian ná tinneas uirthi ...

Mo léan, ba í an smuitín siúd nach raibh an néal uirthi! Bhí a fhios aici an fhad is a bheadh ceobáinín ar bith anála ionamsa, go gcoinneoinn dol ar an dol léi faoi uachta Bhaba agus faoi thalamh Thomáis Taobh Istigh. Ach féadfaidh sí a rogha dallach dubh a chur ar Phádraig ...

Dhá mhíle punt. Teach ceann slinne. Mótar. Hata ... Dúirt Mac na Coise Duibhe go bhfaigheadh Pádraig lán ladhaire, ach cén mhaith sin nuair nach hé a gheobhadh an uachta ar fad! D'éagóir Dé don cheann thall nach ag sagairt a d'fhág gach leithphínn shlíoctha ag gabháil léi! ...

Trí phunt fhichead altóra ar Jeaic na Scolóige. Agus nár lig sí scilling ar aon tsochraide amach as a teach fhéin ariamh! ... Ard-Aifreann. Sagairt. An tIarla. Lord Cockton. Cheithre leathbhairille pórtair. Fuisce. Feoil fhuar ... Agus nach maith a chuimhnigh an phriocachín dhá choinneal déag a lasadh i dteach an phobal air! Le bheith cab as mo chionnsa. 'Deile? Ní bheinn i ndiaidh tada ar Jeaic bocht marach gur le corp gairéid a rinne an smuitín é. Is furasta di—le sciorrachán na caillí ...

Ní abródh Jeaic na Scolóige amhrán an lá deireannach. Tá an chroíúlacht caillte ar fad aige. Is beag an dochar dó agus a shaol caite aige leis an raicleach siúd. Agus gan d'ómós aici dhó sa deireadh ach Leabhar Eoin a fháil lena chur 'un báis! ...

Nuair a d'innis mé sin dó an lá cheana níor dhúirt sé smid ná smeaid, ach "D'agródh Dia orainn ..." Déarfainn go bhfuil bruitíneach fheirge amuigh faoi seo aige i ngeall ar an mbail a chuir sí air ... Agus níor bhrath an pleoitín fhéin chor ar bith é. Duine gan aon ghangaide a bhí ann chuile lá ariamh. Marach go mba ea, thuigfeadh sé gur ag imeartas air a bhí an stroimpiléidín Neil, nuair a d'iarr sí air a pósadh. "Tá Jeaic agamsa," adeir sí. "Fágfaidh muid Briain Mór agatsa, a Chaitríona." ... Ach is gaire mise anois do Jeaic ná í fhéin. Féadfaidh mé labhairt leis i mo rogha uair ...

Marach go ndearna Pádraig comhairle iníon Nóra Sheáinín bheinn ar Áit an Phuint buailte air. Sí an ruibhseach sin Siúán an tSiopa atá lena ais. Cuirfidh sí droch-cháil orm leis. Tá bolg bréag insithe cheana fhéin aici dhó. Sin é an mífhonn atá air ...

Cén bhrí ach aoileann na gCosa Lofa ag iarraidh é a mhealladh isteach ina cuid Rótaraí! Agus Bid Shorcha agus Cáit Bheag ag síorgheonaíl faoina shochraide. Diabhal aithne orthu nach hé an duine bocht a thug bás dóibh. M'anam nach hea, ach gurb é an chaoi a bhfuil an smuitín a chuir ina suí dhá leaba iad molta go huachtar cré acu ...

Tá tálach ar an teanga ag Muraed Phroinsiais, ag Cite na mBruineog, ag Bríd Thoirdhealbhaigh, ag Seáinín Liam ag an gConús Rua agus ag Máirtín Crosach ag moladh Neil freisin. Agus ní labhróidh siad amach as a mbéal liomsa nuair nach molfainn fhéin í ...

Dheamhan labhairt ná labhairt. Shílfeá gur teir atá acu orm. Ba bhreá an rud duine a throidfeadh amach go fearúil thú ... Is measa an chill seo anois, ná na háiteachaí sin a raibh an Francach ag trácht orthu an lá faoi dheireadh: Belsen, Buchenwald agus Dachau ...

— ... Dhá mbeinnse beo muis bheinn ar do shocraide, a Jeaic na Scolóige. Níor chomaoin domsa ...

— ... Fan ort anois, a dhuine chóir. Ar chuala tú ariamh cén forainm a bhí ag Conán ar Oscar? ...

— Dar dair na cónra seo, a Bhid Shorcha thug mé an punt di, do Chaitríona agus ní fhaca mé pínn ariamh dhe ...

— Ag scillige bréag atá tú, a thóinín charrach! A Mhuraed! A Mhuraed! An gcluin tú céard adeir Cailleach na mBruineog aríst? ... A Mhuraed, adeirim! Hóra, a Mhuraed! Breá nach dtugann tú aon toradh orm? ... A Mhuraed, adeirim! ... Ní labhróidh tú? Tá mé i mo chlabaire, adeir tú! ... Sé mo bhuac a bheith ag ullmhúchan scléipe! ... Bhí suaimhneas i gcré na cille nó go dtáinig mé, adeir tú! Nach beag an náire ort, a Mhuraed, clú duine a reic mar sin! ... Tá an áit ina Fhleidh Bhricreann agam le mo chuid bréag! Anois ru, a Mhuraed! Ba ghearr ó do chaolán fhéin ba chall duit a dhul le lucht na mbréag a fháil. Ní raibh scéalta ná bréaga agamsa ariamh, míle buíochas le Dia! ...

Hóra, a Mhuraed! An gcluin tú mé? Ba iad do chineálsa cineál na mbréag ... Ní thiúrfaidh tú aird ar bith ar mo chuid cocaireacht feasta, adeir tú. Cocaireacht ru! Agus gurb í an fhírinne ghléigeal í! ... Hóra, a Mhuraed! A Mhuraed! ... Deamhan labhairt muis! Hóra, a Mhuraed! ... Cén fáth nach ndúisíonn tú do theanga? ...

Hóra, a Cháit Bheag! ... A Cháit Bheag! ... Ní hé comhar na gcomharsan é, a Cháit Bheag ... A Sheáinín Liam! ... An gcluin tú, a Sheáinín Liam? ... Diabhal an smid! ...

Hóra, a Bhríd Thoirdhealbhaigh! ... A Bhríd Thoirdheal-

bhealbhaigh! ... Innis dom, a Bhríd Thoirdhealbhaigh, céard a chuir mé as duit ariamh? ...
A Mháirtín Chrosaigh! ... A Mháirtín Chrosaigh! ... A Chite! ... A Chite! ... Caitríona atá ann. Caitríona Pháidín ... A Chite adeirim! ...
A Jeaic! A Jeaic! ... A Jeaic na Scolóige! ... Hóra, a Jeaic na Scolóige, mise atá ann. Caitríona Pháidín ... A Lucht an Phuint fuagraigí ar Jeaic na Scolóige! Abraigí leis go bhfuil Caitríona Pháidín ag glaoch air! ... A Jeaic, adeirim! ... A Shiúán an tSiopa, a Shiúán! Go gcuire Dia an rath ort a Shiúán, agus glaoigh ar Jeaic na Scolóige! Tá sé le t'ais ansin ... A Shiúán! ... A Jeaic! ... A Jeaic! A Jeaic! ... Pléascfaidh mé, pléascfaidh, pléascfaidh mé, pléascfaidh ...

Eadarlúid IX

An Chré dhá Líomhadh

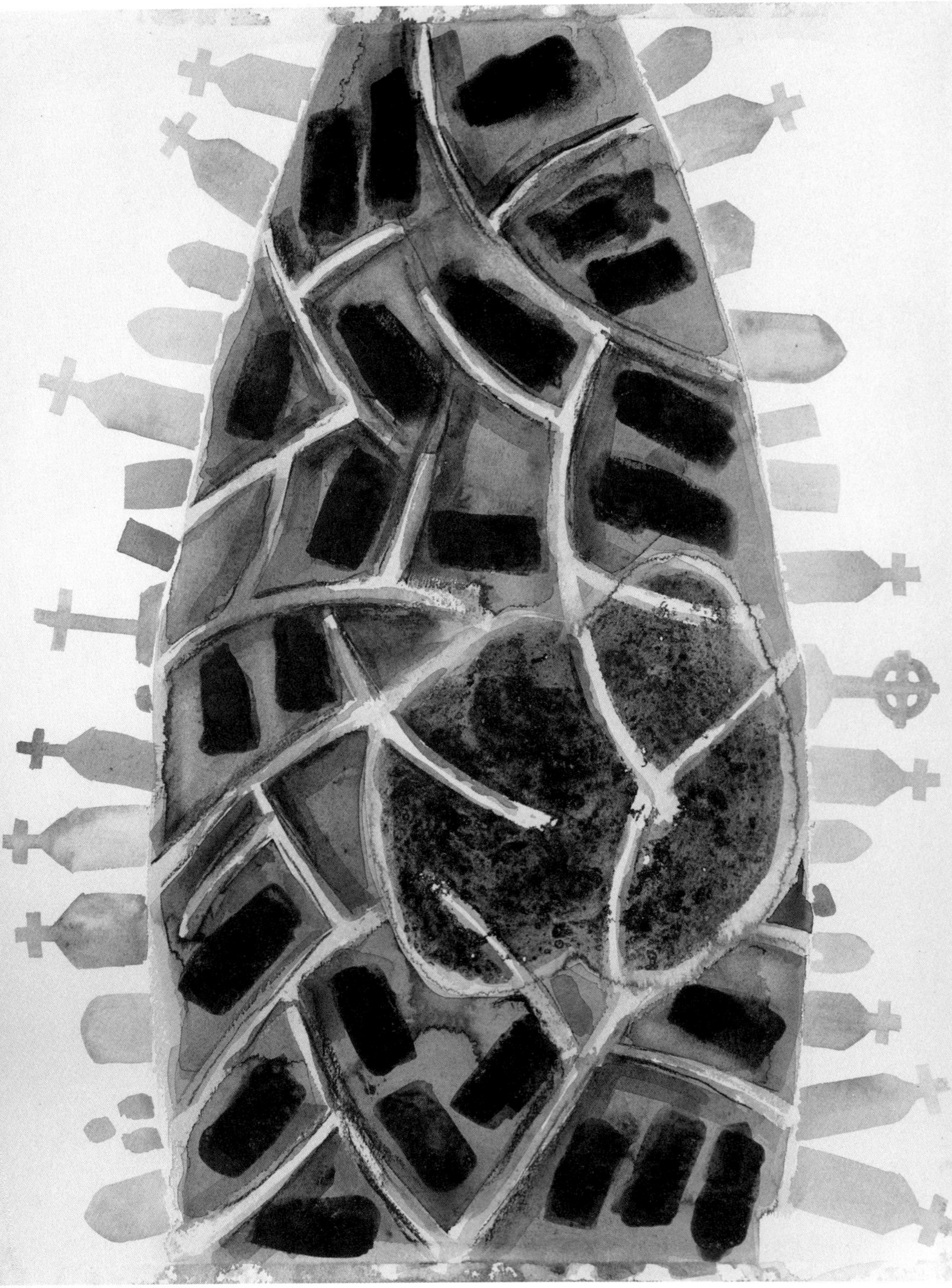

1

— Is liom spéir, muir agus tír …
— Is liomsa an taobh cúil, an taobh bun as cionn, an taobh inmheánach, an iosana. Níl agatsa ach na foirimill agus na haicidí …
— Is liom lóchrann gréine, gealach ghreadhnach, réalt ghleorach …
— Is liomsa cúl diamhar gach uachaise, tóin droibhéalach gach duibheagáin, croí dorcha gach cloiche, ionnathar do-aithnide gach cré, fiodáin fhalaithe gach blátha …
— Is liom an deisiúr, an sorchas, an grá, dearg an róis, agus gean gáire na maighdine …
— Is liomsa an tuathúr, an dorchas, an ghruaim, an fréamhra a chuireas an snofach go dtí billeog an róis, agus an chóir fhéitheacha a thugas fuil mhorgtha an lionnduibh ag madhmadh ar gháire na grua …
— Is liom an ubh, an ros, an síol, an sochar …
— Is liomsa …

2

— … Monsieur Churchill a dit qu'il retournerait pour libérer la France. Vous comprenez, mon ami? …
— Tá a chuid Gaeilge ag imeacht uaidh go breá aríst, ó a chuaigh sé san ardfhoghlaim …

— … Titim de chruach choirce, a Stiofáin Bháin …

— … Chuala mo dhá chluais fhéin "Haw Haw" ag gealladh go mbainfí díoltas amach as ucht an Ghraf Spee …

— … Tháinig an Búistéara Mór ar mo shochraidesa, a Stiofáin Bháin …

— … Tiocfaidh Hitler, é fhéin fhéin, anall go Sasana, agus brúifidh sé fhéin fhéin baimbín, tuairim is méid bulóige, síos taobh istigh den treabhsar mór luchtmhar siúd atá ar Churchill …

— … Ag tabhairt cúnamh spriodáilte do dhaoine a bhímse. Má shíleann tú go dteastóidh aon chúnamh spriodáilte uait uair ar bith …

— Ní theastóidh, adeirim leat. Agus tá mé ag tabhairt fuagra in am duit, a inín Choilm Mhóir, na heiricigh dubha atá anseo a fhágáil fúmsa, agus gan do ladar a bhualadh sa scéal beag ná mór, nó m'anamsa …

— … Crois Críosta orainn, má hurscartar Sasana ar an gcaoi sin, cá bhfaighidh na daoine margadh? Níl aon talamh barr baile agatsa …

— … Mon ami, tá na Náisiúin Aontaithe, Sasana, les États Unis, la Russe, et les Francais Libres ag cosaint na gceart daonna in éadan … quel est le mot? … In éadan barbarachta des Boches nazifiés. D'innis mé cheana duit faoi na campaí géibhinn. Belsen …

— Ar thaobh Churchill atá Neil Pháidín. Foghailearaí agus iascairí ó Shasana, 'ar ndó' …

— Bhí sí feallthach ariamh fhéin, an raicleachín! Up Hitler! Up Hitler! Up Hitler! Meastú má theagann sé anall nach leagfaidh sé an teach nua go féar arís uirthi?

— Ar thaobh Hitler atá Máistreás an Phosta. Deir sí gur feadhmannach ríthábhachtach í an mháistreás posta sa nGearmáin, agus má bhíonn aon aimhreas aici ar dhuine gur cuid dá dualgais litreachaí an duine sin a léamh …

— Ar thaobh Hitler atá Bileachaí an Phosta freisin. Deir sé …

— Ó, an glibstropailín! 'Deile cén taobh a mbeadh sé? 'Ar ndó' níl creidiúint ar bith aige sin sa maoin phríobháideach ná i meanmarc maireachtála traidisiúnta Iarthair na hEorpa. Is Comhmhuintreach é, neamhthraidisiúnaí, múirthéachtaí, ainchríostaí, brombhligeairdín, ainsprid díreach mar Hitler fhéin. Churchill Abú! … Dún suas do chlab cocach, a Nóra Sheáinín! Is cliú thú don bhantracht! Ag rá gur duine rómánsúil é an socbhobailín salach siúd! …

— Mo ghrá ansin thú, a Mháistir! Ná lig do do ghoradh téachtadh anois ar Lao Geal na gCosa Lofa! …

— Deir Tom Rua i dtaobh Thomáis Taobh Istigh …

— Tomás Taobh Istigh? Cén taobh a bhfuil Tomás Taobh Istigh? Is críonna an té adéarfadh cén taobh a bhfuil Tomás Taobh Istigh …

— … Ab éard a shíleas tú nach bhfuil a fhios agam é? …

— Ní bheadh a fhios ag aon duine ceart é, ach an té a bheadh ar aon bhaile leo … Bhí Tomás Taobh Istigh chomh ceanúil ar an bpruchóigín de bhothán siúd agus a bhí sé ar a dhá shúil …

— T'anam ón docks, a stór, nár thug siad cead don bhothán titim as mo chionn sa deireadh! …

— Ab bu búna! Tomás Taobh Istigh anseo! …

— Bhí an braon anuas dhá bhualadh idir an gob agus an tsúil orm ba chuma cén áit sa teach a gcuirfinn an leaba. Ba dona iad. Ba dona a stór. Bhí leoiste de mhac ag Caitríona Pháidín agus leoiste eile ag Neil, agus nárbh olc na daoine muintreacha iad nach gcuirfeadh stráicín tuí ar mo bhothán! …

— Tomás Taobh Istigh curtha ar Áit na gCúig Déag, a Chite! …

— Sea, i nDomhnach a Bhríd, Tomás Taobh Istigh ar Áit na gCúig Déag! …

— Ba é an rud ba lú dóibh a chur ar Áit na gCúig Déag. Tá a ghiodán talúna acu, agus gheobhaidh siad lán ladhaire ón Árachas …

— Ach deir Nóra Sheáinín nár choinnigh Pádraig Chaitríona an tÁrachas íoctha thar éis bás a mháthar.

— Thug sí éitheach! Bualsach na gColpaí Lofa! …

— Má choinnigh fhéin cén éadáil dó a bhfaighidh sé d'Árachas, agus a raibh íoctha ar Thomás? Níorbh anáil ghabhair faoi Thomás a raibh de ghuidhe ar shon a bháis ag Caitríona. Fiafróidh muid d'Fhear an Árachais é …

— Cáid anseo thú, a Thomáis Taobh Istigh? …

— T'anam ón docks é, níl ann ach go bhfuil mé ar fáil ar éigin, a Chaitríona, a stór. Ní raibh pian ná tinneas ariamh orm, agus nach diabhlaí a fuair mé bás ina dhiaidh sin! D'imigh mé chomh maith le duine a mbeadh. Séard dúirt an dochtúr liom …

— Is beag an mhaith dhuit anois céard adúirt an dochtúr leat. Chuir Neil roimpi thú …

— Tá sí lag slán, a Chaitríona. Lag slán. Chaith sí trí seachtainí nó mí ar an leaba, ach tá sí ar a sean-léim arís …

— An raicleach, bheadh …

— Agus féacha mise, a Chaitríona, nach raibh pian ná tinneas ariamh orm, agus nach diabhlaí a fuair mé bás ina dhiaidh sin! …

— An súil a bhí agat go mairfeá choíchin? …

— T'anam ón docks go sílim, a Chaitríona, nach raibh an sagart buíoch chor ar bith dom, nach raibh sin. An lá a raibh sé ag breathnú ar Neil, scoth sé mé ar an mbóithrín, agus mé ar mo bhealach soir go bhfaighinn gráinne tobac tigh Pheadair an Ósta …

— Tá maith ar an tobac tigh Pheadair an Ósta thar is in áit ar bith eile …

— Tá a Chaitríona, a stór, agus leithphínn saorgála ann. "I nDomhnach, tá an bhean bhocht seo thuas sách cloíte, a shagairt," adeirimse …

— A chonúis! …

— Ní hé a cosúlacht go bhfuil sí ar fónamh," adeir sé. "Is

fada liom atá sí ag coinneál na leapan. Cáil t'imirce anois, a Thomáis Taobh Istigh?" adeir sé.

"Ag dul soir ag iarraidh gráinnín tobac, a shagairt," adeirimse. "Chuala mé, a Thomáis Taobh Istigh," adeir sé, "gur leannán leis an áit seo thoir thú; nach dtóigeann tú ceann ar bith as an ól" ...

— Ó, an smuitín a d'innis dó é. Bhí sí fealltach ariamh fhéin ...

— "T'anam ón docks, ólaim braonachaí ar nós mo leithéide ariamh, a shagairt," adeirimse. "Bheadh ciall braon, a Thomáis Taobh Istigh," adeir sé, "ach deirtear liom nach bhfuil a fhios cén oíche a bhfaighfear básaithe faoi bhealach abhaile thú." "Dheamhan lá mairge orm, a shagairt," adeirimse. "Ní raibh pian ná tinneas ariamh orm, míle buíochas le Dia, agus 'ar ndó' tá an bóthar nua faoi mo chois agam isteach go doras Neil anois."

— Réabfaidh Hitler an bóthar sin arís, le cúnamh Dé!

— "Mo chomhairle dhuit, agus is ar mhaith leat atá mé, a Thomáis Taobh Istigh," adeir sé, "ná taobhaigh an áit sin soir ach a laghad is a fhéadfas tú, agus éirigh as na ráigeannaí óil. Ní hiad a fheileas duit feasta choíchin. Agus tá a ndóthain ar aire an dream seo thuas, seachas a bheith amuigh le thú a thabhairt abhaile chuile oíche ..."

— A Rí na nGrást nach é atá cuachta ag an gcocraicleachín. Ní chuachfaidh sí Hitler chomh réidh sin ...

— "T'anam ón docks nach bhfuil mótar acu, a shagairt!" adeirimse. "Má tá, a Thomáis Taobh Istigh," adeir sé, "níl ola sna caochphoill. Féacha mise a chaitheas imeacht ar mo rothar! Deirtear liom freisin, a Thomáis Taobh Istigh," adeir sé, "gur geall le tralaí na sinseála i siopa thú ag tointeáil idir an dá theach. Cheapfá, a Thomáis Taobh Istigh," adeir sé, "go mbeadh camhaoineach bheag chéille agat feasta choíchin agus tíochas a dhéanamh thíos nó thuas. Go soirbhí Dia dhuit, a Thomáis Taobh Istigh," adeir sé, "agus ná lig mo chomhairle thar do chluasa." "Más cúrsaí mar sin é," adeirimse liom fhéin, "ní chuirfidh mise d'anró orthu mé a thabhairt abhaile chuile oíche feasta. Tá an iomarca sagairt ar fad timpeall an tí seo thuas. Is mór a theastaíos sagairt uathu …"

— Diabhal focal bréige adúirt tú, a Thomáis Taobh Istigh …

— "Gabhfaidh mise síos tigh Phádraig Chaitríona san áit a mbeidh suaimhneas agam," adeirimse. Chas mé siar bóithrín beag na hAille le faitíos a mbeadh aon bheithíoch le Neil ar mo ghiodán talúna. Ach ní raibh. Bhí cupla brúisc de chlaidhe tite.

"Déarfaidh mé le Pádraig Chaitríona a theacht aníos ar maidin, agus na claidheachaí sin a thógáil, agus a chuid beithíoch a chur isteach ar mo ghiodán talúna," adeirimse liom fhéin …

— Bhí lom-lán an chirt agat, a Thomáis Taobh Istigh …

— Tháinig mé aniar ag ceann an bhóithrín arís, agus bhog mé liom fhéin síos go dtéinn tigh Phádraig. T'anam ón docks, a stór mo chroí thú, diabhal coiscéim shiúil ná focal cainte a d'fhan agam de dhorta dharta! Bhí mo leath marbh agus mo leath beo. Ní raibh pian ná tinneas ariamh orm, a Chaitríona, agus nach maith a fuair mé bás! …

— Pléascadh i leataobh an bhóthair mar dhéanfadh éadromán rothair! Sin é dealg Neil agat, a dhuinín dhona! …

— Ní bhfuair mé aon bhás i leataobh an bhóthair, a stór. Tháinig Peadar Neil go tráthúil, agus chroch sé suas go teach mé sa mótar. Agaibhse a gheobhainn bás marach sin, a Chaitríona. Ach bhí mé ar an leaba tigh Neil sul má tháinig aon fhocal cainte dhom in athuair, agus níor chuíúil liom a rá ansin leo mé a thabhairt síos tigh Phádraig …

— Ní raibh aon lá ariamh fhéin nach hí an chiotaíl a rinne tú, a Thomáis Taobh Istigh …

— Níor mhair mé ach cosamar deich lá. Bhíodh an chaint ag teacht agus ag imeacht. M'anam nach bhfuil a fhios agam ar chuidigh an sagart liom. Ní raibh pian ná tinneas ariamh orm …

— Níor thug tú aon tsiocair duit fhéin, a leadaí …

— T'anam ón docks, a Chaitríona, a stór, nínn tuairteannaí móra oibre. M'anam gur shaothraigh mé an saol …

— M'anam má shaothraigh, a Thomáis Taobh Istigh, nach le teann do chuid maitheasa é. Shaothraigh tú an saol de bharr do chuid óil agus ruacántacha …

— M'anam leis an gceart a dhéanamh, a Chaitríona, go mbíodh póit orm corr-Shatharn, i ndiaidh na hAoine …

— M'anam go mbíodh, a Thomáis Taobh Istigh, agus chuile Shatharn, agus chuile Dhomhnach, agus chuile Luan, agus cuid mhaith Máirteannaí agus Céadaoineachaí freisin …

— Tá an teanga ullmhaithe i gcónaí agat a Chaitríona. Dúirt mé ariamh fhéin go mba deá-chroíúla í Neil go fada ná thú …

— A bhromáinín! …

— M'anam muise go n-abraínn, a Chaitríona. "Dheamhan breathnú i mo dhiaidh a dhéanfadh Caitríona beag ná mór, ach le olc ar Neil," adeirinnse. Dhá bhfeictheá an aire a thug sí dhom ó buaileadh síos mé, a Chaitríona. Beirt dhochtúirí …

— Di fhéin a chuir sí fios orthu, a Thomáis Taobh Istigh. Óra, is beag an néal ar an gclaimhsín sin! …

—Domsa muis a chuir sí fios orthu, a Chaitríona. Ar an dá luath is ar tugadh 'na tí chuici mé, d'éirigh sí dá leaba le dhul ag giollaíocht orm …

— D'éirigh sí dhá leaba! …

— M'anam gur éirigh a Chaitríona agus gur fhan sí ina suí …

— Ó, a phleoitín! A phleoitín! D'imir sí ort! D'imir sí ort! 'Ar ndó' ní raibh pian ná tinneas ariamh ort, a Thomáis Taobh Istigh …

— Diabhal é muis, a Chaitríona, agus nach breá go bhfuair mé bás ina dhiaidh sin chomh maith le duine a mbeadh.

T'anam ón docks go bhfuil mé ag ceapadh nár chuidigh an sagart liom ...

— Tabhair do leabhar air, a Thomáis Taobh Istigh. Mheall an cocailín Leabhar Eoin uaidh an tráthnóna sin, agus thug sí bóthar duitse ina leaba fhéin, mar a rinne sí le Jeaic na Scolóige ...

— Me'ann tú, a Chaitríona? ...

— Ní léar duit féin é, a Thomáis Taobh Istigh! Bean a bhí ar a tarr in airde ar feadh míosa ag éirí ina féileacán mar sin! Ba é a bhí tú a thuaradh dhuit fhéin agus an raicleach a thaobhachtáil luath ná mall. Dhá bhfanthá ag mo Phádraigsa, bheitheá beo beithíoch inniu. Ach céard a rinne tú le do ghiodán talúna? ...

— Muise, a Chaitríona, a stór, d'fhág mé acu siúd é: ag Pádraig agus ag Neil ...

— D'fhág tú leath an duine acu, a spreasbhobairlín!

— T'anam ón docks níor fhág, a stór. Níor fhág ná cuid de leath. Deirinn mar seo liom fhéin, a Chaitríona, nuair a theagadh an chaint dom: "Dá mba cuid is mó ná sin é, ní bheinn ina dhiaidh fré chéile ar cheachtar acu. Ní fiú a dhul ag déanamh leitheachaí dhe. Deireadh Briain Mór i gcónaí nach raibh cuid na rointe ann ..."

— 'Ar ndó' deireadh féa'int a bhfágfá ag a iníon fhéin uilig é ...

— "Caithfidh mé a fhágáil ag Pádraig Chaitríona," adeirim liom fhéin mar sin. "B'aige a d'fhágfainn é ar aon nós, dhá n-éiríodh liom a bheith chomh fada leis an teach aige sul ar tháinig an tuairt orm. Ach bhí Neil deá-chroíúil ariamh. Ní fhéadfainn gan a fhágáil aici, agus mé ag fáil bháis ina teach" ...

— Ó, a chonúis! A chonúis! ...

— Bhí an sagart ann ag scríobhadh mo chuid cainte nuair a theagadh sí liom: "Déan dhá leith dhe, a Thomáis Taobh Istigh," adeir sé. "Sin nó fág ag ceann eicínt den dá theach é."

— Shílfeá sa tubaiste, a Thomáis Taobh Istigh, go gcuirfeá cuma eicínt ort fhéin thairis sin. Cén chiall nár bhuail tú isteach go breá gnaíúil go dtí Mainnín an Caibhnsiléara sa nGealchathair? ...

— T'anam ón docks é, a Chaitríona, ní theagadh mo chuid cainte liom ach scaití, agus m'anam nárbh fholáir do dhuine táirní seaca a bheith sa teanga aige le dhul ag scoilteadh focla le Mainnín an Caibhnsiléara. Pé acu sin é, a Chaitríona, ba bheag ab ait liom an Mainnín céanna a thaobhachtáil aon lá ariamh ... Bhí do Phádraigsa ann: "Níl mise dhá iarraidh," adeir sé. "Tá fuílleach de mo chuid fhéin agam cheana."

— Ó, an pleoitín! Bhí a fhios agam go gcuirfeadh Neil dallach dubh air. Airíonn sé uaidh mise ...

— Nach shin é adúirt Briain Mór! ...

— Briain breilleach ...

— I nDomhnach muise, a Chaitríona, chuir sé fios anoir ar an mótar go dtáinig sé ag breathnú orm ...

— Le cúnamh a thabhairt do Neil faoi do ghiodán talúna. Marab ea ní ar mhaith leat é, a Thomáis Taobh Istigh. Fios a chur anoir ar an mótar! Ba bhreá an ball i mótar é. Roilléire féasóige. Starógaí. Cromshlinneán. Caochshrón. Camroillig. Athchraiceann brocamais. Níor nigh sé é fhéin ariamh ...

— "Dá mbeadh an t-eadarghuidhtheoir atá sa mbin siúd thiar anseo," adeir sé, "déarfainn nach thusa a shagairt, ach Mainnín an Caibhnsiléara, a bheadh ag tíolacan Milord Taobh Istigh thar an ngandal ..." Bhuail Neil bois ar a bhéal. Chuir an sagart toraic amach doras an tseomra ann ... "Ní theastaíonn do chuid talúna uainne ach oiread, a Thomáis Taobh Istigh," adeir Neil ...

— Thug sí a deargéitheach, an cocstocairín! Tuige nach dteastódh sé uaithi? ...

— "Fágfaidh mé agaibh an giodán talúna: ag Pádraig Chaitríona agus ag Neil Sheáinín," adeirimse nuair a tháinig an chaint dom aríst. "Níor mhór liom daoibh é." "Níl fuis ná fais ar do chuid cainte, a Thomáis Taobh Istigh," adeir an Sagart. "Clampar agus dlí a tharraingeodh sí, marach a bhfuil de chiall ag na daoine geanúla seo …"

— Daoine geanúla! Ó! …

— Níor tháinig aon fhocal cainte dhom fhéin ní ba mhó, a Chaitríona. Dheamhan pian ná tinneas a bhí ariamh orm, agus nach maith go bhfuair mé bás! …

— Ní samhaoine mhór beo ná marbh thú, a lóbaisín! …

— Éist, Thomas! That's the dote! Ní dhéanfaidh an 'tiff' sin le Caitríona …

— T'anam ón docks é "tiff"?

— Ní dhéanfaidh an sciolladóireacht sin ach t'intinn a 'vulgarisáil.' Ní foláir domsa caidreamh a bhunú leat. Is mé oifigeach caidrimh chultúrtha na cille. Bhéarfaidh mé léachtaí dhuit ar "Ealaín na Maireachtála."

— T'anam ón docks é, "Ealaín na Maireachtála …"

— Mhothaigh dream léarsannach againn anseo go raibh dualgais orainn dár gcomhchoirp, agus chuireamar Rótaraí ar bun …

— Is mór a theastaíos Rótaraí uaibh! Féacha mise …

— Go díreach, Thomas. Féach thú fhéin! Ruabhoc románsúil thú, a Thomáis. Ba ea ariamh. Ach ní mór don románsaíocht stafóga an chultúir faoina cosa, lena hardú suas as an bhfód fiáin, agus Rí-Chorr comhéigneach na Fichiú hAoise ag ardchéimniú i gcluana gréine Chiúpaid a dhéanamh dhi, mar adeir Mrs. Crookshanks le Harry …

— Foighid ort, anois a Nóra chóir. Inseoidh mise duit céard adúirt Aoibheall Bhreoilleach le Snaidhm ar Bundún i "Roiseadh na Fallainge" …

— Cultúr, Thomas.

— T'anam ón docks, ab í Nóirín Sheáinín as an nGort Ribeach atá agam ann chor ar bith? … Muise meastú a dtiocfaidh canúint mar sin ormsa i gcré na cille? Diabhal mé a Nóra, go mbíodh caint bhreá Ghaelach agat sa sean-reacht! …

— Ná lig ort féin, a Nóróg, go gcloiseann tú chor ar bith é.
— Gug gúg, a Dotie! Gug gúg! Déanfaidh muid stroipín beag comhrá ar ball. Eadrainn féin, mar adéarfá. Aighnisín beag lách eadrainn fhéin, tá a fhios agat. Gug gúg!
— Bhí an cultúr orm ariamh, a Thomáis, ach ní raibh tú i ndon a fhiúntas a mheas. B'fhollasach dom é sa gcéad affaire de coeur a bhí ariamh agam leat. Marach sin b'fhéidir go ndéanfainn thú a ghreasacht beagán. Uch! Fear gan chultúr! Comradaí ba chóir a bheith sa gcéile. Tiúrfaidh mé léacht duit, le cuidiú an Scríbhneora agus an Fhile, ar an ngrá platónach ...
— Ní bheidh plé ar bith agam leat, a Nóra Sheáinín. M'anam nach mbeidh! ...
— Mo chuach ansin thú, a Thomáis Taobh Istigh! ...
— Bhínnse ag cuimilt leis an uaisle tigh Neil Sheáinín ...
— A chonúisín! ...
— Óra muise, is mór an spóirt iad na ceanna coimhthíocha sin, a Chaitríona. Bhíodh smáileog mhór bhuí ag iascach in éindigh le Lord Cockton i mbliana, agus chaithfeadh sí a raibh de 'feaigs' déanta. Chaithfeadh agus deirfiúr an tSagairt freisin. Bíonn siad i mboscaí móra i bpóca a treabhsair aici. Tá Mac Cheann an Bhóthair scriosta dhá gcoinneál léi. Tuilleadh diabhail aige, an bacach! Ach i nDomhnach duit, tá sise go gleoite. Shuigh mé isteach sa mótar abuil sí. "Gug gúg, a Neansaí," adeirimse ...
— Cré amh chaobach í t'intinn, a Thomáis dote, ach déanfaidh mise í a shua, a chumadh, a chruaghoradh agus a líomhadh nó go mbeidh sí ina soitheach álainn cultúir ...
— Ní bheidh plé beag ná mór agam leat, a Nóra Sheáinín. M'anam nach mbeidh. Fuair mé mo dhóthain díot. Ní bhíodh neart agam mo chois a chur isteach tigh Pheadair an Ósta, nach mbítheá istigh leis an tsáil agam, ag súdaireacht. B'iomaí pionta breá a sheas mé ariamh duit, ní dhá mhaíochtáil ort é! ...
— Ná lig ort fhéin, a Nóróg ...

— Nár lagtar ansin thú, a Thomáis Taobh Istigh! Go lige Dia mór do shaol agus do shláinte dhuit! Tabhair fúithi anois é te bruite, faoi Nóirín na gCosa Lofa. Ag imeacht ag súdaireacht! An raibh tú tigh Pheadair an Ósta, a Thomáis Taobh Istigh, an lá ar chuir sí an pocaide ar meisce? ... Go gcuire Dia an rath ort, agus innis é sin don chill! ...

3

— ... Chaoin mé uilig sibh, a chlann ó! Óchón agus óchón ó! Chaoin mé uilig sibh, a chlann ó! ...

— Bhí racht breá bogúrach agat leis an gceart a dhéanamh, a Bhid Shorcha ...

— ... Óchón agus óchón ó! Thit tú den chruach bhradach, a stór ó!

— Diabhal aithne oraibh nach titim de bhád aeir a rinne sé! Ar scáth titim de chruach choirce! 'Ar ndó' ní thiúrfadh sin bás d'aon duine, ach do dhuine a bhí básaithe ó Dhia agus ón saol. Dá n-óladh sé an buidéal a d'ól mise! ...

— Óchón agus óchón ó! D'ól tú an buidéal bradach, a mhúirnín ó! ...

— Tá caint mhór ar do bhuidéal agat. Dhá n-óltá dhá phionta agus dá fhichead mar a d'ól mise ...

— Óchón agus óchón ó! Ní ólfaidh tú aon phionta aríst go deo deo deo! Agus a liachtaí pionta mór a chuaigh ariamh i do shlús-scóig ...

— Ara, tá poll tarathar déanta thrí chré mo chluaise agat, le do dhá phionta agus dá fhichead! Dá súitheá an oiread bairillí dúigh isteach i do scamhógaí agus a shúigh an Scríbhneoir ...

— Óchón agus óchón ó! Mo scríbhneoir breá ar lár choíchin agus go deo deo ...

— Dia dhá réiteach go deo deo! ...

— An maothnas aríst ...

— Chaoin mé thusa, a Dotie, a Dotie! Mo stóirín ó, mo stóirín ó! Nach fada ó chré an chláir a bhí fód do bháis, mo bhrón! Mo sheacht scrúduithe agus mo lom dóláis, ruaig siad anoir thú ar dhíobháil eolais! Bhí tú ar fán, ó bhaile a's ó ghaolta! Fuair tú bás chois na toinne craosaí! Sínfear do chnámha ...

— I gcré aimrid na hainleoige agus na feamainne gainimh ...

— Chaoin mé uilig sibh, a chlann ó! ... Mo stóirín ó, mo stóirín ó! ... Go brách ná go deo, ní scríobhfaidh sé ceo! ...

— Ní fearr a scríobhadh dhó. Eiriceach mallaithe! ...

— ... Chaoin mé thú muis. Ba mé a chaoin! Óchón ó! Mo chreach go deo! Roinn bhreá thalúna i mbarr an bhaile! Ní leagfaidh sé cois uirthi i bhFómhar ná in Earrach! ...

— Ar dhúirt tú, a Bhid, nach raibh cinneadh go deo léi ag cur cruth ar bheithigh?

— M'anam gur dhúrais, a Bhid Shorcha: go raibh mé ag éisteacht leat. Agus ansin thosaigh tú ar "Lament of the Ejected Irish Peasant" ...

— ... Chaoin mé thú! Chaoin mé thú! Óchón agus óchón ó! Ní éireoidh sé i ndiallaid ar láirín cheanann go deo deo deo ...

— A! rinne Caitríona Pháidín drochshúil di! ...

— Thug tú éitheach! Neil ...

— ... Chaoin mé uisce mo chinn as do chionn, a Mháistir Mhóir. Óchón go deo deo! An Máistir Mór ag dul i gcill go hóg! ...

— Anois, a Bhid Shorcha, níor chaoin tú an Mháistir Mór duth ná dath. Is agamsa atá a fhios é, mar bhí mé ann ag cur clár ar an gcónra in éindigh le Bileachaí an Phosta ...

— An bacach! ...

— Bhí an Mháistreás ag snagaíl. Rug tusa ar láimh uirthi, a Bhid Shorcha, agus thosaigh tú ag réiteach do sceadamáin. "Níl a fhios agam," adeir Bileachaí an Phosta, "cén duine den bheirt agaibh—thú féin, a Bhid Shorcha, nó an Mháistreás— is lú ciall!" ...

— Ó, an gadaí! …

— "Amachaigí libh agus síos an staighre, chuile dhuine agaibh nach sa Ríocht Thall atá a sheoladh, nó go dté an clár ar an gcónra," adeir Bileachaí. Chuaigh a raibh ann síos cés moite duitse, a Bhid Shorcha. "Ach caithfear an Máistir Mór bocht a chaoineadh, "adeir tusa leis an Máistreás. "Ba mhaith an aghaidh air é, an créatúr," adeir an Mháistreás …

— Ó, an raibiléara! …

— "Más caoineadh ná caoineadh anois é," adeir Bileachaí, "mara dté tusa síos as mo bhealach a Bhid Shorcha ní bheidh sé in am do sheachadadh an lae inniu." Tháinig tú anuas ansin, a Bhid Shorcha, go dtí bun an staighre agus thú ag sprocharnaíl. Bhí toirnéis an tsaoil mhóir ag Bileachaí thuas ag fáisceadh agus ag tiomáint scriúannaí. "Í siúd ní fhágfaidh sé th'éis Bhileachaí," adeir Briain Mór. "Ní mó ná dhá dtéadh an oiread sin scriúannaí i dteanga Mhainnín an Caibhnsiléara, go ngabhfadh Caitríona ag dlíodóir eicínt eile faoi uachta Bhaba" …

— Ab bu búna! An scóllachán breilleach! …

— An pointe céanna tháinig Bileachaí amach ar bharr an staighre. "Fáscaigí faoi anois, ceathar agaibh," adeir sé.

— Is maith a chuimhním air. Chuir mé mo rúitín amach …

— "Ní cuíúil an rud é seo, an Máistir Mór a ligean amach as an teach gan deor a chaoineadh air," adeir tusa, a Bhid Shorcha, agus suas leat an staighre in athuair. Bhac Bileachaí thú. "Caithfidh sé a dhul chun na cille," adeir Bileachaí. "Níl aon ghnatha a bheith dhá bhuachailleacht anseo níos faide …"

— Ó, an sprochaillín uaibhreach! …

— "M'anam nach bhfuil aon ghnatha a bheith dhá bhuachailleacht," adeir Briain Mór, "mara i bpicill a chuirfeas sibh é! …"

— Chaoin tú mise, a Bhid Shorcha, agus ní buíoch ná leathbhuíoch na cuid de bhuíoch duit a bhí mé. Ó, go deimhin rinne tú neart fothramáin as mo chionn, ach ag caitheamh leis an gcearc a bhí tú nuair ba chóir duit caitheamh leis an sionnach. Níor dhúirt tú smid ar bith faoi Phoblacht na hÉireann ná faoi Chineál fealltach na Leathchluaise a sháigh mé as ucht a bheith ag troid di …

— Dúirt mé go raibh na daoine buíoch …

— Thug tú éitheach, níor dhúrais! …

— Ní bhíodh aon bhaint ag Bid Shorcha le poilitíocht ach an oiread liom fhéin …

— A chladhaire, faoin leaba a bhí tú agus Éamonn de Valera ag imirt a anama …

— Ní raibh aon rath ort, a Bhid Shorcha, nuair a bhí tú do mo chaoineadhsa nár dhúirt amach as comhair chuile dhuine gurbh é caifí Shiúán an tSiopa a thug bás dom …

— Agus gur chreach Iníon Pheadair an Ósta mise …

— Agus mise …

— Níor dhúirt tú a dhath, agus thú do mo chaoineadhsa, gur ghoid Fear Cheann an Bhóthair mo chuid móna …

— Ná mo chuid feamainne gaoithesa …

— Ná go bhfuair sé seo thíos bás as ucht gur phós a mhac Black …

— Sílim gurbh fhíor don fhear ar ball é, nach mbíodh aon bhaint ag Bid Shorcha le poilitíocht …

— … Chaoinfinn ní b'fhearr thú marach go raibh piachán orm an lá sin. Bhí triúr eile caointe agam an tseachtain chéanna …

— M'anamsa nach piachán muise, ach ól. Balbh ón ól a bhí tú. Nuair a shíl tú tosaí ar "Let Erin Remember," mar a níthéa i gcónaí, ba é "Will Ye No Come Back Again" a tháinig uait …

— Go deimhin níorbh é, ach "Someday I'll go back across the sea to Ireland" …

— Ghabhfainn do do chaoineadhsa, a Bheartla Chois Dubh, ach ní raibh éirí den leaba ionam an uair sin …

— Bloody Tour an' Ouns é, a Bhid Shorcha, cé miste do dhuine é a chaoineadh nó gan a chaoineadh! "Hóró, a Mháire …"

— Cén fáth, a Bhid Shorcha, nach dtáinig tú le Caitríona Pháidín a chaoineadh, agus fios ag dul ort?

— Sea, cén fáth nach dtáinig tú le Caitríona a chaoineadh? ...

— Is maith a chuaigh tú tigh Neil th'éis go mb'éigin duit éirí as do leaba ...

— Ní bhfaighinn i mo chlaonta Neil a eiteachtáil, agus chuir sí a mótar go béal an dorais faoi mo dhéin ...

— Bainfidh Hitler an mótar di ...

— Chaoinfinn thú, a Chaitríona, gan bhréig ar bith, ach níor mhaith liom a dhul ag comórtas leis an triúr eile: Neil, Inín Nóra Sheáinín, agus Inín Bhriain Mhóir. Bhí siad ag smutaireacht ...

— Neil! Inín Nóra Sheáinín! Inín Bhriain Mhóir! ... An triúr a fuair Leabhar Eoin ón sagart le mé a chur 'un báis. Pléascfaidh mé! Pléascfaidh mé! Pléascfaidh mé! ...

4

— ... A Jeaic, a Jeaic, a Jeaic na Scolóige! ...

— ... Gug gúg, a Dotie! Gug gúg! Déanfaidh muid stroipín beag comhrá anois ...

— ... Céard adéarfása, a Tom Rua, le fear ar phós a mhac Black? Sílimse gur eiriceach é fhéin chomh maith leis an mac ...

— I nDomhnach thiocfadh dhó, thiocfadh sin ...

—Ídítear peacadh na clainne ar na haithreachaí ...

— Deir daoine go n-ídítear. Deir daoine nach n-ídítear ...

— Nach n-abrófása, a Tom Rua, gur eiriceach é fear ar bith a d'ól dhá phionta agus dá fhichead? ...

— Dhá phionta agus dá fhichead. Dhá phionta agus dá fhichead ru. Dhá phionta agus dá fhichead ...

— M'anam muise gur ólas ...

— Bhíodh Tomás Taobh Istigh ag cuimilt le eiricigh ...

— Tomás Taobh Istigh. Tomás Taobh Istigh ru. Is críonna an té adéarfadh céard é Tomás Taobh Istigh …

— M'anam nach bhfuil mé roshiúráilte faoin Máistir Mór ach oiread, a Tom Rua. Tá mé san airdeall air le scathamh. Ní abróidh mé tada nó go bhfeice mé liom …

— B'fhearr do dhuine a bhéal a choinneál ar a chéile in áit den tsórt seo. Tá poill mhóra mhillteacha ar na huaigheannaí …

— Tá aimhreas agam ar Chaitríona Pháidín freisin. Mhionnaigh sí dhom gur fearr an Caitiliceach í ná Neil, ach má tá i ndán agus go raibh drochshúil aici …

— Deir daoine go raibh. Deir daoine …

— Thug tú éitheach, a phúcbhobarúin rua …

— … T'anam ón docks, nach bhfuil a fhios agat go maith go bhfaighidh sé bás, a Mháistir, a stór. Féacha mise nach raibh pian ná tinneas ariamh orm, agus nach diabhaltaí a fuair mé bás ina dhiaidh sin! D'imigh mé chomh maith le fear a mbeadh …

— Ach meastú dháiríre, a Thomáis, an mbásóidh sé? …

— Nach bhfuil a fhios agat go maith, a Mháistir, gur gearr go mbeidh an chopóig thrína chluais! …

— Meastú, a Thomáis? …

— Ná bíodh faitíos ort, a Mháistir. Gheobhaidh sé bás, a stór. Féacha mise! …

— Dhá dtugadh Dia dhó, an stroipléidín! …

— A muise a Mháistir, is gleoite í fhéin …

— Ó, an raibiléara! …

— An dteastaíonn aon chúnamh spriodáilte uait, a Mháistir? …

— Ní theastaíonn. Ní theastaíonn, adeirim leat. Lig dom fhéineacht! … Lig dom fhéineacht, ar chraiceann do chluas! …

— T'anam ón docks é, a Mháistir, a stór, chuala mise go mbíodh pailitéaraí istigh aici sa gcisteanach, agus thú thuas ar leaba do bháis …

— Qu'est ce c'est que pailitéaraí? Cén sórt rud pailitéaraí? ...

— Ní pailitéara é Tomás Taobh Istigh mar bhí giodán deas talúna aige. Ná Fear Thaobh Thoir an Bhaile, ach oiread. Bhí roinn aige i mbarr an bhaile nach raibh cinneadh go deo léi ag cur cruth ar bheithígh. Ach ba pailitéara é Bileachaí an Phosta. Ní raibh aige ach gáirdín tí an Mháistir ...

— Bhíodh Bileachaí istigh aici muis, a Mháistir. Chuala mé dhá chrosta dhá mbeadh an lá go dteagadh sé ag cur do thuairisce ...

— Ó, an bacach! An phéacallach bheadaí! ...

— A muise, a Mháistir, níl aon mhaith a rá ach an ceart ina dhiaidh sin. Is gleoite í an Mháistreás. Bhínn fhéin agus í fhéin in éindígh tigh Pheadar an Ósta. Marach go mbíodh a pholláirí siosúir sáite isteach is chuile áit ag Bileachaí chomh uain is a sheas siúl agus aistir dhó! Casadh dhom í ag an Airdín Géar ar bhóthar an tSléibhe, cupla mí th'éis thú a chur. "Gug gúg, a Mháistreás!" adeirimse. "Gug gúg, a Thomáis Taobh Istigh!" adeir sí. Ní raibh faill againn aon stroipín comhrá a dhéanamh, mar b'sheo anuas chugainn Bileachaí ar a rothar, th'éis litreachaí a fhágáil ...

— ... Deir siad mara líontar an chéad pháipéar ceart gur furasta thú a chur as "dole" ina dhiaidh sin. Máistir Dhoire Locha a líon domsa é, an chéad uair in Éirinn ar tháinig an "dole" amach. Scríobh sé rud eicínt anonn treasna an pháipéir le dúch dearg. Saol fada go bhfaighe sé, níor baineadh "dole" dhíom ariamh ó shoin! ...

— M'anam muise gur baineadh díomsa é. An Máistir Mór a líon dom é. Ní dhearna sé a dhath leis ach stríoc a tharraint leis an bpeann ar an bpáipéar. M'anam nach dúch dearg a bhí aige ach oiread ...

— Bhíodh an Máistir Mór bocht corrmhéiniúil ag cuimhniú ar an Máistreás. Nár chuala tú faoin gceird a bhíodh air ag breathnú amach an fhuinneog agus é ag scríobhadh litreachaí do Chaitríona! ...

— Ná raibh fuilleamh uirthi aige, mar Mháistreás, nach bhféadfadh sé páipéar "dole" a líonadh do dhuine mar ba cheart! …

— D'fhaighinn fhéin hocht scilleacha i gcónaí. An póilí rua a rinne dom é …

— Ba mhaith an fáth. Bhíodh sé ag cláradh t'iníne i ngaráin néantógacha Bhaile Dhoncha …

— Cuireadh as an "dole" ar fad mise. Duine eicínt a scríobh isteach orm go raibh airgead i mbeainc agam …

— Beannacht Dé dhuit, a mhic ó. Is mór le daoine biseach ar bith a theacht ar a gcomharsa. Nach bhfeiceann tú mac Neil Pháidín a mbíodh "dole" aige ar feadh na bliana, in áit nach raibh a chuid talúna measta as cionn dhá phunt, agus chuir Caitríona as é …

— Níor thuill sé é! Níor thuill sé é! Bhí airgead i mbeainc aige, agus é ag fáil cúig déag "dole" go síoraí. Ba bhreá an sásamh ar an smuitín é! …

— M'anam muise, mar adeir tusa, go raibh "dole" mór agamsa …

— Bhí "dole" mór agat muise, a Fhear Cheann an Bhóthair …

— Ó, níor shéid síon ariamh, a Fhear Cheann an Bhóthair, nach mb'fhearrde thusa í. An chaoirín strae is agat a d'fhanfadh sí …

— An cláirín a thiocfadh faoi thír sa gCaladh Láir, is agat a d'fhanfadh sé …

— Agus an fheamainn ghaoithe …

— Agus an mhóin …

— Agus na scoilb …

— Chuile shórt dhá raibh ar sliobarna timpeall ar tigh an Iarla ariamh, b'agat a d'fhan siad …

— Nach agat a d'fhan cois mhaide an Bhlackín siúd a bhí ag an Iarla? Chonaic mé eireog leat ag breith ina sliasaid, agus chuir tú an troigh ar chaipín simléir Chaitríona …

— Má ba í deirfiúr an tsagairt fhéin í a bhíodh ag imeacht

ag feadaíl agus ag méanúch lena treabhsairín, ba ag do mhac a d'fhan sí ...

— ... Óra, an gcluin sibh an táilliúr ag floscaíocht? Rinne tú báinín dom agus bheadh bus ag dul amú istigh ann ...

— Rinne tú treabhsar do Jeaic na Scolóige agus ní ghabhfadh cosa aon duine sa tír síos ann ach cosa Thomáis Taobh Istigh...

— D'agródh Dia orainn ...

— T'anam ón docks muise, a stór, go ndeachaigh mo chosasa ann, agus go spleodrach ...

— Nárbh fhurusta aithinte dhaoibh gur mar sin a bheadh, agus bhúr gcuid éadaigh a thabhairt chuig Cineál Tháilliúr na Leathchluaise a sháigh mé! ...

— ... Ara, cén mhaith dhuit a bheith ag caint, a Shiúinéirín an Ghoirt Ribigh? Nach raibh Nóra Sheáinín le feiceál ag an tír sa gcónra a rinne tú di! ...

— Ba í an chéad duine de Chineál na gCosa Lofa í a ndeachaigh clár ar bith de chónra uirthi ...

— B'fhearr di, a Chaitríona, d'uireasa na cónra siúd. Bhí sí chomh scagach le na simléir a níodh Fear Cheann an Bhóthair ...

— Cén neart a bhí agamsa ar bhúr gcuid simléir nuair nach n-íocadh sibh mé? ...

— D'íoc mise thú ...

— 'Ar dó' mar adeir tusa, má d'íoc tusa mé, bhí ceathar in aghaidh an duine nár íoc ...

— D'íoc mise freisin thú, a chneamhaire, agus ba mhó an mhímhaith ná an mhaith a rinne tú do mo shimléar ...

— D'íoc tusa mé, mar adeir tusa, ach bhí teach eile ar an mbaile ar dheasaigh mé simléar ann scaithín roimhe sin, agus diabhal saoradh ná séanadh a fuair mé ar mo chuid airgid ariamh ann ...

— Arbh shin é an t-údar go bhfágfá marach ar mo shimléarsa, a chneamhaire? ...

— Ach dúirt mé leat scuab dhreancáin a dhéanamh ...

— Agus rinne. Agus chíor mé ó sháil go rinn é, ach d'fhág tú marach air …

— Ní raibh a fhios agamsa, mar adeir tusa, cé a d'íocfadh mé nó nach n-íocfadh. Tháinig bean den bhaile go dtí mé. "Beidh an sagart againn," adeir sí. "Bíonn an simléar ag puthaíl ar ghaoith anoir. Dhá mba gaoth anoir a bheadh ann lá an tsagairt bheinn náirithe. Tarraingíonn simléar Neil ar chuile ghaoith." "Cuirfidh mise ó phuthaíl ar ghaoith anoir é, mar adeir tusa," adeirimse. Thug mé athdéanamh ar a bharr. "Feicfidh tú fhéin anois," adeirimse, "nach mbeidh aon phuthaíl aige ar ghaoith anoir, mar adeir tusa. Ní leanfaidh mé daor thú, ós comharsa thú agus eile, mar adeir tusa. Cróin agus punt." "Gheobhaidh tú é lá an aonaigh le cúnamh Dé," adeir sí. Tháinig lá an aonaigh, ach ní bhfuair mise mo chróin agus punt. Ó, diabhal saoradh ná séanadh a fuair mé ar mo chuid airgid ó Chaitríona" …

— Nach shin é adúirt mé leat, a Dotie, nár íoc Caitríona tada ariamh! Honest! …

— 'Dar a shon go n-íocfainn an cneamhaire—Ceann an Bhóthair—as ucht cupla cláirín a shocrú ar a bharr le sméideadh chucu ar an ngaoith! Th'éis gur gaoth aniar a bhí ann ní raibh sé ina raicleach ariamh le giorranáil mar bhí lá an tsagairt. Tharraingeodh sé an páiste den teallach roimhe sin ar ghaoith aniar. Ar a bheith réidh leis d'Fhear Cheann an Bhóthair ní tharraingeodh sé smeamh ar ghaoith ar bith as aer ach ar ghaoith anoir. Thairg mé a íoc dhá dtarraingíodh sé ar chuile ghaoith ar nós simléar Neil. Ach ní leagfadh sé láimh air, ní ba mhó. Neil, an smuitín, a thug an chrúib cham dó …

— Is fíor dhuit sin, a Chaitríona. Ghlacfadh Fear Cheann an Bhóthair an chrúib cham.

— Fear ar bith a ghoid mo chuid feamainne.

— Leis an gceart a dhéanamh a Chaitríona, níorbh é Fear Cheann an Bhóthair, dhá dhonacht é, ba chiontaí le do shimléar, ach Neil a fuair Leabhar Eoin ón sagart dhá simléar fhéin …

— Agus an deatach a bhualadh thall ar Chaitríona, mar shíl sí Briain Mhór a bhualadh …

— Óra! Óra! Pléascfaidh mé! Pléascfaidh mé! …

5

— … D'fhéadfainnse dlí a chur air faoi nimh a thabhairt dom. "Ól dhá spunóig den bhuidéal seo roimh a dhul a chodladh dhuit, agus ar céallacan aríst," adeir an murdaróir. Ó, diabhal céallacan a bhí ann! Ní raibh mé ach i mo luí sa leaba …

— Bloody Tour an' Ouns é, nár shín tú siar agus nach bhfuair tú bás! …

— "Ha," adeir sé liomsa, ar an dá luath is a bhfaca sé mo theanga. "Caifí Shiúán an tSiopa …"

— "Ní raibh pian ná tinneas ariamh orm, a stór," adeirmse leis, lá dhá raibh sé istigh tigh Pheadair an Ósta. "Mara raibh fhéin, a Thomáis Taobh Istigh," adeir sé, "tá tú ag ól an iomarca pórtair. Ní fheileann pórtar d'fhear atá i t'aois-sa. B'fhearr dhuit go mór corrleathghloine fuisce." "T'anam ón docks é, a stór, nach hé a d'ólainn ar fad roimhe seo!" adeirimse. "Ach tá sé ar a ghainne agus ar a dhaoirse anois." "Tiúrfaidh iníon Pheadair an Ósta anseo corrleathghloine dhuit," adeir sé. Thugadh, a mh'anam, agus gach a n-iarrainn, ach ón dara ceann amach bhaineadh sí cheithre boinn dhíom, agus ón séú ceann hocht bpínn déag. Dúirt an dochtúr a thug Neil ag breathnú orm as an nGealchathair gurb é an fuisce a ghiorraigh liom, ach séard a bhí mé fhéin agus Caitríona Pháidín a cheapadh gurb é an sagart …

— D'agródh Dia orainn tada a rá faoin ár gcomharsa …

— Séard dúirt sé leis an Máistir Mór: "Tá tú rómhaith le haghaidh an tsaoil seo" …

— Éist do bhéal, a ghrabairín …

— An dochtúr a bhí istigh san óspidéal chuir sé an buidéal

faoi mo shrónsa agus mé sínte ar an mbord. "Céard é sin, a dhochtúir?" adeirimse. "Deideagha," adeir sé …

— Bloody Tour an' Ouns é mar scéal ba bhreá gnaíúil an rud do dhuine, mar adeir Briain Mór, síneadh siar ar a leaba agus bás a fháil, thairis síneadh siar ar bhord istigh san óspidéal agus gan éirí níos mó, agus é chomh sclártha is a bhíodh "free beef" bhúistéirín Chlochar Shaibhe."

— … "Thuas atá an fabht," adeirimse. "Isteach ansin i mbéal mo chléibh."

"M'anam nach thuas," adeir sé, "ach thíos: thíos sna cosa. Bain díot do bhróga agus do stocaí."

"Diabhal call leis, a dhochtúir," adeirimse. "Thuas atá an fabht. Isteach ansin i mbéal mo chléibh." Dheamhan aird a bhí aige luath ná mall ar bhéal mo chléibh.

"Caith dhíot anuas do bhróga agus do stocaí," adeir sé.

"Dheamhan is móide a mbeadh aon chall leis, a dhochtúir," adeirimse. "Níl tada thíos orm." …

"Mara mbaine tú dhíot anuas do bhróga agus do stocaí go beo gasta," adeir sé, "cuirfidh mise san áit thú a mbainfear dhíot iad … Ba doiligh dhuit gan a bheith tolgtha," adeir sé. "Ar nigh tú aon chois ó rugadh thú?" "Thíos ag an gcladach, a dhochtúir, sa samhradh athrú anuiridh …"

— Ceangailte i mo cholainn a bhí mé. Bhínn síorcheangailte. Bheadh leisce ar dhuine rud mar sin a inseacht. "Tá leisce orm é a inseacht dhuit, a dhochtúir," adeirimse. "Ní scéal rochuíúil é."

— Sin é an chaoi a mbíonn sé, mar adeir tusa. Dhúisigh mé fhéin aniar. Bhí Fear Mhionlach Uí Mhainnín sa leaba ba ghaire dhom mar bhíodh i gcónaí: "shíl mé nach raibh siad len oscailt ortsa go ceann dá lá fós," adeirimse … "Seo, dúisigh suas," adeirimse, "agus ná bí i do mhála gainimh ansin níos faide." "Lig dó fhéineacht," adeir an 'nurse.' "Nuair a tugadh thusa síos go dtí seomra an tsaillte bhuail cumha a chuid phutóga-san. Tháinig snaidhm thobann air agus b'éigin é fhéin a chur dhá shailleadh. Níor cuireadh an oiread siúcra ar an scian dó is a cuireadh duitse. Sin é an fáth nár dhúisigh sé fós." Bíonn na 'nursannaí' sin neamodhach beag, mar adeir tusa.

— "Cuíúlacht!" adeir sé. "Ara cén!" adeir sé. "Cuíúlacht liomsa! Ar mharaigh tú fear ná eile?" "Crois Críost orainn, a dhochtúir," adeirimse, "níor mharaíos!" "Céard tá ort mar sin?" adeir sé. "Losc amach é." "Muise ní scéal cuíúil é len inseacht, a dhochtúir," adeir mé fhéin. "Ceangailte atá mé" …

— Ceangailte, mar adeir tusa. Níor tháinig aon ghoile dhom fhéin go ceann ceathair nó cúig de laethantaí. "Arán te," adeirimse leis an 'nurse.' "Ara, ag an diabhall go raibh tú!" adeir sí. "Síleann tú nach bhfuil faice ar m'airesa ach arán te a fháil dhuitse!" Sin é an chaoi a mbíonn a leithéidí sin, mar adeir tusa. D'iarr mé an t-arán te ar an dochtúr maidin lár na mháireach. "Caithfidh an fear gnaíúil seo arán te a fháil feasta," adeir sé leis an 'nurse.' M'anam gur dhúirt. Diabhal smid ná smeaid a d'fhan aici …

— … "Mo rúitín atá amuigh," adeirimse …

— "Ceangailte atá mé." "Ceangailte," adeir sé. "I gcead duitse, a dhochtúir, sea," adeir mé fhéin. "Ceangailte i mo cholainn." "Ó, más sin é a bhfuil ort!" adeir sé. "Leigheasfaidh mise é sin. Déanfaidh mé buidéal maith suas duit." Chuir sé rud geal agus rud dearg thrína chéile. "Ní fhágfaidh sé seo fíocha ort," adeir sé …

— … "Is mór an díol truaighe na 'Belgies' bhochta," adeirim fhéin le Paitseach Sheáinín. "Meastú ab é Cogadh an Dá Ghall é? …"

— Dúisigh suas, a dhuine. Tá an cogadh sin thart le deich mbliana fichead …

— Dúirt sé é, mar adeir tusa. "B'fhearr dhuit cur faoi ndeara di arán fuar a fháil domsa," adeir fear Mhionlach Uí Mhainnín leis. "Céard seo?" adeir an dochtúr. "Nach bhfuil an t-arán atá anseo sách fuar ag aon duine?" "Ach arán te a bhím a fháil," adeir fear Mhionlaigh. "Ó, cuimhním ort anois," adeir an dochtúr. "Rinne tú fiacha suite dhe an t-am a dtáinig tú isteach, ag iarraidh aráin te. Bhí an t-arán anseo rofhuar agat." Bhí sé ag gíoscán le olc. Sin é an chaoi a mbíonn a leithéidí sin, mar adeir tusa. "Ní leagfaidh mé smut ar aon ghreim aráin te," adeir fear Mhionlaigh. "Tá mise ag íoc anseo agus caithfidh mé an rud atá feilteach dhom a fháil." Dúirt, a mh'anam. Bhí sé an-dórainneach leo. "Ach cheap tú nach raibh arán fuar feilteach dhuit nuair a tháinig tú isteach," adeir an dochtúr. "Tusa ba cheart a bheith i do dhochtúr anseo!" "Is iomaí leiciméaracht a níos goile dhuine nuair a hosclaítear air, creidim," adeir fear Mhionlaigh …

— … "Sé. Mo rúitín atá amuigh," adeirimse.

— "Dheamhan fíocha muise a fhágfas sé seo ort," adeir sé. "Goirim agus coisricim thú, a dhochtúir!" adeir mé fhéin. "Seo togha buidéil," adeir sé. "Tá na rudaí atá ann daor. An gcreidfeá anois céard a tharraing lán an bhuidéil bháin sin orm, istigh sa nGealchathair?" "Pínn mhaith cheapfainn, a dhochtúir," adeir mé fhéin. "Cróin agus dhá fhichead," adeir sé …

— M'anam muise gurb shin é, mar adeir tusa. Ón lá sin amach ní thiúrfainn fhéin bolg d'arán fuar agus ba domlas le fear Mhionlach Uí Mhainnín aon ghreim te a thairiscint dó. Dhá leagtaí chuile phínn d'fhiacha na simléar chugam as a ucht, ní fhéadfainn drannadh leis an bpíopa ó shoin, th'éis chomh dúlaí is a bhí mé ann roimhe sin. Céard adeir tú le fear Mhionlaigh a stollfadh móinteán tobac, fear nár chuir aon phíopa ina bhéal nó go ndeachaigh sé san óspidéal! …

— "Tá chuile rud ina ór ó a thosaigh cogadh an bhallséire seo," adeir sé, "agus níor chás é dhá mbeidís le fail mar sin fhéin. "Óra, a dhochtúir," adeirimse, "nach bhfuil na daoine thart! Má mhaireann dó ní bheidh a sheasamh againn, ach grásta Dé" …

— M'anam muise go bhfuil na daoine thart, mar adeir tusa. "Tá mo phutógaí scabhartha ar fad," adeir fear Mhionlaigh liom fhéin, agus muid ag spaisteoireacht síos aníos taobh amuigh, cupla lá sul ar cuireadh abhaile muid. "Chítear dhom go bhfuil mo phutógaí ar nós treabhsar a bheadh rochúng dom, nó diabhal eicínt. Ní bhíonn dhá ghreim ite agam nuair a theagas corp orm. Féach anois mé! … Tá mo bholg bocht chomh coilgneach anois le cual de shreang frídíneach," adeir sé. Cleithire mór diabhalta a bhí ann. Bhí an ceann agus na guaillí aige tharmsa, agus é bríomhar dhá réir. "Diabhal mé," adeirimse, "mar adeir tusa, go sílfeá nach bhfuil mo phutógaí fhéin ar fónamh ach oiread.

Ní líonfadh a bhfuil de bheatha san óspidéal iad. Tá siad sclugrach, mar a bheidís cupla méid romhór agam. Má chorraím duth ná dath is geall le uth bó iad ag dul anonn agus anall" …

— … Is minic adúirt an Búistéara Mór liom go raibh meas aige fhéin ormsa i ngeall ar an meas a bhí ag a athair ar m'athair …

— "Seacht agus sé pínne a bheas an buidéal seo ort," adeir sé. "Sé an togha é." "Goirim agus coisricim thú, a dhochtúir!" adeir mé fhéin. "Marach thú níl a fhios agam céard a dhéanfadh na daoine chor ar bith. Níl a fhios, i nDomhnach. Is maith thú d'fhear an anshó. Níl leisce ná leontaíocht ort …"

— Fear an anshó, mar adeir tusa. Uaidh sin amach scríobhainn fhéin agus fear Mhionlach Uí Mhainnín ag a chéile chuile sheachtain. Séard adeireadh sé is gach litir go raibh a ghoile athraithe ar fad. Bhíodh sé ag fuasaoid nach bhféadfadh sé blaiseadh d'fhata ná d'fheoil ná de ghabáiste anois. Thiúrfadh sé an talamh faoi agus an t-aer as a chionn ar tae agus ar iasc, earra a raibh mé fhéin gránaithe ar fad orthu. Ach, mar adeir tusa, dheamhan rud a chonaic tú ariamh ab iontaí ná é. Ní raibh aon tóir agam ar fheoil ná ar ghábáiste ariamh, ach ó a bhí mé san óspidéal chrúbálfainn aníos leathbhruite as an bpota iad. Sin agus fataí. Trí thráth fataí sa ló dhá bhfaighinn iad …

— … "An sean-rúitín atá amuigh aríst," adeir sé. "Dar mogallra gaothach Ghalen agus dar sreang imleacáin leá na

bhFiann, má theagann tú chugamsa aríst le do shean-rúitín buinneach" ...
— "Seacht agus sé pínne," adeir sé. "Níl mise i ndiaidh seacht agus sé pínne ort," adeir mé fhéin. "Tiúrfaidh mé dhuit é, ach a ndéana an buidéal maith dhom" ...
— Maith a dhéanamh dhuit, mar adeir tusa. Ach ní dhéanfadh tada maith dhomsa. Bhí na putógaí sclugrach i gcónaí. Fataí, feoil agus gabáiste ar mo bhricfasta, ar mo dhínnéar agus ar mo shuipéar. "Na sean-simléir shúíocha sin atá ag géarú do ghoile," adeir an sean-chailín. "Tá an súí ag déanamh cairte ar do phutóig." "M'anam nach hea," adeirimse. "Ach gur sclugrach atá mo phutógaí." ...
— Ara, a dheartháir ó, thug sé amhóg, bhuail sé an buidéal faoin talamh ...
— M'anam muise, dhá dtugainnse amhóig, mar adeir tusa, go dtosódh mo phutógaí ag dul anonn agus anall, agus nach stopfaidís go ceann leathuaire. D'innis mé é do Ghaeilgeoir a bhí ar lóistín againn an Samhradh sin ar bhásaigh mé. Údar dochtúra a bhí ann. Bhí sé lena chuid dindiúirí a thógáil an bhliain dár gcionn. Cheisnigh sé thríd síos agus thríd suas mé faoin gcaoi ar hosclaíodh orm. "Bhí tú fhéin agus fear Mhionlach Uí Mhainnín in éindigh ar an mbord," adeir sé ...
— ... Qu'il retournerait pour libérer la France ...
— Rinne sé smúdar den bhuidéal faoin talamh. Thug sé cic don tseilp, agus leag a raibh thuas uirthi. "Marach go mbainfí cead dochtúireachta dhíom chuirfinn faoi ndeara duit na buidéil bhriste sin a ithe," adeir sé. Soir leis tigh Pheadair an Ósta ...
— Bloody Tour an' Ouns é mar scéal, nach raibh an t-ádh ort! Dhá n-ólthá an buidéal nimhe sin, shínfeá siar ar do leaba ar nós an fhir ar ball ...
— Shínfeadh sé siar, muis, mar adeir tusa. "Tá do phutógaí sclugrach ó shoin," adeir an dochtúr óg. "Agus sé goile fhear Mhionlach Uí Mhainnín atá agatsa. Agus bhí na dochtúir agus

na 'nursannaí' bogtha an lá sin tar éis damhsa mór an oíche roimhe!" adeir sé. "Sin é an chaoi a mbíonn a leithéidí sin, mar adeir tusa," adeirimse. "Ó, diabhal ceo ariamh," adeir sé, "ach nuair a bhíodar ag cur na bputógaí isteach ionaibh in athuair gur chuir siad cuid fhear Mhionlaigh ionatsa agus do chuidsa i bhfear Mhionlaigh. Sin é a thug dhuit éirí as an tobac ..."

— Ach níor éirigh tú as an gcneamhaireacht, a Fhear Cheann an Bhóthair. I ndiaidh oscailt ort a ghoid tú mo chuid feamainne gaoithe ...

— Agus m'oirdínsa ...

— Fainic nach hé an chaoi ar ghoid sé na putógaí ó fhear Mhionlaigh! ...

— Má fuair sé ar sliobarna chor ar bith iad ...

— Níor dhúirt sé liomsa ach go raibh mé sáite thrí scimhil na n-aobha. "Tá tú sáite thrí scimhil na n-aobha," adeir sé, "agus níl faoi ach sin." "Cineál fealltach na Leathchluaise," adeirimse. "Achainí m'aobha spólta agam ort, a dhochtúir! "Mionnóidh tú orthu chomh maith in Éirinn is tá tú i ndon. Crochfar iad" ...

— Chuaigh Caitríona soir chuige. "Céard tá ortsa anois?" adeir sé. "Bhí Neil anseo an lá faoi dheireadh," adeir sí. "Meastú, a dhochtúir, an dtiúrfaidh an rud atá sí a fhuasaoid aon bhás di? Nár laga Dia thú, a dhochtúir!" adeir sí. "Deir daoine go bhfuil nimh agat. Roinnfidh mé uachta Bhaba leat! Diabhal fios a gheofar go héag air má ligeann tú dionnóidín síos sa gcéad cheann eile, agus rá léi gur togha buidéil é: dhá spunóig roimh a dhul a chodladh dhi agus ar céallacan arís" ...

— Ach d'fhéadfadh Neil dlí a chur uirthi fhéin agus ar an dochtúr ansin ...

— Ab bu búna! Nár lig an dochtúr amach liom an lá sin ...

— ... Agus ní fhaca mé aon amharc ar mo phunt ón lá sin go dtí lá mo bháis ...

— ... Gur iarr an raicleachín air nimh a thabhairt dom. Níor dhúirt sé amach é ach ...

— … Ach cogar, a Shiúán, ar thug sí do thaepot airgidsa ar ais ariamh?

— … B'fhurasta aithinte dom ar an gcaoi ar labhair an dochtúr an lá sin … A Chite na mbruineog! Ná creid í, a Jeaic! A Jeaic na Scolóige, ná creid Cite chlamhach! …

— D'agródh Dia orainn, a Chaitríona, tada a rá …

— Pléascfaidh mé! Pléascfaidh mé! Pléascfaidh mé! …

6

— … M'anam muise mar adeir tusa, gur chuir mise caoi ar an simléar di an t-am céanna …

— T'anam ón docks, a stór, ní dhá mhaíochtáil uirthi é, gur mheall sí pínneachaí uaimse, a stór, agus aimsir an roundtable freisin. Ba mhór a theastaigh roundtable uaithi. Féacha mise …

— A chonúisín! Pínneachaí agatsa! …

— … Shoraí dhínn, a Churraoinigh, lig muid uainn margadh Shasana! Bhí roinn thalúna agamsa …

— T'anam ón docks é, diabhal talamh ba chineálta ó staighre na bhFlaitheas anuas, ná a bhí agamsa. Ní raibh, a stór. Ach níor fhan siúl ná aistir ionam san aimsir dheiridh, ag reathach chuile phointe le beithígh Neil agus Chaitríona a choinneál dhe. Ba shin iad an bheirt a bhain na bearraíochaí dhíomsa, ní dhá mhaíochtáil orthu é!

— Óra, féacha an mírath atá ag dul ar mo ghabháltas mórsa ru! Asal an Chraosánaigh agus asal agus beithígh Cheann an Bhóthair ag baint bearraíochaí dhe chuile lá agus chuile oíche san aer! An mac is sine ag tabhairt chomhlódair dólámhach d'inín Cheann an Bhóthair, th'éis geis a bheith uirthi, ón lá ar rugadh í, a dhul thar mo chruach mhóna …

— Bloody Tour an' Ouns é, nach éard adúirt sí le Briain Mór go raibh nead easóige ina cruach fhéin!

— Ó, go ropa an diabhal í! Mearbhall nó deabhac eicínt a

chuir sí ar shúile an mhic is sine. Bhí boiscín pictiúr aici agus tharraingíodh sí í fhéin sna ceirteachaí beaga scamallacha sin. Déarfadh Mac na Coise Duibhe go sílfeadh sé gur mó an bhrath atá aici siúd sa mbaile anois an dara mac a chur chun bóthair agus an gabháltas mór a thabhairt don mhac is sine. Mo chorp ón diabhal, má thugann! …

— … Cleachtadh: Lomfadh asal cheithre phéirse cearnacha cimín de shiúl oíche. An cheist anois, a Churraoinigh, cé mhéad uair an ngabhfadh cheithre phéirse cearnacha isteach i seacht n-acra déag do ghabháltais-sa: 17 méadaithe faoi 4, méadaithe faoi 40 …

— … Honest, a Dotie, ní raibh dionnóid rómánsaíochta i gCaitríona. I ndiaidh na háite a bhí sí. Ag tnúthán go rubálfadh sí cuid de na huaisle a thaithíodh ann. Mararbh ea, ní le grá do Jeaic na Scolóige é …

— Ná creid í, a Jeaic. Ná creid Colpaí clamhacha Sheáinín? …

— D'agródh Dia orainn tada a rá …

— … Bhí sé ag cinnt uirthi aon fhear a fháil a Dotie. Dúirt Briain Mór liom fhéin gur slaghdán aiféalach a bhí intí! Ní túisce í caite amach le do bhéal agat ná í istigh arís thrí do shrón …

— Ó, a Jeaic, ná creid í! A Rí na bhFeart anocht! Briain Mór! …

— … Honest, a Dotie. Ní bhíodh oíche san aer nach dteagadh sí aniar an sean-chasán ón mbaile se'aici fhéin le bheith roimhe ar an mbóithrín, agus é ag dul ar cuairt …

— Ó Mháthair Mhic Dé! An scóllachán! …

— … D'iarr sí air a pósadh, a dhó nó a trí de chuarta …

— Briain Mór! Briain Mór a phósadh! …

— — … Honest, a Dotie …

— Gug gúg, a Dotie! …

— Gug gúg, a Thomáis Taobh Istigh! …

— Honest to Heavens, a Dotie! Ní den chuiúlacht a bheith

ag fuagairt "gug gúg" mar sin ar fud na cille. Céard adéarfas Lucht an Phuint? Is drochshampla é d'Áit na Leathghine. Abair "Okaídó." Ach tuige fáir ná freagra a thabhairt ar an sean-bhrútaí? ...

— An grá cásmhar, a Nóróg ...

— ... Briain Mór, a Jeaic! Briain Mór caochshrónach, cromshlinneánach, starógach, féasógach. Briain Mór nár nigh ...

— D'agródh Dia orainn, a Chaitríona ...

— ... Deirim leat nach mbeadh an saol leath chomh dona marach go bhfuil mná ann ...

— Nár chuala tú an scéal a bhí ag Cóilí an lá cheana! Chuir an cailín aimsire cathú ar an bPápa, agus b'éigin do Ruairí Mhac Aodha Ó Flaithearta—fear naofa a bhí sa tír seo fadó—a dhul anonn de mhaol a mhainge lena chur ar an airdeall. Ag marcaíocht ar an diabhal a chuaigh sé don Róimh ...

— Féach an druncaera de bhean sin as an nGealchathair atá ag bagairt dlí ar an Máistir Beag, má níonn sé a malairt ...

— Déarfadh fear Cheann an Bhóthair gur measa na mná ná na fir. D'iarr deirfiúr an tsagairt ar a mhac í a phósadh ...

— Deir an Máistir Mór fhéin é ...

— Óra, siad na mná is ciontaí i gcónaí! ...

— Siad na mná is ciontaí i gcónaí, a Bhríd Thoirdhealbhaigh? ...

— Ó, nach bhfaca mé an deis a bhí ar na rúisceannaí siúd sna pictiúir! ...

— I nDomhnach chonaic tú, agus mise leat, a Bhríd. Nach éard adúirt mé leis an ngearrbhodach agus Mae West ag gáirí linn: "ní mholfainn duit aon phlé a bheith agat lena leithéide sin," arsa mise. "Bheadh sí go maith i ndiaidh bromaigh ceart go leor, ach ..."

— A Sheáinín Liam, níl sna mná, mar adúirt an seanfhocal, ach tuar ceatha ar a ghogaidín ...

— Bhuel, By Dad fhéin, sean-uachaid mar thusa ag tromachan ar mhná, agus nach raibh de phlé i do shaol ariamh agat leo, mara bhfeictheá ag dul thart an bóthar iad! Cá fhios sa diabhal duitse? …

— Tá a fhios agam, muis. Dúirt fear liom fadó an lá é. Sean-fhear a bhí an-tsean …

— Is measa na mná céad uair. Is measa muis, a stór. T'anam ón docks é …

— Óra, éistigí liom! Féacha an mac is sine sin agamsa nach n-éireodh as iníon Cheann an Bhóthair th'éis go bhfaigheadh sé an gabháltas mór uaim. Go ropa …

— Agus mac an fhir seo thall a phós Black …

— Is bean mise agus thóigfinn páirt na mban dá bhfaighinn sin i mo chlaonta. Ach sé a bhfuil le déanamh agaibh éisteacht le Caitríona Pháidín ag mearú Jeaic na Scolóige chuile ré solais …

— M'anam nach hí Caitríona an t-aon bhean sa gcill a bhfuil a teanga cocáilte aici ar mhac bán na Scolóige …

— Ní fhaca mé aon bhean ariamh chomh dona léi siúd. An bhfuil a fhios agat céard adúirt sí leis an lá cheana, ach gur imir Neil an cluiche claonach air, nuair d'iarr sí air a pósadh? Nach beag an náire í sin? …

— Dar dair na cónra seo, séard a chuala mise a rá í: "is mór leis an bpaicle ban anseo, a Jeaic," adeir sí, "go mbíonn tú ag comhrá liomsa. Ach coinnigh colg diabhalta ort fhéin leo, maith an fear!" … D'fhág sí a raibh de náire inti as cionn talúna …

— "A Mhuraed Phroinsiais," adúirt sí liomsa, "tá an frídín bainte as mo chroí, agus ní airím an t-am ach an oiread le oíche cheoil, ó a tháinig Jeaic."

"Ar chuir tú chuile fhalach den náire ar candáil, a Chaitríona?" arsa mise.

— Ar chuala tú, a Mhuraed, an chaint a chaith sí liomsa? "A Bhríd Thoirdhealbhaigh," adúirt sí, "nach breá an bhail ar an smuitín é! 'Tá Jeaic agamsa. Tá Jeaic agamsa.' Níl Jeaic faoina liobairín de sheál anois, a Bhríd Thoirdhealbhaigh" …

— Labhróidh mé le Jeaic na Scolóige. Labhródh agus tusa,

a strachaille, dá labhraíodh sé leat. Ní cheal a shaothraithe é muis nach labhraíonn sé leat, a thóinín ghortach …

— Tóig aghaidh do bhéil díom, a Chaitríona. Suaimhneas atá uaimse …

— Nár laga Dia thú, a Chaitríona! Is géar a theastaíos an dreidireacht sin uathu! Diabhal aithne ar an gclaimhe ban atá anseo a bhfuil fear ar bith eile sa roillig ach Mac na Scolóige! Cén bhrí ach mná pósta! …

— Ach d'amhdaigh an Máistir Mór an lá deireannach go scaoileann an bás cuing an phósta …

— Cén diabhal fáth atá aigesan mar sin do Bhileachaí an Phosta? …

— Dúirt sé é sin: go scaoileann an bás cuing an phósta! Bhí an ceart agam a bheith san airdeall air. Is eiriceach é, go siúráilte …

— Foighid oraibh, nó go gcloise sibh an scéal ar fad. Dhá mbeadh Caitríona taobh leis an méid sin a rá, níor chás é …

"A Bhríd Thoirdhealbhaigh," adeir sí. "Tá …" Ní ligfeadh an chuíúlacht dhom a cuid cainte a aithris, agus a bhfuil d'fhir ag éisteacht …

— Innis i gcogar é, a Bhríd …

— I gcogar domsa, a Bhríd …

— Domsa, a Bhríd …

— Inseoidh mé do Nóra é … Anois a bhfuil biseach agat, a Nóra? …

— Upon my word! Tá mé shocked! Cé a cheapfadh go deo é faoi Jeaic! …

— Sílim gur chóir dúinn comhairle a chur ar Jeaic ó tharla nach bhfuil Neil anseo …

— Cuirfidh mise comhairle air …

— Níl fios do labhartha agatsa chor ar bith mar bheadh ag bean …

— An dteastaíonn aon chomhairle spriodáilte uait, a Jeaic na Scolóige?

— A iníon Choilm Mhóir, is cunórach an mhaise dhuit é, ag bualadh do ladair ann beag ná mór, agus mná anseo atá do thrí aois …

— … Hóra, a Jeaic na Scolóige! A Jeaic na Scolóige! … Muraed Phroinsiais atá ann … Tá comhairle le cur agam ort … Ar ball. Déarfaidh tú amhráinín i dtosach, a Jeaic …

— Déan cheana, a Jeaic …

— Go gcuire Dia an t-ádh ort, a Jeaic, agus abair! …

— A Jeaic, ní féidir dhuit a bheith daoithiúil liomsa, Bríd Thoirdhealbhaigh …

— Honest, a Jeaic. An loinneog nua sin: Bunga Bunga Bunga …

— Bunga Bunga Bunga! T'anam ón docks é, Bunga Bunga Bunga, a Mhac na Scolóige! …

— Ní eiteoidh tú mise, a Jeaic. Siúán an tSiopa …

— Nár agraí Dia oraibh é! … Breá nach ligfeadh sibh dom! … Dúirt mé cheana libh nach n-abróinn aon amhrán.

— Óra, a Jeaic, a Jeaic na páirte, tá an báire ban sin chomh craosach chomh tuineanta le muca mara i ndiaidh bradáin fearna. Abair leo, a Jeaic, mar adeirtheá fadó ar na portaigh agus muid inár ngearrchaileadha ag ropadh dairteachaí leat: "shíl mé nach dtosaíonn an fhoghailéaracht chomh hóg seo sa mbliain" …

— D'agródh Dia orainn tada nach mbeadh ceart a rá, a Chaitríona. Ach m'impí Ort, a Dhia agus a Mhuire, mná na cille seo ag tógáil a n-aghaidh dhíom …

— Nóirín na gCosa Lofa, Cite bhréagach, Siúáinín mheangach, Bríd Thoirdhealbhaigh. Óra, a Jeaic chroí, is fearr an aithne atá agamsa orthu sin ná agatsa. Bhí tú suas in iargúil an chriathraigh uathu i gcónaí. Agus is faide mise anseo ná thú. Seachain an dtiúrfá aon aird orthu! Cén bhrí ach amhráin ru! …

— Chuile mhionóid, a Chaitríona. Ach d'agródh Dia orainn tada a rá faoin ár gcomharsa …

— Déarfaidís sin, a Jeaic, faoi Dhia Mór fhéin, gur tháinig Sé ag iarraidh punt airgid orthu agus nár íoc Sé ar ais é! Ó, chéas mise an saol acu agus ag a gcuid bréag! Hóra, a Jeaic … Is fada ag gealladh dhom thú, ach b'fhearr dhuit amhrán a rá anois …

— Ná hiarr orm é, a Chaitríona …

— Aon cheathrú amháin, a Jeaic! Aon cheathrú amháin! …

— Uair eicínt eile, a Chaitríona. Uair eicínt eile …

— Anois, a Jeaic. Anois …

— Cá fhios dom nach hí mo shean-bhean fhéin a bheadh ar a cailleadh sa mbaile? …

— Ó, más sin é a bhfuil d'imní ort, a Jeaic! Níl sí a fhuasaoid ach na scoilteachaí, agus ní thiúrfaidh siad sin a corp un cille go ceann fiche bliain ó inniu! …

— Ní bhíonn sí ar fónamh muis, a Chaitríona …

— Ní raibh pian ná tinneas uirthi, a Jeaic. I bhfad ón gcill seo go raibh a corp! Abair an t-amhrán. Maith an fear, a Jeaicín! …

— Bean mhaith a bhí inti chuile lá ariamh, a Chaitríona, agus ní as ucht gurb í do dheirfiúrsa í adeirim leat é …

— Is cuma sa mballséire céard a níos deirfiúrachaí ar an saol seo, a Jeaic. Ach abair an t-amhrán …

— Ní do t'eiteach é, a Chaitríona, ach dheamhan maith dhuit liom. Is aisteach an chaoi a mbíonn sé, a Chaitríona chroí. An oíche sul ar pósadh mé, bhí mé sa seomra agaibhse agus foireann ag tuineadh liom go n-abrainn amhrán. Bhí Bríd Thoirdhealbhaigh ann agus Cite agus Muraed Phroinsiais. Nár agraí Dia orm tada a rá le aon duine, ach bhí an triúr sin ag dul go bog agus go cruaidh orm! Bhí mé chomh scréachta le clár sean-chomhra ag gabháil fhoinn dóibh i gcaitheamh na hoíche. "Ní abróidh Jeaic aon amhrán níos mó," adeir Neil, le mugadh magadh, agus í ina suí i m'ucht … "ach do réir mar iarrfas mise air é" … An gcreidfeá mé, a Chaitríona, gurb shin í an chaint a bhí ag rith thrí mo cheann maidin lár na mháireach, agus mé ar mo dhá ghlúin ag ráillí na haltóra, i bhfianaise an tsagairt? Nár agraí Dia orm é! Ba mhór an peacadh dhom é! Ach is aisteach an chaoi a mbíonn sé, a Chaitríona. Dheamhan uair dhár héilíodh amhrán orm ariamh ó shoin nach shin é an chéad rud ar chuimhnigh mé air! ...

— Ab bu búna búna búna! Ó, a Jeaic! A Jeaic na Scolóige! Pléascfaidh mé! Pléascfaidh mé! ...

Eadarlúid X

An Chré Gheal

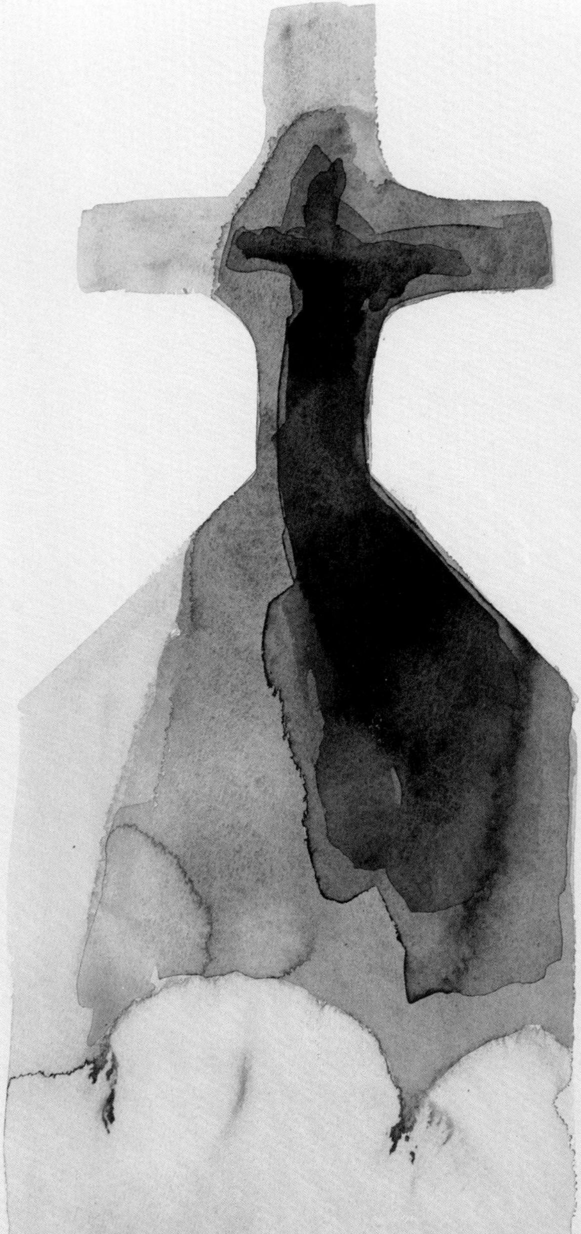

1

— Is deacair leis imeacht …
— Is maith an mhalairt dó é …
— Is docúil leis é …
— Is maith an mhalairt dó é …
— Is dorcha leis é …
— Is maith an mhalairt dó é …
— Is guaiseach leis é …
— Is maith an mhalairt dó é …
— Ach …
— Is maith an mhalairt dó é …

2

— … T'anam ón docks, ní chloisfeá súiste Oscair ann le ordlaíocht agus "blastáil." Ní chloisfeá muis, a stór …
— Ar tháinig aon litir ó Bhriain Óg? …
— Ara beannacht Dé dhuit, a stór! Go deimhin muise ní theastódh ó fhear atá ag dul ina shagart ach a bheith ag scríobhadh litreachaí suas sna cíocraí údan. Ag baint aistireachaí as fir posta …
— Chaith Neil seal ar an leaba, a Thomáis?
— Scoilteachaí, a stór. Scoilteachaí. D'éirigh sí an tráthnóna ar buaileadh síos mise …
— Bean charthannach a bhí inti i gcónaí, a Thomáis …

— Dúirt mé ariamh fhéin, a Jeaic, go mba deá-chroíúla í ná Caitríona ...
— D'agródh Dia orainn tada a rá faoin ár gcomharsa, a Thomáis ...
— T'anam ón docks é, nach mbíonn greim goirt i dteanga na comharsan féin, a stór. Marach go mba deá-chroíúla, ní thairgfeadh sí cailleadh le crois Chaitríona, agus le triúr clainne Phádraig a chur i gcoláiste. Ach an oiread le scéal is mór a theastaíos coláistí uathu. Féacha mise! ...
— Níl aon phínn airgid dár rug sí ariamh air nach raibh deá-rath air, a Thomáis ...
— Is fíor dhuitse sin, a stór. Nach éard adeirinn liom fhéin, dhá mba í Nóra Sheáinín a gheobhadh an uachta sin, nach mbeadh sí ar a céill aon lá sa mbliain ...
— D'agródh Dia orainn tada a rá faoin gcomharsa, a Thomáis. Níor tháinig oiread is "ballséire ort" idir mé fhéin ná Neil ariamh ...
— T'anam ón docks é, a stór, nár ghoil sí lán comhra de naipcíní póca móra geala i do dhiaidh. Ghoil muis, a stór. Cén bhrí ach ar chuir sí d'Aifrinn le t'anam! Deir daoine gur thug sí dhá chéad punt ar aon láimh amháin don sagart se'againn fhéin, ní áirím ar chuir sí go dtí sagairt bheannaithe thart síos ...
— Bloody Tour an' Ouns é, nach éard adúirt Briain Mór: "mara gcuire sagairt Mac na Scolóige ar an dréimire ard agus bois sa tóin a chur isteach ar an lota údan thuas leis, níl a fhios agamsa cén scéal é" ...
— T'anam ón docks é, a Mhac na Coise Duibhe, níl a fhios agat é, ná a leath. Ní chloisfeá méir í gcluais ansiúd lena raibh de chaint acu ar Aifrinn. Aifrinn le hanam Jeaic, le hanam Bhaba, le hanam Chaitríona ...
— Ní lúide an trócaire í a roinnt, a Thomáis...
— Ba shin í an chaint cheanann chéanna a chaitheadh Neil. "Is iontach an lear Aifreann atá tú a chur le hanam Chaitríona," adeirinn fhéin léi, agus muid ag caint mar sin.

"Maith in aghaidh an oilc, a Thomáis Taobh Istigh," adeireadh sí …

— D'agródh Dia orainn tada a rá faoin gcomharsa, a Thomáis. Níl neart ag Caitríona bhocht air. Tá an créatúr scrúdtha cheal croise …

— T'anam ón docks é, a stór. Ní chloisfeá méir i gcluais ansiúd lena mbíodh de sheamsánacht acu faoi chroiseannaí. Bhí crois Chaitríona faoi réir, agus í íochta, ach nuair a fuair tusa bás, dúirt Neil agus Pádraig go bhfágfaidís ceann Chaitríona nó go mbeadh sí fhéin agus do chrois-sa ar aon chur isteach amháin …

— Bloody Tour an' Ouns é, nach éard adúirt Briain Mór gur bheag an dochar don tsaol a bheith ina bhrachán fhéin agus a raibh d'airgead breá fáilí dhá dhiomallú ar sheanchlocha …

— T'anam ón docks é, a Mhac na Coise Duibhe, níor chuala tú é ná a leath. Dheamhan a fhios agam ar chuidigh an sproschaint sin faoi chroiseannaí beag ná mór liom. Croiseannaí ó mhaidin go fuin agus ó oíche go maidin. Ní fhéadfadh duine a dheochín phórtair a ól faoi shásamh gan croiseannaí a tharraint anuas chuige. Ní fhéadfadh duine a ghiodán talúna a shiúl nach sílfeadh sé go raibh croiseannaí is chuile gharraí ann. Dhealaigh liom síos tigh Phádraig Chaitríona áit nach raibh a leathoiread cainte faoi chroiseannaí. Is mór a theastaíos …

— … Qu'il retournerait pour libérer la France …

— … Soir aríst. Anoir aríst. Ní raibh mé lá ar bith gan fiche pionta ar a laghad a ól …

— Go bhfóire Dia ar do fiche pionta! D'ól mise dhá phionta agus dá fhichead …

— M'anam muise a stór, gur dhúirt an dochtúr a thug Neil chugamsa as an nGealchathair, gurbh é fuisce Pheadair an Ósta a ghiorraigh liom. Dúirt muise, a stór. "M'anam, a stór," adeirimse, "gurb é an dochtúr adúirt liom a ól." "Cén dochtúr?" adeir sé. "An dochtúr se'againn fhéin, slán a bheas sé!" adeirimse. "Dúirt a mh'anam muise, a stór. Bhí inín Pheadair an Ósta ag éisteacht leis. Mara gcreideann tú mé gabh isteach chuici ar do bhealach soir. Dheamhan milleán ar bith agam ar an dochtúr, a stór. Bhí mé dhá ól ariamh, agus ba bheag a chuir sé as dom. Ach m'anam go bhfuil milleán agam ar an sagart, a stór. T'anam ón docks é go bhfuil mé ag ceapadh nár chuidigh sé chor ar bith liom …"

— An bhféadfainn aon chúnamh spriodáilte a thabhairt duit, a Thomáis Taobh Istigh? …

— Gug gúg, a inín Choilm Mhóir. Gug gúg! Stroipín beag comhrá …

— Lá is gur chinn sé ar an sagart …

— Níor chinn sé ar an sagart. Ní chinneann rud ar bith ar an sagart. Is eiriceach thú …

— … Dar dair na cónra seo, a Jeaic na Scolóige, thug mé an punt …

— D'agródh Dia orainn, a Chite …

— … Uachtaí! Marach uachta Bhaba Pháidín ní bhfaigheadh Tomás Taobh Istigh a phaisnéaracht chomh luath …

— A chiontsiocair fhéin! D'fhanfadh an t-ól san áit a raibh sé, marach go dtugadh Tomás a bhoilgín chomh fada leis. Ní mírath a chuir uachta ar Neil. Cheannaigh sí mótar léi agus hata a bhfuil cleiteadhachaí péacóige ann …

— Ó! Ó! …

— Chonaic muid an obair sin cheana, a mhaisce! Uachtaí a choinnigh muintir Bhaile Dhoncha beo ariamh. Marab ea ní neantógaí. Mná nach raibh orthu ach na miotáin inniu chonaic muid ag imeacht faoina gcuid hataí agus rufaí amáireach iad. Bhí a shliocht orthu: ba ghearr gur cearca a bhí ag breith sna hataí …

— Bhí sé d'fhíriúlacht i muintir Bhaile Dhoncha a dhul go dtí gogaide na gréine, go dtí claidhe tórann an diabhail fhéin, le uachtaí a shaothrú. Dá bhfágadh donáiníní do bhailesa na cnocáin bheadh cumha i ndiaidh na ndreancaidí orthu …

— Céard deir tú le fear an bhaile se'againne a cuireadh taobh le scilling! …

— Ní taobh le scilling a cuireadh fear an bhaile se'againne, ach ba é lá bán a leasa dhó é, dhá mba ea. Fear bunúsach a bhí ann nó go bhfuair sé na puint mhóra. Ní fhaca Dia ná duine ó shoin é nach ag imeacht atá sé agus a straois stampáilte ar chuile choirnéal. An bhfaca anois? Do dhúshlán a fheiceál gan a smut a bheith stampáilte ...

— Bheadh ciall do smut a bheith briste, ach féach an gearrbhodach sin as Clochar Shaibhe—mo dhuine muintreach fhéin—a fuair meall, agus ní shásódh rud ar bith é nó go mbriseadh sé a mhuineál. Sin é anois an chaoi lena rá: diabhal thiomanta ceo faoin saol a shásaigh é, nó gur bhris sé a mhuineál ...

— Ó, nach bhfeiceann tú líob smearach Dhoire Locha! D'fhág cailleach eicínt i Meiriocá cupla míle aige. Ní raibh ciondáil tae Shiúán an tSiopa traoite as a mhéadailín nó go raibh sé thuas i mBaile Átha Cliath agus maistín de mhótar ceannaithe aige ann. Casadh liobairín beag de bhean freisin leis ann ag imeacht ar straiféad, agus ardaíonn sé leis í. Ba ghearr a d'fhan sí aige. Bhí gligear an mhótair ag goilliúint ar a goile. Ghread léi suas ar straiféad aríst. Snaidhm ar Bundún a bhí baiste ar an mótar. Nár fhága mé seo, dá gcorraíodh sé orlach ach do réir mar ghlaoifeadh sé ar mheitheal clamhach ó cheann bóithrín le sáitheadh leis!

— Nár chuir mé amach mo rúitín! ...

— Sháithfidís sin é go dtí an teach ósta ba ghaire dóibh. D'fhanfadh sé ansin go maidneachan lae, nó go sáithfidís ar ais aríst é. Ag Ceann an Bhóthair a d'fhan a chuid rothaí agus iarainn faoi dheireadh. Bhí an-bhunán go deo air! ...

— Tá agus ar mhótar Neil Pháidín ...

— Ag dul suas agus anuas thar tigh Chaitríona ...

— Ab bu búna! ...

— M'anam más mótar uachta fhéin é, gur ceochánta uaidh imeacht ...

— B'fhéidir le cúnamh Dé gur gearr uainn Hitler ...

— An drithleoigín fhéin d'uachta Sheana-Choille níor tháinig amach ariamh as Oifig Mhainnín an Caibhnsiléara. Dúirt sé liom é, an lá a raibh mé istigh aige nó go gcuirinn dlí ar fhear Cheann an Bhóthair faoi m'oirdín …

— … "Titfidh an gimide as Wall Street, mar thit cheana," adeir sé, agus a shúil ag téaltú anonn go dtí an tua. "Titfidh sé amach as an bhfeireadh aisti, agus caillfidh mise uachta eile mar chaill mé cheana …"

"Diabhal ar mhiste liom, a Thomáisín," adeir Caitríona a bhí ann, "dhá dtiteadh sé ina phlabar aisti, ach é a thitim go breá toirnéiseach as uachta Neil freisin …"

— Fuair sean-chailín Cheann an Bhóthair sciorrachán d'uachta …

— Sin é a thug teach ornáilte di …

— Óra, níorbh é, ach mo chuid mónasa …

— D'éirigh coup mór árachais liom ann an uair sin. Ceann an Bhóthair fhéin agus an inín is sine leis …

— Dhíol mise foireann iomlán den "Complete Carpenter and Mechanic" lena mhac …

— M'anam muise, mar adeir tusa …

— Uachta a thit air seo thall an t-am ar thug inín Pheadair an Ósta ar parlús é …

— Fuair an Máistir Mór uachta …

— Ní bheidh cheal dochtúirí ar Bhileachaí mar sin …

— Ó, an gadaí! An briogadáinín bobailíneach! …

— … Thug tú éitheach! Ní i ngeall ar uachta a sháigh spólaire na Leathchluaise mé …

— … É sin a bheith in acmhainn íoc ar dhá phionta agus dá fhichead! Fear a bhí ar a laghad sin talúna is nach dtuillfeadh ach cosa deiridh an asail air. Ar thalamh an Churraoinigh lena thaobh a chaithfeadh an dá chois tosaigh a bheith … B'shiúd é é! Ag sáitheadh an mhótair do líob Dhoire Locha a d'éirigh sé leis …

— An Curraoineach freisin ba le uachta a fuair sé an

gabháltas mór ar teannach lena mhac is sine inín Cheann an Bhóthair a thabhairt isteach ann …
— Óra, go ropa an diabhal í! Mo chorp ón diabhal má ligeann sí siúd sa mbaile isteach í! …
— Tá inín Cheann an Bhóthair faoi Árachas …
— … Más cúrsaí mar sin é, is aoibhinn do Chaitríona nach bhfuair sí an uachta. Dhá bhfaigheadh …
— Dhéanfadh sí dhá theach ceann slinne …
— Cheannódh sí dhá mhótar …
— Chuirfeadh sí dhá chrois uirthi fhéin …
— Agus dhá hata …
— Ní bheadh a fhios agat nach gcuirfeadh agus treabhsar …
— Bloody Tour an' Ouns é, nach éard adúirt Briain Mór, nuair a chuaigh mac a iníne fhéin i gcoláiste le bheith ina shagart: "dhá mbeadh an bheisín chogantach siúd thiar beo," adeir sé, "ní chónódh sí go gcuirfeadh sí faoi ndeara dá Pádraig a bhean a chur uaidh, agus é fhéin a dhul ina shagart …"
— Má insíonn tú dhom, a Chaitríona, cé mhéad punt a bhí san uachta déanfaidh mé suas dhuit cé mhéad gaimbín a bheadh uirthi:

$$\text{Gaimbín} = \frac{\text{B.A.} \times \text{A.} \times \text{R.}}{100}$$

Nach shea, a Mháistir? …
— Bheadh an oiread uirthi, ar chuma ar bith, is a d'íocfadh punt Chite.
— Agus fear Cheann an Bhóthair as an simléar …
— Agus Nóra Sheáinín as ucht na spúnógaí agus na sceanna airgid …
— Ó, a Mhuire Mhór! Sceanna airgid sa nGort Ribeach! Sceanna airgid! Ó, a Jeaic! A Jeaic na Scolóige! Sceanna airgid sa nGort Ribeach! Pléascfaidh mé! Pléascfaidh mé! …

3

— ... Dúirt, a Mháistir? ...
— Dúirt, a Mháirtín Chrosaigh. Dúirt sí liom ...
— ... "Thuas atá an fabht," adeirimse ...
— ... "A dheabhais," adeir 'Tríona, "seo muic bhreá le scólladh ..."
— ... "Bhí inín ag Mártan Sheáin Mhóir ..."
— ... Cáid go bpósfaidh sí aríst, measann tú? ...
— Muise a Chite, a chomharsa, níl a fhios agam ...
— 'Ar ndó, is furasta dhi fear a fháil, má tá aon rún aici pósadh aríst. Bean luath láidir í, bail agus beannú uirthi! ...
— Is fíor dhuit sin, a Mhuraed, a chomharsa! ...
— Mara raibh aon chaint aici air nuair a chonaic sí ar do chailleadh thú ...
— Ní raibh, a Bhríd ...
— B'fhéidir go bpósfadh an Máistir Beag í ...
— Nó Máistir Dhoire Locha, ó a d'fhág deirfiúr an tsagairt ansin é ...
— Is "dote" thú, a Bhileachaí. Honest! Innis dúinn má bhí aon chaint ag an Máistreás pósadh aríst, ...
— Óra, ab é atá ann dáiríre, an bacach, an raibiléara, an tiacháinín brothallach! Óra, cáil sé, an corpadóir? ...
— Is deas an fháilte í seo go cré na cille ...
— T'anam ón docks é, a Mháistir, an gcuimhníonn tú céard dúirt mé leat? Nach bhfuair sé bás? ...
— Óra, cáil sé? ...
— Anois a Mháistir, a chomharsa, réiteach, réiteach! Bhíomar inár ndea-chomharsana as cionn talúna. Ar oscail mé aon litir ariamh leat? ... Ó a Mháistir chroí, ná déan bréag! ... Ó a Mháistir, má sea, ní mise a rinne é ... D'fhéad Máistreás an Phosta a rogha rud a dhéanamh, ach ná cuir bréag ormsa, a Mháistir ... Ó, sin bréag go siúráilte, a Mháistir! Ní thugainn do litir d'aon duine, ach a dhul caol díreach ag do theach, agus

a síneadh te bruite as an mála isteach i do ghlaic. Bíodh a fhios agat, a Mháistir, nach hé chuile fhear posta a dhéanfadh é sin! …

Ó a Mháistir, a Mháistir, nár fhreagraí Dia ort é! Ní le do bhean a fheiceál a theagainn chomh pointeáilte leis an bposta. Ó, nár lige Dia a Mháistir, go dtiocfadh a leithéide de smaoineadh isteach i mo cheann! … Ó, a Mháistir a chomharsa, éirigh as. Ná cuir bréag uirthi. Tá sí ar shlí dhorcha na bréige agus tusa ar shlí sholasach na fírinne …

Creid mé dhuit ann, a Mháistir a chomharsa, go raibh anbhuaireadh orm faoi do bhás. Ba tú fhéin an fear gnaíúil le dhul isteach i do theach. Agus b'fhiú éisteacht leat, a Mháistir. Bhí fuirseadh mór cainte faoin saol agat … Ó, a Mháistir, ná habair rudaí den tsórt sin … Ó, a Mháistir! …

Níl aon lá dhá n-éiríodh orm nach gcásaínn do bhás léi fhéin … Ó, a chomharsa chroí, ar son Dé ort agus éirigh as an gcaint sin! "Is mór an scéal an Máistir Mór bocht," adeirinn fhéin. "Ní hé an teach céanna chor ar bith é, ó a d'imigh sé. Creid mé dhuit ann, a Mháistreás go bhfuil an-truaighe agam duit …"

… Foighid, a Mháistir! Foighid, a Mháistir! Nach bhféadfá an scéal a ligint chugat fhéin! "A Bhile an Phosta," adeireadh an créatúr. "Tá a fhios agam sin. Ba mhór é a ghnaoi ort …" … A anois, a Mháistir! Réiteach, a Mháistir! "Rinne mé mo dhícheall dó, a Bhile, ach chuaigh sé thar scil na ndochtúirí" … Ó, a Mháistir chroí! A Mháistir chroí na páirte! … "Sén chaoi é, a Bhile, bhí an Máistir Mór ro-mhaith …"

A, a Mháistir, ná náirigh thú fhéin as coinne na gcomharsan! Cuimhnigh, a Mháistir gur maorsháirsint léinn thusa, agus go gcaithfidh tú dea-shampla a thabhairt uait … Foighid, a Mháistir! Ó, a Mháistir, tá mé scólta feannta agat. Is deas an fháilte í ag teacht i gcré na cille …

— An dteastaíonn aon chúnamh spriodáilte uait, a Bhileachaí an Phosta? …

— Ó, an socshnaifíneach, teastaíonn ...
— De grace, a Mháistir! Coinnigh guaim ort fhéin. Duine an-rómánsúil é Bileachaí. Honest ...
— Bhítheá fhéin, a Mháistir ...
— M'anam, a Mháistir, go bhfaca mé thú ... Sa scoil ...
— Ní h-ionadh go bpósann ár gcuid clainne eiricigh agus Blacks ...
— ... Le scéal fada a dhéanamh gairid, a Mháistir, ba é Luan Cincíse a bhí ann. Bhí an lá ina shaoire agam. Bhuail mé siar an bóthar ag spaisteoireacht dom fhéin ...
... Anois, a chomharsa, cén dochar a bhí a dhul ag spaisteoireacht? Lá sna naoi n-aird a d'fhéadainn an seol ceathrún a stríocadh ... Ní fhaighinn mo shláinte a dhul ag spaisteoireacht soir an bóthar, a Mháistir ... Glac foighid! ... Ar a dhul thar gheata do thí dhom, bhí an carr amuigh ar an mbóthar aici. Chuir mé fhéin gaoth ann di ... Cén dochar, a Mháistir, má chuireas fhéin? Ba é comhar na gcomharsan é ... "Go ndéana Dia trócaire ar an Máistir Mór bocht!" adeirimse. "B'aige a bhí an phráinn as an gcarr sin." "A Bhile," adeir an créatúr, "ní raibh só an tsaoil seo i ndán don Mháistir Mhór. Bhí an Máistir Mór bocht ro-mhaith" ... Ó, a Mháistir cén neart atá agam air? ... Ach réiteach nóiméad, a Mháistir. Lig an scéal chugat ...
"Suigh isteach, a Bhile," adeir sí. "Tiománfaidh tú an carr dom. Ní foláir dom éirí amach eicínt a thabhairt dom fhéin thar éis a bheith ag déanamh leanna leis an fhad seo. Ní fhéadfaidh aon duine scannail a shamhlú linn. Sean-chara dhár dteallach thú, a Bhile" ... Coinnigh guaim ort fhéin, a Mháistir. Nach bhfeiceann tú go bhfuil chuile dhuine ag éisteacht! Shíl mé nach shin é an sórt fear a bhí ionat chor ar bith! ...
Le scéal fada a dhéanamh gairid, a Mháistir, bhí an áit bánaithe cés moite den bheirt againn fhéin. Má bhí tú i gCaladh an Rosa ariamh an tráth úd de ló a Mháistir, tá a fhios agat gur beag giodán is aoibhne ná é. Bhí soilse dhá lasadh ar

na reanna agus ar na tamhnógaí, taobh thall de chuan. Mhothaigh mé, a Mháistir ... Ó, as ucht Dé ort, a Mháistir chroí, bíodh cuiúlacht eicínt ionat! ...

... Le scéal fada a dhéanamh gairid, a Mháistir, dúirt sí liom go mba doimhne a grá dom ná an fharraige ... Ó, foighid, a Mháistir. Foighid! A, a Mháistir, bhí mé siúráilte nach duine den tsórt sin a bhí ionat ...

"Céad slán do cheithre bliana sa taca seo!" adeir sí. "Bhí mé fhéin agus an Máistir Mór bocht anseo, ag breathnú ar na soilse, ar na réalta, agus ar an tine dhioláin ar an bhfeamainn" ... Óra, a Mháistir chroí, gabhfaidh drochcháil amach duit! Réiteach! ... "An Máistir Mór bocht," adeirimse. "An Máistir Mór," adeir sí. "Bá mhór an scéal é. Ach bhí sé romhaith le haghaidh ..." ... A Mháistir, a Mháistir a chomharsa, breá nach ligfeá an scéal chugat fhéin? ...

"An té a mbíonn grá na ndéithe air, a Bhile," adeir sí, "básaíonn sé óg. Muise a Bhile, bhí an-ghnaoi go deo aige ortsa" ... Céard a d'fhéadfainn a dhéanamh, a Mháistir? ...

— Anois, a Mháistir! Chonaic Máirtín Crosach ...

— M'anam muise go raibh tú dhá cláradh, a Mháistir ...

— ... Céard a dhéanfá fhéin, a Mháistir, dhá mbeitheá i mo chrésa ansin ag Caladh an Rosa, agus sibh ag breathnú ar na soilse, ar na réalta agus ar an tine dhioláin? ... Ó, glac go réidh thú fhéin, a Mháistir! ... Le scéal fada a dhéanamh gairid, a Mháistir ... Anois, a Mháistir a chomharsa ... Ó, cuir stuaim eicint ar an bhfoighid a Mháistir chroí ... Tuige a bhfuil tú ag ligint do dhrochfháisc amach ormsa? Níor thuill mé uait é ...

Le scéal fada a dhéanamh gairid, a Mháistir, chuir sí fios ar thriúr dochtúirí go Baile Átha Cliath dom ... Ní fhaca mé do leithéide ó rugadh mé, a Mháistir! Cén chiall dhuit a bheith dhá ídiú ormsa, a Mháistir? Aon duine a mbeadh aithne aige ort as cionn talúna, ní chreidfeadh sé go deo go mbeitheá ar an gceird seo ...

"Ní éireoidh cleas an Mháistir Mhóir duit nó is cinniúint

ormsa é," adeir sí … Go gcuire Dia an t-ádh ort, a Mháistir chroí, agus déan suaimhneas. Náireoidh tú thú fhéin. Máistir scoile agus eile …

… Le scéal fada a dhéanamh gairid, a Mháistir, bhí pian threádach i mo thaobh agus i mo dhuánaí. Tháinig biseach beag orm tráthnóna: biseach an bháis. Shuigh sí ar cholbha na leapan, agus rug sí ar láimh orm … Go dtárrthaí Dia sinn! An bhfeiceann sibh an réabadh atá anois air? … Cén neart a bhí agamsa uirthi? …

… Le scéal fada a dhéanamh gairid, a Mháistir: "má tá i ndán agus nach n-éireoidh tú, a Bhile, "adeir sí, "níor bheo liom mo bheo i do dhiaidh" … Ó, a Mháistir, ná bí chomh ruibheanta sin … Má phósann sí arís fhéin an agamsa a bheas neart uirthi? … Foighid, a Mháistir …

… Le scéal fada a dhéanamh gairid, a Mháistir, bhí mé ar stangaire na síoraíochta, ach dúirt sí dhá sean-bhéic i mo chluais é: "cuirfidh mé go gnaíúil thú, a Bhile," adeir sí, "agus más fada gearr mo shaol i do dhiaidh" … Réiteach, a Mháistir! Tabhair suaimhneas dom as ucht Dé, a Mháistir … Ach tá mo chuid suaimhnis ar iarraidh, creidim … Ó, dhá gcuimhníodh sí mé a chur in áit ar bith sa gcill ach síos i mo chomhdhuille leis an ngealt seo. Ach dheamhan neart a bhí aici air, an créatúr. Ní raibh a fhios aici céard a bhí sí a dhéanamh … Ó foighid, foighid, a Mháistir …

— Bloody Tour an' Ouns é mar scéal, nach éard adúirt Briain Mór an t-am ar buaileadh Bileachaí tinn: "Is gearr ón ngeospailín sin an chréafóg," adeir sé. "Dar diagaí, beidh sciorta den ádh air agus anlacan ar bith a fháil. Dhá mba thuas i mBaile Átha Cliath a bheadh sé, diabhal ceo eile ach é a chartadh amach sa mbin. Ach blastálfaidh sí siúd síos in aon scuabán amháin i mullach an Mháistir Mhóir sa bpoll údaí thiar é. Stróicfidh an bheirt a chéile ansin ar nós dhá ghadhar a gceangllófaí a dhá ndrioball …"

— … Mo dhonas agus mo dhothairne! … B'fhíor do Bhriain

Mhór é … Dhá ghadhar a gceanglófaí a ndrible dhá chéile … Dar mo chúis, b'fhíor dhó … Ceanglaíodh ár ndrible, a Bhileachaí …

— Is fíor dhuit, a Mháistir …

— Bhíomar ag foiléimneach thart, ag craitheadh ár ndrible agus ag luaitéis, nó gur gabhadh muid le tomhlú úd na soilse, na réalt, na tine dhioláin, agus na móideann. Óra, a Bhileachaí, shíleamar gurbh í an choinneal nach gcaitear a bhí sa tine dhioláin …

— Is fíor dhuitse sin, a Mháistir …

— Shíleamar go mbeadh an richead réaltannach ina bhronntanas pósta againn; go n-ibhfeadh muid an méilseára nach bhfuil múisc ina cuid fíona …

— Ó my, nach rómánsúil! …

— Ní raibh ann fré chéile a Bhileachaí chroí, ach an dallamullóg a chuir tomhlú ár n-ego fhéin orainn. Gabhadh muid. Fáisceadh ceangal ar ár ndrible soghluaiste. Ní raibh inti, a Bhileachaí chroí na páirte, ach Ceithearnach Caol Riabhach mná nár mhór léi cleas an nóiméid sin a imirt. "Bím lá i Reachlainn, agus lá i Manainn" …

— "Lá in Íle agus lá i gCinn Tíre," a Mháistir chroí, a chomharsa …

— Go díreach, a Bhileachaí, a stór. Ní fiú focal greamannach ná imní ala an chloig an bhean sin. A Bhileachaí, a chuid, fuair sí dhá ghadhar sheafóideacha a lig a ngabháil agus a ndrible a cheangal …

— Is fíor dhuitse sin, a Mháistir na páirte …

— A Bhileachaí a chuid, tá ar eire againn feasta gan aon anró a chur ar ár ndrible, ach a bheith caoin comharsanúil le chéile …

— Maith 'fear a Mháistir! Anois atá tú ag caint, a chomarsa! Suaimhneas, a Mháistir. Sin é an rud ar fad i gcré na cille, a Mháistir: suaimhneas. Dhá mbeadh a fhios agam gur síos mása ar mhása leatsa a chuirfeadh sí mé ní phósfainn le mo ló í …

— Is cuma sa diabhal dearg céard a dhéanfas aon rud. Bíodh sí ar a rogha caoi, ach ba tuatach sa diabhal a rinne tú é, a bhacaigh, a ghadaí, a chorpadóir! Síos sa seomra gáis a bhí thú a thligean, a bhroimsilín, a chollachín, a …
— Anois a Mháistir chroí, réiteach, réiteach! …

4

— Dhá mairinn scathamh eile …
— Ba mhaith an mhalairt duit é …
— Dhá mairinnse scathamh eile …
— Ba mhaith an mhalairt duit é …
— Bheinn ag fáil an phinsin faoi Fhéil Pádraig a bhí chugat …
—Ráithe eile agus bheinnse sa teach nua …
— Dia dhá réiteach go deo deo! Dhá mairinn scathamh eile, b'fhéidir go dtiúrfaí mo chual cré thar Ghealchathair soir …
— … Phósfainn i gceann coicíse. Ach sháigh tú mé thrí scimhil na n-aobha, a chloch speile an mhurdair. Dhá mairinn scathamh eile, ní fhágfainn Leathchluais amháin sa gcomhaireamh ceann …
— Bhainfinn talamh Sheana-Choille de mo dheartháir. Dúirt Mainnín an Caibhnsiléara liom go mbainfinn …
— Shíl mé nach bhfaighinn aon bhás nó go bhfaighinn sásamh mo chuid feamainne gaoithe ar fhear Cheann an Bhóthair …
— Óra, go ropa an diabhal é! Dhá mairinn scathamh eile ghabhfainn isteach chuig Mainnín an Caibhnsiléara agus dhéanfainn uachta dhúshlánach. Ansin ropfainn amach i mullach an diabhail an mac is sine, agus gheobhainn bean don mhac eile: Tom. Ansin thiúrfainn 'summons' ar Chraosánach an Phórtair faoina chuid asal agus mara bhfaighinn aon tsásamh

den rath sa gcúirt, thiomáinfinn spílí thrína gcuid crúb. Ansin ghabhfainn ag faire roimh lá go mbeirinn ar mhuintir Cheann an Bhóthair i mo chuid móna, agus d'fháiscfinn maistín de 'summons' orthu … agus mara bhfaighinn aon tsásamh den rath sa gcúirt, gheobhainn cupla canda 'dynamite' ón 'mboss' mór. Ansin …

— Chuirfinn dlí ar inín Pheadair an Ósta …

— Bloody Tour an' Ouns é, gheobhainn marcaíocht bhreá aerach i mótar Neil Pháidín …

— D'fheicfinn "An Fuineadh Gréine" i gcló …

— Dhá mairinn scathamh eile, chuimleoinn … cén t-ainm é siúd a thug tú uirthi, a Mháistir? … sea, biotáile mhiotalaithe, dhom fhéin …

— Dar dair na cónra seo, chuirfinn leanúntas ar Chaitríona faoi mo phunt airgid …

— D'agródh Dia orainn, a Chite …

— Dhéanfainn litir ghrá de mo chorp fré chéile le brandaí Hitler …

— Dúirt Máistreás an Phosta an lá cheana gur iarr Coimisiún Béaloideasa Eireann agus Stiúrthóir na Staidreamh uirthi na liostaí comhlána a choinnigh sí ar feadh chúig bhliana agus dá fhichead den uimhir crosóg a bhíodh is gach litir. Chúig cinn déag meánuimhir an Mháistir Mhóir agus seacht gcinn a chuireadh Caitríona i gcónaí ina cuid litreachaí chuig Briain Mór: ceann dá fhéasóig, ceann dá chromshlinneán …

— … Foighid! Foighid, a Mháistir chroí! …

— … Ná creid é, a Jeaic …

— Ghabhfainn go Sasana go saothróinn airgead, agus go bhfeicfinn muintir an Cheann Thiar … Chuala mé go mbíonn pláigh acu ar shráideannaí Londain anois, seaicéid gheala orthu … agus leathspéacláire …

— Shiúilfinn an domhan: Marseilles, Port Said, Singapore, Batavia. Honest …

— Qu'il retournerait pour libérer la France …

— Dá mairinn scathamh eile ní bheadh mo bhás ort, a Shiúán ghránna. D'athróinn cártaí na ciondála uait …
— … Ghabhfainn ar do shochraide, a Bhileachaí an Phosta. Níor chomaoin domsa gan a dhul ar shochraide …
— Chaoinfinn go bog binn thú, a Bhileachaí …
— … Chóireoinn as cionn cláir thú, a Bhileachaí, chomh pointeáilte is a chóireodh leannán a chéad litir cumainn …
— Dhá mairinn scathamh eile, d'iarrfainn uirthi mé a chur i malairt cille … A Mháistir, a chomharsa, réiteach, réiteach! … Ach éist liom, a Mháistir. Dhá ghadhar a gceanglófaí a ndrible …
— … Siúráilte, d'ólfainn agus rabharta pórtair …
— … Againne a bheadh an cluiche. Bhí an naoi agamsa agus titim imeartha ag mo pháirtí. Ballséire ar an 'mine' marar mhíthráthúil a phléasc sé! …
— … Chuirfinn dlí ar an murdaróir faoi nimh a thabhairt dom. "Ól dhá spunóig …"
— Chuirfeadh agus mise, th'éis gur bheag ab áil liom ariamh a dhul ag scoilteadh focla le Mainnín an Caibhnsiléara. T'anam ón docks é, a stór, go gcuirfinn dlí air mar sin fhéin. Dúirt sé liom a dhul ar fuisce. Dúirt muis, a stór. Dhá bhfanainn ar an bpórtar bheadh agam. Ní raibh pian ná tinneas ariamh orm …
— Dhá mairinn bheadh fraisín den ádh orm seachtain eicínt leis an gCrosfhocal. Agus 'ar ndó' gheobhainn coups móra árachais tigh Jeaic na Scolóige. Chuirfinn "Buanéag don Litriú Simplí!" mar nom-de-plume ar mo chéad tuicéad eile sa Scuaibín …
— "Meanga Glé Anois, a Bhanaltra," a chuirfinnse air! …
— "Caladh an Rosa" a chuir Bileachaí air …
— Ghabhfainn ag na pictiúir arís. Tá a fhios ag mo chroí gurbh ait liom an bhean sin a raibh an cóta fionnaigh uirthi a fheiceál in athuair. Ba é macsamhail críochnaithe an chóta é a bhíodh ar Bhaba Pháidín nó gur thit an súí air tigh Chaitríona …

— Thug tú éitheach, a strachaille ...
— Tóig aghaidh do bhéil díom, a Chaitríona. Suaimhneas atá uaim. Níor dhligh mé do chuid gadharaíochta uait ...
— ... Dhá mairinn scathamh eile! Dhá mairinn scathamh eile ru! Céard a dhéanfainn? Céard a dhéanfainn ru? Is críonna an té adéarfadh ...
— Dhá mairinn go dtí cruinniú an togha, bhréagnóinn an Coscarach. Déarfainn leis nár cuireadh anonn iad ach mar theachtaí amháin, agus go ndeachaigh siad thar a n-údarás ...
— Mhair mise, buíochas le Dia, nó gur dhúirt mé le De Valera suas lena bhéal gur ina lánchumhachtóirí a cuireadh anonn iad. Dúirt mé suas lena bhéal é. Dúirt mé suas lena bhéal é. Dúirt mé suas ...
— Thug tú éitheach, níor dhúrais ...
— Is maith a chuimhním air. Chuir mé mo rúitín amach ...
— ... Dhá mairtheása scathamh eile, d'fheicfeá mná óga Bhaile Dhoncha fré chéile ag caitheamh píopaí cailce. Is ó a chuaigh na toitíní chun gainneachta a thosaíodar. Deirtear go bhfuil copógaí agus neantógaí brúite thar cionn i bpíopaí cailce ...
— Dhá bhfaightheása aois na hÚire agus na Caillí Béara ní fheicfeá deireadh na ndreancaidí cnagtha ar chnocáin do bhaile féin ...
— Dhá maireadh Máistreás an Phosta scathamh eile ...
— Ní raibh aon chall di leis. Thóig a hinín an faisean céanna go maith ...
— Dhá mairinnse scathamh eile ...
— Cén ghnatha a bheadh agat maireachtáil? ...
— D'fheicfinn fód ortsa, ar chaoi ar bith ...
— Dhá maireadh Tomás Taobh Istigh? ...
— Dhéanfadh sé imirce eile ...
— Ghabhfadh sé ar an bpórtar arís ...
— Dhíbreodh sé beithígh Phádraig Chaitríona dhá ghiodán talúna ...

— Beithígh Neil seachain! …
— Dhá maireadh Caitríona …
— Ó, an smuitín siúd a chur roimpi …
— Dhá mairinnse thiúrfainn cúnamh spriodáilte uaim. Dhá mairinn seachtain eile fhéin bheadh eolas barainneach agam do Chaitríona …
— A inín Choilm Mhóir, ní bhítheá istigh ag an bPáidrín Páirteach le fonn a bheith ag éisteacht i ndoirse dúinte go bhfeicfeá a n-abródh na comharsana a bPáidrín fhéin …
— … Ghabhfainn go Páirc an Chrócaigh go bhfeicfinn an Ceanannach …
— Chonaic Bileachaí an Phosta do thaibhse ann i ndiaidh an chraobhchluiche agus thú ag smutaireacht chaoineacháin …
— … Chríochnóinn an cró ar an uair bhreá agus ní chaillfí an bromach …
— Ó, nach bhfaca a bhfuil ar an mbaile do thaibhse! …
— … Ní chreidfinnse, a Tom Rua, go bhfuil taibhse ar bith ann …
— Déarfadh daoine go bhfuil. Déarfadh daoine nach bhfuil. Is críonna …
— Óra muise, tá taibhsí ann. Nár lige Dia go gcuirfinnse bréag ar dhuine ar bith, ach chonaic mé an Curraoineach ag cur asail an Chraosánaigh, agus beithígh Cheann an Bhóthair, as a chuid coirce, agus é bliain básaithe! …
— Nach hí an chéad tsiocair a bhí ag Bileachaí an Phosta an Máistir Mór a fheiceál, an lá th'éis é a chur, agus é ag tóraíocht in uachtar an chaibéid ina chisteanach féin …
— … Réiteach, a Mháistir! … Ó, réiteach, réiteach! … Níor bhearras mé fhéin ariamh le do rásúr. Mo chara agus mo choimrí ort, a Mháistir, éist liom nóiméad! Dhá ghadhar …
— Facthas Fear Cheann an Bhóthair …
— M'anam muise, mar adeir tusa …
— Óra, d'éireodh dhó! Ag goid mo chuid móna a bhí sé go siúráilte …

— Nó oirdíní …

— Deir siad, go bhfóire Dia orainn, nach bhfuil oíche ar bith nach gcloistear eiteallán sí sa gCaladh Láir ó a thit an Francach ann …

— Ara sin eitealláin saolta ag dul siar go Meiriocá ó Chúige Uladh nó ón tSionainn! …

— Nach mé nach n-aithneodh eiteallán saolta! Chuala mé go follasach í, agus mé ag tógáil feamainn dearg i ndeireadh oíche …

— Má bhí an oíche dubh …

— Óra, cén mhaith dhuit a bheith ag pruislíl chainte! Go deimhin muis, a mh'anam, ní eiteallán saolta! Is furasta aithinte an t-eiteallán saolta …

— Mes amis …

— Cead cainte dhomsa! Cead cainte dhom ru! …

— Bíonn an chosúlacht ann ina dhiaidh sin. Dheamhan aird a thug mé fhéin ariamh ar thaibhsí nó gur chuala mé faoi Sheán Mhaitiú atá curtha anseo, thíos ar Áit na Leathghine. A mhac fhéin fhéin a d'innis dom é. Ó shoin a thuirling mise faoin haiste. Ar áiléar na bréige a bhí seisean freisin san am, ach diabhal bréag a chuir sé ar a athair. Ba é an fainic deiridh a chuir an t-athair orthu, ag saothrú báis dó, é a chur sa roillig seo abuil an chuid eile dhá mhuintir. "Gheobhaidh mé bás suaimhneach," adeir sé, "má gheallann sibh an méid sin dom." Rístí spagánta atá sa gCeann Thiar sin. Chraitheadar fóidín air ansiúd ag béal an dorais. As sin go ceann míosa, bhí an mac ag cocadh feamainn tirm ag an gcladach. A bhéal fhéin fhéin, adúirt liom é. Chonaic sé an tsochraide ag teacht amach as an roillig. Dúirt sé liom go raibh sí chomh solasach ina shúile— an chónra, na daoine agus eile—leis an nghabháil fheamainne a bhí sé a chur ar an gcoca. Chuaigh siad soir lena ais. D'aithin sé cuid de na daoine, ach ní labhaireodh sé go brách ina n-ainm orthu, adeir sé. Bhuail faitíos é i dtosach, ach nuair a bhailíodar soir an trá tháinig bruscar beag misnigh dó. "Pér

bith céard a dhéanfas Dia liom," adeir sé, "leanfaidh mé iad."
Lean. Aniar le cladach ó chois go cois ina ndiaidh, go dtáinig siad isteach sa roillig seo, agus gur chuir siad an corp inti, ansin thíos ar Áit na Leathghine. D'aithin sé an chónra. Diabhal bréag a chuir sé ar a athair fhéin …

— Cáil Seán Mhaitiú? Má tá sé anseo, níor chuala aon duine smeach ariamh uaidh …

— Níl a fhios agamsa ó fhiacail an Phápa é, ach mar dúirt a mhac liom, agus diabhal bréag a chuir sé sin air …

— Níor fhág an marbh láthair. Glaoitear ar Lucht na Leathghine, agus inseoidh siad daoibh an bhfuil sé ansin nó nach bhfuil …

— Ara, éist le na glamairí sin! …

— Ní éistfead, ná diabhal éisteacht. Hóra, a Lucht na Leathghine! …

— … Tá Bríd Mhaitiú anseo …

— Agus Colm Mhaitiú …

— Agus Pádraig Mhaitiú …

— Agus Liam Mhaitiú …

— Agus Maitiú é fhéin …

— … I roillig an Cheann Thiar atá Seán Mhaitiú. Bhí sé pósta ansin …

— Diabhal bréag muis a chuir sé ar a athair fhéin! …

— Níl sé chomh furusta aistriú mar sin a dhéanamh is atá sé a dhul ó pháirtí politíochta go dtí a chéile. Dhá mbeadh, b'fhadó a bhí Dotie ar chlár ghléigeal an Achréidh …

— Agus an Francach … Ach b'fhéidir nach bhfuil anseo ach a thaibhse …

— Cé hiontaí de scéal é ná an rud adúirt Bileachaí an Phosta liom: go bhfeictear Tomás Taobh Istigh ag díbirt bheithíoch dhá ghiodán talúna. Rinne Pádraig Chaitríona agus Mac Neil dhá leith dhe eatorthu, ach is talamh gan sásamh do chaon duine acu é. Gacha le seachtain a fheiceas Pádraig agus muintir Neil é. An tseachtain a bhfeiceann teach é, ní fheiceann an

teach eile é. Thug Neil an sagart ag siúl na talúna agus léadar fál fascaidh paidreachaí, cupla leabhar Eoin, deir sé.
— Thiúrfadh an raicleachín. Dhá dtugadh Dia dhi nach mbuafadh sí cianóg chlamhach go deo air! Tá fuílleach talúna ag mo Phádraigsa dhá uireasa …
— Chuala mise, a Chaitríona, nach dtug tú suaimhneas ar bith do Jeaic na Scolóige ó a bhásaigh tú …
— D'agródh Dia orainn …
— Dúirt Neil le Tomás Taobh Istigh gur dhiúil tú leat é …
— Nach i ndiaidh Bhriain Mhóir a bhíodh sí …
— Ó a Mhuire, agus a Chríosta! I ndiaidh Bhriain Mhóir! …
— Bloody Tour an' Ouns é, nach éard adúirt sé! … "Hóró a Mháire, do mhálaí 'sdo bheilteannaí" …
— Céard adúirt sé? …
— Céard adúirt sé, a Mhac na Coise Duibhe? …
— Céard adúirt sé, a Bheartla? …
— Deir Bhriain Mór céanna rudaí aibéiseacha … "Hóró a Mháire."
— Céard adúirt sé, a Bheartla? …
— Bloody Tour an' Ouns é, ní dhéanfadh sé aon mhaith dhuit, a Chaitríona …
— Dhéanfadh sé maith dhom, a Bheartla. Innis amach é …
— That's the dote, Bartly! Innis dúinn é …
— Óra, an gcluin sibh clíseachín Sheáinín. Ná labhair as t'fhiacail air, a Bheartla …
— Dote thú, a Bhairtliméid. Innis é …
— Ná hinnis é, a Bheartla. Ná trácht as do bhéal air! …
— Honest to Heavens, tá tú 'mean' Bartly, mara n-insí tú é. Ar dhúirt sé nach bhfuil neart aige a shúile a oscailt nach mbíonn a taibhse as a chomhair? …
— Má insíonn tú do chéisín Sheáinín Spideog é, a Bheartla! …
— Honest to God, Bartly, tá tú 'awfully mean'! Ba chóir gach caidreamh cultúrtha a scoradh leat. Let me see now. Ar

dhúirt sé nuair nach bpósfadh sé í, agus í beo, go raibh a taibhse anois ina leannán sí aige? ...
— Ab bu búna! I mo leannán sí ag an mbreilleachán gránna údan. Fainic, a Bheartla! ...
— On the level Bartly. Ar dhúirt taibhse Chaitríona leis é fhéin a bhearradh, nó a níochán, nó a dhul chuig saineolaí cos nó slinneán? ...
— Bloody Tour an' Ouns é, a Nóra! ... Bloody Tour an' Ouns é, a Chaitríona! ...
— Ar chraiceann do chluas ná hinnis, a Bheartla! ...
— Honest to God Bartly! ...

5

— ... Is fíor dhuit sin, a Jeaic na Scolóige. D'agródh Dia ar aon duine a rá go mbeinnse i mo leannán ag an scóllachán gránna ...
— ... Thit tú de chruach choirce ... Ar chuala tú ariamh faoi Chath na bPunann? ... Inseoidh mise sin duit. Bhí Cormac Mac Airt Mhic Chuinn Mhic Thréinmhóir Uí Bhaoiscne ag déanamh cruach choirce lá i dTeamhair na Sló. Ba é Cab ar Dosán a bhí ag caitheamh aige. Tháinig Seacht gCath an Léinn agus Seacht gCath an Ghnáth-Léinn agus Cath na Mion-Úra ...
— ... Tá caint mhór ar é a athrú. An-chaint ...
— Ach níor shásamh ar bith é a athrú mara mbristí é, agus é a mharú nó a bháitheadh, nó a chrochadh, nó bás an chait a thabhairt dó ina dhiaidh. Tá an roillig seo ina bléitheachán ag an amhas buannachta sin, a Bhileachaí. "Ól dhá spúnóig den bhuidéal seo, "adeir an murdaróir ...
— B'fhéidir, a chomharsa, go mbrisfí é. Níl a fhios agam nach mbrisfí freisin agus an bhruicnéail bhuailte a thug sé an lá cheana d'fhear as Baile Dhoncha faoi thuicéad dearg a thairiscint dó. Ach ní cheapfainn go gcuirfí un báis é ...

— Ara, cén mhaith é mar sin! Siúd é a bhí a dhéanamh leis: é a phlúchadh faoin bpota. Féacha mise ar thug sé nimh dom! ...

— T'anam ón docks é, nár dhúirt sé liomsa fuisce a ól! Dúirt muis, a stór. An bacach! Cén bhrí ach gan pian ná tinneas ariamh orm! ...

— Tá foireann maith peile ag Gaillimh i mbliana, a Bhileachaí? ...

— An-fhoireann go deo, a chomharsa. Deir chuile dhuine dhá mba ar mhaidí croise a bheidís go mbuafaidís craobh na hÉireann. Dúirt "Green Flag" an lá cheana é ...

— Déanfaidh an Ceanannach taos de thóineanna an lá sin ...

— Níl sa gCeanannach ach ionadaí!

— Ionadaí! Ionadaí! Ara, mara bhfuil, cén chaint atá ort? Ní ghnóthóidh siad. Ní ghnóthóidh siad. Ní ...

— Tá scoth imreoirí óga acu. An scoth. Gnóthóidh siad, a chomharsa. Feicfidh tú fhéin go ngnóthóidh ...

— Ara, éist do bhéal liom! Cén mhaith a bheith ag bobarúntacht chainte? Deirim leat nach fiú glothachaí buláin do chuid imreoirí óga d'uireasa an Cheanannaigh! Cén bhrí ach "gnóthóidh siad," "gnóthóidh siad"! ...

— I gcead duitse, a chomharsa, shílfeadh duine go mb'fhearr leat go mbuailfí iad agus an Ceanannach ar an bhfoireann ná go ngnóthóidís dhá uireasa! Is maith an rud roinnt dhá shásamh, a chomharsa. Bhí milleán ag cuid mhaith ar an gCeanannach i 1941. Ní raibh an oiread cantail ariamh orm is a bhí an lá sin i bPáirc an Chrócaigh ...

— Sin í an fhírinne, a Bhileachaí ...

— Bhí Bileachaí soilíosach chuile lá ariamh ...

— Chuirfeadh sé bláth gliondair air dea-scéala a thabhairt chugat ...

— Agus dhá mba drochscéala é, diabhal mé gur chrios tárrthála do dhuine a chuid dradaireachta ...

— Cé a leag amach Tomás Taobh Istigh, a Bhileachaí? ...

— Neil agus inín Bhriain Mhóir agus bean Thomáisín, a Cháit ...
— Agus cé a chaoin é, a Bhileachaí? ...
— Neil agus mná an bhaile, a Bhid. Ach hairíodh as thú fhéin agus Cáit Bheag. Séard adeir chuile dhuine: "Go ndéana Dia trócaire ar Cháit Bheag bhocht agus ar Bhid Shorcha an créatúr! Nár bhreá uathu fear a shíneadh agus a chaoineadh! Ní bheidh a leithéidí aríst ann" ...
— Go lige Dia do shláinte dhuit, a Bhileachaí! ...
— Bloody Tour an Ouns é, cé miste do dhuine cé a shínfeas ná a chaoinfeas é! ...
— ... Ta Hitler ag baint bhogáin i gcónaí astu, slán a bheas sé! ...
— Réasúnta, a chomharsa, réasúnta ...
— Ara cén sórt réasúnta! Nár chóir go mbeadh sé abhus i Sasana feasta! ...
— Ní hea, a chomharsa, ach tá na Sasanaigh agus na Puncáin istigh ar thalamh na Fraince ar ais aríst ...
— Ara cén! Ag loscadh bréag atá tú, a Bhileachaí an Phosta! Ní cúrsaí spóirtdhraidínteacht chor ar bith é, bíodh a fhios agat ...
— Tá sé trí ráithe anois, a chomharsa, ó bhí mise i riocht aon pháipéar nuaíochta a léamh, agus níl a fhios agam go barainneach céard is cor dóibh. Ba é ráite chuile dhuine an uair sin go gcinnfeadh sé ar na Sasanaigh agus ar na Puncáin aon tseasamh a dhéanamh sa bhFrainc ar lá D ...
— Ara a Bhileachaí chroí, tuige a ndéanfadh? Agus tuairteáladh amach ina gcloigne cruacháin marbha, i ngabhal an diabhail, sa bhfarraige aríst iad ...
— M'anam gur dóigh, a chomharsa ...
— Agus lean Hitler iad an geábh seo—rud a bhí aige a dhéanamh aimsir Dunkerque—agus tá sé istigh i Sasana faoi seo! Der Tag! Tá mise ag ceapadh diabhal Sasana ar bith anois ann ...
— Non! Non, mon ami! C'est la libération qu'on a

promise. La libération! Les Gaullistes et Monsieur Churchill avaient raison …
— Óra a ghaota, a thruisleálaí, a útamálaí dhaill …
— C'est la libération! Vive la France! Vive la Republique Francaise! Vive la patrie! La patrie sacrée! Vive De Gaulle! …
— Chuala tú, a Fhrancaigh a chomharsa, faoin scéala a bhí sa bpáipéar i dtaobh do ghaisce: gur bronnadh Crois …
— Ce n'est rien, mon ami. C'est sans importance. Ce qui compte, c'est la libération. Vive la France! La France! La France! La patrie sacrée! …
— Óra, an bhfeiceann sibh an réabadh atá ar an mbuinneacháinín! Sháraigh sé an Máistir Mór …
— Muise, a Bhileachaí, níor chuala tú caint ar bith go bhfaigheadh muid margadh Shasana ar ais? …
— An gcloiseann sibh arít an cleabhar? …
— Beidh margadh Shasana ceart, a chomharsa …
— Meastú an mbeidh, a Bhileachaí? …
— Beidh, a chomharsa. Ná bíodh imní ort. Deirimse leat go mbeidh margadh Shasana ceart …
— Go lige Dia slán thú, a Bhileachaí! Tá an dealg goirt bainte as mo chroí le do chuid cainte. Síleann tú siúráilte go mbeidh sé ceart? Tá roinn thalúna i mbarr an bhaile agam …
— … Tá sí i gcló muis, do leabhar filíochta …
— "Na Réalta Buí!" Ó, a Bhileachaí na páirte, ní fíor dhuit é! …
— Ní fhaca mé fhéin í, ach dúirt iníon Mháistreás an Phosta anseo liom é … Ná bíodh imní ort, a chomharsa. Tiocfaidh do leabharsa freisin amach gan mhoill …
— Ach an gceapfá go dtiocfadh, a Bhileachaí? …
— Tá mé siúráilte go dtiocfaidh, a chomharsa.
— Tá eolas rúin agat mar sin, a Bhileachaí? …
— Muise chloisinn giobscéalta beaga, a chomharsa. Bhínn an-mhór le daoine anonn agus anall. Iníon Mháistreás an Phosta … Ó, a Mháistir, réiteach, réiteach! … A Mháistir! …

— Bíodh múineadh thairis sin ort, a Mháistir …

— Tá saothrú mór i Sasana i gcónaí, a Bhileachaí? …

— Níl sé chomh maith is a bhíodh, a chomharsa. Tá an bheatha ar donacht. Tá muintir Sheana-Choille, Chlochair Shaibhe, agus Bhaile Dhoncha sa mbaile …

— Déanfaidh scíth imeasc neantógaí uasalshíolraithe Bhaile Dhoncha leas dóibh …

— … Tá do mhacsa, a bhean agus a mbeirt pháistí sa mbaile …

— A, ag cumadh dhom atá tú, a Bhileachaí! …

— Nár lige Dia, a chomharsa! Dar an ladhairicín bheannaithe! …

— Agus an bhean Bhlack aige sa mbaile? …

— Tá 'mo choinsias, agus an dá pháiste …

— Cogar mé seo leat, a Bhileachaí! Déan chuile ghreim den fhírinne liom. An bhfuil siad chomh dubh is adeirtear? Chomh dubh le Blackín an Iarla? …

— Ná bíodh imní ort, a chomharsa. Is fada uathu é …

— An bhfuil siad chomh dubh le Ceann an Bhóthair tar éis a bheith thuas i sean-simléar súíoch? …

— Go deimhin a mh'anam muise, níl …

— Chomh dubh le Tincéara Mór na mboiriceachaí? …

— Ná bíodh imní ort, a chomharsa. Níl, ach oiread …

— Chomh dubh le cóta fionnaigh Bhaba Pháidín, th'éis tí Chaitríona? …

— Éist do bhéal, a ghrabairín …

— Chomh dubh le Briain Mór agus allas póite air? …

— Ach th'éis a bheith i seomra an "ghíosair" i mBaile Átha Cliath dó, bhí Briain Mór chomh dreachsholasta ag dul i láthair an Bhreithimh le duine de na naoimh bheaga i bhfuinneoig theach an phobail …

— Briain Mór agus allas póite air. Tuairim is chomh dubh sin anois …

— Ó's má sea, ní niggers chor ar bith iad …

— Níl na páistí baol ar chomh dubh leis an máthair ...
— Arbh éigin fios a chur ar an sagart don tseanbhean? ...
— Siúráilte go leor, a chomharsa, bhí sí sách dona. Níorbh áil léi a ligean isteach sa teach beag ná mór. Chruinnigh muintir an bhaile, agus ba mhó dhá fhonn a bhí ar chuid acu a dhul ag gabháil de chlocha orthu agus a ndíbirt. Ach le scéal fada a dhéanamh gairid, a chomharsa, tugadh chuig an sagart iad agus bhuail sé baslach as an iomar orthu, agus bhí an tseanbhean sásta ansin ... Tá an-spleodar aici astu anois. Tugann sí 'nan Aifrinn iad chuile Dhomhnach ...

— Más mar sin é, a Bhileachaí, ní bás liom mo bhás. Shíl mé go dtitfeadh an t-anam ina smidiríní aisti ...

— Muise an bhfuil scéala ar bith agat faoin ngearrbhodach sin agamsa, a Bhileachaí? ...

— A Sheáinín Liam, tá barróg dhocht ag do ghearrbhodach ar a leas. Cheannaigh sé bromach an lá faoi dheireadh ...

— Slán an scéalaí, a Bhileachaí! Dhá mbeadh láithreoigín de ghearrchaile anois aige ...

— Ná bíodh imní ort, a Sheáinín. Do réir mar a chuala mé, ní fada go mbeidh. Bean as an gCeann Thiar a bhí i Sasana. Bean airgid, adeir siad. Dúirt iníon Mháistreás an Phosta liom go bpósfadh an Mháistir Beag lá ar bith feasta ... Sí. An bhean sin atá i nGealloifig de Barra sa nGealchathair ... Ní labhraíonn an sagart as a bhéal anois uirthi, a chomharsa. Thóig sí an 'pledge' tá tamall ó shoin ... Ná bíodh imní ort, a chomharsa. Bíonn siad i gcónaí ag caint ar an ngníomh a rinne tú. Daoine adéarfadh go ndearna tú é, agus daoine eile adéarfadh go gcaithfeá pléascadh ...

— Diabhal pléascadh ná pléascadh muis, a Bhileachaí! Sin í an fhírinne chomh glan leis an drúcht agat. D'ól mé dhá phionta agus dá fhichead ...

— Meastú an dtiocfaidh Antichrist go haibéil, a Bhileachaí? ...

— Ná bíodh imní ort, a chomharsa. Ní chomhairim go

dtiocfaidh. Ní mheasaim go dtiocfaidh. Le scéal fada a dhéanamh gairid, níl aon cheapadh agam go dtiocfaidh …

— Measaimse muis, a Bhileachaí, gur gearr uait anois é …

— Beidh an scéal sin ar fheabhas, a chomharsa. Feicfidh tú fhéin go mbeidh …

— An dteastaíonn cúnamh spriodáilte ó mhórán daoine, a Bhileachaí, nó an abraíonn siad an Paidrín Páirteach?

— Dúirt mé leat sách minic cheana, a iníon Choilm Mhóir, cúrsaí eiriceachta a fhágáil fúmsa …

— An gceapfá, a Bhileachaí, go bhfuil an targaireacht ag teacht isteach? …

— Cheapfainn muis, a chomharsa. Beidh an scéal sin …

— An gceapfadh Seán Chite i mBaile Dhoncha anois go bhfuil sí ag teacht isteach? …

— An turas deiridh dhom i mBaile Dhoncha bhí muintir an bhaile—an méid acu nach raibh i Sasana—cruinnithe ar Sheán Chite faoi scáth tom neantóg ansiúd i lár na dtithe, agus é ag targaireacht.

— Ar dhúirt sé go n-imeodh Sasana ina caor thinte luaithe agus gríosaí san aer?

— Ina caor thinte luaithe agus gríosaí! Ina caor thinte luaithe agus gríosaí? Dúirt sé go mbeadh an oiread ocrais ar chléir le tuath. Foighid anois … Dúirt sé nach n-aithneofaí an bhean thar an bhfear. Foighid anois … Foighid anois … Dúirt sé go mbeadh an pionta aríst ar dhá phínn.

— Mullach an diabhail do do chuid ban! Ar dhúirt sé go n-imeodh Sasana ina caor thinte? …

— Ní raibh sé chomh domhain sin inti, a chomharsa. Ní raibh sé ach go dtí an áit a ndúiseofaí Snaidhm ar Bundún san íosteach, agus a bhfastódh sé a chlaidheamh le Éire a shaoradh. Ansin tharraing mise amach fuagraí cáin ioncaim ar a gcuid uachtaí …

— Is fíor do Sheán Chite é. Tá chuile fhocal ariamh di ag teacht isteach …

— ... Deir tú, a Bhileachaí, gurbh é Éamonn de Valéra atá ag gnóthachan ...

— Thug tú éitheach! Dúirt Bileachaí gurbh é Risteard Ó Maolchatha atá ag gnóthachan ...

— Bhí Éamonn de Valéra agus Risteard Ó Maolchatha ag teach an phobail th'éis an Aifrinn, tá mí ó shoin. Comhchruinniú ...

— Comhchruinniú? ...

— Comhchruinniú? ...

— Ha Dad! Comhchruinniú? ...

— Crikies! Comhchruinniú? ...

— Comhchruinniú faoi na seirbhísí éigeandála ...

— Labhair Éamonn de Valéra faoin bPoblacht? ...

— Labhair Risteard Ó Maolchatha faoin gConra? ...

— Níor labhair siad faoi Phoblacht ná faoi Chonra ... Le scéal fada a dhéanamh gairid aon chaint amháin a chaith an bheirt: ag gabháil bhuíochais le na daoine ...

— A, tuigim anois é, a Bhileachaí! Cleas é sin a bhí ag Éamonn de Valéra le dallamullóg a chur ar an dream eile ...

— Thug tú éitheach! 'Ar ndó' is léar do chuile sheanchlog stoptha sa gcill seo gur pleain é ag Risteard Ó Maolchatha le cur faoi ndeara do De Valéra a dhul an casadh contráilte. Nach dtiocfá liom a Bhileachaí? ...

— Seachain, a Bhileachaí! Tá tú in aois chéille agus tuisceana agus cuimhnigh gur muide a thug ardú páighe agus céime dhuit. Cuimhnigh nach raibh ionat ach "Fear Posta Cúnta Tuaithe" ...

— A Chairde Gael! Tá mé anseo inniu! ...

— Dhá mbeitheá anseo aimsir an togha ...

— Ach an oiread liom fhéin ní bhíonn aon phlé ag Bileachaí le poilitíocht ...

— A chladhaire! Gabh ar ais faoin leaba ...

— A chailleach! ...

— ... Cáil tú agam, a Phóil? Bhí do chomrádaí-sa faoin tír arís i mbliana ...

— An Gaeilgeoir Mór! Diabhal an féidir! ...

— ... Níor thaobhaigh sé tigh Pheadair an Ósta beag ná mór ... Ní chuimleofar sop na geire dhó aríst ann, a chomharsa. Seachain an gcuimleodh iníon Pheadair an Ósta sop na geire d'aon duine níos mó, a chomharsa! ... Ó, chuile thuige, a chomharsa! An Póilí Rua ag breith uirthi Domhnach anseo an lá cheana ar uair an dara hAifrinn. Ní raibh aon duine as Seana-Choille, Clochar Shaibhe, ná Baile Dhoncha dhá bhfuil sa mbaile as Sasana, nach istigh ag ól aici a bhí. Deir daoine gurb é an Gaeilgeoir Mór a chuir faoi ndeara do na póilíos a dhul ann. Tá posta an-ard sa Rialtas aige siúd ...

— Ní dhéanfaidh sí cleas an pharlúis níos mó ...

— Chreach sí mé ...

— Agus mise ...

— M'anam nach raibh mise buíoch di. Ní rabhas, a stór. Ón dara leathghloine amach cheithre boinn, agus ón séú ceann, hocht bpínn déag. T'anam ón docks go mb'fhíor do dhochtúr na Gealchathrach é: níor fheil sé ach don phutóig bheag agus is pórtar a d'fheil don phutóig mhór. Phléasc an iomarca fuisce an phutóg bheag agus sheatg an ceann mór le bruileachán. Ní raibh pian ...

— ... Níor chás di é, a chomharsa, dhá mbeadh gan a bheith ina haghaidh ach oscailt an Domhnaigh, ach deir daoine go raibh uisce thrína buidéil fuisce ...

— Caillfidh sí an t-ósta? ...

— B'fhéidir go gcaillfeadh, a chomharsa. B'fhéidir go gcaillfeadh. Ach ní cheapfainn é ...

— Ó, cén mhaith an diabhail é mar sin? ...

— Caillfidh iníon Shiúán an tSiopa cead díolacháin go siúráilte. Ag an gCúirt Mhíleata atá sí le traíáil ... Tae margadh dubh. An sáirsint a rug uirthi ...

— An sáirsint ru, agus go dtugadh sí tae agus toitíní dó in aisce! ...

— Tá mo bhás ort, a Shiúán ghránna …
— … Cineál na Leathchluaise ab ea, a chomharsa? Tá an ceann is óige sin ag an Táilliúr tóigthe i Sasana …
— Fear slán, a Bhileachaí! Fear slán! …
— Sháigh sé mac Ruaiteach Bhaile Dhoncha …
— Ó, an cleas duántachta sinseartha a d'imir Leathchluais eile acu orm fhéin! Crochfar é …
— Deir siad go ngabhfaidh príosún air …
— Crochfar é …
— Deir siad, a chomharsa, gur héasca duine a chrochadh i Sasana ceart go leor. Ach ní cheapfainn go gcrochfaí é mar sin fhéin. Gabhfaidh cupla bliain príosúin air, b'fhéidir …
— Cupla bliain príosúin! Ara, scread mhaidne ar do phriosún agat! Mara gcrochtar é …
— Deir siad freisin go ngabhfaidh bliain go leith nó cupla bliain ar inín Mháistreás an Phosta anseo … Litreachaí airgid, a chomharsa, ach ba litreachaí leis an nGaeilgeoir Mór a chuir coin fhola na hArd-Oifige ar a tí …
— My goodness me! Tar éis dom fiche bliain a thabhairt dá teagasc …
— M'anam, a Mháistreás an Phosta, creid mé dhuit ann, a chomharsa, nár mhaith liom tada a éirí do t'inín … Réiteach, a Mháistir chroí, réiteach! … Dar an ladhairicín bheannaithe, a Mháistir, níor oscail mé aon litir ariamh leat … Ó, b'fhéidir di, a Mháistir, ach ní thugainnse aon chúnamh di! …
— Tá an mac is sine sin agamsa, a Bhileachaí, ag tabhairt chomhlódair d'inín Cheann an Bhóthair i gcónaí? …
— Déarfainn é, a chomharsa. Beidh sé fhéin agus beirt inín Cheann an Bhóthair ag an gcéad chúirt eile. Deirtear gur rug an mac eile sin atá agat …
— Tom …
— Sé, Tom. Deirtear gur rug sé fhéin agus mac Thomáisín orthu i do chruach mhóna roimh lá …

— Rug an darna mac agus mac Thomáisín ar an mac is sine ag goid a chuid móna fhéin d'ál bréanshúíoch Cheann an Bhóthair! …

— Níl a fhios agamsa beirthe é, a chomharsa, ach go bhfuil gairm chúirte air …

— Ó, go ropa cláirfhiacla an diabhail é! Tá sé ina scuaib dhreancáin mar sin ag "Sweepannaí" luathlámhacha Cheann an Bhóthair! …

— Tá gairm chúirte eile tugtha ag do bhean orthu, faoina gcuid beithíoch a chur ar do chuid talúna …

— Óra, sea! De shiúl oíche! Mo ghrá i siúd! Déanfaidh sí cúis anois, feicfidh tú! Nach mairg gan an ceann is sine roptha amach i dtigh diabhail i gcomhlódar na gaoithe, agus leithscéal eicínt de bhean ardaithe isteach chuig an darna mac ar an ngabháltas mór! Meastú, a Bhileachaí, ar thug muintir Thomáisín ar ais an láighe a thóig siad, leis an mbéilí fataí céad fhómhair a bhaint? …

— Sin rud nach bhfuil a fhios agam, a chomharsa … Le scéal fada a dhéanamh gairid, a chomharsa, tá muintir Cheann an Bhóthair smísteáilte le dlí ar ala na huaire. Ba chosúil é an sagart an Domhnach cheana le duine a mbainfeadh a mheasán greim as. D'éirigh sé roimh lá nó gur rug sé ar dhream eicínt ag goid a chuid móna fhéin. Tá le rá gurb iad muintir Cheann an Bhóthair iad …

— Th'éis go mbídís ag líochán a mhailí! …

— … Ní shílim, a chomharsa, go gcuirfeadh an sagart aon pharasól idir muintir Cheann an Bhóthair agus an bháisteach ó a chuaigh an leathbhliain phríosúin ar an mac …

— Ar mhac Cheann an Bhóthair? …

— Ar mhac Cheann an Bhóthair ru! Ag stolladh bréag atá tú? …

— Agus fhóbair, a chomharsa, go gcuirfí leathbhliain eile ar shean-chailín Cheann an Bhóthair faoi earraí goidthe a ghlacadh …

— Mo chuid feamainne gaoithesa go siúráilte! …

— Níorbh ea, a chomharsa, ach a raibh sa gcarr ag Lord Cockton idir ghléas iascaigh, gunna agus chaon tsórt. Chuaigh sé isteach de shiúl oíche tigh an Iarla agus thug sé seaicéid dínnéir, treabhsair leadógaíochta, uaireadóirí óir agus cásanna toitíní as. Agus cupla míle toitín ó iníon Shiúán an tSiopa, agus a ndíol ar thrí pínne an ceann le mná óga Bhaile Dhoncha. Bhí siad den tsaol ag na píopaí cailce…

— Tuilleadh diabhail ag iníon Shiúán an tSiopa! …

— Agus ag an Iarla! …

— Agus ag mná óga Bhaile Dhoncha! …

— Agus ag mac Cheann an Bhóthair, an bacachín! T'anam ón docks a stór, nach bhfuil mise i ndiaidh an méid sin air! Is umhal éasca é faoina chic …

— Ghoid sé an treabhsar ó dheirfiúr an tsagairt freisin, ach níor dearnadh aon chaint faoi sin. Chonaic Mac Sheáinín Liam agus cuid de ghearrbhodaigh Sheana-Choille ar iníon Cheann an Bhóthair ar an bportach é, ach go raibh gúna as a chionn uirthi …

— An tsacshrathar a bhfuil an mac is sine liomsa ag tabhairt chomhlódair di … Sí! Tarraingeoidh sí a pictiúr sa treabhsar sin anois le tuilleadh cathuithe a chur ar an gceann is sine …

— Ghoill sé ar dheirfiúr an tsagairt gur cuireadh mac Cheann an Bhóthair i bpríosún, a Bhileachaí? …

— Ara, nach bhfuil a fhios agat go maith gur ghoill, a Bhríd …

— A Bhríd, a chomharsa, diabhal líomháinín smúite a chuir sé as cionn a gáire. "Cén éadáil dhomsa fear atá i bpríosún?" adúirt sí. "Sean-phlúithidín é mac Cheann an Bhóthair" …

— Pósfaidh sí Máistir Dhoire Locha anois? …

— Is fada Máistir Dhoire Locha sna bábógaí briste. In éindigh le Albanach atá i Seana-Choille ag tarraint phictiúir a bhíos sí anois. Cóitíní gearra atá air …

— Anois ru! Cóitíní gearra. Agus cogar dhom seo, a

Bhileachaí, ab é an treabhsar a bhíos uirthise, agus í in éindigh leis? …

— Ní hé, a Bhríd Thoirdhealbhaigh, ach gúna. Ba é an treabhsar ab fhearr a bhí aici—an treabhsar riascach—a ghoid mac Cheann an Bhóthair …

— An treabhsar ar chaith Tomás Taobh Istigh an seile air? …

— Más ag caint ar Thomás Taobh Istigh é, dúirt iníon Mháistreás an Phosta liom go bhfuair Pádraig Chaitríona … Foighid, a Mháistir! Foighid ort, a Mháistir! … Réiteach, a Mháistir! … Níor oscail mé aon litir ariamh leat, a Mháistir … Éist liom, a Mháistir. Dhá ghadhar …

— Bíodh cuibheas eicínt ionat, a Mháistir. Céard adúirt sí faoi mo Phádraigsa, a Bhileachaí? …

— Go bhfuair sé an t-airgead Árachais ar Thomás Taobh Istigh, agus go bhfuair Neil cuasnóg theolaí ar Jeaic …

— Nár laga Dia thú, a Bhileachaí na páirte! Má b'fhíor do theanga chlamhach Nóra Sheáinín é, nár choinnigh Pádraig an t-airgead sin íoctha th'éis mo bháis-sa! Ó theacht sa gcill dom níl seile dá scardann a puisín bréagach nach mise an babhal aici faoina chomhair. An gcluin tú, a shúdaire Sheáinín? Go dtuga Dia trócaire duit, a Bhileachaí, agus abair sin léi—le Ribeachín Sheáinín—go bhfuair Pádraig …

6

— … D'agródh Dia orainn rud mar sin a rá, a Chaitríona …

— Ach sí an fhírinne í, a Jeaic …

— Ní hí, a Chaitríona. Bhí mé ag fuasaoid le na blianta. Níl aon dochtúr dhá fheabhas sa nGealchathair nár thug sí chuige mé. D'innis dochtúr Sasanach a theagadh thuas againn ag iascach, hocht mblíana ó shoin dhom, cáid a mhairfhinn go dtí an lá. "Mairfidh tú," adeir sé …

— … "Sea," adeir mé fhéin. "Ceangailte i mo cholainn" …

— ... "An rúitín atá amuigh aríst," adeir sé. "Dar mogallra gaothach Ghalen ..."

— ... Muise ní chreidfeá, a Chaitríona, a chomharsa, cén buíochas atá agam ar Phádraig se' agaibhse. Níl aon Domhnach beo nach dteagadh sé fhéin agus a bhean ag breathnú orm ...

— Cineál na gCosa Lofa ...

— Muise, a Chaitríona, a chomharsa, ní bhíonn cré gan fialus. Féach an t-athrú a tháinig ar an Máistir Mór sin! Ní chasfaí ar oilithreacht an Chnoic leat fear ba ghleoite ...

— Ach an bhfeiceann tú an bhail a chuir sí fhéin agus an ghlibín Neil ormsa, a Bhileachaí? Leabhar Eoin a fháil ón sagart agus mise a bhúrláil anuas san almóir seo deich mbliana fichead roimh an am. An cleas céanna a rinneadh ar Jeaic bocht ...

— D'agródh Dia orainn ...

— Sean-chainteanna, a Chaitríona. Dhá mba mé thú ní chreidfinn é ...

— Creid é muis, a Bhileachaí, más sean-chaint fhéin é. Tá an sagart i ndon ...

— Chreid mé scathamh é, a Chaitríona, a chomharsa. Chreid muise, th'éis nach gceapfá dhom é, b'fhéidir. Ach d'fhiafraigh mé de shagart é, a Chaitríona—de shagart an-fhoghlamta—agus an bhfuil a fhios agat céard dúirt sé liom? Dúirt, a Chaitríona, rud ar chóir dom fhéin fios maith a bheith agam air roimh sin, marach an tsean-chaint a bheith geantáilte i m'intinn. "Ní choinneodh Leabhra Eoin na cruinne beo thú, a Bhileachaí an Phosta," adeir sé. "nuair is toil le Dia fios a chur ort."

— Is doiligh liom a chreidiúint, a Bhileachaí ...

— Dúirt sagart eile an rud céanna le mo bhean—leis an Máistreás—a Chaitríona. Sagart beannaithe é, a Chaitríona: sagart a raibh a dhá shúil ina gcaor le beannaíocht. Níl aon turas in Éirinn ná in Árainn nach raibh déanta ag an Máistreás ar mo shonsa ... Réiteach, a Mháistir chroí! Réiteach! ...

Éirigh as an réabadh sin ru! Cén neart a bhí agamsa uirthi? … "Is ceart na turais a dhéanamh," adeir sé, "ach níl a fhios againn cén uair is toil le Dia míorúilte a dhéanamh" …

— Ach ní hionann turas agus Leabhar Eoin, a Bhileachaí …

— Tá a fhios agam sin, a Chaitríona, ach nach míorúilte a bheadh sa Leabhar Eoin? Agus más toil le Dia duine a choinneál beo, cén fáth go gcaithfeadh sé duine eile a chur chun báis ina ómós? 'Ar ndó' a Chaitríona, a chomharsa, ní shíleann tú go bhfuil an oiread téip dhearg Aige Siúd is atá ag Oifig an Phosta? …

— Bloody Tour an' Ouns é, nach éard adúirt Briain Mór …

— … "Meastú nach hé Cogadh an Dá Ghall é?" adeirim fhéin …

— Dúisigh suas feasta, a dhuine …

— … Ba í mo bheansa a líon na páipéir do Phádraig, a Chaitríona … Réiteach, a Mháistir! Réiteach! … Tá go maith, a Mháistir chroí. Ba í do bheansa í … Foighid, a Mháistir! Foighid! Dhá ghadhar …

— … Bhí a leithéide de lá ann, a Pheadair an Ósta. Ná séan é …

— … Páipéir faoin teach, a Chaitríona. Nach bhfuil Pádraig ag déanamh teach ceann slinne! … Sea, a Chaitríona, teach dhá stór, fuinneogaí báighe ann, agus muileann gaoithe le haghaidh solais ar an gcnocán … Dá bhfeictheá an tarbh Rialtais a cheannaigh sé, a Chaitríona!—deich bpunt agus ceithre scóir. Tá lucht beithíoch an-bhuíoch dó. Ní raibh san áit ach rístí de thairbh …

— Bloody Tour an' Ouns é, nach éard adúirt Briain Mór: "Ó a chuir Sasana stopadh ar bheithígh De Valéra, agus ó a bhí Ár na Neamhchiontach ann, tá na tairbh chomh cúthal …"

— Agus tá sé ag brath ar leoraí a fháil le dhul ag rith móna. Is géar a theastódh sé sa ruta se'againne. Níl leoraí ar bith ann ó a tóigeadh an ceann a bhí ag Peaidín uaidh … Cúig nó sé de chéadta punt, a chomharsa …

— Cúig nó sé de chéadta punt! Is mór an t-uaigneas ar phóca aon duine a bheith scartha leis an méid sin, a Bhileachaí! I ndáil leis an oiread is a fuair Neil sa dlí ...

— Ní uaigneas ar a phóca siúd é, a Chaitríona, agus go háirid ó fuair sé an uachta ...

— Ach ba í Neil a fuair na nótaí reamhra ina dhiaidh sin ...

— Bloody Tour an' Ouns é, nár dhúirt Briain Mór nach n-aithneodh Pádraig Chaitríona páipéir puint ach an oiread is a d'aithneodh Tomás Taobh Istigh allas a mhala fhéin, nó ...

— Shílfeá, a Bhileachaí, má tá cuaifeach nótaí ag rith ina ndiaidh mar sin, go gcuimhneodh duine eicínt acu ar an bpunt a thug mise do Chaitríona a íoc ...

— A thóinín chlamhach! ...

— ... D'innis iníon Mháistreás an Phosta dom ... Fóill ort, a Mháistir! ... Is deargbhréag é, a Mháistir ... Níor oscail mé aon litir ...

— ... Ná tabhair aon aird ar a chuid boirbe, a Nóra. Cuimhnigh gurbh oifigeach neamhchoimisiúnta i Meaisín an Mhurdair é? ... Níl ionú agam "An Fuineadh Gréine" a léamh duit anois in athuair, a Nóra. Tá mé ro-bhroidiúil le mo dhréacht nua: "An Bhanbh-Ghealach." Ó Chóilí a fuaireas an smaoineadh. Bhí a shean-athair i ndon a ghéaga ginealaigh a rianú go dtí an ghealach. Chaitheadh sé trí huaire gach oíche ag féachaint suas uirthi, do réir nós ársa ár sinsire. Ar theacht don ghealach nua níodh a pholláirí trí chineál smaoise: ceann óir, ceann airgid, agus an tsean-smaois ghaelach ...

— ... Séard a d'innis sí dhom, a Chaitríona, gur dhúirt Baba gur tusa an deirfiúr ba mheasa léi dhá raibh aici ariamh, agus go mbeitheá buíoch di marach gur bhásaigh tú ...

— Rinne mé mo dhícheall deacrach, a Bhileachaí, ach chinn orm Neil a chur rómham ...

— Muise, a Chaitríona a chomharsa, ní móide gur fearr beirthe é. Dúirt Pádraig liom fhéin, agus le ... leis an Máistreás, gur fhág Neil cuid mhaith aguisíní aige nach raibh ag dul dó chor ar bith do réir na huachta. Ní thóigfeadh sí ach leath de thalamh Thomáis Taobh Istigh uaidh, agus creid mé dhuit ann, a Chaitríona, gur beag Domhnach nach bhfuagraíonn an sagart Aifreann le t'anam fhéin agus Jeaic na Scolóige ...

— Le m'anam fhéin agus Jeaic na Scolóige ...

— Bloody Tour an' Ouns é, nach éard adúirt Briain Mór ...

— Le m'anam fhéin agus Jeaic na Scolóige ...

— Agus Bhaba, agus ...

— ... "Níl aon tsamhail cruthaithe ar chlann inín Pháidín," adeir sé, "ach dhá choileáinín charracha a chonaic mé uair, ag forcamhás ar mhúille, a bhí ag tabhairt na gcor, thoir i mBaile Dhoncha. Bhí ceann acu ag ruathafann ag iarraidh an coileán eile a choinneál uaidh. Chuir sé an oiread anró air fhéin ag uallfairt is gur phléasc sé ina phráib as a dheireadh. Diabhal easna den choileán eile, ar an dá luath is a bhfaca sé go raibh an múille caillte ar a chomhairle fhéin aige, nach dtéaltaíonn leis agus nach bhfágann ansin ag an gcoileán caillte é ..."

— Dod gur éalaigh an lúib sin óna bhiorán! Shíl sé go mbréagfadh a chlann fhéin leo chuile líomóigín san uachta! ... Le m'anam fhéin ...

— I nDomhnach, a Chaitríona a chomharsa, níl sé fhéin ná a inín anois chomh lúitéiseach le Neil is a bhídís ...

— Ní donaide sin í ... Le m'anam fhéin agus Jeaic na Scolóige ...

— Tá sé idir dhá chomhairle an bhfanfaidh sé nó an dtiocfaidh sé, a Chaitríona. Chuaigh an ola air an lá cheana ...

— Ní dhéanfaidh sé níos óige choíchin é! Tá sé mo dhá aois ...

— Thug mo ... an Mháistreás geábh suas ag féachaint air. Meastú cén teachtaireacht a chuir sé léi anuas chugam? ...

— Lán a bhéil de dhomlas nó d'athraigh sé ... Le m'anam ...

— Níor ghlac m'uncailín aon chúnamh spriodáilte ón am a raibh mise ag gabháil dó, nó meastú, a Bhileachaí, an n-abraíonn sé an Paidrín Páirteach? ...

— Bloody Tour an' Ouns é, nach éard adúirt sé …
— Ba éard adúirt sé leis an Máistreás: "déarfaidh tú le Bileachaí an Phosta," adeir sé, "más túisce a sheolfas sé ná mise, a inseacht dóibh thiar údan go mbeidh mise siar chucu ar leathscód pointe ar bith. Déarfaidh sé le Tom Rua go mbaine mé an calcadh as an bhfiodán aige má tá i ndán agus go ndeachaigh sé thar mo chomhairle …"
— Ní bhfuair sí fhéin ná aon duine eile aon bhrabach ar mo chuid caintesa, a Bhileachaí. Agus ní miste dhom a rá leatsa freisin go bhfuil na huaigheannaí faoi phoill as éadan …
— … "Déarfaidh sé le mac na Coise Duibhe roilléirín d'amhrán a chrochadh, ach a n-airí sé ag teacht mé …"
— "'Sóró a Mháire, do mhálaí 'sdo bheilteannaí …"
— "Bhí inín ag Mártán Sheáin Mhóir
Agus bhí sí chomh mór le fear ar bith …"
— … "Agus déarfaidh sé le Craosánach na bPiontaí go dtiúrfaidh mise dluighiú na slaite sailí air, faoina shean-bhaigín d'asal a bheith feistithe dólámhach i mo chuid coirce, ó a thosaigh sí siúd ag an gCurraoineach ag dul ar oilithreacht go dtí cúirteanna …"
— Bloody Tour an' Ouns é, a Bhileachaí, críochnaigh é …
— … Le m'anam fhéin agus …
— Sin é ar dhúirt sé, a chomharsa. Nó má dúirt, níor innis mo … an Mháistreás domsa é …
— Bloody Tour an' Ouns é, cén mhaith do dhuine Tom Rua a dhéanamh dhe fhéin! Má tá sé ina raic bíodh sé ina raic "Agus déarfaidh sé le m'ainsín fhéin, Caitríona," adeir sé, "go raibh fios dhá chur ar shineadhachaí fada lucht an dóiteáin le mé a mhúchadh, i ngeall ar an scólladh a fuair mé sa 'ngíosar' i mBaile Átha Cliath, agus nach bhfuil drogall ar bith orm anois roimh a cuid uisce bruite" …
— Ab bu búna! Ab bu búna! A Bheartla Chois Dubh! A Bhileachaí na páirte! Cá fhios nach anuas i mo theannta a bhuailfidís an breilleachán gránna … caochshrónach …

cromshlinneánach … Ó, a Bhileachaí chroí, ní chreidim gur nigh sé é fhéin i mBaile Átha Cliath … É a chur i mo theannta! Soit! Soit! … An seomra … An cháir … "Bíodh Briain Mór agatsa, a Chaitríona" … Ó, a Bhileachaí, phléascfainn, phléascfainn, phléascfainn …

— Ó, ní baol duit, a Chaitríona, a chomharsa. Beidh an scéal sin ar fheabhas.

— Ach féacha an áit ar cuireadh thú fhéin, a Bhileachaí …

— Ní raibh a fhios ag an gcréatúr céard a bhí sí a dhéanamh le … Réiteach, a Mháistir! Réiteach! … Ná bíodh imní ort, a Chaitríona. Tá an tuineadóir siúd chomh húrfholláin leis an eidheann fós …

— Ní thugann a leithéide seasamh ar bith sa deireadh. A Mhuire Mhór anocht, ba lú an 'consate' a bheadh agam le Blackín an Iarla! … Céard seo, a Bhileachaí? Corp eile chugainn! Ó bhó go deo, a Bhileachaí chroí na páirte, más é atá ann. Éist! …

— Hóra, a bhuachaillí! Seán Chite as Baile Dhoncha ar fáil …

—Sén áit a bhfuil sé curtha …

— Ollamh mór targaireachta Iarthair an Domhain ar lár agus a bhlaosc fháistineach anois faoi chosa Bheartla …

— Bloody Tour an' Ouns é, cé fearr dá shean-bhlaoisc adhairt eile?

— A Sheáin Chite, cén meas atá agat ar an saol anois, nó an gceapfá go bhfuil an targaireacht ag teacht fíor? …

— Caoinfidh mise anois thú, a Sheáin Chite, mar b'iomchuí do do ghairm agus do do chliú … Óchón agus óchón ó! …

— … Ara, i dtigh diabhail agat é, a Sheáin Chite! Ag leibidínteacht chainte faoi Bhall Dearg Ó Domhnaill! An réabfar Sasana i bhfiodán an diabhail san aer ina sinneán luaithe sa gCogadh seo? An bhfuil sé sin i do chuid targaireachta? ... Hóra, a Mhac na Coise Duibhe, tabhair cnaigín bheag de do spáig sa mblaoisc fháistineach dó ...

— Ó, a Bhileachaí, a mhuirnín! ... Ní bheidh mé suaimhneach i gcré na cille ...

— Ná bíodh imní ort, a Chaitríona. Tá ordaithe ag an Sagart mapa nua glan a dhéanamh den roillig. Bhí sean-chailín Cheann an Bhóthair ag clamhsán le gairid. "Nach gann a chuaigh an saol ar spadshomacháin Chlochar Shaibhe," adeir sí, "gurb é an áit ar chuir siad cosa an choirp treasna ar phutógaí íogmhara an tsean-bhuachalla" ...

— Ó, sin é an corp nach mbeidh cónra ná bráithlín i bhfad air! Féacha an chaoi ar ghoid sé m'oirdín! ...

— ... A Chaitríona chroí, beidh an chrois as do chionn ar aon chor ...

— Ó, dhá ndeifrídís léi, a Bhileachaí! Dhá ndeifrídís léi sul a gcaillti an scóllachán ...

— B'fhiú fanacht léi, a Chaitríona. Deir chuile dhuine dhá bhfaca í go bhfuil sí ar áilleacht. Chuaigh an Sagart fhéin de mhaol a mhainge isteach ag breathnú uirthi, agus bhí an Máistir Beag agus mo ... an Mháistreás, istigh ann an Satharn cheana, go scrúdaídís an t-inscríbhinn Ghaeilge ...

— Ar dhúirt tú é sin, a Bhileachaí, le Nóra Sheáinín, agus le Cite agus le Tom Rua? ... Ó, a Bhileachaí chroí mara mbeidh sí orm ...

— Beidh, a Chaitríona. Ná bíodh aon imní ort a chomharsa. Is fada faoi réir í, ach go rabhadar ag fuirthíocht go mbeadh do chrois fhéin agus crois Jeaic na Scolóige ag dul suas in éindigh ...

— Mo chrois fhéin agus crois Jeaic na Scolóige ag dul suas in éindigh ...

— Agus sí crois Thomáis Taobh Istigh atá ag coinneál moille orthu anois ...

— Mo chrois fhéin agus crois Jeaic na Scolóige ...

— Deir chuile dhuine, a Chaitríona, gur deise í do cheannsa ná crois Chite, agus ná crois Nóra Sheáinín, agus ná crois Shiúán an tSiopa fhéin …

— Mo chrois fhéin agus crois Jeaic na Scolóige …

— Is deise í ná crois Jeaic na Scolóige, a Chaitríona. Deir mo … an Mháistreás go mbfhearr léi í ná crois Pheadair an Ósta …

— De ghlaschloich an Oileáin mar sin í, a Bhileachaí? …

— Sin rud nach bhfuil a fhios agam, a chomharsa. Tigh McCormack sa nGealchathair a ceannaíodh í, ar aon nós.

— Bloody Tour an' Ouns é mar scéal, cén chaoi a mbeadh a fhios ag an ngeospailín sin agus gan é i ndon corraí de chúl a chinn leis an fhad seo? …

— Mara de ghlaschloich an Oileáin í, a Bhileachaí, níl meas cnó caoch agam uirthi …

— Shíl mé go raibh glaschloch an Oileáin ídithe …

— Éist do bhéal, a ghrabairín! …

— Is de ghlaschloich an Oileáin í …

— Ní de ghlaschloich an Oileáin í …

— Deirimse leatsa gur de ghlaschloich an Oileáin í.

— Deirimse leatsa nach de ghlaschloich an Oileáin í …

— Ní bhíonn crois ar bith de ghlaschloich an Oileáin ag McCormack. Tigh Mhóráin a bhíos siad …

— Óra, cén mhaith dhuit a bheith ag caint? Nach as amach a tháinig crois Nóra Sheáinín agus Chite, agus nach de ghlaschloich an Oileáin iad! …

— Agus crois Bhríd Thoirdhealbhaigh …

— Agus crois Shiúán an tSiopa …

— Chuala mé siúráilte go leor, a Chaitríona a chomharsa, gur crois de ghlaschloich an Oileáin atá Neil se'agaibhse le chur in áirid di fhéin …

— … Tháinig an Búistéara Mór as an nGealchathair ar mo shochraidesa. Ba mhinic adúirt sé liom go raibh meas aige fhéin ormsa i ngeall ar an meas a bhí ag a athair ar m'athair …

— … Is de ghlaschloich an Oileáin crois Nóra Sheáinín …

— ... Bhí mise fiche agus lom mé an t-aona heairt ...
— ... Crois Chite ...
— ... La Libération ...
— ... Crois Bhríd Thoirdhealbhaigh ... Crois Shiúán an tSiopa ...
— Ba mé an chéad chorp sa gcill. Nach síleann sibh go mba chóir go mbeadh rud eicínt le rá ag sean-fhundúr na cille? Cead cainte dhom! Cead cainte dhom ru! Cead cainte! ...
— Tugtar cead cainte dhó! ...
— Réab leat! ...
— ... Crois Neil ...
— Abair! ...
— Abair leat, a chloiginn ...
— ... Ní de ghlaschloich an Oileáin ...
— ... Th'éis an spréachadh atá ort le aon bhliain déag agus fiche ag iarraidh cead cainte ...
— ... Is fíor dhuit, a Mháistir chroí! Anois atá tú ag caint! Dhá ghadhar ...
— ... Mo chrois-sa ná do chrois-sa, a Jeaic na Scolóige ...
— ... Tá cead cainte anois agat ach is cosúil gur binne leat an béal marbh ...
— ... Ní do ghlaschloich an Oileáin do chrois-sa ná mo chrois-sa ...

CRÍOCH